钟桂松

著

茅盾

Biography of
Mao Dun

传

人民文学出版社

图书在版编目（CIP）数据

茅盾传/钟桂松著．—北京：人民文学出版社，2023（2023.11重印）

（民国名人传记插图本）

ISBN 978-7-02-018189-6

Ⅰ．①茅… Ⅱ．①钟… Ⅲ．①茅盾（1896—1981）—传记 Ⅳ．①K825.6

中国国家版本馆CIP数据核字（2023）第153019号

责任编辑　刘　伟
装帧设计　李思安
责任印制　任　祎

出版发行　人民文学出版社
社　　址　北京市朝内大街166号
邮政编码　100705

印　　刷　三河市中晟雅豪印务有限公司
经　　销　全国新华书店等

字　　数　422千字
开　　本　680毫米×960毫米　1/16
印　　张　34　插页21
印　　数　5001—8000
版　　次　2023年9月北京第1版
印　　次　2023年11月第2次印刷

书　　号　978-7-02-018189-6
定　　价　79.00元

如有印装质量问题，请与本社图书销售中心调换。电话：010-65233595

茅盾

茅盾故居前市河（李渭钫　摄）

茅盾祖母高氏

茅盾母亲陈爱珠

茅盾母亲陈爱珠和茅盾夫人孔德沚

茅盾的小学老师徐承焕

茅盾的小学老师徐承煃

1916年，茅盾北京大学预科毕业成绩单

1918 年，茅盾在上海

茅盾与商务印书馆同事孙毓修合影

茅盾在商务印书馆

茅盾在商务印书馆

茅盾在商务印书馆

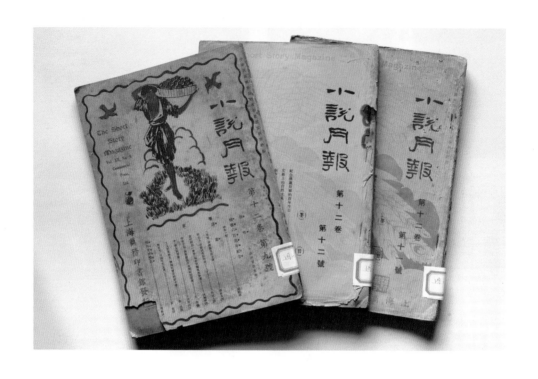

上世纪二十年代，茅盾主编的《小说月报》

茅盾在广州

茅盾在武汉

左起依次为：茅盾、张闻天、沈泽民

1930 年，茅盾女儿沈霞、儿子沈霜（韦韬）在上海

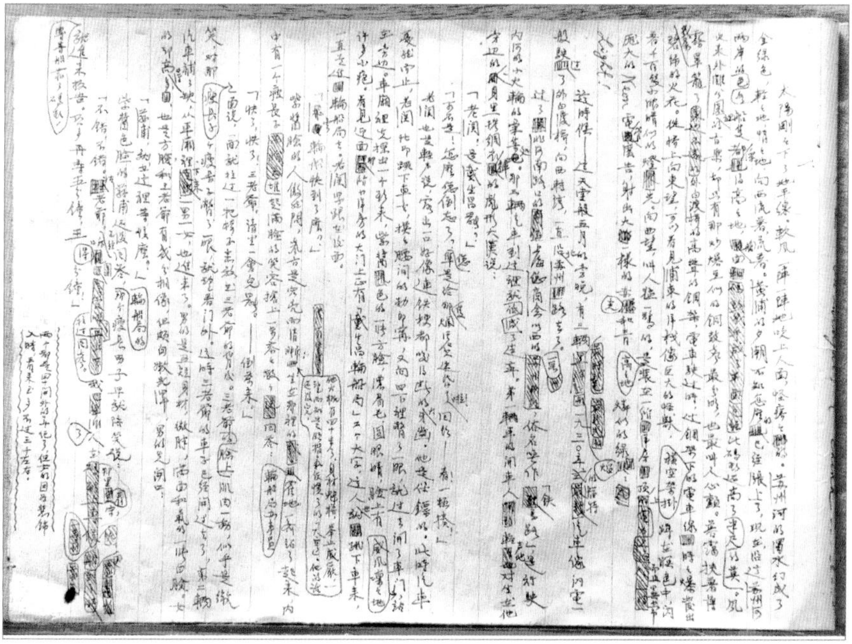

《子夜》手稿

瞿秋白和瞿独伊、沈霞

1937 年 1 月，沈霞在上海

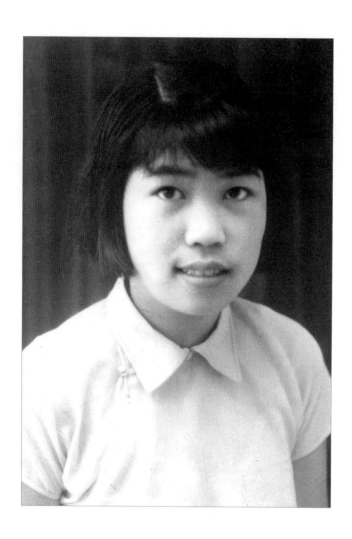

1934 年，沈霞在立达学园

1936 年 11 月，沈霞在大夏新村

1945 年 7 月 23 日，萧逸和沈霞在延安

1946 年清明节，张琴秋在沈霞墓前

茅盾在延安

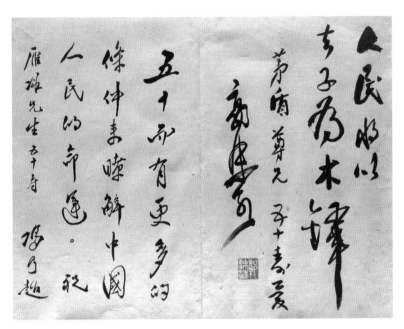

朱自清写给茅盾的贺信

茅盾五十寿辰，众人题词、贺信

（上图）1945年，茅盾五十寿辰活动广告

（下图）1949年10月，茅盾被任命为文化部部长

1954 年 8 月，茅盾参加总理宴会

1954年，茅盾参加政协组织的座谈会后合影

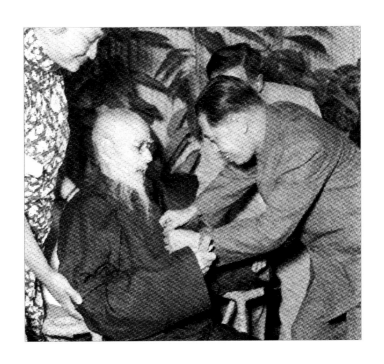

1956 年，茅盾与齐白石

晚年茅盾

目 录

第一章　从乌镇到北京

　　茅盾是我国现代进步文化的先驱者，是伟大的革命文学家和中国共产党最早的党员之一，是国内外享有崇高声望的革命作家、文化活动家和社会活动家。

　　茅盾是浙江桐乡人，他在乌镇度过他的童年少年时代，中学是在浙江湖州、嘉兴和杭州度过的。1913年暑假，茅盾考取北京大学预科。在茅盾的小学阶段，茅盾体会到维新运动对人们思想文化的冲击；在茅盾的中学期间，经历了清王朝的覆没和辛亥革命的爆发，也看到了朝代更替给人们思想生活带来的巨大变化。袁世凯开历史倒车的复辟丑剧，给在北京的茅盾思想上的震撼，看到了顺应历史潮流的社会发展规律。1916年，茅盾从北京大学预科毕业，开始走上社会。

一、诞生在清末的乌镇

　　1896 年 7 月 4 日，茅盾诞生在浙江省桐乡县乌镇观前街 17 号的一个姓沈的家庭里，取名德鸿，字雁冰，小名燕昌。笔名有玄、郎损、玄珠、方璧、沈明甫等一百二十多个，茅盾是其中影响最大，最初是发表三部曲《蚀》之一《幻灭》时用的一个笔名，也是最具国际知名度的一个笔名。

　　茅盾的故乡桐乡县（今桐乡市），是富饶的杭嘉湖平原腹地，茅盾说："我的故乡向来是一个鱼米之乡。"[①]他在另一篇散文中说："浙江是个物产丰富、风景秀丽、人才辈出的地方。"[②]所以，故乡，在文学巨匠茅盾的心里，留下了美好的印象。

　　茅盾的故乡桐乡，位于神奇的北纬 30 度线上，素有"鱼米之乡""丝绸之府"的美誉。据当地方志介绍，桐乡位于北纬 30° 28′ 18″ ——30° 47′ 48″。自然条件优越，全县地势平坦，境内没有一座山，全是良田熟地，地里是成片的桑树林，田是水稻田。所以农村里一到春天，男女老少似乎没有空闲的人，种田养蚕。一直到冬天来临，农民又开始冬种油菜、小麦，这些越冬作物，让杭嘉湖平原上的桐乡县，一年四季都是绿色。而瓜果蔬菜在桐乡是应有尽有，有黄瓜、南瓜、西瓜、玉米、丝瓜等等，树上有桃子、梨子、橘子、石榴、枇杷等等，农村里农民自

---

① 茅盾：《我走过的道路》（上），人民文学出版社 1981 年 10 月版，第 1 页。
② 茅盾：《可爱的故乡》，载《浙江日报》1980 年 5 月 25 日。

己养的猪、湖羊、水牛等等。桐乡属于东南沿海北亚热带，为典型季风气候，四季分明，气候温和，雨水充沛，日照充足，无霜期较长，形成"春夏季'雨热同步'，秋冬季'光温互补'的气候特征"[①]。境内全年平均气温为15.8°，即使在最冷的一月，月平均气温在3.4°，年日照时数为1983.4小时，日照率百分之四十五，可见气候宜人宜物。

桐乡县虽然是平原水网地带，但是传统的地形地貌，非常符合自然经济的特征。自从南宋以来，桐乡栽桑育蚕的产业兴起，桑地迅速增长，农民投入大量劳动力挑田泥培育桑树，年复一年，不断改善桑地质量，增加桑叶产量，久而久之，形成田、地、池、河凹凸多变的人工地貌，蚕桑的效益农业的雏形开始形成。据史料记载，桐乡的邻县崇德县（1958年与桐乡县合并），明万历九年（1581）至清康熙六年（1667）的86年间，崇德县因逐年进行大规模桑地改造，旱地从62308亩增加到207338亩。而相应的水田面积减少，从437909亩减少到293069亩。[②]从而形成这一带农村"桑基圩田"特色农业，即田泥肥桑，桑叶养蚕，蚕粪肥田，这种生态循环农业，说明效益趋利成为桐乡县农村发展的较早的特征之一。

桐乡县境内不仅物产丰饶，出产有水稻、大麦、小麦、油菜、蚕豆、黄豆、烟叶、菊花、土豆等，而且水系发达，在自然经济的年代，桐乡是交通十分方便的地方。清《光绪桐乡县志》记载："桐邑北枕澜溪，南接长水，中贯运河，车溪、沙渚绵络其间，距太湖百里而近。"[③]在桐乡县境内，京杭大运河斜贯全境，有41.77公里，成为桐乡县的交通大动脉。围绕大运河，桐乡有不少相互连通的河流水系，如澜溪塘、金牛塘、白马塘、康泾塘、含山塘等等，总长度2300多公里。而且每一条河流，都有无数的小河支流汇入，形成村与村相连，河与河相通，四

---

① 《桐乡县志》，马新正主编，桐乡市《桐乡县志》编纂委员会编，上海书店出版社1996年11月版，第95页。

②③ 同上，第92页。

通八达的水上交通。据说汇入桐乡境内运河的支流，大一点的有32条，如分乡港、正家笕港、南永兴港、北永兴港、上塔庙港、丁家桥港、新板桥港、中路过桥港、黑板桥港、大有桥港、西干河、东干河、湘庄港、妙智港、长安塘、小羔羊港、祝香桥港、大红桥港、泰山桥港、洲泉港、沈店桥港、北横港、南横港、店家塘、北沙渚塘、中沙渚塘、南沙渚塘、庙牌港、灵安港、西圣埭港、大羔羊港、洛塘河等。可见汇入运河的河道很多。而且我们从这些很远古的时代传下来的河港名称，可以想见，桐乡的祖先已经非常有智慧。大一点的主要干流，称为"塘"，围绕这些塘的河称为"港"，所以至今桐乡农村里，仍然沿袭这样的叫法。

由于河、塘众多，河港交错，人们生活、交通离不开船和桥，无船无法出远门，无桥无法出村，路就是桥，桥就是路。船是人们出行的必备农用工具，无论镇上还是农村，大户人家有自己专用的船，去县城办事，大户人家是用自己的船去的，一般的人家常常雇佣一只船，或者几户人家共用一条船。这种船一般比较考究，船内宽敞，前舱连着船头，中舱是客人休息的地方，后舱是船家摇船和做饭的地方，而农村的一般的船，就是茅盾小说《春蚕》里描述过的"赤膊船"，主要是装运农村的货物如稻草、肥料、粮食等等。所以，在20世纪70年代以前，桐乡农村里的交通运输主要是靠各种各样的船只来完成的。因此运河里，船来船往，有用机器驱动的轮船，有拉纤的，有鼓起风帆的，有摇船的，各种各样的船把整个运河装点得非常热闹。而农村里那些四通八达的小河小港里，同样是穿梭昼夜不停的农船，这是四通八达的水系给当地带来的繁荣。依水而居的农村村坊，农民相互之间的交往，可以摇船去，可以走路过桥去的，茅盾的小说中，以桐乡农村为背景的，类似的场景很多。

河多，桥也多，据清《光绪桐乡县志》记载，当时桐乡县有名字的桥梁有1151座，《石门县志》记载的桥梁有547座，两个县里跨运河的石拱桥就有14座，如皂林的东双桥、西双桥，往西是单桥、东皋桥、南皋桥，往崇德方向有三里塘桥、司马高桥、松老高桥等等，都是气势恢宏的拱形桥，横卧在京杭大运河之上，十分壮观！而桐乡境内农村里没有名称的桥梁更多。桥梁多，带来的是桥联文化的兴起，在杭嘉湖水乡平原，无论是乡野还是集镇，无论是大运河还是小河港，桥联文化早已成为自然经济条件下的一种显示地方文化底蕴的时尚。这些桥联都是当地的文化名人所创作，但是淡泊名利的地方绅缙，对撰写桥联从不署名，显示一种低调文化，尤其这些桥联文化的水平，都是当时当地的最高的一种文化水准，创作者将方位、愿景、地位等元素嵌入其中，而且平仄对仗工整，是对联文化中的上乘之作。如运河上的"松老高桥"东侧的桥联是："醉李趁帆风，戏水鸳鸯分福禄，高松延镜月，冲霄鹳鹤会飞来。"西侧为："五百年日来月往修建相目，自光绪以溯宏治，九十里风平浪静，艰难克济，由德清而达仁和。"福禄寿喜和悠久历史、地理方位在两副桥联中完整地表达出来。大运河在桐乡境内到石门镇时，由南向东，转了一个弯，而石门镇南运河上有一座"南皋桥"，其中南面的桥联是这样的："接三条渚水南来曲抱溪流清似玉，望一点含山西峙遥看塔影小于针。"这副桥联，熟悉石门镇地方的人，都称其嵌得妙。石门镇南面有三条东西向的河塘，称为北沙渚塘、中沙渚塘、南沙渚塘，所以"接三条渚水南来"，这是有出处的。因为运河在这里转个弯，石门又称"玉溪"，所以"曲抱溪流清似玉"。将石门湾、玉溪等都嵌在桥联里了。由于石门镇周围都是一马平川，没有崇山峻岭，所以下联的"含山"，是石门镇西面几十里的吴兴县境内的一个几十公尺高的小山，在石门镇的南皋桥上西望，就成为一个小点，而"含山"上有一个塔，从石门的高处看去，"塔影小于针"，完全是写实。桐乡县县城北边的运河皂林双桥横卧在大运河上，东西两座桥，非常雄伟，传说是一对姐妹出资建造，所以又称姐妹双桥，传说很美丽，而桥联也很有文化色彩，如东双桥的西边的桥联是："雁齿双排天际夕阳斜飞鸟，虹腰对峙夜深灯火看行船。"西双桥其中的一副桥联是："雁齿入秋高北去好携青镇月，鸣声催夜晓东来更踏皂林霜。"其中有景有方位，有气势，工整对仗，人字形的整整齐齐的大雁在夕阳下飞过，"北去好携青镇月"，青镇，就是双桥北面的乌镇的另一半，因为乌镇是属于湖州，青镇属于桐乡，所以"携青镇"是桐乡境内皂林双桥题中应有之义，合情合理。同时将双桥比喻为"雁齿"，十分形象和贴切。这是桐乡境内大运河上的几副桥联，其实不光是运河上的桥联如此风采，其他一些桥联同样文采斐然，可圈可点。

桐乡的濮院镇本来是个小桥流水人家的恬静之地，所以小巧玲珑的石桥特别多，桥联也是百花齐放，有写方位的，有写愿景的，有赞昌盛的，林林总总，十分可观。如"升平桥"东面的桥联："济寿敦仁乡称永乐；机声渔唱人共升平。"西面的桥联是："桐水西来联十景；梅泾南望慕双贤。"一座小桥，照顾到濮院小镇的方方面面，"永乐""梅泾"都是濮院的古称；"机声"是当时濮院盛产濮绸，当地方志上说其"日出万匹"，所以机声隆隆象征濮院的繁华。"渔唱"却是水乡濮院的特色。濮院自古繁华，可见一斑。

桥联作为水乡文化的一种，是最能够体现一个水乡文化水平的一种式样，所以这些丰富多彩的桥联，都非常工整对仗，讲究恰如其分，雅俗共赏。崇福镇齐家睦桥是一座非常普通的小桥，其中一副桥联："北去运河达通津；南来上墅是名乡。""北去"对"南来"，十分贴切。有的桥联对地名，也十分有趣，乌镇"浮澜桥"有一联："地接青龙云集成万家井邑；波迎白马星驰来百业舟航。"通过"青龙"古镇和"白马"河的对仗，嵌进桥联，巧妙地把"浮澜桥"所处的位置表达出来。

值得一说的是，水乡桥联的作者，大多数没有署名，但是从有限的桥联作者看，这些写桥联的人，都是有功名的。有据可查的，上面"皂林双桥"桥联的作者，是当时嘉兴府的知府许瑶光所撰。运河边"秀溪桥"的南北的桥联，据说是清朝翰林院编修桐乡乌镇人严辰所撰："水驿已交通五夜不须愁失足；风帆休饱挂千樯到此总低头。""吴越据通津阅尽乘风名利客；霍宗遗故垒占来临水钓游人。"严辰当时得罪慈禧太后，"革职永不叙用"，他回到家乡以后，做了不少善事，为乡里百姓所称道。丰子恺的父亲丰鐄也曾经为石门湾牛桥写桥联："卅里水索回西去遥通新市镇；一帆风荡漾东来安抵石门湾。""社号南张香火千年资砥柱；埠名西锦町畦万顷挹溪流。""新市镇"在今天的德清县，对"石门湾"，工整对仗，充满着书卷气。

乌镇西栅"通济桥"的两侧桥联，面南的是："寒树烟中尽乌戌六朝旧地；夕阳帆外是吴兴几点远山。"面北的桥联是："通雪门开数万家西环浙水；题桥人至三千里北望燕京。"读过这样的立意，这样意境的桥联，让人心胸开阔又不失地方特色。近处街坊通雪，远处吴兴山峦，将乌镇与六朝古都南京和千里之外的京城燕京，轻轻地联系在乌镇"通济桥"上，让人百读不厌不说，还让人兴趣盎然。不光乌镇有名的桥梁的桥联如此光彩，而且在乌镇一般的桥梁上的桥联，也非常有意思。如乌镇市中心的"卖鱼桥"的桥联："小泊长行船影自随水远，熙来攘往市声何止卖鱼桥。"通俗而不俗气，有影有声，连桥名都嵌在桥联里面，这在乌镇是很少见的。乌镇的一些桥联，风雅清新，融古于今，可读可赏，乌镇的"翠波桥"东侧的桥联是："浦上花香追屐去，寺前塔影送潮来。"西侧的桥联是："一渠翠染诗人袖，终古波清客子心。"将南宋诗人陈与义在乌镇芙蓉浦筑室读书的往事，包括和当地名人结成好友的故事都融入桥联之中。"浦上"就是芙蓉浦，"追屐去"就是追随陈与义的盛况。一座普普通通的桥梁，结合当地的文化往事，写出如此有意味的桥联，可见当时当地不俗的文化水准。乌镇的"荐馨桥"桥联同样文采斐然，南侧："水隔一溪依依人影，塘开三里济济行踪。"北侧："碧水半弯流野渡，翠波一曲抱祠堂。"典雅而又有特色，将桥的地理位置轻轻地嵌入其中，工整而文雅。所以这些桥联文化，在茅盾出生的桐乡县乌镇，无论是乡村还是城镇，几乎是到了有桥就有桥联的地步。这种文化的影响，是潜移默化的，时间长期的积累，对一个地方的开化和发展，都有不可估量的影响。

茅盾出生时，桐乡县城在乌镇南边 13 公里左右的梧桐镇。桐乡县的历史并不长，比乌镇的历史短多了，桐乡县是明朝宣德五年即 1430 年建桐乡县，县治设在桐乡凤鸣寺（今梧桐镇），当时这个桐乡县城虽然不大，民间说它"碗大桐乡城"，但是也十分精致，有城墙，有东西南北城门，城内有城隍庙，乌镇虽然有镇的历史比县城时间还长，但是仍然是桐乡县管辖的一个地方。而且乌镇没有城隍庙，乌镇没有城，自然没有东、西、南、北的城门，这一点，让乌镇的一些有识之士耿耿于怀。桐乡县建立县治一百年以后，即 1538 年，乌镇在外地做官的施儒专门向中央打报告，鉴于乌镇的规模和发展，建议将乌镇设立县治。后来这个报告中央没有批准。但是施儒的这个报告文字却流传下来，在历代镇志中都有记载。

　　其实平心而论，乌镇的规模还是自然条件、经济条件、交通条件，都是桐乡县城、梧桐镇不好比拟的。在茅盾出生时，乌镇的规模不小的，虽然没有东、南、西、北四个城门，但有东西南北四栅，既是集市所在，栅头还有安全防卫设施的遗址；乌镇的历史也很悠久，相传古称乌墩，春秋战国时期为吴越疆界，"吴戍兵备越，名乌戍"[①]。茅盾出生时，乌镇还是以市河为界，河东为青镇，属桐乡县；河西称乌镇，属吴兴县。所以茅盾在 1978 年给叶子铭先生信中说："故乡，在清末为青镇（本来乌、青两镇，隔河为界），属桐乡县，解放后两镇合并，名乌镇，仍属桐乡县。"[②] 乌镇位于两省（浙江、江苏）三府（嘉兴、湖州、苏州）七县（桐乡、石门、秀水、乌程、归安、吴江、震泽）的交错之地，乌镇东西长 3.75 公里，南北宽 3.5 公里。所以镇区东西南北沿河街道呈十字形街道结构，但是街道很小，都是用石板铺成，石板下面的镇上的下水道，所以走起路来，街道石板有时会发出笃笃的声音，这种声音也是乌镇街上的一种

────────────

① 《乌镇志》，上海书店出版社 2001 年 3 月版，第 11 页。
② 叶子铭：《茅盾漫评》，百花文艺出版社 1983 年 6 月版，第 213 页。

充满想象的有历史感的声响。而且乌镇比桐乡县城的交通更发达，县城只有一条康泾塘和运河相连，而乌镇的地理位置非常重要，是浙北的水运的要道，当地方志上说："苏杭嘉湖六通四辟，粮艘贾舶无间道可他适。"① 乌镇位于苏州与杭州的中间，水路去苏州、杭州在那个年代非常方便，朝发夕至，来往十分繁忙。还有乌镇去上海去湖州，都有水路直接通航，同样也是朝发夕至的路程。所以由于乌镇的交通非常方便，乌镇的开放程度也比一般乡镇高了许多。在语言交流上，乌镇人基本上能够听懂上海话、苏州话、杭州话，这样的开放程度是其他乡镇所没有的。由于交通方便，乌镇人早就走出乌镇，去上海、苏州发展，甚至走出国门，到外国去发展。在20世纪初，就有乌镇人去国外留学的记载，而且留学回来在乌镇的小学里教书。乌镇人徐冠南做实业办企业，后来去上海做贸易，成为乌镇在上海的一个大老板。据说徐冠南发迹以后，在上海广置房产，投资银行，茅盾后来从日本回国，经常去的卢鉴泉的公馆，原来就是徐冠南家的，卢鉴泉向徐冠南顶来做寓公的。徐冠南有钱以后，曾经隆重地为其母亲祝寿，但是其母亲将儿子给的祝寿的钱，全部捐出来做公益，修乌镇北边的古迹分水墩，一时传为佳话。在其母亲的影响下，后来徐冠南在故乡乌镇捐资办学校、修寿圣塔等，常年接济乌镇的穷人，办施粥厂等。其他一些清末民初利用乌镇的交通便利，从事实业的还有不少，如在乌镇经营"沈亦昌冶坊"的沈和甫，他在乌镇开办冶炼企业，还在苏州、上海、嘉兴、平望等地开办冶炼企业，开钱庄、盐仓、典当等。这些乌镇实业家发迹以后，不忘根本，回报故乡，在乌镇办学，扶持有前途的年轻人，影响不小。据说章太炎的夫人汤国梨是乌镇人，年轻时才华横溢，但是在封建社会男尊女卑的社会风气里，汤国梨无法深造，后来就是在沈和甫资助和帮助下外出求学的。

因为交通便利，信息通畅，乌镇这个古镇常常有一些得风气之先的

---

① 《乌镇志》，上海书店出版社2001年3月版，第12页。

事业，尤其是在维新运动前后，乌镇的一些事业有成的知识分子，开始向西方寻求强国富民之道，沈和甫在光绪二十八年就开办中西学堂，不再以四书五经为主要教材，而引进外语，强化体魄锻炼，注意培养团队意识等。茅盾在很小的时候，见到这些有点西化的学生走路，都很羡慕。连走路"蒲达蒲达地像'兵操'，而且要是两三个人同走，就肩挨肩地成为一排"①。这些得风气之先的举措，给古镇乌镇影响还是很大的。乌镇的邮局在1903年开办的，同一年，乌镇周边的桐乡县城、崇德县城、濮院镇、石门湾等，也在这一年开办邮局，极大地方便了当地百姓。光绪三十四年（1908），乌镇就设立电报局，直接从乌镇北边的南浔杆线接入，它和桐乡县城同一年设立电报局，和县城一样，同时可以有电报往来。在时间上乌镇比邻县崇德县城的电报局早了7年。而且当时乌镇已经开始有长途电话，据当地地方志记载，1908年开通电报业务时，乌镇电报局就兼办长途电话业务，电话线附在电报杆上进行通话。所以当时的乌镇就非常时尚，一大批在上海等外地做生意的乌镇人，常常可以用电报、电话与家乡乌镇联系。

乌镇的这种时尚，与它特有的地理位置有关，与它交通便利、物产丰富有关，更与它深厚的文化底蕴有关。有据可查的，宋代以降，一个小小的乌镇，曾经有过62个进士。其中清代有34位乌镇青年考取进士。有名有姓的举人更多，宋代以来，共有169位举人。这样的文化繁荣，是江南古镇中出类拔萃的。与乌镇有些交往并且留下足迹的一些名人前贤中，有不少在中国文学史上是有地位的，如南朝梁文学家沈约，官至光禄大夫兼尚书令，并为太子少傅。据说他在乌镇有自己的宅第，而沈约的父亲沈璞的墓也在乌镇的"普静寺"之侧，所以沈约每年春天从建康（南京）来乌镇小住，扫墓读书。而太子萧统也随太傅一起来乌镇小住读书。清周大绶在《梁昭明书园记》中说："史称梁昭明好学多闻，

---

① 茅盾：《谈迷信之类》，载《申报月刊》第2卷，第11期。1933年11月15日出版。

通知古今，终日诵书不辍，夜则使其官属诵而卧听之，遇有脱误悉识之，以责诵者。自古贤良主器其博学能文章，殆莫过于统也。"这个昭明太子就是《昭明文选》的选编者。《昭明文选》是中国文学史上最早的一部诗文集，是后人研究梁朝以前文学的重要参考资料。乌镇后人为了纪念昭明太子在乌镇读书的往事，明万历年间，乌镇集资建造了一座"梁朝昭明太子同沈尚书读书处"，上面书"六朝遗胜"四个字。这座石牌坊建在"密印寺"旧址上，供后人凭吊。所以乌镇人非常看重这个文化遗迹，称它为"实开两镇文运之始"，评价很高。茅盾在给故乡的诗中有"昭明书室依稀"的句子，①自此以后，乌镇的名人代不乏人，有学而优则仕的，有学而优则著的，据《乌镇志》收入的名人看，不少是本地人，也有是外地人，客籍人，但是这些有影响的人，都为乌镇文化的积累和发展，做出了贡献。《乌镇志》根据旧的地方志辑录了一百三十人，作为人物传编进镇志。从其中的人物看，从北宋开始乌镇就有名流青睐，南宋翰林学士、诗人陈与义两次在湖州做官时，看中了乌镇这个地灵人杰的地方，在乌镇买了房子，号称"南轩"，自号"简斋居士"。明代绍兴人漏瑜，官至河南道监察御史，退休以后在乌镇定居，以诗词自娱，是明代乌镇"九老会"之一。祖籍泗州的王济，祖上迁居乌镇，王济年轻有为，曾任广西横州州判，后来一度代理知州，在王济治下，横州夜不闭户，公余王济能诗善文，晚年因为奉养母亲而辞官回到乌镇，其宅第辟有"横山堂"。作为藏书楼，"横山堂"估计是王济对年轻时代在横州宦海的一种怀念和寄托，回到乌镇以后，王济与苏州的祝枝山、文徵明等时人名流有来往，一时成为乌镇的重要乡贤。而乌镇人施儒，当地方志说他为人慷慨，有真才实学，考取进士以后，官至山西道监察御史，后来因为得罪权贵，罢职归里。后来世宗即位，施儒复出，派往广东省任职，不料又触犯权贵，刚正不阿的施儒又被夺职。时在南京的兵部尚

---

① 《茅盾诗词集》，上海古籍出版社1985年4月版，第234页。

书王守仁惜其才华，推荐他为兵备；当时广西右江大司马胡世宁荐举施儒代理自己的职务。就是这个乌镇人施儒，后来曾经提出将乌镇升格为县城，这个报告上面虽然没有同意，但是给乌镇增加一名"府佐"官员，协助乌镇地方管理。所以这位在官场上起起落落的施儒，家乡人记住了他。乌镇前贤中还有一位有影响的人物李乐，他是明隆庆二年（1568）的进士，当过知县，因为为人正直，后来屡遭排挤，告病还乡。人称"真君子"。他自己常言："无心之失甚多，有意之恶不作。"可见其为人。李乐有著作《见闻杂记》等传世。还有一位值得一说的是，清代藏书家鲍廷博，他是安徽人，他随父亲来到桐乡乌镇东乡杨树湾定居。鲍廷博喜好藏书，乾隆年间政府开四库全书馆，向民间征集图书，鲍廷博向清政府捐献珍贵图书600多种，成为全国个人捐献珍贵图书最多的一位藏书家。第二年，清政府嘉奖，并赐《古今图书集成》一部，鲍廷博将自己的藏书楼取名"知不足斋"，并且刻"知不足斋"丛书，亲自校对，每成一集即进献。后来，清朝政府赏鲍廷博为举人衔。鲍家子孙按照鲍廷博的遗愿，继续刊印丛书并进献给四库全书馆。祖孙三代刻印30集，共207种，781卷。1880年，鲍廷博的曾孙鲍寅将《古今图书集成》捐献给杭州西湖文澜阁。这是19世纪桐乡乌镇的文化大事，所以茅盾在散文中不经意间常常提到这位藏书家。林林总总的前贤名人，让乌镇的文化底蕴日益深厚，历史文化的浸淫，现代思想的影响，让19世纪末20世纪初的桐乡乌镇，有着和其他地方不一般的地方，乌镇的先人创造了灿烂的文化，也创造了辉煌的未来。正如马克思、恩格斯所说："人创造环境，同样环境也创造人。"①茅盾就是在这样的文化底蕴深厚、交通发达、物产富饶的环境中诞生和成长起来的。

---

① 《马克思恩格斯全集》第3卷，人民出版社1960年版，第43页。

二、观前街 17 号的沈家和西栅陈家

茅盾出生时，沈家就在观前街 17 号（即今茅盾故居），当时茅盾家的右边是"修贞观"，左边是立志书院，门前的小石板路就是"观前街"，往东去，可以一直走到镇的东栅，茅盾家的祖坟就在东栅外的中塔庙农村一个叫"新坟里"的地方。茅盾家里去东栅墓地扫墓，都是坐船去的，从立志书院河埠上船，一直往东，出东栅，进入三里塘，到打铁高桥左转进入杨木桥港、徐家港、稻车浜，就是到了沈家的墓地。[①] 每年清明节，沈家的人雇了船去"新坟里"扫墓。观前街往西几十米，走过"修贞观"和"戏台"，就是乌镇的市中心，"应家桥""访卢阁"都在那边，茅盾祖上传下来的"泰兴昌"纸店，也在市中心那里。由南而北的市河（车溪）就在那里穿镇而过，向太湖方向流去。乌镇的商店或者住房，沿河而筑的那些，称为"下岸"，店面朝街，后面临河，有河埠，有水阁。茅盾家的"泰兴昌"就在乌镇中市的"下岸"，后面是市河"车溪"。

---

① 1983 年 8 月 13 日，笔者在时任乌镇公社领导的沈德兴陪同下，两人骑自行车去东栅寻找沈家墓地。当时墓地属于桐乡县民合公社中塔大队。我们向当地老人了解，当地农民都知道茅盾家的墓地在中塔生产队的一个叫"新坟里"的地方。当时一个小店的老者陪我们去找生产队长，队长叫"沈新昌"（音）。沈新昌陪我们穿过一块水稻田，走到一个种满桑树的高地，告诉我们，这就是沈家的墓地，叫"新坟里"。村里老人都知道，沈家的人都是坐了船来扫墓的。船就停在墓地东边的"稻车浜"。我们察看墓地的遗址和四至，问了一些情况，才回到乌镇公社，此时已经是中午 12 点 45 分了。后来，乌镇和茅盾故居以及韦韬同志在"新坟里"重修茅盾母亲的"沈太夫人之墓"。

而"下岸"对面的商店或者住房，称为"上岸"。观前街 17 号的茅盾家，就是在"上岸"。但是"上岸"和"下岸"，只是中间相隔一条两米左右的石板街。所以有时候街对面二楼横一根竹竿，衣服就晒在街上，非常生活化。

茅盾出生时，沈家还是一个大家庭，茅盾祖上是开刨烟店的，即为本地农民加工，刨烟丝，收购烟叶以后，自己制作成各种口味的烟丝，供顾客选购。桐乡的晒红烟叶种植时间不长，1600 年左右引进到桐乡种植，因为晒红烟效益好，适合桐乡这种阳光充足、雨水均衡、土地肥沃的地方种植。"乡人种此者，利较麻桑尤厚。"① 所以这个产业发展很快，烟农种植，采摘晒干以后，按照烟叶品质的不同价格，卖给镇上的烟店，烟店加工成烟丝以后出售给烟民。茅盾说："沈家本来是乌镇近乡的农民，后来迁至镇上做小买卖。到了我的曾祖的祖父时候，开一个烟店。这种烟店，是商业和手工业的综合体。店主和伙计既做门市，也把烟叶刨为丝。桐乡县（乌镇亦然）的土特产中，烟叶是比较有名的一种。老法是把烟叶晒干后，加工成细丝，用长的旱烟管燃吸，这种烟丝，俗名旱烟，以别于用水烟筒燃吸的水烟。……我们祖上开的烟店就是卖旱烟的，农民和小商小贩，手工业工人，都吸这种烟。"② 在茅盾出生前，沈家祖上几经变化，烟店似乎没有多少发展，而人丁兴旺起来，茅盾的曾祖父沈焕，字芸卿，1835 年出生，茅盾的曾祖父弟兄八个，沈焕排序老大，因此靠一个小烟店，生活过得非常拮据。所以敢作敢为的茅盾曾祖父沈焕决心外出去闯一番事业。其实当时曾祖父是不知道前程如何的，他是因为生活拮据才出去闯荡世界的。茅盾说过："我的曾祖父兄弟八人，他是长兄，八个弟兄共有这个老牌子的小小烟店。太平军败后的乌镇，满目疮痍，商业凋零。曾祖父觉得靠这个小店，养活不了八家，他早已娶

---

① 《桐乡县志》，马新正主编，桐乡市《桐乡县志》编纂委员会编，上海书店出版社 1996 年 11 月版，第 359 页。

② 茅盾：《我走过的道路》（上），人民文学出版社 1981 年 10 月版，第 9 页。

亲，有了儿子，负担不轻；他得另谋出路。"①1865年，沈焕30岁的时候，他到上海打工，在上海打工的日子里，沈焕开阔了眼界，增长了见识，结识上海各方面的人物。其中就有一位姓安的宁波商人，姓安的商人见沈焕为人干练，而且一个人在上海，便让沈焕进了自己参股的山货行，负责跑码头，采购山货。所以山货行这个"采购员"的角色和平台，让沈焕眼界大开，两湖、四川、陕西以及天津、保定等地，是沈焕每年山货新上来必去几次的地方，而湖北汉口是中部山货的集散地。所以沈焕在汉口待的时间比较长，时间一长，在汉口的朋友也多了起来，业务更是得心应手。茅盾描述说：曾祖父"他在这山货行内干了十年，由一个普通伙计成为专管进货，决定经营方针的大伙计"②。十年以后，山货行股权重组，宁波朋友安先生和沈焕密商在汉口合伙经营山货，沈焕以一千两银子的干股，为安先生的"安记山货行"当起职业经理人。经营几年以后，沈焕便把家属接到汉口，集中精力经营"安记山货行"。不久安先生年老退休，沈焕开始独立经营沈记山货行，此时的沈焕大概已经年过半百，但是经验正是丰富的时候。茅盾说："曾祖父独自经营后，魄力更大，而且正在'走运'，所谋必成，获利甚厚。但曾祖父也同时准备退路，他派长子和次子回乌镇，买下了观前街四间两进的楼房作为住宅，又买了北巷的两处民房，暂时收房租，打算将来拆造，建为厅房；因为观前街的房子名为两进，实际上很浅，是把一进改为两进的。"③所以，观前街17号的"四间两进"房子，是19世纪80年代由曾祖父沈焕在汉口经营山货生意时买的。同时沈焕还汇款到乌镇，让儿子们开一家纸店，取名"泰兴昌"。

但是经营是有风险的，有一次沈焕看错了行情，进了一批山货，一时无法脱手，资金周转不灵，只好借款，而已经进的货价格一跌再跌，

---

① 茅盾：《我走过的道路》（上），人民文学出版社1981年10月版，第9页。

② 同上，第10页。

③ 同上，第11页。

沈焕只好赶快贱卖，结果亏了大半。沈焕又折腾了一年光景，还清安先生存款后，盘给他人。自己所余一万两左右。此时沈焕对下一步的发展，有些茫然了，他没有功名，只是在私塾里读过几年书，而经营山货生意，是需要精力和体力的，五十五岁的沈焕常常有力不从心的感觉。沈焕在汉口衙门里的朋友，建议沈焕捐个官，好安度晚年。沈焕听了衙门里朋友的意见，捐了一个分发广东的候补道。手续办好以后，他把夫人和一子一女送回乌镇，自己带了千把两银子单身一人赴广州候补去了。

在广州候补三年，沈焕在广州的官场也舒展自如，所以三年以后取得梧州税关监督的肥缺。于是他将夫人和子女接到梧州，以便应酬税关官场。在梧州税关的第二年，乌镇传来喜讯，沈焕的长房长孙有了曾孙，让这位曾祖父给新生曾孙取名，沈焕给曾孙取名"德鸿"，小名"燕昌"。因为当时梧州的燕子很多，大家视为吉祥。但是沈焕直到沈德鸿一岁多时，即1897年的年底，才见到这个曾孙。沈焕没有想到的是，这个自己亲自取名的曾孙沈德鸿，日后会成为名闻遐迩的文学巨匠，五十年以后会成为中国的文化部长！

沈焕1897年年底回到乌镇以后，就住在观前街的房子里，因为沈焕在梧州时曾汇款到乌镇，让儿子再买个房子，以便他告老还家时住。当时在乌镇的儿子们看到在观前街已经买的房子边上，有两开间两进的房子正好在卖，于是他们一商量，就买了下来，并进行装修。所以沈家上上下下称西边的后买的房子为新屋。据说沈焕回到乌镇家里一看，大为恼火，认为儿子们不会办事，买这么个普通平常的房子，与沈焕的预期相去甚远。所以沈老太爷回来以后的心情是忧郁的。他是走南闯北阅人无数的人，他觉得自己的儿子孙子虽然都考取了秀才，但对功名进取都不大努力，兴趣不大。年轻人中只有卢鉴泉是将来有出息的。其实沈老太爷对清末此起彼伏的洋务运动、维新运动的影响的认识，还停留在广西梧州税关的世界里，没有想到在乌镇，已经深刻地影响着这些年轻人的思想和价值观了。

曾祖父沈焕回来了。沈家顿时热闹起来了。茅盾记得：当时"曾祖父、曾祖母，以及二祖父、四叔祖三房，大小共有二十二人之多，都得挤在观前街的四开间、名为两进的楼房里。在四开间的楼房，又是分两次买进的，靠东的两间，买来后就由祖父和二叔祖住了，房子陈旧，楼上楼下，都很低矮。"①而曾祖父曾祖母住在西边的所谓的新屋里。曾祖母王氏同是青镇（乌镇）人，娘家住在北巷。王会悟的父亲王彦臣是茅盾曾祖母的侄儿。所以辈分上，茅盾称王会悟为姑母。茅盾回忆：曾祖母王氏"比曾祖父小四五岁，王家三代以'训蒙'为业，家里设私塾，子女也在塾中读书"②。茅盾还说："曾祖母知书识字，性格刚强，不苟言笑，但待人极和气。她执行曾祖父的嘱托，督促长子与次子学举业，拜她的哥哥（秀才，以训蒙为业）为老师。"③所以茅盾的祖父是秀才出身，但是无意于举业。

曾祖父沈焕有三个儿子一个女儿，大儿子就是茅盾的祖父，名恩培，字砚耕，系清朝廪生，就是秀才考得好的，政府给以一点生活补贴。但是沈砚耕是个散淡的人，不喜欢经商，心思没有用在科举功名上，父亲沈焕给他一个纸店，沈砚耕在经营上还请了一个绍兴人黄妙祥当经理去打理，自己很少过问。沈砚耕毕竟秀才出身，书法写得很有底蕴，常常为人家写字，从堂名、楼名、对联乃至花圈、冥屋等纸扎品，他都有求必应。而且沈砚耕写字，从不署名。他自己曾说："我之喜为人写字，聊以自娱，非求功名。"据茅盾回忆，他祖父的生活很有规律，每天上午或到本地绅士富商常去的本镇应家桥的"访卢阁"茶室饮茶，或者到西园听拍曲（即练习唱昆曲），午睡以后，沈砚耕就到朋友家打小麻将，以八圈为度，最大输赢不超过一两银子。在乌镇的老人的记忆里，茅盾家东邻的"锦兴斋"纸扎店的主人嵇谱琴，是和沈砚耕常常在一起打牌

① 茅盾：《我走过的道路》（上），人民文学出版社1981年10月版，第15页。

②③ 同上，第10页。

的一个朋友。沈砚耕曾经为"锦兴斋"纸扎店写过一纸告示："有事出门，暂停三日。"字迹浑厚敦实，这是目前我们所能见到的茅盾祖父沈砚耕的唯一手迹。[1]沈焕对儿子们的功课要求很高，抓得很紧，自己不在乌镇时，还让王氏督促他们读书。但是沈砚耕和他父亲沈焕相反，他对儿孙没有什么要求，茅盾说："祖父从来不管教儿女，常说一联成语：'儿孙自有儿孙福，不替儿孙作牛马。'他又常说：'先人授我者若干，我在男婚女嫁之后（说此话时，祖父有三子二女未婚嫁）尚能以先人授我者留给儿孙，则亦可谓仰不愧而俯不怍了。'父亲在日，很不赞成祖父这种态度，曾婉劝多次，但无效果。"[2]所以，茅盾祖父沈砚耕是乌镇镇上一个有文化的乐天派。但是，虽然对儿孙的成长任其自然，可是1916年茅盾从北京大学预科毕业时，沈砚耕应儿媳陈爱珠的请求，还亲自给在北京的亲戚卢鉴泉写信，请卢鉴泉帮助自己孙子找工作。1920年秋天，沈砚耕在乌镇去世。其时，茅盾正在商务印书馆忙碌，刚参加共产党组织的茅盾得知祖父去世，放下手头正在写的《家庭改制的研究》文章，立即赶去乌镇奔丧。[3]这是后话。

---

[1] 1980年10月11日，笔者陪同孙中田、张立国两位老师到乌镇了解茅盾童年少年时代和茅盾家世，在"锦兴斋"纸扎店里访问到81岁的老人阿和（音），他从店里寻找到这张告示。后来这幅告示为当时县茅盾文物征集办公室征集收藏。

[2] 茅盾：《我走过的道路》（上），人民文学出版社1981年10月版，第14页。

[3] 茅盾在《我走过的道路》（中）人民文学出版社1984年5月版第132页中说："祖父已在前几年去世，那时我在日本，听说祖父死于脸上长的一个肉瘤（现在猜想是皮肤癌）。"这是茅盾晚年的回忆。但是笔者在茅盾发表在1921年1月15日《民铎》第2卷第4号上署名沈雁冰的《家庭改制的研究》有一个简单的"附白"，其中写道："此篇前半篇于去年秋间写出，遭祖父之丧，不及做完，搁置已久；近因石岑先生要我做一篇东西给《民铎》，我理出这篇旧稿续成完篇……"看到这个附白，我觉得茅盾写"遭祖父之丧"是真实可信的，因为当时年轻的茅盾不可能假托祖父去世来做噱头的。于是我将自己的想法写信告诉茅盾儿子韦韬先生，他在1990年3月25日来信肯定我的想法，其中说："茅公生前的回忆可能有误，因为他也记不准了；而你发现的'附白'，倒可能是真实的，因为当时不可能造假这种事。如此，曾祖逝世当在1920年秋。"所以可以认定茅盾祖父沈砚耕去世是在1920年秋。

茅盾祖母高氏是乌镇东边新塍农村的一个地主的女儿，她有农村妇女的本色，十分勤劳，信佛。对农村的四时八节有着天然的感情，而且对这些风俗习惯非常熟悉，利用大家庭厨房下脚料如青菜老叶等养猪，后边空地上有桑树，她就带领儿孙们养蚕，当然这没有什么效益，只是满足高氏的农村情怀而已。但是当时对茅盾小时候的影响，却是带来很大的快乐。看杀猪、养蚕等等，给小时候的茅盾带来无穷的乐趣。茅盾的祖母生于1852年，卒于1932年8月。享年80岁。当时，在茅盾家的这个大家庭里，女性大多是处事果断，很有主见的。而且，从茅盾的曾祖母到祖母到母亲，女性的家庭地位不低，尤其是茅盾的曾祖母王氏和茅盾的母亲，都是在乌镇镇上长大，而且都有一定的文化，所以她们在处理家庭事务中，非常干练，也非常周到大度，所以常常有决定权。茅盾记得曾祖父去世以后，老三房分家的过程中曾祖母表现出来的果断、周到、坚定的性格和作风，让茅盾母亲非常佩服，茅盾说："我的母亲一向很佩服曾祖母办事果断，胸有成竹。曾祖母的卧房搬在前楼，就在母亲卧房隔壁，我的母亲常到曾祖母房里闲谈。"[1] 所以沈家女性的处事果断、礼数周全的性格，在茅盾心目中留下了深刻的影响。

沈砚耕的弟弟沈恩俊，字悦庭，秀才。他就是茅盾的二叔祖。据乌镇的一些老人回忆，沈恩俊为人正直，生性固执，所以在乌镇的绅士中颇为威望。茅盾说他"无意于举业，却很想经商"[2]。他考中秀才以后，多次参加"乡试"，都没有考中，当时茅盾曾祖父在梧州汇款到乌镇，开一个"京广杂货店"，由沈恩俊担任经理，结果他经营无方，营业一年不如一年，到茅盾曾祖父告老还乡时，这个杂货店几乎到倒闭的边缘，茅盾的曾祖父只好将他的经理免掉，提拔店内一个能干的伙计胡少琴担任经理。后来沈恩俊在乌镇地方上，时不时担任点职务，如青北保卫团

---

① 茅盾：《我走过的道路》（上），人民文学出版社1981年10月版，第23页。

② 同上，第14页。

"团总"，1922 年，茅盾这位二叔祖还担任过桐乡县议会议员。三十年代，沈恩俊担任青北镇镇长，其实管辖 49 图和 48 半图，即一图半，有 581 户，2864 人，相当于今天的街道主任。这是后话。沈砚耕的妹妹沈恩敏，生于 1872 年，因排行第三，所以人称"三小姐"。年轻时曾随父亲沈焕去广西梧州生活，由于父亲择婿甚严，所以一直到 27 岁那年，才嫁给乌镇绅士卢景昌的儿子卢福基。卢福基的原配夫人钦氏早逝，留下一双儿女，儿子就是卢鉴泉，即影响茅盾成长的卢表叔。沈恩敏嫁到卢家，为卢福基的继配，比丈夫小十多岁，但是卢家对她十分尊重，卢鉴泉对她十分孝顺。卢福基在 1919 年正月初二去世，享年 64 岁。清末民初学者劳乃宣为其撰写"墓志铭"，称其"平生有本有文，不磷不缁，一代完人"。而茅盾姑祖母沈恩敏大概 1940 年在上海去世。茅盾的四叔祖沈恩增（字吉甫，小名阿海），生于 1874 年。沈恩增写得一手漂亮的毛笔字，所以沈焕在梧州税关时，专门带了这个小儿子，让他专门代拟信稿。后来随父回到乌镇，曾在大户人家当家庭教师，在乌镇附近的镇上当铺做"管账先生"，后来当铺着火，东家从中舞弊，坑害贫民，沈恩增受到刺激，精神不振。当时他的儿子沈永钰在江西南昌银行工作，就接沈恩增到南昌一起生活，后来因为病情严重，回到乌镇以后于 1919 年去世。沈恩增的儿子沈永钰，字薰南，生于 1895 年，比茅盾大一岁。[1] 即是茅盾在回忆录里提及的"凯叔"，他在嘉兴读中学时和茅盾是同学，后来因为

---

[1] 据沈永钰的儿子沈德溥夫妇 1982 年 8 月 25 日给笔者来信介绍："沈永钰（字薰南），即茅盾《我走过的道路》中的所称的凯叔，生于 1895 年，于 1945 年 8 月逝世。"信中还说："沈永钰，曾在乌镇立志小学、植材小学、嘉兴中学后转入湖州中学。中学毕业后，由表叔卢学溥介绍考入北京中国银行当练习生（1915 年），后来先后调南昌中国银行会计主任（1918 年），开封中国银行主任，天津中国银行主任等，1939 年日本占领华北后，调至重庆中国银行，西安中国银行襄理等职，1945 年日本投降后，奉派接收天津中国银行（因家属均在天津），中途因飞机失事牺牲。"此事，笔者在 1982 年 8 月 29 日访问茅盾邻居阿和老人时，老人告诉我，沈永钰逝世后，民航局曾派人来乌镇调查了解沈永钰家庭情况，进行抚恤。

反对学监专制而与茅盾一起被除名。之后茅盾去杭州读书,沈永钰去湖州读书。1915 年中学毕业以后,由卢鉴泉介绍去北京中国银行当练习生,1918 年起先后在南昌担任中国银行会计主任,开封中国银行、天津中国银行主任等职。抗战胜利以后,沈永钰奉命去天津接收天津中国银行,途中因飞机失事而牺牲。他在南昌时,曾题款赠送沈泽民"笔洗"。

这是茅盾祖父一辈的大致情况。

茅盾是沈家长房长孙,茅盾父辈的兄弟姐妹有六个,除了茅盾父亲和两个姑母外,都曾经在银行界工作。茅盾父亲沈永锡,字伯藩,小名景崧,业中医。生于 1972 年,他虽然 16 岁中秀才,但受维新运动的影响,他鄙视科举制度,相信科学,笃信实业救国的理论,由此决定沈伯藩勤奋好学的性格。据说这位相信科学的无神论者,还在自己家的门上写上"僧道无缘"四个字,以示自己的信仰。茅盾回忆说:"父亲虽然从小学八股,中了秀才,但他心底里讨厌八股。他喜欢的是数学。恰好家里有一部上海图书集成公司出版的《古今图书集成》(那时曾祖父在汉口经商走运时买下来的)。父亲从这部大类书中找到学数学的书。由浅入深地自学起来。"[①] 茅盾还说:"他根据上海的《申报》的广告,买了一些声、光、化、电的书,也买了一些介绍欧、美各国政治、经济制度的新书,还买了介绍欧洲西医西药的书。"[②] 尤其是在维新运动高潮时,给勤奋好学的沈伯藩极大的鼓励,他曾计划到杭州进新立的高等学校,然后再考取到日本留学的官费,如果考不上,就到北京进京师大学堂。可谓一番雄心壮志! 后来维新运动失败,沈伯藩的计划落空,心情十分沮丧。1902 年,沈伯藩在朋友的劝说下勉强到杭州参加"乡试",结果自然没有希望中试。在杭州参加"乡试"时,沈伯藩买了一些旧小说如《封神榜》《西游记》《三国演义》《东周列国志》等,也买了上海新出的文言译的西洋名著,拍了一张六寸的半身照片。

[①②] 茅盾:《我走过的道路》(上),人民文学出版社 1981 年 10 月版,第 28 至 29 页。

在这之前，沈伯藩和乌镇名中医陈我如的女儿陈爱珠订婚以后，便到未来岳父那里学习中医。他想自己有一技之长，就可以养活一家人。关于陈我如，当地方志上有这样的记载："陈世泽，字我如。乌镇人，乌程廪贡。其先有会千者，自太湖蒋溇迁乌镇行医，至世泽十余世矣。世泽以儒业医，所造尤深，其《素灵类集解》一书，汇集诸说，有禅学者，非时医所能及也。弟世璜，字渭卿，亦有名，嘉湖百里间求医者踵至。"[1] 茅盾在回忆录里曾经专门提到陈渭卿先生为沈泽民小时候看病的往事。茅盾的外祖父陈我如是杭嘉湖一带的祖传名中医，为人严肃耿直，为人看病非常认真，祖宅在太平天国军和清兵在乌镇打仗时烧毁了，后来陈我如在旧址上慢慢恢复起来，到中年时，房子已经恢复以前的面貌。陈我如一边行医一边学习闱墨，茅盾说他五十岁以前，每逢乡试，必然去考。五十岁以后才断"正途出身"的念头。据说他将自己练习过的闱墨范本文稿付之一炬，以断此念。

陈我如非常爱惜自己的医界名声，他招收学生，十分严格，一必须是秀才，二必须人品端正，忠厚虚心。而且当了他的门生，还有一个试用期，如果他发现门生遇事伪饰，性情浮躁，花言巧语，他就不收这个人为门生。所以，陈我如的名声日隆，家里有专门供陈我如出门看病的船，有专门的人打理。还有出门看病用的轿子，同样有专门的人打理，因此陈家最兴隆时，学医的门生、打理船和轿子的船工、轿夫，以及负责这么多人伙食的用人，男男女女，十分热闹。但是陈我如看病，每天门诊五六人为限，认为精力有限，不肯多诊，防止误人。即使陈我如名声如日中天时，也是如此。茅盾的外祖母是外祖父的第二个妻子，外祖父前妻生了一个儿子，不幸早夭。后来娶比自己小十岁的钱氏为续弦。钱氏嫁到陈府时，年仅二十来岁，她生了两个儿子，不幸都在二三岁时生病夭折了，为此钱氏得了"脑病"，时而兴奋，时而情绪低落，有时将家

---

① 参见民国二十五年版《乌青镇志》。

里的菜肴烧好后送给邻居，到钱氏生下茅盾母亲以后，钱氏的"脑病"更加严重了，甚至于无法自己带自己的孩子。到女儿四岁时，陈我如将女儿交给自己的连襟王秀才去教养。茅盾回忆说，母亲"她跟老秀才学会了读、写、算，还念过不少古书；她跟姨母学会做菜，缝纫"①。所以，茅盾母亲陈爱珠出身在中医世家，从小就受到良好的教育，知书达礼，性格坚强而有远见。后来茅盾父亲沈伯蕃和陈爱珠订婚以后，就到岳父那里学医，成为陈我如的关门学生。茅盾母亲在姨夫家里时，钱氏又生了个儿子，这个儿子就是茅盾的舅父陈长寿，1894 年茅盾父母结婚以后，这个舅舅还没有成家，所以茅盾母亲还要回到娘家帮助管理这个陈府。茅盾母亲 14 岁从姨夫家回到陈府管理家务，管理得井井有条。所以结婚以后，陈我如还需要女儿去管理。当时陈府上下几十号人的日常管理，是茅盾母亲的主要任务。茅盾后来写《霜叶红似二月花》，就有陈府的原型。陈长寿和乌镇姑娘潘宝珠结婚以后，茅盾母亲就把陈府的主要财务收支等等交给弟媳妇他们，而自己只是他们需要时给他们支支招。

后来茅盾的外祖父不再行医，而外祖父陈我如的堂弟陈渭卿正如日中天，来求医的人络绎不绝，名气和陈我如一样，在杭嘉湖一带很有名。茅盾的外祖父大概在 1898 年去世，享年 70 岁。茅盾对外祖父的印象几乎没有，所有陈家的往事，都是茅盾母亲后来告诉茅盾的。至于茅盾外祖父堂弟一家，后来和茅盾母亲以及茅盾来往非常密切，名中医陈世璜，字渭卿，妻姚氏，他们有一个儿子，叫陈粟香，娶褚氏为妻，陈粟香他们有两男两女，长子陈璞，字蕴玉。次子陈璠，字瑜清，他就是茅盾的表弟，他是茅盾母亲为他争取了出国费用之后，去法国留学的，是和茅盾来往最多的一位亲戚之一。此外陈粟香还有两个女儿，即茅盾回忆录里提及的"三小姐""五小姐"。其中一位嫁到乌镇附近的南浔镇，一位嫁在乌镇近郊。茅盾的表哥陈蕴玉的两个女儿，一个是陈智英，一个是

---

① 茅盾：《我走过的道路》（上），人民文学出版社 1981 年 10 月版，第 6 页。

陈慧英，后来陈智英由叔父陈瑜清带到上海读书，她前后两任丈夫都是共产党员，第一个丈夫牺牲后，与地下党柯麟结婚；而陈慧英由陈瑜清带到福建泉州读书，后来与伍禅结婚，伍禅在解放以后担任致公党副主席。他们都是对中国革命对中国共产党有贡献的人。①

茅盾外祖父家族的这些往事，在后来茅盾的小说中都有表现。

① 参见《陈瑜清文存》，浙江大学出版社 2009 年 4 月版，第 369 至 377 页。

三、从"立志"到"植材"

    茅盾到了应该读书启蒙的时候，茅盾父母专门有过商量，认为茅盾的天赋，可以早点读书，早点让他接触书本上的知识。当时茅盾的大家庭里有一个家塾，专门由茅盾的祖父沈砚耕负责教沈家的几个孩子，包括沈砚耕弟弟家的孩子，家塾就在观前街 17 号的沈家底层的临街的房子里。如果矮窗开着，街上的行人可以看到里面上课的情形。可以听到里面摇头晃脑唱的《三字经》《千家诗》之类的课文。所以茅盾父母商量以后，决定不让茅盾进家塾。而由茅盾母亲陈爱珠亲自教儿子茅盾。茅盾回忆说："我们大家庭里有个家塾，已经办了好多年了。我的三个小叔子和二叔祖家的几个孩子都在家塾里念书。老师就是祖父。但是我没有进家塾，父亲不让我去。父亲不赞成祖父教的内容和教学方法。祖父教的是《三字经》《千家诗》这类老书，而且教学不认真，经常丢下学生不管，自顾出门听说书或打小麻将去了。因此，父亲就自选了一些新教材如《字课图识》《天文歌略》《地理歌略》等，让母亲来教我。所以，我的第一个启蒙老师是我母亲。"[①] 在一两年以后，家塾的情况发生了变化，茅盾的祖父不愿意教了，而把教书的事情推给了茅盾父亲沈永锡。于是茅盾父亲一边行医，一边教家塾。茅盾也随之进家塾读书。但是茅盾用的课本仍旧是茅盾父亲自己编的新学课本。茅盾说："父亲对

---

    ① 茅盾：《我走过的道路》（上），人民文学出版社 1981 年 10 月版，第 62 页。

我十分严格，每天亲自节录课本中四句要我读熟，他说，慢慢地加上去，到一天十句为止。"[1] 茅盾父亲生病以后，茅盾被父亲送到乌镇的一个私塾里继续读书。这个私塾就是茅盾曾祖母的娘家办的，教书的是茅盾曾祖母的侄儿王彦臣，王彦臣和茅盾父亲年纪差不多，也是有维新思想的年轻人，但是他在乌镇自己家里办私塾，因为镇上的人看他教书有耐心，所以都愿意将孩子送到他的私塾里读书。王彦臣虽然有维新思想，但还不敢教孩子新的知识，担心家长们不愿意。所以他还是教《三字经》之类的课本。王彦臣有几个女儿，其中一个比茅盾小两岁，即 1898 年 7 月 10 日出生的王会悟。王会悟后来在上海与共产党创始人之一的湖南人李达结婚。王会悟虽然年纪比茅盾小，但是在亲戚的辈分上，却是茅盾的表姑母。据茅盾自己说，在王家私塾里，只读过半年左右。因为 1902 年，茅盾家隔壁的立志书院改造成一个新式小学，第二年开学以后，由茅盾姑祖母家的卢鉴泉担任校长，而卢鉴泉既是亲戚，又是茅盾父亲的朋友，富有维新思想。1903 年到北京会试，落第以后回到乌镇，于是在乌镇立志书院改造的"乌青镇国民初等男学"担任校长。所以茅盾是 1903 年进隔壁的俗称"立志小学"接受正式的学校教育的。茅盾记得："立志小学校址在镇中心原立志书院旧址，大门两旁刻着一副大字对联：'先立乎其大，有志者竟成'，嵌着立志二字。这立志书院是表叔卢鉴泉的祖父卢小菊创办的。……现在在原校址办起立志小学，又由卢鉴泉担任校长。卢表叔那年和我父亲结伴去杭州参加乡试，中了举人，第二年到北京会试落第，就回乡当绅缙。因为他在绅缙中年纪最小，又好动，喜欢管事，办小学的事就推到了他身上。"[2] 当时，由于卢鉴泉的积极筹备，开学那天，竟然有五六十个学生。学生分两个班，年纪大的分在甲班，小的分在乙班。茅盾开始时因为

---

① 茅盾：《我走过的道路》（上），人民文学出版社 1981 年 10 月版，第 62 页。

② 同上，第 63 页。

年纪小而分到乙班，但是上课不到十天，又根据实际水平分班，茅盾分到甲班。因为甲班的程度高一些，课程教得快一些。估计当时开学以后，小学又有"摸底"考试，才有重新调整班次的做法。当时"立志小学"教甲班的老师有两位，茅盾记得一个是外镇请来的教算学的翁先生，一个是茅盾父亲的朋友沈听蕉先生，教国文、兼教修身和历史。是乌镇的一个有名的年轻知识分子，他生于1875年，比茅盾父亲小3岁，16岁考取秀才，后来倾向维新，思想进步，学问渊博，三十年代的《乌青镇志》上，称他"慷慨有大志，读书务博览，大如朝章国故，小至里巷琐闻，靡不通晓"。《镇志》记载："康梁创新政，里人犹多固步自封，鸣谦独与意合。"① 据乌镇老人回忆，沈听蕉能识半部《康熙字典》，而且棋艺精湛，一个人同时弈四五副象棋。在茅盾记忆里，沈听蕉对茅盾的影响还是很大的，茅盾在回忆录中说："《速通虚字法》帮助我造句，《论说入门》则引导我写文章。那时，学校月月有考试，单考国文一课，写一篇文章（常常是史论），还郑重其事地发榜，成绩优秀的奖赏。所以会写史论就很重要。沈听蕉先生每周要我们写一篇作文，题目经常是史论，如《秦始皇汉武帝合论》之类。他出了题目，照例要讲解几句，暗示学生怎样立论，怎样从古事论到时事。我们虽然似懂非懂，却都要争分数，自然跟着先生的指引在文章中'论古评今'。"② 茅盾在沈先生的课堂训练下，作文开始崭露头角，茅盾记得："每星期写一篇史论，把我练得有点'老气横秋'了，可是也使我的作文在学校中出了名，月考和期末考试，我都能带点奖品回家。"③ 后来，茅盾父亲病三年以后，在1905年夏末秋初去世了，茅盾母亲在丈夫的遗像前，用恭楷写了一副挽联："幼诵孔孟之言，长学声光化电，忧国忧家，斯人斯疾，奈何长才未展，死不瞑目；良人亦即良师，十年互勉互励，雹碎春红，百

---

① 民国二十五年版《乌青镇志》，卢学溥主编。

② 茅盾：《我走过的道路》（上），人民文学出版社1981年10月版，第64页。

③ 同上，第65页。

身莫赎，从今誓守遗言，管教双雏。"^①从此茅盾母亲和茅盾兄弟的日子更加艰难。

在立志小学时，沈听蕉为茅盾辩诬，让茅盾铭记一辈子。当时茅盾父亲已经去世，茅盾仍然在立志小学读书，有一次下课时，有一个同学让茅盾陪他去玩，茅盾却急于回家，不肯陪他去玩，那个同学拉他，他挣脱了就跑，这个同学就追茅盾，结果那个同学自己不小心摔了一跤，膝盖上、手腕上擦破点表皮，于是他就拉着茅盾到茅盾家里，向茅盾母亲诬告茅盾。茅盾母亲就安慰那个同学，并给他几十个制钱，说是给他医治早已血止的手腕。这时在场的二姑母说几句讥讽茅盾母亲的话，茅盾母亲一听，突然大怒，拉着茅盾上楼，关了房门，拿起戒尺就要打茅盾。这时茅盾夺门而出，母亲在房门口恨声说："你不听管教，我不要你这个儿子了！"茅盾跑到街上了，茅盾祖母赶快让茅盾的三叔去找，三叔出去一会儿，回来说没有找到。祖母更着急，这时茅盾在街上走了一会儿，想想还是请沈听蕉老师给自己的母亲证明一下。沈听蕉是看见那个同学自己摔倒的，于是沈老师陪着茅盾回家，沈老师拉着茅盾站在天井里，请茅盾母亲出来说话，茅盾母亲没有下楼，就在朝北临天井的窗口听沈老师说明。沈听蕉说："这事我当场看见，是那孩子不好，他追德鸿，自己绊了跤，反诬告德鸿。怕你不信，我来做证。"又说，"大嫂读书知礼，岂不知孝子事亲，小杖则受，大杖则走乎？德鸿做得对。"茅盾母亲一听，说声"谢谢沈先生"就回房去了。晚上，茅盾在母亲房间里，祖母让茅盾跪着向母亲请罪，茅盾跪在母亲面前，请母亲打自己。这时茅盾母亲潸然泪下，拉着茅盾起来。从此，茅盾母亲再也不打茅盾了。所以这件事，让茅盾记了一辈子。沈听蕉先生后来由卢鉴泉介绍去银行界工作过，又在乌镇汇源典当行担任"大先生"，不久又去嘉兴省立二中担任书记（秘

---

^① 茅盾：《我走过的道路》（上），人民文学出版社 1981 年 10 月版，第 53 页。

书），1934 年 3 月 24 日，沈先生晚上"与人对弈归寝后气逆而卒"①。这是后话。

大概在 1906 年冬，茅盾在"立志小学"毕业。②此时，正好在乌镇的中西学堂从东栅迁到镇内的"北宫"的奉真道院，改名为"乌青镇高等小学"。于是茅盾进了这所乌青镇高等小学。当时奉真道院的"三元阁""斗姥阁"等都改为校舍，镇上胡、郑二姓市民听说建学校，无偿捐献奉真道院外面的空地，作为学校的操场，并在空地上新建教室 4 间，讲台 1 座。学校的总面积达到 20 余亩，成为乌镇规模最大的一所学校。学校课程与立志小学和原来的中西学堂也不一样了。这个学校除古文以外，还开设了英语、数学、化学、音乐、体操、图画等课程，而师资力量也是乌镇最集中的。校长是乌镇本地的徐晴梅，此时 30 多岁，生于 1876 年 10 月 13 日，他是一个思想倾向维新，崇尚实业的知识分子，所以与茅盾父亲沈永锡以及卢鉴泉、沈听蕉等成为好友。他聘用的教师，也大多是年轻人，而且有的是中西学堂毕业后去上海进修回来的，如徐承焕、徐承煌兄弟，都是中西学堂毕业以后送到上海进修，然后回到乌镇来教英语、音乐等。此外，徐晴梅校长还聘请了王彦臣、周渊如两位先生来教国文。还有南浔的张济川，是中西学堂毕业以后，保送到日本进修二年回来的，他除了教《易经》外，还教物理、化学。对他的课，茅盾印象深刻，曾说："他在教室里作实验，使我们大开眼界。"③而教绘画的是一个六十多岁的镇上的老画家。所以，茅盾在乌青镇高等小学读书，完全进入一个新天地。而且虽然离家不远，茅盾母亲为了让茅

---

① 民国二十五年版《乌青镇志》，卢学溥主编。

② 关于茅盾立志小学毕业的时间，有认为是 1906 年冬，也有认为是 1907 年冬。现在看，应该是 1906 年冬。因为"乌青镇高等小学"是在 1907 年春开学的，而茅盾记忆是"立志小学"毕业，正好中西学堂迁到"北宫"，所以茅盾成为新办的"乌青镇高等小学"的第一批学生。据"乌青镇高等小学"出资人沈和甫向浙江省有关部门报告，其中有"择吉于 2 月 16 日开堂教授"等语，可见是春季开学。

③ 茅盾：《我走过的道路》（上），人民文学出版社 1981 年 10 月版，第 67 页。

盾专心读书，特地花每个月四元的费用，让茅盾住校，星期天才回家。在学校里，茅盾感到最新鲜的是唱歌，徐承焕老师教茅盾他们唱《黄河》，这是杨度 30 岁，即 1904 年写的一首《黄河》的歌词，后来被谱曲以后广泛流行。这首歌又抒情悠扬又大气磅礴，在茅盾记忆里留下深刻印象。歌词是："黄河黄河出自昆仑山，远从蒙古地，流入长城关。古来圣贤，生此河干。独立堤上，心思旷然。长城外，河套边，黄沙白草无人烟。思得十万兵，长驱西北边。饮酒乌染海，策马乌拉山，誓不战胜终不还。君作铙吹，观我凯旋。"[1] 据说杨度还写过一首《扬子江》，可惜失传。当时徐承焕只教唱，不解释歌词内容，所以茅盾星期天回家还向母亲请教歌词的意思，茅盾母亲给他讲解歌词的内容。徐承焕先生除了教音乐外，还教英语，教体育。英语用的课本是纳氏文法第一册。而体育课则是练习列队、齐步走等等，比较简单。至于教茅盾他们绘画的先生，茅盾记得："他教我们临摹《芥子园画谱》，说：'临完了一部《芥子园画谱》，不论是梅兰竹菊，山水，翎鸟，都有了门径。'但是他从不自己动手，只批改我们的画稿，他认为不对的地方，就赏一红杠杠，大书'再临一次'。"估计当时茅盾得到过这位老师的红杠杠。所以小学里茅盾对绘画兴趣没有激发出来。同样，数学课程，也让茅盾有点跟不上，当时教茅盾他们数学的徐承烺老师很年轻，1890 年 3 月 3 日出生在乌镇，[2] 所以他只比茅盾大六岁。茅盾说："教代数、几何的是徐的兄弟徐承烺，用的几何课本是《形学备旨》，代数课本是什么记不得了，但进度很快。"估计年轻的徐承烺的教学方法不是特别受学生欢迎。

但是，在乌青镇高等小学读书时，茅盾的作文依然名列前茅，茅盾的小学同学沈志坚后来回忆说，茅盾成绩"为全校之冠"。估计茅盾的作文国文成绩为全校之冠。而且茅盾对古文的熟悉和了解，已经到了相

---

[1]　卢福毅：《杨度撰写的〈黄河〉歌词》，载《党员文摘》1991 年第 4 期第 7 页。

[2]　据徐氏家谱记载。徐家堤先生提供。

当的程度。有一次，教古文的周渊如老师讲解《孟子》时，有一个字的解释错了，茅盾他们就和周老师辩论，后来闹到校长徐晴梅那里。徐校长顾全周老先生面子，打圆场说："可能周先生说的是一种古本的解释吧。"对此事，茅盾在回忆录中说："教《孟子》的姓周，虽是个秀才，却并不通，他解释《孟子》中'弃甲曳兵而走'一句，把'兵'解释为兵丁，说战败的兵，急于逃命，扔掉盔甲，肩背相磨，仓皇急走，就好像一条人的绳，被拖着走。但是《孟子》的朱注明明说'兵'是武器，我们觉得他讲错了，就向他提出疑问，他硬不认错，直闹到校长那里。"据说周先生也是乌镇有名的秀才，但是家无恒产。① 所以，这之前在校长徐晴梅家里做家庭教师，中西学堂搬到镇内，改造为乌青镇高等小学以后，校长徐晴梅聘请周先生到小学担任国文老师，教这些学生古文。

茅盾的写作水平在小学已经相当不错了，连老师都觉得很了不起。据说当时的张之川老师鼓励茅盾好好用功，预言他"将来是个了不起的文学家"！当时茅盾同学回忆，茅盾听到老师的这些鼓励，"益发用功了"，并"以异日之文豪自期"，认为"能著作一种伟大的小说，成一名家于愿足矣"！② 所以，茅盾在乌青镇高等小学读书时，每个月考试，常常得到奖励，有一次考试以后，学校奖励他两本童话:《无猫国》《大拇指》③。此应该是 1909 年上半年的事。因为《无猫国》是 1908 年 11 月左右出版的，而《大拇指》是 1909 年 2 月出版的。④ 都是中国童话的开山祖师孙毓修的作品。茅盾后来在商务印书馆与孙毓修成为同事，孙先生带着茅盾进行翻译外国文学作品和编写童话，这是茅盾小学时代得奖时绝对是没有想到的。茅盾回忆，当时将奖励的童话带回家，送给弟弟沈泽民。

---

① 徐家堤：《为尊者讳》，载《四溪拾贝》（自印本），2013 年 4 月版，第 406 页。

② 志坚：《怀茅盾》，刊杨之华编《文坛史料》，上海中华日报社 1944 年 1 月版。志坚，即沈志坚，茅盾小学同学。

③ 茅盾：《我的小学时代》，刊 1938 年 5 月 16 日《宇宙风》第 68 期。

④ 柳和城：《孙毓修评传》，上海人民出版社 2011 年 10 月版，第 72 页。

茅盾在小学时的成绩，以及老师对茅盾作文的肯定和高度赞扬，在他小学时代留下来的两册作文里，留下了史迹。茅盾两册作文本，共有37篇，16000多字。其中有一册标明是"第二册"，另外一册没有标明第几册。从内容考证，当是1909年的作文。作文大多是史论、策论、散文、释典、时论等等，内容都是学校布置的作业。这些作文结构严密，气势宏伟，分析深刻，文字流畅。尤其是小学老师对茅盾的这些作文的眉批和评语，十分精彩。在《宋太祖杯酒释兵权论》中，老师的评语是："好笔力，好见地，读史有眼，立论有识，小子可造，其竭力用功，勉成大器！"《祖逖闻鸡起舞论》一文的评语是："慨祖生不遇其主，壮志莫酬，确有见地。行文之势尤蓬蓬勃勃，真如釜上之气。"在《学部定章》中，老师批语："生于同班年最幼而学能深造，前程远大未可限量。急思升学，冀着祖鞭，实属有志。"在《文不爱钱武不惜死》中，老师评语："慷慨而谈，旁若无人，气势雄伟，笔锋锐利正有王郎拔剑斫地之慨！"在《秦始皇汉高祖隋文帝论》中老师写道："目光如炬，笔锐似剑，洋洋千言，宛如水银泻地无孔不入。国文至此，亦可告无罪矣！十月望后三日灯下校。"在茅盾的一些议论当下的作文里，也有老师的好批语，如《学堂卫生策》中茅盾列数几条具体建议，老师看了以后，批语中写道："卫生学似窥过，所举数策，确是学堂至要至紧！"在《青镇茶室因捐罢市平议》的作文中，茅盾认为茶室"业小资薄"，所以"警察捐"不能由茶室负担；还有，茅盾认为警察是保护大商家的，所以"警察捐"就应该由大商家来负担。老师在这篇作文后面批语道："办地方之事必宽以筹之。作者谓'与小民缠扰不已哉'，至论至论！"

　　茅盾记得："进植材的第二年上半年有所谓的童生会考。前清末年废科举办学校时，普遍流传，中学毕业算是秀才，高等学校毕业算是举人，京师大学堂毕业算是进士，还钦赐翰林。所以高等小学学生自然是童生了。我记不起植材同什么高度小学会考，只记得植材这次会考是由卢鉴泉表叔主持，出的题目是《试论富国强兵之道》。我把父亲与母亲议论国家大事那些话凑成四百多字,而终之以父亲生前曾反复解释的'大丈夫当以天下为己任'。卢表叔对这句加了密圈,并作批语:'十二岁小儿,能作此语,莫谓祖国无人也。'"[1] 当时,卢鉴泉看到茅盾的考试卷子,非常高兴。他拿了卷子给茅盾的祖父祖母看,称赞茅盾。还给茅盾母亲看,表扬茅盾。茅盾母亲是一个非常清醒的人,她知道卢表叔这样做,是为她在大家庭里减轻压力,因为沈家大家庭里对茅盾母亲抚养两个儿子的开销,颇有闲言,认为茅盾母亲让茅盾在植材小学当寄宿生,花了这么多钱在茅盾身上,浪费。对此茅盾回忆说:"我在植材是寄宿的。寄宿生和教师同桌吃饭,肴馔比较好。母亲不惜每月交四元的膳宿费,就是为了我的营养好一点。因为祖母当家,实际是二姑妈作主,每月初一、十六、初八、二十三才吃肉,而且祖母和三个叔父两个姑妈,加上母亲、弟弟和我,即使大碗大块肉,每人所得不多,何况只是小碗,薄薄的几片呢? 二姑妈背后说母亲每月花四元是浪费,但钱是母亲的,二姑妈也无可奈何。"[2] 其实,当时少年茅盾的身体十分单薄,加上茅盾从小非常用功,体质很差。学校上"体操"课,茅盾只能参加简单的"列队"、开步走、立正、稍息、枪上肩等动作。有一次,因为前一天没有睡好,于是第二天茅盾在学校里发生了"梦游",这件事,让茅盾母亲更加担心儿子的身体,因此除了给茅盾吃饭增加点营养外,还规定茅盾不许熬夜,晚上九点必须睡觉。

1909年年底,茅盾在植材小学毕业。时年十三周岁多了,茅盾还是生得十分瘦小,有点弱不禁风的样子。但是小学毕业以后,乌镇当时还没有中学,因此,茅盾必须离开家庭去外地读书。而中学离乌镇最近的只有杭州、嘉兴、湖州三个地方有,杭州还有一所师范学校,不收学费,还发放生活用品,但是毕业以后必须从事教育,去学校当教员。但是这

---

① 茅盾:《我走过的道路》(上),人民文学出版社 1981 年 10 月版,第 68 页。

② 同上,第 69 页。

不符合茅盾父亲的遗言要求，所以茅盾母亲不让茅盾去杭州读师范学校。本来作为嘉兴桐乡青镇的茅盾家，去嘉兴读中学，是顺理成章的。恰时，茅盾母亲知道乌镇有个姓费的亲戚的孩子已经在湖州中学堂读书，于是茅盾母亲让茅盾去湖州中学堂读书，这样可以让那个亲戚的孩子照顾一下身体瘦小的茅盾。于是茅盾母亲决定茅盾去湖州读中学。茅盾晚年在回忆去湖州读书时说："这是我第一次离开乌镇，又是到百里之远的湖州，所以母亲特别不放心。"[1] 在决定去湖州读书时，茅盾母亲又向费姓亲戚打听湖州学校的情况，并和茅盾商量，论学力，茅盾的功课水平，已经远远超过一般的高等小学毕业的水平。因此茅盾母亲决定，茅盾到湖州以后，直接插班湖州府中学堂三年级。然而，没有想到，到湖州府中学堂以后，插班考试时，茅盾将算术题完全答错了。于是，茅盾只能插班二年级。

---

① 茅盾：《我走过的道路》（上），人民文学出版社 1981 年 10 月版，第 70 页。

四、三所中学："是将来能为文者"

茅盾在 1910 年春天到湖州府中学堂插班二年级读书。

湖州是浙江省北部的一个重镇，位于太湖南岸，与苏州、宜兴、嘉兴接壤，旧时与杭州、嘉兴并称杭嘉湖，是府治所在地。历来经济发达，文化繁荣，人才辈出，是一个富饶的鱼米之乡。而湖州府中学堂，是 20 世纪初教育发展的产物。

湖州府中学堂是清政府"废科举，设学堂，培育人材，蔚为国用"的背景下，当地有识之士合力创办的。当时以爱山书院为校址，爱山书院房屋为校舍，湖州地方每年以湖州丝捐项下拨款万余元作为办学经费。茅盾回忆说："湖州中学的校舍是爱山书院的旧址加建洋式教室。校后有高数丈的土阜，上有敞厅三间，名为爱山堂，据说与苏东坡有关。至于宿舍，是老式楼房，每房有铺位十来个。"[1] 据谭建丞回忆："那时学堂规模、外貌像衙门，大门竖匾（蓝底金字）一块，两边木栅栏，上马石，石鼓凳，前面大照壁，左右两环洞门，门上砖刻四横字，曰'为国植贤'。……我记得课堂（那时称教舍）一年级（人多）两室，分甲班乙班，二年级三年级四年级（人最少），另有手工课堂、音乐课堂、化学课堂，又每级各有自修室一间，……三餐伙食是方桌定位，每桌七人，四菜，分全餐半餐。……府中最重国文外，对体育亦特重，因

---

① 茅盾：《我走过的道路》（上），人民文学出版社 1981 年 10 月版，第 70 页。

沈校长好武。"① 从谭建丞先生回忆看,当时湖州府中学堂的条件还是不错的。1910 年湖州府中学堂的监督（校长）为沈谱琴,② 在沈谱琴之前,有姚学仁、朱廷燮、王树荣、俞宗濂为湖州府中学堂监督（校长）。茅盾进湖州府中学堂时沈谱琴年纪不大,只有 37 岁。沈谱琴年轻时崇尚武术,家里养了两匹骏马,请了拳师,常常在家练习跑马、练拳术,所以有一个在湖州府中学堂教体育的日本老师大西胜人,想和沈谱琴较量一下,结果大出洋相。据茅盾的同学谭建丞回忆:"一日, 在爱山台上乘凉,台上有条石凳,沈（谱琴）二脚踞石凳上,大西胜人乘沈不备,突然从后一推,沈竟不动,回顾大西笑曰'君欲与我比武耶? '大西面红耳赤曰'不敢'。台上埋有石鼓凳二,凳下面埋入土中约尺,大西伸脚蹴之,则稍动,自以为能,可以涤方才推沈不动的耻矣,请同纳凉的人举足蹴之,多不能动石鼓的分毫,大西哈哈大笑,……沈徐起,举足蹴之,此石鼓凳竟连根翻起,滚下爱山台数尺,于是,诸人皆拍手欢呼,学生们本恶此日师之骄,一齐哄堂。暑假后,大西胜人辞职而去。"③ 据说沈谱琴的文章也写得很好,没有当时的迂腐气,能篆刻,曾经得到吴昌硕的首肯。茅盾记得沈谱琴"是同盟会秘密会员,大地主,在湖州颇有名望,他家有家庭女教师汤国藜,是个有学问的老处女,是乌镇人,但我从未听人说起她,想来她从小就在外地的。(辛亥革命后,章太炎的续弦夫人即是这位汤女士)沈谱琴从不到校,他所聘请的教员大都是有学问的人。"④ 当时湖州府

---

① 谭建丞 1984 年 8 月 23 日致笔者信。

② 沈谱琴(1873—1939),原名毓麟,湖州人,早年留学日本,参加孙中山的同盟会。回国以后致力于办学,曾经创办湖州的吴兴志成学堂、吴兴县立程安高等小学以及吴兴女校等,为地方教育尽心竭力的地方绅士。辛亥革命后担任湖州军政分府主任。后来去上海担任公职。1937 年湖州沦陷以后,沈谱琴避走湖州乡下隐居。后又被请回湖州,担任伪湖州自治委员会主任委员,但是不到半年,即遭免职。1939 年在上海去世。

③ 材料来源于湖州徐重庆先生收藏的谭建丞的回忆材料。

④ 茅盾:《我走过的道路》(上),人民文学出版社 1981 年 10 月版,第 70 页。材料来源于湖州徐重庆先生收藏的谭建丞的回忆材料。

中学堂的老师，大多是富有教学经验的人。茅盾回忆说："我记忆中最难忘的是一个教本国地理的（可惜记不起他的名字了）和一个教国文的，仿佛还记得他姓杨名笏斋。"茅盾从乌镇到湖州府中学，听这些老师的讲课，十分新鲜。地理老师将这门地理课讲得形象生动引人入胜，茅盾说："地理是一门枯燥无味的功课，但这位老师却能够形象地讲解重要的山山水水及其古迹——历史上有名的人物及古战场等等。同学们对此都很感兴趣。"据谭建丞回忆，当时湖州府中学堂中教师"约二十人，著名而为学生敬仰者如钱念劬、沈尹默、俞宗濂，其时国文最重"[1]。茅盾记忆中，当时学校的国文老师讲课确实很有水平。他记得：杨老师"他教我们古诗十九首，《日出东南隅》，左太冲咏史和白居易的《慈乌夜啼》《道州民》《有木》八章。……杨先生还从《庄子》内选若干篇教我们。他不把庄子作为先秦诸子的思想流派之一来看待。他还没这样的认识。他以《庄子》作为最好的古文来教我们的。他说庄子的文章如龙在云中，有时见首，有时忽现全身，夭矫变化，不可猜度。《墨子》简直不知所云，大部分看不懂。《荀子》《韩非子》倒容易懂但就文而论，都不及《庄子》。这是我第一次听说先秦时代有那么多的'子'。在植材时，我只知道《孟子》。"[2] 当时湖州的名人钱念劬（1853—1927）回湖州小住，湖州府中学堂监督沈谱琴恭请钱先生到湖州府中学堂"代理"监督（校长），以示尊重。钱先生代理监督以后，亲自到学校听课，而且亲自上讲台给茅盾他们这些学生讲课。钱念劬是一位有学问而且很开明的外交家。所以他有一次给茅盾他们上课，让茅盾他们根据自己思想写一篇作文，茅盾写了一篇《志在鸿鹄》的作文，借鸿鹄自诉抱负。结果钱念劬在茅盾的作文中写下"是将来能为文者"的评语。让茅盾感到一种深刻的激励。

当时钱先生到湖州府中学堂代理监督时，他的弟弟钱夏（1887—

---

① 谭建丞 1984 年 8 月 23 日致笔者信。

② 茅盾：《我走过的道路》（上），人民文学出版社 1981 年 10 月版，第 70 至 71 页。

1939）（即钱玄同）也一同在湖州府中学堂为学生上课，钱夏比他哥哥小三十多岁，富有反清思想，1905 年钱夏十八岁时，就剪去象征清朝的辫子。所以钱夏在湖州府中学堂讲课时，特地选择了史可法的《答清摄政王书》《太平天国檄文》《台湾行》《横渡太平洋长歌》等等富有革命色彩的文章作为教材，讲解革命意义，灌输革命思想。对此，茅盾他们这些中学生都感到非常新鲜。后来钱夏代课结束以后，受钱夏老师影响的茅盾曾经向继续教他们的杨笏斋老师建议，"讲些和时事有关的文章"。杨先生采纳了茅盾的建议，开始在课堂上给茅盾他们讲《正气歌》，讲《汉魏六朝百三家集》，意在古为今用。杨老师还教茅盾他们作骈体文，还用"书不读秦汉以下，文章以骈体为正宗"的思想教育学生。为此，茅盾在湖州中学堂时用骈体文写过一篇《记梦》的作文，大意是他自己暑假回家，外祖父家的阿秀到轮船码头接他到外祖父家，看到外祖母端坐的堂上，正在吩咐厨娘，晚上做什么菜，吩咐毕，茅盾上前行礼，外祖母看见茅盾来，很高兴，说：我算着你该来，果然来了。快去洗把脸吧。这时宝姨过来，拉着茅盾去了她的书房，用她的毛巾洗了脸。宝姨让茅盾看，这是什么？茅盾抬头一看，原来是沈南频的花鸟小中堂旁边又多了一副对联：上联是：万事福兮祸所伏，下联是：百年力与命相持。宝姨说要考考茅盾，这上下联的出处。茅盾说，上联出自《道德经》，下联出自列子《力命篇》。宝姨点点头，又说：这命字好解释，这力字作何解？茅盾一时答不上来，说去问妈妈。宝姨笑着说，你妈妈在楼上给你弟弟讲左太冲咏史诗、阮嗣宗咏怀诗、白居易的《有木》诗呢。茅盾正待上楼，忽听得外祖母在堂上叫：来吃西瓜。宝姨拉着茅盾便走，这时茅盾在门槛上绊一下，茅盾醒了。茅盾记得这篇作文的最后的几句："檐头鹊噪，远寺晨钟，同室学友，鼾声方浓。"杨笏斋老师给茅盾这篇作文的评语是构思新颖，文字不俗。对茅盾的骈体文写作非常欣赏。

当时和钱念劬先生一起到湖州府中学堂代课英文的，是钱念劬先生的儿子钱稻孙，茅盾记得："他先教发音，从 26 个字母开始，在黑板上画了人体口腔的横剖面，发某音时，舌头在口腔内的位置。这真使大家感到十分新鲜。这位小钱先生又看了过去我们所作的造句练习，他认为英文教师只是发音不准确，造句练习该改的，他都改得不错，而且英文读本《泰西三十佚事》也是公认的一本好书。"①茅盾认为钱稻孙的态度还是公正的。所以钱稻孙也是茅盾曾经的老师而且印象深刻。钱念劬先生在湖州小住时，专门请湖州府中学堂的学生去他们暂住的"潜园"游玩。茅盾也随其他同学一起去了，在钱先生家里，钱念劬给大家看他从欧洲各国带回来的风景图片，彩色的十分精致，给茅盾留下深刻印象。

茅盾在湖州府中学堂的读书生活里，数学和体育始终是茅盾的弱项，尤其是体育。茅盾在湖州府中学堂里，常常缺课，走天桥，是爬过去的，翻铁杠，老师抱着茅盾上去，老师一松，茅盾又落下来。一把枪，茅盾上肩后，刚开步，枪就从肩上滑下来。所以，最后只好免了茅盾的体育课。茅盾的国文成绩，一直是名列前茅的，据谭建丞先生回忆："国文课，有一个同学名陈辅屏（四年级）最佳，全校第一。茅盾可为第二，他大约在二年级。可是茅盾的算学（后改称算术、数学）是差的。我也差的。曾加班补习而知之，实非同班（我低一班）。"②但是茅盾在湖州中学堂短短的一年半时间里，在茅盾的记忆中留下印象的还有如学会刻印章，去南京参观"南洋劝业会"等等，成为茅盾在湖州府中学堂里生活的亮点。据茅盾自己回忆，当时有个同学会篆刻，他就教茅盾如何刻印章，甚至假期回到乌镇，在自己家里也认真地练习篆刻，还刻了几方闲章，如"草草而已""醒狮山民"等，茅盾晚年会见家乡去拜访他的同志时，回忆自己在湖州读书时说到，当时一些纨绔子弟针对风起云涌的革命形势，组织一次秘密会议，并印了门票，不让其他倾向革命的年轻人进去，为此，有同学拿来门票，让茅盾模仿门票，刻了一方图章，印了不少门

---

① 茅盾：《我走过的道路》（上），人民文学出版社 1981 年 10 月版，第 76 页。

② 钟桂松：《茅盾史料二则》，载《新文学史料》2019 年第 4 期。

票,于是倾向革命的年轻人进了会场,和那些纨绔子弟进行斗争。1910年,南京举办"南洋劝业会",实际上是一个全国性的大型商品展览会。规模之大,是清朝政府所没有的。各个省都有展览馆展出自己省的特色农产品和工艺品,还有一些专门的展览馆,如东三省动物馆、劝工场、美术馆、水族馆、兰锜馆、武备馆、农业馆、通运馆、机械馆、嬉笑奇馆、工艺馆以及纪念塔等等,琳琅满目。湖州府中学堂组织学生专门去南京参观,让茅盾大开眼界。

茅盾在学校时,谭建丞回忆:"茅盾在学校时,星期日常常一个人在操场里,手执一卷,踱来踱去。或者宕宕旧书店,买一二本书。一次遇到他在宕府庙,手里拎一包吃的东西(茶食),施施然地。一个同学对我说:'他是家里有钱的,家中常常有钱带来。他爱吃闲食呀。'"[1]谭建丞先生还回忆茅盾在湖州府中学堂时的几件事:

> 他爱好清洁卫生,这是一点。事情是这样的,当时我们上课在教室,退班之后则都到自修室看书温课。(那时的中学校舍就是湖州城内的爱山书院所改,里面的房屋破旧得很。)那个自修室的旁边就是厕所,而沈德鸿在自修室里的座位正好在厕所旁边,因为他从乌镇到湖州来交通不便,城里的同学早已把位置占好了,等他来剩下这最蹩脚的位置给他。那扇门开出去就是一排坐坑,当然经常要闻到秽气。德鸿就在门口贴了一张纸,写上"少住为佳"四个大字,意思是叫人家少到大便间。但是很多人却借大小便之名,常常溜进去,为啥要溜进去呢?不外二种:一是偷吸香烟头,一是厕上看闲书。那时候,校规香烟是不准吸的,自修室里学监常要跑进来视察。因此,他们只有到大便间里去吸。看闲书也违禁的。他们跑进跑出,那股臭气,对沈德鸿首当其冲尝饱了。沈德鸿所以要贴这张"少住

---

① 钟桂松:《茅盾史料二则》,载《新文学史料》2019年第4期。

为佳"，是叫大家多读读书，少出出恭。不料，过了几天，那个"少"字变成了"多"字，同学们哈哈大笑，因此，德鸿生气了。因为像沈德鸿这样认真读书的人少。过了一天，他又在自己这只位子上面的窗上，贴了一张纸，写着"卫生莫善于养气"。这是他自己抑制发怒的意思。因此全校就称他为"卫生家""沈德鸿是卫生家"，很快传开了。现在大家都晓得，他是文学家、艺术家、书法家，全摆得上，但是卫生家到现在还没有人称他。实在他是讲卫生的，衣服穿得干干净净笔挺笔括，地上不可吐痰。现在说的清洁卫生，那时学堂里不提倡，他倒一个人先提倡。这是一点。

第二点是他的国文基础特别好。他数学却特别差。作文的日子，他做的文章交上去，老师每每吧嗒吧嗒圈圈子，通篇全是圈子。那个时候老师批文章圈圆圈越多，就说明文章写得越好。同学都又说："沈德鸿是文学家了。"那时候既是讥讽，又是说笑话，但也是敬佩他。老师在批阅他的文章的时候，圈的圈子是一圈连着一圈同学把这称为"辫子"。每次作文，大家都会说："今天辫子一定沈德鸿最多。"同学们都称他是"文学博士"、"文学家"。这是第二点。

同学们在谈吐之间说起辫子，就又扯到剪辫子上去了。关于剪辫子，沈德鸿他自己也写过一篇文章。

那是辛亥革命这一年的暑假，革命风潮遍及全国。在我们同学中也引起对革命的关注。当时，我们的学校的同学很滑稽，小的十三四岁，大的三四十岁以上，那是一些科举废除后没有出路的老秀才。大的大，小的小，我和沈德鸿这一辈都被称为"小鬼"。"啊，小辫子，讲辫子就请沈德鸿来！"大家说着笑话。而沈德鸿呢，真有点毅然决然，他说，辫子，是值得一讲。大家说革命党到了要剪辫子，那么我们的辫子怎么办？是剪还是不剪？是早剪还是迟剪？大家窃窃私语，那些大的，三四十岁的人当然不赞成。而我们这些年纪最小的也不知道革命是啥事情，但听广东人剪，那么时髦总是时髦的。我们大家来试试看。有几个人说：我们先要去问过爷娘。而那些老同学要"之乎者也"了，什么"身体肤发受之父母，不敢毁伤，孝之始也。"老师来问，你们在说啥？谈革命么？没有啥，没有啥，我们讨论孔夫子元脑壳，大家哈哈大笑。

讲到辫子，这位德鸿兄做了一副对联，这副对联倒有点革命思想。上联是"田田乌尾巴，不足惜也"，这"田田乌"，文言即"蝌蚪子"。沈德鸿把"蝌蚪"的尾巴比作"辫子"，十分形象。大家听了。就东一句西一句地说开了："这个是大辫子，那个是小辫子……"当时我和德鸿都是小辫子，这小辫子巴不得剪掉，免得别人呼"小辫子，小辫子"地叫。德鸿兄是赞成早剪，只是那时候还不敢剪。他不久又续了下联："施施然头颅，何以处之。"这下联是讽刺老先生的，原来当时的老师，有的是前清举人，走起路来踱方步，现在想起来，沈德鸿当时的革命思想确实有点的。[1]

谭建丞先生的回忆是经过他亲自修改的，应该可信。茅盾在湖州府中学堂读书时，是一个身体瘦小、学习专心、思想进步的一个学生，从茅盾自己回忆，在湖州府中学堂读书时，他除了学校的功课之外，读过《世说新语》二遍，读过《昭明文选》等，他的阅读面与在乌镇植材小学相比，正在逐步扩展。但是此时茅盾碰到了一些意想不到的事，原来，同学中有一个嗓子像女人，个子又高大，同学之间关系很紧张。但是这个大个子同学，却喜欢和茅盾等年纪小的同学在一起玩，因而招来不少同学的奚落和说些不堪入耳的话语，让茅盾心烦意乱，不能专心致志读书。此时，正在嘉兴读中学的、比茅盾大一岁的沈永钰（即茅盾回忆录里称"凯叔"）碰到茅盾，两个中学生交流各自的学校，凯叔向茅盾介绍了嘉兴府中学堂的情况，让茅盾羡慕不已。

---

[1]　钟桂松：《茅盾史料二则》，载《新文学史料》2019 年第 4 期。

所以在 1911 年暑假，茅盾和母亲商量以后，决定转学到嘉兴府中学堂读书。

嘉兴位于乌镇的东边，与乌镇相距百里，沿运河去嘉兴，大半天时间也到了。嘉兴最著名的风景，有南湖，又名鸳鸯湖，与绍兴的东湖、杭州的西湖媲美，宋代苏东坡来过嘉兴，留下"鸳鸯湖边月如水，孤舟夜傍鸳鸯起"的诗句，诗人吴伟业也有"柳叶乱飘千尺雨，桃花斜带一溪烟"的诗句赞美南湖。南湖湖中心有建于五代的"烟雨楼"，乾隆六下江南，每次都住在烟雨楼，留下一块"六龙曾驻"的匾额和刻着乾隆诗的御碑，所以南湖的名声远播。茅盾到嘉兴府中学堂读书时，嘉兴在 1909 年刚刚和上海、杭州通火车，所以此时的嘉兴是沪杭铁路之间的一个重镇。上海、杭州的信息，很快就在嘉兴传播。嘉兴府中学堂坐落在嘉兴城里小西门内，占地规模有百亩之大，分南、北两院，南院为旧鸳湖书院故址，北院为旧秀水县署故址。当时学堂宿舍在一河对岸，中间有一座石桥，名"齐云桥"。在进嘉兴府中学堂读书之前，凯叔沈永钰已经告诉茅盾，说嘉兴府中学堂里，革命党人很多，监督（校长）方青箱也是革命党。在辛亥革命之前，秘密革命的个人标志，是光头。方青箱，名於笥，字叠裳，号青箱（1877—1945），他是光复会成员，在 1910 年到嘉兴府中学堂担任监督（校长）的。据方青箱的儿子方怀时回忆：从 1910 年 7 月到 1911 年 11 月方青箱主持嘉兴府中学堂时，他"不仅提倡剪发辫，组织学生军及实行军事训练，且与其他革命先进敖梦姜及朱瑞先生等成立嘉兴光复会"[①]。茅盾到嘉兴府中学堂，首先看到校内有不少光头教师，在学校内走来走去，而且学校的民主气氛十分浓厚，这让茅盾感到十分兴奋。他回忆说："我到嘉兴中学以后，果然看到很多光头。校长方青箱装上一条假辫，据说因为他常要去见官府，不得不装假辫。至于师生之间'平等民主'（老同学

---

① 方怀时：《我的父亲方於笥》，载《嘉兴市志资料》第 2 期。

这样说），也是嘉兴中学的'校风'。教员常到我们的自修室，谈天说笑，或帮助我们备课。嘉兴中学的数学程度特别高，比湖州中学高了一年多，因此我更感困难。但是，几何教师计仰先鼓励我说，数学并不难学，只怕中间脱了一段。他知道我是脱了一段的，我在湖州中学没有学几何，而嘉兴中学却已教了一年多（三年级就有几何，而我是四年级的学生），计先生特地嘱咐同班中的'数学大家'帮我补课。"①茅盾的回忆说明，他当时转学到嘉兴府中学堂时，心情是愉快的，学校的氛围是融洽的。和茅盾同时插班的同学有陈永发、徐宝成、郑毅、沈善庆、曹友仁等等。

嘉兴府中学堂内的融洽氛围得益于学校内有一批革命党知识分子，从校长到教师，不少是校长的"同志"。茅盾记得四个国文老师中，有三个是革命党人，或者倾向革命同情革命的知识分子。教体育的，教几何的、代数的，教物理的、化学的，几乎都是校长"同志"。如教国文的朱希祖、马裕藻、朱蓬仙、朱仲璋，除了朱仲璋不是革命党，其他三位都是。朱仲璋是桐乡濮院人，是 1902 年曾和茅盾父亲以及茅盾表叔卢鉴泉一起到杭州，参加乡试，并中了举人。所以茅盾说："这位朱老师是举人，是卢鉴泉表叔的同年，我确知他不是革命党，其他三位都是革命党。"②但是，有意思的是，这些革命党老师，讲的课，却是别具一格，朱希祖讲《周官考工记》和《阮元车制考》，连茅盾都觉得"专门到冷僻的程度"。但他确实是一个革命党。朱希祖（1879—1944）是嘉兴海盐县长木桥人，在嘉兴府教茅盾他们时，只有 30 多岁。他出身在名门望族，族祖父朱昌颐是清道光年间的状元，所以朱家督学甚严。但是，朱希祖 17 岁中秀才以后，正值清末洋务运动和维新运动的兴起，朱希祖深受感染和影响，后留学日本，1908 年在日本和鲁迅等一起听章太炎讲课，是听课记笔记最勤的人。朱希祖回国以后，先在杭州两级师范学

---

①② 茅盾：《我走过的道路》（上），人民文学出版社 1981 年 10 月版，第 82 页。

第一章 从乌镇到北京

堂任教，参加"木瓜之役"斗争。之后，应方青箱邀请，到嘉兴府中学堂担任国文教员。辛亥革命以后，朱一度回到海盐县担任民事长（县长），1913年离家北上，任北京清史馆编修，开始他的历史研究道路。1921年他在北京和茅盾等发起成立文学研究会，是12位发起者之一。这是后话。茅盾的另一位老师计仰先（1883—1932）是嘉兴新丰镇人，早年在嘉兴县城读书时，"因反对考官不公,带头闹事而被除名"①。后来去日本留学，毕业于东京物理学校。计先生精通物理、数学，而且在日本参加孙中山领导的同盟会，从事秘密革命活动。辛亥革命前夕，回到嘉兴在嘉兴府中学堂担任数理教员。辛亥革命爆发时，计先生加入光复沪杭敢死队，参加攻打上海制造局和进攻杭州抚台衙门。辛亥革命以后，他不愿意做官，依然回到嘉兴府中学堂（此时已经改名为省立二中）当校长。其他的革命党教员也是非常民主和开放，包括教体育的老师，更是和茅盾他们这些学生打成一片，所以当时茅盾在嘉兴府中学堂读书，有点其乐融融。1911年的中秋节，他们和老师一起欢度赏月。他回忆说："中秋晚上，四年级和别级的同学买了月饼、水果、酱鸭、熏鱼，还有酒，请三位老师来共同赏月。教几何的老师病了，教代数的老师适值新婚后过第一个中秋，自然要在家陪师母赏月，只有这位有反骨的体操老师来了。那晚大家都很痛快，谈的痛快，吃喝的痛快。体操老师范甫英似乎多喝了酒，公然当着许多同学，拍拍自己的反骨，哈哈大笑道：'快了！快了！'"②不久，辛亥革命爆发，消息通过火车从上海传到嘉兴，所以辛亥革命爆发以后的几天，同学中去嘉兴火车站买上海报纸，成为嘉兴府中学堂里最热闹的一件事，而正当这些学生充满激情地关心辛亥革命的同时，学校的一些革命党老师，都悄悄地到上海、杭州参加革命战斗了。数学老师计仰先到上海、杭州攻打府台衙门。在一片混乱的革命高

①　计晋仁：《怀念我的父亲计宗型》，载《嘉兴市志资料》第2期。
②　茅盾：《我走过的道路》（上），人民文学出版社1981年10月版，第83页。

潮中，嘉兴府中学堂放假了，让高年级的学生留校参加光复嘉兴、低年级的学生回家等待复课通知。嘉兴是 1911 年 11 月 7 日（农历 9 月 17 日）光复的，此时，茅盾应该已经回到乌镇。茅盾回到乌镇，进家门的第一句话，就是："杭州光复了！"杭州是 11 月 3 日光复的，兴奋之情溢于言表。

不久，嘉兴府中学堂来通知，开学复课了。于是，茅盾兴冲冲地回到学校，一看，原来教他们的这些老师，不少已经不在学校，而去地方上担任要职了。而且学校的气氛也大不如前，民主的气氛没有了，取而代之的是学校当局要整顿校风，用校纪来约束这些本来宽松自由的中学生。新来的学监陈凤章亲自巡视自修室，不准学生在自修室聊天说话，不许自修室之间串门。学校的这些措施引起学生们的反感，茅盾曾说："我觉得'革命虽已成功'，而我们却失去了以前曾经有过的自由。"[1]于是，茅盾和一些同学就和学监捣乱，学监就给这些捣乱的学生记过处分。茅盾也在这些被处分的学生之中。等到学期大考结束，茅盾和沈志坚、沈永钰等同学到南湖游玩，并且在南湖的烟雨楼喝酒，乘酒兴，回到学校质问学监陈凤章，为什么给我们记过？这些学生还把公布记过的告示牌打碎了。茅盾没有动手却跟着起哄，并且在大考时，把一只死老鼠装在信封里，写了几句庄子的话，送给学监，以示反抗。茅盾后来有多篇回忆辛亥革命的散文，如《我的中学时代及其后》《回忆辛亥》《我所见的辛亥革命》《我曾经穿怎样紧的鞋子》《回忆是辛酸的，然而只有激起我们的奋发之心》，可见辛亥革命给茅盾的印象深刻。

学期结束，茅盾回到乌镇半个月以后，收到嘉兴府中学堂的通知，除寄来学期大考成绩外，还寄来被学校除名的通知。茅盾母亲看到儿子被学校除名，十分生气，让人去叫茅盾同学沈永钰来，沈永钰拿出一张同样被除名的通知。茅盾母亲问明白怎么一回事以后，就和茅盾

---

[1]　茅盾：《我走过的道路》（上），人民文学出版社 1981 年 10 月版，第 85 页。

商量下一步去哪里读书。因为嘉兴已经除名，湖州是自己离开的，现在只有去杭州读中学了。但是茅盾母亲也不知道杭州学校的情况，于是茅盾母亲让自己家的"泰兴昌"纸店伙计陪同茅盾去杭州。到了杭州，茅盾才知道杭州有几个中学，但是招插班生的，只有杭州私立安定中学。并且在时间上，到杭州的第二天就要考试。通过考试，茅盾很快就被安定中学录取。

1912 年春，茅盾进杭州安定中学读书。

杭州私立安定中学创办于 1902 年，是杭州工商业家胡藻青出资六万八千元创办的。胡家祖籍是甘肃安定郡，先人胡瑗是北宋著名教育家，人称"安定先生"。所以胡藻青将学校定名为"安定学堂"，辛亥革命以后改为"杭州私立安定中学校"。据《安定中学三十年纪念特刊》介绍："其时由邵伯纲先生章，陈叔通先生敬第，建议创办学堂，作育人才，树救国之根本……定名曰安定学堂，缮具章程，请于朝廷，并请以城东葵巷敷文讲学庐之屋舍基地，悉数拨用，奏上清廷谕可，聘请项兰先生藻馨为学堂监督，……翌年初夏，于七月二十四日。举行正式开学典礼，安定学堂，于是成立。"[1] 茅盾进安定中学时，与茅盾同学同级的，大概有三十人，据孙中田、张立国研究，和茅盾同届的同学有三十人，他们是：刘渭兴、王显漠、周纬星、朱贤绍、李焕彬、孙奇璞、陈步瀛、孙昭德、胡哲谋、胡家骏、宋镜寰、沈德鸿、周行、严不醒、方兆鼎、刘璋水、陆鉴松、沈吉培、杨济昌、姜岳、林技蔚、蒋子云、施春茹、孔广辉、何之翰、方家衍、姚士辛、姚祖信、唐毅、卢彬。[2] 这些同学，是私立安定中学第八届毕业生，于 1913 年和茅盾一起毕业的，还有不少都考入北京大学，如茅盾的同班同学王显漠考入北京大学法科经济系，胡哲谋考入北京大学预科文科，同时毕业的安定中学同学方豪考入北京

---

[1] 张立国：《茅盾与中国现代文学》，台海出版社 2001 年 5 月版，第 107 页。

[2] 孙中田、张立国：《茅盾的中学时代——调查报告》，载《东北师大学报》（哲学社会科学版）1981 年第 1 期。

大学法学院，等等。当时校长是王晋民，他是 1909 年至 1913 年担任安定中学校长。为了和杭州其他的学校竞争，王校长千方百计引进教师人才，如张献之，人称"钱塘才子"，当时兼任了三个学校的课，他是当时比较受欢迎的教师之一。茅盾在杭州安定中学读书时，兴趣爱好发生一些变化，特别是对诗词产生浓厚兴趣，这主要是得益于老师张相的诗词课。张相，字献之，是杭州人，1877 年生，小时候家境贫困，父亲早逝，全靠母亲替人家缝缝补补的收入来抚养张相成长。张相天赋很高，少年中秀才，后来钟情诗词，拜词人谭复堂为师，潜学诗词，卓有成就，所以被世人称为"钱塘才子"。张相虽然年轻时研究旧学，却又受维新思想的影响，钻研日本语，翻译过《十九世纪外交史》。1902 年以后，张相一直在杭州私立安定中学、杭州府中学堂、宗文学堂担任文史讲席。1914 年离开杭州到上海中华书局担任编审，有《诗词曲语辞汇释》《古今文综》等著作。1945 年病逝于上海，享年 69 岁。当时张相教茅盾他们时，还是一个 30 多岁的年轻人，但对诗词已经有很深的造诣了。茅盾记得："张献之老师教我们作诗、填词，但学作对子是作诗、词的基本功夫，所以他先教我们作对子。他常常写了上联，叫同学作下联，作后，他当场就改。"[1] 安定中学没有作文课，而是学习练习作诗、词代替作文的。所以后来茅盾的诗词创作的基础，就是在安定中学时打下的。因为对张相老师的诗词课兴趣浓厚，茅盾到晚年依然记得当年张相老师上课时的情景，他说："张先生曾就西湖的楼台亭阁所挂的对联表示他的意见。他认为'翠翠红红处处莺莺燕燕，风风雨雨年年暮暮朝朝'这对联虽见作者巧思，但挂在西湖可以，挂在别处也可以；只要风景好的南方庭院，都可以挂，这是此联的弱点。"[2] 茅盾还记得，张相老师对西湖边的苏小小墓柱子上的对联"湖山此地曾埋玉，风月其人可铸金"特别赞许和推

①　茅盾：《我走过的道路》（上），人民文学出版社 1981 年 10 月版，第 87 页。

②　同上，第 88 页。

崇。张先生告诉学生："湖山对风月，妙在湖山是实，风月为虚，元曲中以风月指妓女者甚多，风月即暗指墓中曾为妓。地对人，亦妙，天地人谓之三才。铸金，杂书谓越王勾践灭吴后，文种被杀，范蠡泛五湖去，勾践乃铸金为范像，置于座右。铜，古亦称金，不是今天所说的金。说苏小小可铸金，推崇已极。"① 张先生渊博的诗词知识，让茅盾沉浸其中，留下深刻印象。

茅盾在安定中学读书时，在教国文的杨老师的讲授下，对中国文学史有了系统的学习，而且训练出强记的习惯。茅盾回忆说："另一个国文教员姓杨，他的教法也使我始而惊异，终于很感兴趣。他讲中国文学发展变迁的历史。他从诗经、楚辞、汉赋、六朝骈文、唐诗、宋词、元杂剧、明前后七子的复古运动、明传奇（昆曲），直到桐城派以及江西诗派之盛行。他讲时在黑板上只写了人名、书名，他每日讲一段，叫同学们做笔记，然后他看同学们的笔记，错了给改正，记得不全的给补充。这就是杨老师的作文课。我最初是在他讲时同时做笔记，后来觉得我的笔无论如何赶不上杨先生的嘴，尽管他说得很慢。于是我改变方法，只记下黑板上的人名、书名，而杨先生口说的，则靠一时强记，下课后再默写出来。果然我能够把杨先生讲的记下十之八九。"② 茅盾在安定中学训练出来的强化记忆，为茅盾后来的学习和创作，打下坚实的基础。关于杭州安定中学的学生生活，茅盾记得，他住的学生宿舍，是六个人的宿舍，但是只住了五个人，而且是不同年级的学生住在一起，所以学生宿舍的管理，相对宽松一些，尤其是杭州安定中学毕业考试的日子里，茅盾说："所以我们白天在宿舍里预备功课，当真是非常清静的。"③ 茅盾还记得："我记得我那寝室的南窗口摆着一盆兰花。好像是同房的一位四年生买来的；很便宜，可是旺开着十几朵花。暖风轻轻的吹来，我躺

---

① 茅盾：《我走过的道路》（上），人民文学出版社 1981 年 10 月版，第 88 页。

② 同上，第 89 页。

③ 见《申报月刊》第 2 卷，第 3 期，1933 年 7 月 15 日。

在床上也嗅着那花香；我便醉迷迷地只想睡觉。俄而隔壁房里的同学把教科书拍一下，忽然轻声儿唱起我们那时候风行的一支歌来。这歌词，记不真了，大概是'描写'金丝边眼镜的女学生怎样在星期日逛西湖罢了；我们向来都会唱的。那时有人开头一唱，大家都把教科书拍一下，哈哈大笑起来。"[①] 可见当时茅盾在杭州安定中学的一年半的学生生活，还是相对宽松和自由的。特别是茅盾对功课的喜欢，让茅盾对安定中学快乐的日子，时隔二十年，依然充满留恋和怀念。

1913 年暑假，茅盾在杭州私立安定中学校毕业。此时，茅盾 18 岁。

---

① 见《申报月刊》第 2 卷，第 3 期，1933 年 7 月 15 日。

五、北京大学的预科生

中学毕业以后的茅盾，去哪里读大学，让回到乌镇的茅盾和他母亲颇费思量。因为茅盾母亲在经济上早有准备，茅盾父亲去世时留下来的一千两，存在乌镇的钱庄，现在连本息已经有七千元了。于是茅盾母亲陈爱珠将钱分成两份，一份给茅盾，一份给茅盾弟弟沈泽民。给茅盾的一份就是供茅盾读大学的费用。但是，去哪里读大学呢？

当时，茅盾母亲看到上海《申报》上有北京大学在上海招收三年制的预科生的广告，于是决定让儿子茅盾去报考北京大学预科。至于为什么考北京大学？有一种说法，是因为茅盾的父亲生前曾经有考北京大学前身的京师大学堂的夙愿，后来因为情况发生变化，茅盾父亲的愿望未能实现，所以这在茅盾母亲心里始终是个"结"。因此让儿子去考北京大学，也是替丈夫了却一个夙愿。还有一个因素，当时茅盾的表叔卢鉴泉在北京财政部工作，茅盾去北京读书，寒暑假，他可以关照。

当时茅盾也仔细研究了北京大学的招生广告，发现报名时间是 7 月 21 日至 31 日；而且预科也分一类、二类，各招 80 名，学制 3 年。考试科目中，第一类与第二类有些区别，总共开设科目有历史、地理、国文、英文、数学、理化、博物、图书。而考第一类的，"理化、博物、图书"三门中免试两门；考试时间是 8 月 11 日开始，考试地点在虹口唐山路澄衷学校。后来茅盾到上海以后，茅盾还知道，预科第一类将来是升文、法、商本科的；而第二类将来是升理工科本科的。茅盾选择了预科第一类，茅盾后来自己说，因为数学不行，"就选择了第一类"。关于茅盾这次去上海考北京大学，晚年有一段回忆，他说："考试分两天，都在上午。第一个上午考国文，不是作一篇论文而是回答几个问题。这些问题是中国文学、学术的源流和发展。第二天上半天考英文，考题是造句、填空（即一句英语，中空数字，看你填的字是否合格，合格了也还有用字更恰当更优美之别），改错（即一句中故意有错字，看你是否能改正，或改得更好）、中译英、英译中。最后还有简单的口试。"①

其实当时茅盾参加的考试，不仅仅考国文和英文，还有历史、地理、数学等等。因为数学不好而放弃的估计是理化、博物两门。真正的数学是必须考试的。大概一个月以后，茅盾在上海的《申报》上看到北京大学录取新生的名单，但是没有看到"沈德鸿"的名字，却看到"沈德鸣"。于是家里面猜测大概是报纸印错了。果然，没有多久，茅盾就收到北京大学的录取通知书。

茅盾是1913年9月，开始到北京大学求学的。

从乌镇到北京，茅盾从乌镇坐船到上海，从上海坐海船到天津，再从天津坐火车到北京崇文门火车站。茅盾回忆说，当时茅盾的四叔祖沈恩增在上海做家庭教师，认识一位姓谢的商人，他有一个儿子叫谢砚谷，也是考取北京大学预科。于是由四叔祖沈恩增联系，决定茅盾先到上海，与谢砚谷结伴去北京。

北京大学预科第一类招生200多人，分四个班上课，学生宿舍分两个地方，一部分住在沙滩新造的宿舍，两个人一间，取暖靠煤球炉，自己生火。一部分住在译学馆。茅盾住在译学馆，即过去同文馆的地方，其地址位于北河沿，大体上在今天的景山前街、北池子大街北口和五四大街三岔路口一带，当年的建筑早已荡然无存。大概是刚到北京印象深刻的缘故，茅盾对译学馆的宿舍，到晚年仍然记忆深刻："至于宿舍（译

①　茅盾：《我走过的道路》（上），人民文学出版社1981年10月版，第90页。

学馆），楼上楼下各两大间，每间约有床位十来个。学生都用蚊帐和书架把自己所居围成一个小房间。楼的四角，是形成小房间的最好地位，我到时已被人抢先占去了。"[①] 然而正当茅盾对北京大学的宿舍格局感到十分新鲜时，北京大学的领导正为开学这件事与教育部进行坚决的斗争。

原来，北京大学这一年在北京、上海、汉口等地大规模地招生，并定于9月25日开学，不料，在9月23日北京大学突然接到教育部通知，命令北京大学暂缓开学并约北京大学校长何燮侯到教育部谈话。何校长到教育部才知道，原来北洋政府要停办北京大学！这是何等荒唐的决定！何校长带领北京大学的师生与北洋政府进行坚决斗争，于是教育部不得不暂停裁撤北京大学的决定。所以茅盾他们这些新生到北京大学报到以后，一直到10月中旬才开学。而何燮侯校长被迫在开学以后辞职。由湖州人胡仁源担任工科学长，代理北京大学校长。沈步洲为预科学长。

与茅盾同为预科同学的，茅盾在回忆录里面只提到江山人毛子水和宁波人胡哲谋，杭州富阳人徐佐。其实与茅盾北京大学预科同学的还有杭州私立安定中学同时毕业的同学方豪、王显谟等[②]，还有如傅斯年、顾颉刚等后来著名人物。茅盾回忆里面提到的毛子水，虽然是同学但是比茅盾大3岁，生于1893年，出生在一个浙江省江山县的诗礼世家，古文基础非常扎实，从小就跟父亲读四书，1913年考取北京大学预科，1917年升入理科数学系。后来创办《新潮》杂志，1920年数学系毕业以后，又去预科任国文教师。后又去德国攻读科学史。1930年回国又任北京大学史学系任教。抗战后任西南联大史学教授，1949年应台湾大学傅斯年邀请赴台湾，任台湾大学中文系教授。同年发起创办《自由中国》杂志，1988年在台湾去世。有《毛子水全集》问世。至于另一个同学胡哲谋，后来与茅盾在商务印书馆成为同事。

---

① 茅盾：《我走过的道路》（上），人民文学出版社1981年10月版，第93页。

② 见杭州第七中学编《百年辉煌百年人物》西泠印社出版社2009年6月版，第81至82页。

茅盾 1913 年到北京大学报到时，正为北京大学的去留抗争的何燏时校长的经历很有意思，茅盾他们这些北京大学新生安顿好以后，何校长辞职。所以茅盾在回忆北京大学生活时，没有提起他。何燏时也是浙江人，1878 年出生在浙江诸暨县，1898 年作为中国第一批官费留学生去日本留学。1905 年毕业于日本帝国大学冶金系，当时的日本天皇亲自授文凭，成为第一个在日本帝国大学毕业的中国留学生。1905 年春回国，先在浙江省矿务局工作，同年冬去北京出任学部专门司主事。民国以后出任工商部矿政司司长。1912 年任北京大学校长，这一年，何燏时才34 岁，因与教育部长汪大燮意见不合，何燏时辞去北京大学校长之职，回到南方。在五四运动前后，何燏时开始接触马克思主义，逐渐信仰马克思主义。抗战开始以后，在浙江乡间从事抗日民主活动，周恩来 1939 年到浙江视察工作时，专门与何燏时先生见面，肯定他的抗日民主活动，何燏时还与浙东中共党政领导来往十分密切。一度因为追随共产党而被捕，后经邵力子等人保释。1949 年 9 月应邀参加中国人民政治协商会议，参加开国大典。历任全国政协一、二、三届委员，中央人民政府监察委员，第一、二届全国人民代表大会代表，浙江省政协副主席，民革浙江省委主任委员等。1961 年 4 月 21 日因病在杭州去世。① 当然，这是后话。而茅盾记得的那个代理北京大学校长胡仁源，是浙江省湖州人，代理北京大学校长时还只有 30 岁。但是这位胡仁源是 1902 年的举人，后来又留学日本、英国等，是个有文化底蕴的海归知识分子。茅盾在北京大学读书期间，正是这位胡校长主持北京大学的校务。胡仁源 1942 年去世。

　　刚到北京大学的茅盾，虽然经历一场小小的风波，但对年轻的茅盾来说，早已烟消云散，连记忆都没有了。但是，北京大学的几位老师先生，却深深地印在茅盾脑海里，直到晚年依然非常清晰，他说："教授以洋人为多。中国教授陈汉章教本国历史，一个扬州人教本国地理，沈尹默

---

① 林昌建主编：《浙江民国人物大辞典》，浙江大学出版社 2013 年 1 月版，第 231 页。

教国文，沈坚士（尹默之弟）教文字学，课本是许慎《说文》。"① 在北京大学的课堂上，茅盾面对陈汉章先生的历史课，年轻的茅盾提出自己的看法，结果陈先生专门让茅盾到他家里，和这个年轻的学生做了一番推心置腹的谈话。让茅盾感动的同时，也对这位老师产生了深深的敬意。所以在茅盾回忆录中专门有一段回忆："陈汉章是晚清经学大师俞曲园的弟子，是章太炎的同学。陈汉章早就有名，京师大学（北大前身）时代聘请他为教授，但他因为当时京师大学的章程有毕业后钦赐翰林一条，他宁愿做学生，期望得个翰林。但他这愿望被辛亥革命打破了，改为北大后仍请他当教授。他教本国历史，自编讲义，从先秦诸子讲起，把外国的声、光、化、电之学，考证为我先秦诸子书中早已有之，而先秦诸子中引用'墨子'较多。我觉得这是牵强附会，曾于某次下课时说了'发思古之幽情，扬大汉之天声。'陈汉章听到了，晚上他派人到译学馆宿舍找我到他家中谈话。他当时的一席话大意如下：他这样做，意在打破现今普遍全国的崇拜西洋妄自菲薄的秃风。"② 一席话，让年轻的茅盾肃然起敬！

其实，这位陈汉章先生，是一位博古通今的大师级的人物。陈汉章1864年出生在浙江省象山县东陈乡东陈村，幼年就读于丹山书院等，方志上说他"肄习时文，好学强记，作文每列前茅，屡获奖励"③。后来到杭州攻读，入诂经精舍，师从俞樾，1888年考取乡试第十名，次年会试不第。当时考中举人的陈汉章有过多次出去做官的机会，但是他都放弃了。1909年，陈先生应聘京师大学堂任教，到北京后，他一心向学，改做学生，据说当时老师课堂上点名，点到陈汉章时，老师立刻起立，向陈先生致敬④1913年5月，陈汉章先生以甲等第一名的成绩毕业，

① 茅盾：《我走过的道路》（上），人民文学出版社1981年10月版，第93页。

② 同上，第93至94页。

③ 《陈汉章事略》，刊《浙江方志》1991年第6期。

④ 《陈汉章全集》，浙江古籍出版社2014年版，第1册第7页。

当时他已经是五十岁了。①北京大学仍然按照原来的聘约，聘陈汉章为北京大学教授，担任国文、哲学、史学三门课的教学。茅盾当时就是听他的史学课，有此深刻印象的。陈汉章在民国时期，曾被列为院士，推为全国学术界第一流人才，外国的汉学界称其为"两脚书库"。陈先生晚年回到故里，专心治学，1938年在故乡逝世。70年以后，有21卷《陈汉章全集》问世。

当时，北京大学预科那些先生，讲课时，大都是自己编写教材，称为"讲义"，这是教授自己的看家秘籍。所以学生们都十分看重"讲义"。据说，当时有一位接替马叙伦先生的老师因为没有编写讲义，被当时北京大学的学生轰了出去。所以茅盾在回忆北大生活时，常常讲到"讲义"。茅盾记得，教地理的扬州籍老师"他也自编讲义"。而且"他按照大清一统志，有时还参考各省、府、县的地方志，乃至《水经注》，可谓用力甚勤，然而不切实用"②。据说这位老师就是桂蔚丞先生，同事沈尹默曾经回忆桂蔚丞说："这位先生上课时，有一听差挟一地图，捧一壶茶和一只水烟袋跟随上课堂，置之于讲台上，然后退出，下课时照送如仪。有一次，在教员休息室里，学生来向我借书，借之而去。桂蔚丞大为诧异，对我说：'你这么可以把书借给学生呢，那你怎么教书呢？'我回答说：'这无从秘密的呀。书是公开的学生可以买，也可以到图书馆去借。'原来，这些老先生教了几十年的讲义和参考书都是保密的。这个风气一直到蔡元培先生到北大后，才稍稍改变。"③而这位教茅盾国文的沈尹默老师恰恰不编讲义，他自己告诉学生，他只教学生读书研究的方法，"指示研究学术的门径"。而如何博览，全靠学生自己。所以他不编写讲义。也许这位沈老师是湖州人的缘故，茅盾对沈老师的课还是非常适应，而且和沈老师说话也比较随和，茅盾说，沈老师"他教我们读庄子的《天

①《陈汉章全集》，浙江古籍出版社2014年版，第1册第8页。

② 茅盾：《我走过的道路》（上），人民文学出版社1981年10月版，第93至94页。

③ 转引自余连祥《逃墨馆主——茅盾传》，浙江人民出版社2006年4月版，第47页。

下》篇，荀子的《非十二子》篇，韩非子的《显学》篇。他说先秦诸子各家学说的概况及其互相攻讦之大要，读了这三篇就够了"①。同学见沈尹默老师随熟，又问他，听说太炎先生研究过佛家思想，是不是真的？沈尹默老师说，真的。沈先生还告诉茅盾他们："你们想懂一点佛家思想，不妨看看《弘明集》和《广弘明集》，然后看《大乘起信论》。"茅盾当时读书正是如饥似渴的时候，所以听了沈老师的话，他也去找了这些佛教著作来看。晚年茅盾他回忆说："我那时好奇心很强，曾读过这三本书，结果是似懂非懂，现在呢，早已抛到九霄云外，仅记其书名而已。"②

在北京大学预科读书期间，茅盾最大的乐趣是外籍老师教他们读外国文学作品，如司各特的《艾凡赫》，狄福的《鲁滨孙漂流记》以及莎士比亚的作品，这让"书不读秦汉以下"的茅盾大开眼界！

在北京读书的三年，茅盾一心读书，心无旁骛，寒暑假在表叔家里读二十四史，甚至连北京的一些名胜古迹也没有去游玩。直到1916年毕业前夕，茅盾和凯叔沈永钰等几个年轻人一起游览了正在开放的颐和园，好像这是茅盾在北京三年求学生涯中唯一的一次游览名胜古迹。在北京三年，茅盾经历了袁世凯称帝以及取消帝制的全过程，看到了北京取消帝制而放的焰火，他记得："本来预备在正式登上皇帝宝座时用以庆祝的广东烟火，在社稷坛放掉。我和许多同学在这夜都翻过宿舍的矮围墙去看放焰火，这是我第一次看到有这样在半空中以火花组成文字的广东焰火。那夜看到的火花组成的文字是'天下太平'。"③在北京的最后半年里，茅盾见到了长一辈的乡前辈沈钧儒，也听卢表叔的儿子卢桂芳告诉他，上海商务印书馆的北京分馆经理孙伯恒在巴结茅盾的表叔卢鉴泉，茅盾后来说，自己当时"漫然听之"，没有往心里去，做梦也没有想到，会与自己毕业以后进商务印书馆大有关系。

---

① 茅盾：《我走过的道路》（上），人民文学出版社1981年10月版，第93至94页。

②③ 同上，第95、99页。

三年的北京读书生涯，让年轻的茅盾感受到了古都北京的风气。1916 年暑假，茅盾在北京大学预科以班级第 19 名的成绩毕业，[①] 告别了卢表叔一家，告别了北京大学的老师同学，回到浙江乌镇。

---

① 据近年披露，1965 年 5 月 4 日，北京大学同学会在台北聚会，北京大学同学陆徵祺拿出自己抄录的 1916 年北京大学毕业的本科、预科生的名单和当年的毕业成绩。其中茅盾（沈德鸿）的成绩是 74.6 分，位于第 19 名。属于中等偏上。茅盾所在的班级有四十二人。成绩最好的是傅斯年，89.6 分。分数最低的也有 64 分。此材料后来在台湾某报公布。

第二章　在上海的舞台上

　　茅盾1916年到上海商务印书馆工作，开始走上社会。在上海的岁月里，茅盾依然非常勤奋，工作之余就在商务印书馆的图书馆"涵芬楼"读书，或者就在宿舍里看书。在广泛涉猎古今中外的文学中，茅盾对中国和世界形势的关注中，逐渐对西方马克思主义、俄国的列宁理论，产生浓厚兴趣，对民族解放、妇女解放等社会层面的改革，在上海的报纸媒体上不断地提出自己的观点和想法。不久，茅盾的思想，被南下的《新青年》陈独秀所欣赏，正在组党的陈独秀欣喜地告诉朋友，沈雁冰也会参加共产党的。这是1920年下半年的事。而此时的茅盾，在商务印书馆的工作中，因为出类拔萃而日益受到重视，所以在茅盾担任《小说月报》主编之时，他已经参加共产党组织了，并且为共产党组织内部的杂志翻译和撰写了不少文章。中共一大以后，茅盾秘密担任党中央的联络员，同时担任上海地方党组织的负责人，负责上海以及江浙一带的党员发展和开展党的活动；茅盾的秘密地下党工作，为中共的发展，做出了重要的贡献。而作为商务印书馆的高级职员，茅盾尽心竭力，做好商务当局安排的每一项工作。然而，党的事业需要时，茅盾义无反顾，带领商务的职工开展罢工斗争，代表中共为商务的职工争取权益。茅盾在上海这个东方大都市舞台上，风生水起，为一生的追求，奠定了理想信仰的基础。

一、走进商务印书馆

还在茅盾在北京大学毕业前夕，茅盾母亲和茅盾祖父沈砚耕商量，是否让茅盾祖父给卢鉴泉写信，请卢鉴泉关心一下茅盾的工作。因为从辈分上说，茅盾祖父沈砚耕是卢鉴泉"娘舅"，是长辈。卢鉴泉的母亲去世以后，1899 年，父亲卢福基娶了沈砚耕的妹妹沈恩敏，沈恩敏嫁到卢家时，已经 27 岁，当时属于老姑娘。而卢福基已经 43 岁。卢家以诗礼传家，所以沈恩敏嫁到卢家以后，两家关系非常融洽，卢鉴泉对"后妈"也非常孝顺。因此沈砚耕给卢鉴泉这个外甥写信，将自己的长孙茅盾的工作托付给他，也是十分自然的事。茅盾母亲知道卢表叔对茅盾非常器重，而且茅盾在北京读书，也得到过卢表叔的关照和照顾。现在大学毕业了，除了工作之外，还应该感谢卢表叔。所以茅盾母亲也给卢鉴泉写了一封信，感谢卢鉴泉对在北京的茅盾的照顾。同时在工作上希望卢表叔不要在银行界或者政界介绍工作。此时，沈家的不少人，如比茅盾大一岁的沈永钰，中学毕业就由卢鉴泉介绍去北京中国银行当练习生，[①] 所以茅盾母亲写信向卢鉴泉提出，不要为儿子茅盾在银行界找工作，是有道理的。

---

① 沈永钰 1915 年由卢鉴泉介绍到北京中国银行工作，此后一直在银行界工作。而茅盾的几个叔父如二叔父沈永钦后来去北京新亨银行工作，三叔父沈永钊后来由卢鉴泉介绍进上海交通银行工作。所以凭卢鉴泉在银行界的关系，想在银行界谋一份工作，还是很方便的。

此时，上海商务印书馆北京分馆孙伯恒正在和在财政部公债司当司长的卢鉴泉拉关系，希望商务印书馆设在北京虎坊桥的京华印书局承印财政部的公债票，这是很大的一笔业务。现在卢鉴泉推荐茅盾去商务印书馆工作，自然一口允诺，并且立刻写信告诉商务印书馆经理张元济。张元济在 1916 年 7 月 27 日"日记"的"用人"一栏里，写道："伯恒来信，卢鉴泉荐沈德鸿。复以试办，月薪廿四元，无寄宿。试办后彼此允洽，再设法。"① 那么，孙伯恒来信是哪一天的来信？1916 年 7 月 27 日，张元济没有收到孙伯恒的来信，日记所记，应该是前几天的来信。查 7 月 27 日之前孙伯恒给张元济的来信，有 3 次，第一次来信是 7 月 5 日，张元济收到来信就回复。后来是 7 月 11 日、7 月 19 日两次来信，张元济因为迎接孙中山到商务印书馆参观而忙碌，无暇顾及。而 7 月 19 日至 27 日，沈伯恒没有给张元济来信。所以估计是孙伯恒 7 月 19 日给张元济写的信，推荐茅盾进商务印书馆工作。其实，卢鉴泉与张元济也熟悉，在上海有时也在一起聚餐，② 但是既然孙伯恒有此意，就让孙伯恒去办。而对张元济来说，这是公司的日常工作之一，所以在他日记中记上一笔。

孙伯恒收到张元济的信，又转给卢鉴泉，又由卢鉴泉告诉茅盾祖父和母亲，这么来来回回一番，茅盾在乌镇收到卢表叔的信，已经是 8 月 20 日以后了。卢表叔让茅盾拿了孙伯恒的介绍信，直接去找张元济报到。于是，茅盾在 1916 年 8 月 27 日到上海，第二天直接去河南路商务印书馆发行所见张元济。

商务印书馆是 1896 年在上海建立的中国现代出版企业，随着张元济等一批人才进入商务，商务印书馆从一个小印刷厂，顺应历史潮流，秉持兴教育、开民智、强人格、存国粹的高远之志，逐步发展成为世界

---

① 《张元济全集》第 6 卷（日记），商务印书馆 2008 年 12 月版，第 86 页。

② 南浔"嘉业堂藏书楼"主人刘承干的《求恕斋日记》记载：1912 年农历 12 月 18 日，刘承干和张元济、卢鉴泉等一起聚餐。

三大出版机构之一。而茅盾进商务印书馆时的张元济，正是商务印书馆的经理。张元济是浙江海盐县人，1867年出生在广东，童年生活在广东，1892年考取进士以后，清政府授予他为翰林院庶吉士，后任刑部主事。当时张元济积极参加维新派的活动，后又考入总理各国事务衙门任章京。维新运动失败以后，张元济受到"革职永不叙用"的处分。后来张元济南下到上海，投身教育任南洋公学总理（校长），1901年，张元济入股商务，开始参与出版事务。1903年4月，张元济离开南洋公学，正式担任商务印书馆编译所所长。在编译所所长的岗位上，张元济做了大量开辟草莱的工作。后来他将编译所长移交给高梦旦以后，全身心地投入商务的管理，他博采众长，吸收许多有识之士的意见建议，将商务印书馆的这个现代出版企业的管理，推向现代化的高度。

到上海后的第二天，茅盾到河南路商务印书馆发行所见张元济。茅盾在《我走过的道路》中，用充满感情的文学笔法，回忆描述了自己只身去上海商务印书馆初见张元济时的情景：

　　一九一六年八月初旬，① 我到上海，先找个小客栈住下，然后到河南路商务印书馆发行所，请见总经理张元济（菊生）先生。我和张元济并无一面之识，我只带着商务印书馆北京分馆经理孙壮（伯恒）的一封给张元济的介绍信。我和孙伯恒也不认识，是我的表叔卢学溥（鉴泉）把我荐给孙伯恒的。当我在本年七月回家时，还不知道祖父应母亲之请写信给卢表叔请他为我找职业，也不知道母亲另有信给卢表叔，请他不要为我在官场（卢表叔在当时的政派中属于梁士诒一系，与叶恭绰友善）或银行找职业。因为有此种种缘故，当我在本年七月底回到家中时，母亲把银行找职业已托了卢表叔的

① 茅盾这里回忆的时间与实际进商务印书馆的时间有出入，据商务印书馆的档案记载，茅盾是1916年8月28日入职商务印书馆编译所的。

事告诉我，并说准备在家闲居半年，因为除了官场和银行界以外，卢表叔未必马上能为我找到合适的职业。却不料八月初就收到卢表叔的信，内附孙伯恒给张菊生的信，并嘱赶快去见张总经理。卢表叔的信中还提到张元济翰林出身，是商务印书馆的创办人之一。

现在且说我到河南路商务印书馆发行所，找一个售货员问总经理办公室在哪里。发行所顾客拥挤，那个售货员忙于卖书，只把嘴一努道："三楼。"上三楼要从营业部后面一个楼梯上去，我刚到楼梯边，就有人拦住，问："干什么？"我答："请见张总经理。"那人用轻蔑的眼光把我上上下下打量一番，冷冷地说："你在这里等罢。"我真有点生气了，也冷冷地说："不能等候。我有孙伯恒的介绍信。"一听"孙伯恒"三字，那人立刻面带笑容问道："是北京分馆孙经理么？"我不答，只从口袋取出印有"商务印书馆北京分馆"红字的大信封对那人一晃。那人的笑容更浓了，很客气地说："请，三楼另有人招呼。"我慢慢地上三楼时，回头往下一看，果然在那人对面的一条板凳上坐着两个人，想是等候传呼然后可以上楼的。我心里想，好大的派头，不知总经理的威严又将如何？

到了三楼，觉得这所谓三楼同二楼（那是我没有进去的，只在门外经过，里边人声嘈杂）或一楼（即门市部）颇不相称。三楼矮些，又小些，门前倒有较大空在，一人坐在长方桌后，见了我，就说："先登记，什么姓名？"我答："沈德鸿。"那人又问："三点水沈，是么？什么得？"我答："是道德的德。"又问："三点水洪罢？"答曰："不是，是燕雀安知鸿鹄之志的鸿。"那人摇头，表示不了解。我又说："是翩若惊鸿的鸿。"那人睁大了眼，我看他面前的登记簿上，本日已登记到十六个客人了。此时忽听有人说："是江鸟鸿。"我回头一看，管登记的那个人对面靠墙板凳上坐着四个人，显然是等候传见的。登记人皱着眉头说："江鸟鸿，人人都懂，你偏不说。什么事？也得登记。"我从口袋里拿出那个大信封来。登记人接过去一看，霍地站了起来，口里念道："面陈总经理张台启商务印书馆北京分馆孙。"这个墨笔写的大"孙"字恰恰写在红色印的"馆"字上面。登记人满面笑容对我说："我马上去传达。"推开门进去了。

我正在想：原来他们把鸿拆成江鸟；登记人已经带一个人出来，低声对他说："请稍等候。"又侧身引路，对我说："请进。"我进了门，他就把门关上了。

我见这间总经理办公室前面一排窗，光线很好，一张大写字台旁坐着一人，长眉细目，满面红光，想来就是张元济了。两旁靠墙都有几把小椅子（洋式的，圆形，当时上海人称之为圈椅，因为宽的靠背只是一道木圈），写字台旁边也有一张；张元济微微欠身，手指那个圈椅说："坐近些，谈话方便。"我就坐下，张先生问我读过哪些英文和中文书籍，我简短扼要地回答了，他点点头，然后说："孙伯恒早就有信来，我正等着你。我们编译所有个英文部，正缺人，你进英文部如何？"我说："可以。"张又说："编译所在闸北宝山路。你没有去过吧？"我表示不知道有什么宝山路。张拿起电话，却用很流利的英语跟对方谈话。我听他说的是："前天跟你谈过的沈先生今日来了，一会儿就到编译所见你，请同他面谈。"打完电话，张对我说："你听得了罢？刚才我同英文部长邝博士谈你的工作。现在，你回旅馆，我马上派人接你去宝山路。你住在哪个旅馆？"我把旅馆名和房间号码都说了，张随手取一小张纸片记下，念一遍，又对我说："派去接你的人叫通宝，是个茶房，南浔镇人。你就回旅馆去等他吧。"说着他站了起来，把手一摊，表示送客。我对他鞠躬，就走出他的所谓办公室。

我回旅馆，把简单的行李理好，此时已是九点半。我回想总经理的办公室，朴素得很，墙上不挂任何字画，大写字台对面的长几上却堆着许多书报，中、英都有。①

然而，1916 年 7 月 28 日这一天，张元济的日记里，完整地记录了这一天的日程。如给弼臣、王仙华发信，中午在高梦旦家里与炜士、吴稚晖等谈话，也与邝博士谈函授部工作等等，这一天的日程排得满满的。但就是没有见茅盾的记录。虽然没有记录茅盾到他办公室报到的事，但是值得关注的是，张元济在日记的"用人"栏里写的一段话，估计与茅盾的工作有关。这里不妨抄录如下：

> 告邝，函授部开办十一个月，有学生八百余，实收一万五千元，应加推广，约锡三同商，拟添改稿一人。邝言，周越然之兄有就意。又添写信一人。（嗣与梦翁商，拟调马翔九充任。）邝言，蒋君改稿不甚着意，当谅戒之。余云，应否告乃叔。邝云可缓。余言，学生多是请免费或减费者。可即定一代募生徒奖励法，或每代招一人给奖二元。周出示万国函授学堂奖券，亦拟仿制。取书作四元用，交费作二元用。并将一、二级讲义速行修改，以励初学。②

这里可以看出，张元济为了安排茅盾进函授部当改卷员，他曾专门找编译所英文部编辑，西书部主任周锡三先生商量，计划增加一个"改稿"员。但是，与英文部长邝富灼商量时，邝富灼告诉张元济说，增加人可以，但是周越然的哥哥周由廑很想得到这个岗位，显然，当初英文部负责的英文函授部阅卷员的岗位，还是有许多人想去的。

商务印书馆编译所英文函授部的正式名称叫"函授学社"。茅盾回忆录中记忆为"函授学校"，成立于 1915 年 7 月，张元济兼任函授学社

---

① 茅盾：《我走过的道路》（上），人民文学出版社 1981 年 10 月版，第 102 至 104 页。
② 《张元济全集》第 6 卷（日记），商务印书馆 2008 年 12 月版，第 86 页。

社长。所以，上面引文中，张元济说函授部开办已有十一个月了。还有，从张元济日记看，周越然的哥哥周由廑在茅盾进商务时，他还没有进来。①但茅盾记忆中，周由廑先生已先他到位的。他在回忆录中说：

> 到了宝山路，把我的行李卸在一座半洋式二层的房子里（这房像是宿舍，此时只有一个小茶房看守房子。见了通宝，十分恭敬），立刻到编译所，会见英文部长邝富灼，说是安排我在英文部新近设立的"英文函授学校"，担任修改学生们寄来的课卷。此时英文部一共才有七个人，部长邝富灼，"函授学校"主任周越然，编辑平海澜、周由廑（周越然的哥哥），改卷员黄访书（广东人，邝富灼引进来的），办事员（等于练习生）胡雄才，加上刚来的我。这七个人中，部长是华侨，原籍广东，外国大学毕业，得博士，大约四十多岁，广东话也不熟练，只说英语。二周兄弟、胡雄才，都是湖州人，他们把我看成同乡。平海澜是上海人，原浦东中学英文教员。英文部中大家说话，多用英语。②

茅盾的回忆基本上是准确的。在薪水方面，茅盾的薪水并不算最低，胡雄才比茅盾早进一个多月，但是月薪只有 6 元。茅盾在回忆录中记得胡雄才是 18 元。可能这是后来的薪水数。茅盾回忆录中的周越然当时是商务印书馆函授学社副社长兼英文科科长，而不是"'函授学校'主任"。周越然当时 31 岁，比茅盾大 11 岁，生于 1885 年，周越然的英文水平极好，当时编著的《英语模范读本》很有名。而且周越然也是个读书人，他

---

①② 茅盾回忆英文部函授学社的七个人进商务的时间，笔者查"商务印书馆职员录"，具体如下：邝富灼 1908 年 4 月 27 日，月薪 300 两；周越然 1915 年 1 月 2 日，月薪 100 两；胡雄才 1916 年 7 月 1 日，月薪 6 元；平海澜 1916 年 8 月 1 日，月薪 100 元；黄访书 1915 年 3 月 6 日，月薪 50 元；沈德鸿（茅盾）1916 年 8 月 28 日，月薪 24 元；周由廑 1916 年 9 月 18 日，月薪 100 元。

在上海的藏书楼取名"言言斋"，一幢西式两层楼房，内有中文图书3000种，西文图书5000种。而周越然的兄长周由廑当时也在上海，担任湖州旅沪同乡会——湖社的执行委员。后来曾主编商务印书馆的《英文周刊》，又任湖州旅沪初级中学校长，也编有《英语论文范初集》等英语教材。所以，周家兄弟是作为英语人才在商务担当编辑责任的。

茅盾进函授学社时，工作十分轻松，他在回忆录中说："我的第一天工作很轻松，只改了四五本卷子，这些学生英文程度不一，最高的不过相当于中学一年级。"但是刚刚工作的茅盾，对平生第一份工作还是很喜欢的。因为这样的工作量，让茅盾有时间读自己喜欢的书。白天在商务印书馆的编译所英文部上班，晚上在自己的宿舍看书，晚上看书的时间相当于白天的半天还多，而且效率高。所以茅盾喜欢这样机械的看卷子工作。与茅盾在同一个宿舍住的也是一个年轻人，叫谢冠生，他是浙江嵊县人，比茅盾小一岁，但是比茅盾早一年即1915年5月28日进商务辞典部。茅盾在回忆录中说：

在宿舍，同一卧室的谢冠生，也使我开了眼界。从他那里，我才知道这个宿舍并非商务印书馆办的，而是茶房元老通宝同他的儿女亲家福生（也是南浔人，资格仅次于通宝）的合股公司。福生俨然是这个宿舍的经理，厨子、两个打杂的小青年都得听他的。谢冠生又告诉我，编译所中的国文部（部长庄俞，武进人）专编小学和中学教科书的人是清一色的常州帮。（国文部还包括一些无类可收的高级编辑，那就不受庄某领导而且各省各地都有。）理化部是绍兴人。谢冠生自吹他所属的"辞典部"（先编《辞源》已完成，现在编《人名大辞典》、《地名大辞典》等等）却不是什么帮，而是量才使用的。不过，他的薪水大约不过四十元左右，[1] 所以屈居于这个

---

① 据查史料，当时谢冠生的薪水是每月30元。

宿舍，而且常常透露不久将舍此而另找出路的意思。谢懂法文，中文自然有基础，故得厕身于"辞典部"。二三年后，他果然离商务，据说在上海进修法文，后又留学法国；蒋介石时代，他是南京政府的司法院下的司法行政部部长。①

　　谢冠生虽然比茅盾小一岁，因为早一年进商务印书馆，所以他在宿舍里聊天时，常常告诉茅盾一些所不知道的事情。这在新来刚到的茅盾听来，自然非常新鲜，包括这个宿舍的故事，茅盾还闻所未闻。茅盾还记得当初谢冠生告诉他有关张元济的故事，让茅盾非常感兴趣。茅盾说："谢冠生所讲，使我最感兴趣的，是关于张菊生（总经理）的轶事。"对张元济的人品、学问产生仰慕之情，视为榜样。所以，后来茅盾从谢冠生那里看到上一年商务印书馆出版的《辞源》以后，便给张元济写信，指出《辞源》的不足，陈述自己的看法。茅盾为什么要给张元济写信？与谢冠生介绍张元济是有关系的。后来，写信后的结果，也是谢冠生"悄悄地"告诉茅盾的。茅盾曾在回忆录中就此事写道："这封信交给通宝同编译所每日应送请总经理过目或核示诸文件专差送去。我写此信，是一时冲动，事前事后，都未对人谈及。但在那天晚上，在宿舍里，谢冠生悄悄地对我说：'你那封信，总经理批交辞典部同事看后送编译所所长高梦旦核办。'"②

　　所以，如果茅盾不与谢冠生住一个房间，茅盾就不能如此及时看到《辞源》；不住一个房间，谢冠生就不会向茅盾介绍张元济许多往事；不介绍张元济，茅盾当时就不大了解张元济，自然也不会贸然向张元济投书建议。因此，谢冠生这个茅盾在商务时代的同事，是不可忽视的一个人物。

　　谢冠生在茅盾回忆录中着墨不多，但和其他几个年轻同事一样，却

---

① 茅盾：《我走过的道路》（上），人民文学出版社 1981 年 10 月版，第 108 页。

② 同上，第 110 页。

记述得十分生动。那么,谢冠生是哪里人?一生的大致行踪如何?茅盾回忆录里都没有讲。据笔者掌握的材料,谢冠生是浙江嵊县人(今浙江绍兴嵊州),名寿昌,字冠生。1897年11月19日生。谢冠生天资聪颖,读书优异,13岁那年即1910年考入杭州的省立第一中学学习,1912年转入上海徐汇中学继续读书。1914年谢冠生在徐汇中学毕业后,因为成绩优异,就留校任教。1915年,谢冠生进商务印书馆编译所参加《辞源》的编辑。《辞源》的编辑工作结束后,谢冠生又主编《中国地名大辞典》。编完这部辞典后,谢冠生就离开商务,去震旦大学担任校长秘书,同时进入震旦大学法科学习。1922年谢冠生在震旦大学法科毕业后,就赴法国留学,入巴黎大学法学研究所。两年后即1924年,获得法学博士。取得博士头衔的谢冠生回国之后,投身教育事业,先后在私立震旦大学、复旦大学、持志大学、中国公学、政法大学从事法学教育和研究。1926年冬,年轻的谢冠生又走进政坛,任武汉国民政府外交部秘书,一度曾经代理外交部部务。同年参加国民党。大革命后任国立中央大学法律系主任兼法学院院长,1930年4月,谢冠生任国民政府司法院参事,1934年一度担任司法行政部政务次长,1936年3月任司法院秘书处秘书长。1937年,40岁的谢冠生开始担任国民政府司法行政部部长,一直当了十多年。在谢冠生主持司法行政部时期,他曾三次主持司法官高等考试。1945年5月谢冠生当选为国民党第六届中央监察委员,1947年和1948年谢冠生二次任行政院政务委员。1948年12月又担任公务员惩戒委员会委员长兼司法院秘书长。1949年8月,谢冠生逃往台湾。到台湾后的谢冠生依然活跃在司法界,历任台湾司法院副院长、院长。1971年12月22日,谢冠生在台湾去世。

　　谢冠生从商务印书馆一个辞典编辑,经过刻苦努力,成为中国的法学界的一个大师级的人物,这既是时代造就,也是商务印书馆的几年历练打下的基础。尤其让人诧异的,当年两个20岁左右的同宿舍年轻人,因为时代风云际会,后来分别成为文学大师和法学大师!

因为有谢冠生的介绍,茅盾对张元济的认识非同一般,他感觉到:"在中国的新式出版事业中,张菊生确实是开辟草莱的人。他不但是个有远见、有魄力的企业家,同时又是一个学贯中西、博古通今的人。他没有留下专门著作,但《百衲本二十四史》每史有他写的跋,以及所辑《涉园丛刊》各书的跋,可以概见他于史学、文学都有高深的修养。"① 茅盾对张元济的崇敬可见一斑。

　　① 茅盾:《我走过的道路》(上),人民文学出版社 1981 年 10 月版,第 109 页。

二、埋头学问的年轻人

　　茅盾给自己崇敬但又不熟悉的张元济写信以后，茅盾得到意想不到的变化。就在谢冠生将张元济在茅盾的信上的批示，告诉茅盾以后的后一天，茅盾上班就接到通知，高梦旦找他谈话。茅盾对给张元济写信这件事的前因后果，晚年回忆说：

　　我在英文部工作已有一月了，我并不讨厌机械式的改卷，反倒喜欢这里的必说英国话的"怪"现象。我以为这可以提高我的英文口语的能力。在北京大学预科时，虽然洋教员有四五名之多，但我的英文的口语总不好，同学中大都如此。

　　我从谢冠生那里看到了当时正在发行的《辞源》，忍不住给张菊生写了一封信。当然，信是文言的，那时还没提倡白话。这封信开头赞扬商务印书馆的出版事业常开风气之先，《辞源》又是一例。次举《辞源》条目引出处有"错认娘家"的，而且引书只注书名，不注篇名，对于后学不方便。最后说，《许慎说文》才九千数百字，而《康熙字典》已有四万多字，可见文化日进，旧字不足应付。欧洲文艺复兴以来，文化突飞猛进，政治、经济、科学，三者日产新词，即如本馆，早已印行严译《天演论》等名著，故《辞源》虽已收进"物竞天择"，"进化"诸新词，但仍嫌太少。此书版权页上英译为《百科辞典》，甚盼能名实相符，将来逐年修改，成为真正的百科词典。这封信交给通宝同编译所每日应送请总经理过目或核示诸文件专差送去。我写此信，是一时冲动，事前事后，都未对人说及，但在那天晚上，在宿舍里，谢冠生悄悄地对我说："你那封信，总经理批交辞典部同事看后送编译所所长高梦旦核办。"我真意想不到，这么一封平常的信，引起那样大的注意。说老实话，这封信我是随便写的，寥寥二百余字，如果我想炫才自荐，可以引经据典，写一、二千字呢。①

茅盾这里所讲的是实话。因为对张元济崇敬和信任，因为对商务印书馆的出版物的珍惜，茅盾看到想到的一些想法，诉之于信，用这种方式告诉有一面之缘的张元济，茅盾并没有想得到张元济褒奖和回信。所以他认为是"随便写的"，并没有想"炫才自荐"意思。

然而，茅盾这封"随便写的"信，却引起张元济和高梦旦的高度重视，张元济将茅盾的信批示给高梦旦，并和高梦旦商量，认为沈德鸿（茅盾）在英文部批改函授英文卷子用非所长，正好此时国文部的孙毓修需要一位助手，于是张元济决定让茅盾调国文部，随孙毓修先生编书。并且让高梦旦亲自找茅盾谈话，调整茅盾工作岗位，征求茅盾意见。这次高梦旦和茅盾谈话，还是很正式的。茅盾晚年记得：

次日上午，高梦旦在小会客室叫我过去谈话。高梦旦天天来编译所办公，似乎今天他才知道编译所有我这么一个人。这也难怪，我进英文部是张菊生直接和邝博士谈妥，而且第一天进编译所便到英文部，邝亦未引我去见高所长，因为他知道高梦旦是不拘小节的。当时高梦旦开门见山就说："你的信很好。总经理同我商量过，你在英文部，用非其材，想请你同我们所里一位老先生，孙毓修，合

_____

① 茅盾：《我走过的道路》（上），人民文学出版社 1981 年 10 月版，第 109 至 110 页。

作译书，你意下如何？"我并不认识孙毓修，当我童年时，孙毓修编的童话尚无出版，这些童话大部分是从英文童话意译来的，用白话，第一本名为《无猫国》，这是中国历史上第一次有儿童文学。我猜想这位孙老先生大概懂英文，同他合作译书，不知怎样做法，译什么书，不过我也不多问，只说："我愿意。但先须向邝部长说明，向他告别。"高梦旦说："我同你去，邝博士还不知道要调你呢！"

见过邝富灼，我谢他一个多月对我的照顾（这是真话，一个多月来，他对我很客气，像对二周和平海澜），然后，高梦旦引我去见孙毓修，只说句："你们细谈吧"，就回到他那背阳的大写字台旁坐下。①

这里，特别要先介绍一下高梦旦：这位茅盾的直接领导。高梦旦是茅盾父执般的长辈，生于 1870 年，长茅盾 26 岁。茅盾进商务印书馆时，高梦旦也只有 46 岁。胡适评价高梦旦是"新时代的圣人"，他说："高先生的做人，最慈祥，最热心，他那古板的外貌里藏着一颗最仁爱暖热的心。在他的大家庭里，他的儿子、女儿都说：'吾父不仅是一个好父亲，实兼一个友谊至笃的朋友。'他的侄儿侄女们都说：'十一叔是圣人。'这个圣人不是圣庙里陪吃冷猪肉的圣人，是一个处处能体谅人，能了解人，能帮助人，能热烈的、爱人的、新时代的圣人。"②初出茅庐的茅盾的一时冲动，不仅没有受到主管的呵斥，也没有人背地里给他穿小鞋，让他求生不得求死不能，而遇到高梦旦、张元济这样的好人、圣人。

这里，茅盾还提到两个商务印书馆的人，一个是即将随他编书的孙毓修，一个是即将离开他领导的邝富灼先生。这两位是茅盾的前辈级的人物，在茅盾的生活、工作中有一定影响。邝富灼先生 1869 年出生在

---

① 茅盾：《我走过的道路》（上），人民文学出版社 1981 年 10 月版，第 110 至 111 页。

② 《商务印书馆九十年——我和商务印书馆》，商务印书馆 1987 年 1 月版，第 51 页。

广东台山一个农民家庭里。1881年去美国打工谋生,后来他"眷念祖国而发愤求学"①,他曾说:"余既有恒业而欲求学者,则以余关怀祖国一念之所动也。余年事渐长,益觉国事之重要,然念苟碌碌无所长,则曷能为力于国家乎?故余亟欲饱学后方归国,否则宁终老于异域耳。"②后来邝富灼终于考取美国加利福尼亚大学和哥伦比亚大学,获得文学硕士和教育硕士两个学位。1906年,邝富灼回国,开始在清政府的邮传部当差,不久便辞职。1908年7月进商务印书馆英文部担任部长,成为商务印书馆的主要高级业务主管之一,月薪银子300两,是编译所中薪水最高的一位。连办公桌都与他人不一样。茅盾记得他用的办公桌是"最新式的有卷帘木罩的写字台"③。这个写字台,茅盾仔细观察过,觉得很新鲜。邝富灼进商务印书馆以后,如鱼得水,为商务出版了大量的英文教科书,《英语会话教科书》《英语模范读本》等等,据说他主持英文部21年,"直接经他之手编写、校订的英语教科书、语法书及其他读物不下80多种"。尤其值得让人钦佩的是,邝富灼进商务印书馆以后,在一个岗位上,干了21年!在时代风云激荡的年代里,商务印书馆人才济济,来来往往,而邝先生不为所动,保持定力,难能可贵。1929年邝富灼退休,1938年去世。茅盾因写信而离开英文部去国文部,邝富灼的大度包容,让新出校门的茅盾心怀感激!

而茅盾即将合作的孙毓修先生,在孙毓修而言,始而陌生,进而包容,再而亲如弟子,携手茅盾走进学术殿堂。茅盾回忆与孙毓修见面时,印象深刻:

---

①② 柳和城:《橄榄集》,商务印书馆2020年1月版,第490页。

③ 茅盾:《我走过的道路》(上),人民文学出版社1981年10月版,第106页。茅盾曾经描述这个办公桌,说:"这个写字台的台面三分之一装有高约二尺的木架,分成许多小格,备放各种文件,卷帘木罩就装在木架顶上,把它拉下,就将整个台面罩住,有暗锁。台主人离去时只要将卷帘式木罩拉下,台面上的文件任其放着,上了锁,就同放进柜子一样保险。"可惜后来生活中很少见了。

孙毓修年约五十多，是个瘦长个子，有点名士派头。他是前清末年就在商务编译所任职，是个高级编译。他似乎又有点自卑感。后来我才知道这自卑感来自他的英文程度实在不算高。他不问我对翻译感兴趣否，也不谈合译什么，却自我介绍道："我是版本目录学家，专门为涵芬楼（编译所的图书馆）鉴别版本真伪，收购真正善本。有暇，也译点书。有一部书，我译了三、四章，懒得再译了，梦旦先生说的合译，就指这个。"我说："是什么书？莎士比亚的戏曲？还是……"孙毓修插口道："不是，你看。"他从书桌上杂乱的木版书中找出一本英文书，我一看是卡本脱（他译音为谦本图）的《人如何得衣》。孙又从抽屉找出一束稿纸，是他译的该书前三章。他说他的译笔与众不同，不知道我以为如何？我把他译的那几章看了一下，原来他所谓"与众不同"者是译文的骈体色彩很显著；我又对照英文原本抽阅几段，原来他是"意译"的，如果把他的译作同林琴南的比较，则林译较好者至少有百分之六十不失原文的面目，而孙译则不能这样说。孙毓修老先生以前曾以同样方法，"译"过卡本脱《欧洲游记》，颇受读者欢迎，因为借此可以知道欧洲各国的简单历史、风土、人情等等。我想，林译的原本是西欧文学名著，而孙已出版的《欧洲游记》和译了几章搁起来的《人如何得衣》不过是通俗读物，原作者根本不是文学家，不过文字还流利生动，作为通俗读物给青年们一点知识，倒是当时欧美社会所需要的，所以在欧洲也曾列于畅销书之列，再加以出版商的广告吹嘘，也曾哄动一时，但料想是不过几年就会被人遗忘了。

我想了一会就说："老先生的文笔别具风格，我勉力续貂，能不能用，还得老先生决定。"孙毓修自负地笑道："试译一章看罢。"我重读了孙老先生"译述"的前三章原稿，就用他的意译方法，并摹仿其风格，以三、四天时间译出了一章。当我把原稿交给孙时，他带点轻视的意味说一句："真快。毕竟年轻人精力充沛。"可是他看完了原稿后笑道："真亏你，骤看时仿佛出于一人手笔。"我说："惭愧。还得请你斧削。"他又自负地点了点头。可是执笔沉吟半晌，只改了二、三处几个字，把原稿还给我，就说："你再译几章，会更熟练些。"我问他："不跟原书校勘一下么？也许我有译错之处。"他摇头道："本馆所出的译本，向来不对校原作，只要中文好，就付印。"这真使我大吃一惊。后来知道，这是因为当时编译所中并没人做这项校勘译文的工作，虽然所中懂外文的人并不缺乏，但谁也不愿意做这种吃力不讨好而且难免会得罪人（如果指出译笔有错误）的事。

以后译完一章就交给孙。他也不看，忙于做他自己的版本目录之学。他的书桌是一般编译者用的两个抽屉的中国式书桌，和我用的一样，但在背后有一只长条形无抽屉的木桌，专供他堆放"参考书"之用。

一个半月以后，全书译完，孙老先生这才匆匆读了一遍，很得意地说："我看可以。"就把全稿（包括自己译的）交给高梦旦，高也不看译稿，听了孙的低声细语以后，点头说："你斟酌着办罢。"孙老先生回来对我说："立即要付排。可是——版权页上用你我合译或是你译我校，何者合式呢？"我猜想他是比较喜欢用"沈德鸿译，孙毓修校"的，但我干脆对他说："只用你一人的名字就好！"他料不到我不想在版权页上露面，又惊又喜回答道："好，就这样办。"我表示同意，心里却想，这不是什么文学名著，译者署名，可以沾点光。①

孙毓修，无锡人，字星如，生于 1871 年，比茅盾大 25 岁，与茅盾

---

① 茅盾：《我走过的道路》（上），人民文学出版社 1981 年 10 月版，第 111 至 113 页。

第一次见面时，其实只有 45 岁，估计 20 岁的年轻人看去，孙毓修就已经相当老了。孙毓修 24 岁时考取秀才，后又进了著名的江阴南菁书院学习，1896 年，孙毓修 26 岁那年考取补廪生，同时，在维新运动的影响下，孙毓修以 27 岁的年纪开始学习英语。孙毓修的家庭生活也十分坎坷。1889 年他 19 岁那年与张氏结婚，生有六子二女，最后只剩儿子孙贵定一个人，余皆夭折。其中最让孙毓修刻骨铭心一辈子的，是他的心爱的女儿孙贵度的去世。孙贵度和茅盾同年，十分聪慧和懂事，给孙先生带来极大的欣慰和快乐，但是，孙贵度姑娘在 15 岁那年因病去世，中年丧女，给孙毓修打击很大，女儿去世不到一年，夫人张氏因痛失爱女而体伤去世，又给孙毓修沉重打击。1913 年，孙毓修回到无锡故里，顺便参观已故妻子姑母张浣芬办的荣氏女塾，同时认识了后来的夫人顾氏。

1907 年，孙毓修以一篇《地理读本叙言》获得张元济的青睐，后来，孙毓修进商务印书馆编译所，身兼国文部和英文部两个部门的有关工作，月薪由张元济定为 100 元。显然，孙毓修是作为急需人才被张元济延揽进商务印书馆的。据说，孙毓修进商务印书馆后出版第一本译著《欧巴罗洲》，要赠送的第一个人，就是张元济！借以表达自己的知遇之恩。

后来，孙毓修主编《童话》丛书，先后出版两集，一百种左右。其中有《无猫国》等，1911 年，孙毓修开始主编《少年杂志》，直到 1914 年止，因为孙毓修精通版本目录学，所以商务印书馆又将编译所的图书室涵芬楼交由孙毓修兼管，可见孙毓修深得张元济倚重。也许是孙毓修先生的学术水平正合商务当局需要的缘故，渐渐地，孙毓修在编译所内成为一位德高望重的长者。商务印书馆张元济、高梦旦派茅盾过去当孙毓修的助手，有支持孙毓修之意。据说，商务印书馆当局还有意让孙毓修从译书中腾出手来，专注古籍整理。

茅盾虽然不认识孙毓修，但是，在编译所工作的一个多月，也多少知道孙毓修的情况，知道他在中国童话史上的地位，认为孙毓修编写的《无猫国》是"中国历史上第一次有儿童文学"。评价极高。还有，茅盾念小学时得到的奖品，也是孙毓修先生的童话书《无猫国》与《大拇指》，因为当时茅盾已经在读《西游记》《三国演义》了，便将这些童话书送给自己的弟弟沈德济（泽民）了。但是，茅盾与本来已是同事的孙毓修先生的初次交谈，20岁的茅盾带着陌生和仰视的心态与之交谈聆听指教，而孙毓修先生则多少带点居高临下的长辈心态与之交流。因此，事过六十年后，茅盾依然清晰地记得两人初次见面时的情景。

茅盾翻译完《衣》《住》《行》以后表现，让孙毓修对茅盾有了好感。尤其是孙毓修看到茅盾的用功，以及和茅盾的一次深谈，让孙先生对茅盾刮目相看了。当时茅盾进商务印书馆以后，虽然一个人在上海，但是没有在上海游玩过，除了到编译所上班，就在宿舍看书写文章，或者就在涵芬楼看书。他自己曾经说过："我在上海快一年了，除了宝山路附近，从没到别处去过。"①宝山路就是编译所所在的地方，是茅盾上班的地方。他还说："我看书多半是星期日，大家都出去玩了，我就利用这时间。"②所以，多年养成的勤奋读书的习惯，让茅盾很快成为一个博览群书学贯中西的年轻人！有一次，孙毓修不经意间看见茅盾在看一部《困学纪闻》，大为惊异，便与茅盾深谈起来。茅盾记得：

> 在这段时间内，我有闲暇继续阅读《困学纪闻》。孙老先生看见了，大为惊异，说："你喜欢考据之学。"我回答："谈不上考据之学。我是个'杂'家而已。"孙更惊异，问我读过些什么书。我答道："我从中学到北京大学，耳所熟闻者是'书不读秦汉以下，文章以骈体

为正宗'。涉猎所及有十三经注疏、先秦诸子、四史（即《史记》《汉书》、《后汉书》、《三国志》)、《汉魏六朝百三家集》、《昭明文选》、《资治通鉴》，《昭明文选》曾通读两遍。至于《九通》，二十四史中其他各史，历代名家诗文集，只是偶然抽阅其中若干章段而已。"孙又问："你不过二十岁，你哪有时间看这些书？你在中学和大学的中文教员是什么人？"我回答："其中有章太炎的同学和弟子，说出来，你也不熟悉。不过，我这些'杂'学，不尽来自学校，也来自家庭。"孙恍然大悟道："怪不得人家说你是张总经理的亲戚，张菊老是海盐名门望族。"我说不是，而且与总经理从无一面之缘，即如我的介绍人卢表叔与总经理也素不相识。孙似疑似信，又问："令亲是何出身？"我答："孝廉公，清末壬寅科乡试中式第九名。"孙问："令表叔大概有五十多岁罢？"我说："还不到四十。"孙太息道："我半世从事试帖，只青一衿而已。"又问："尊大人是何出身？"人答："我十岁丧父。"孙又问："刚才你说家庭教育，想来是祖父。"我答："不是，是家慈。"孙默然不再问了。我猜想他断定我是名门望族子弟；否则，我的母亲怎么会通晓文史呢。现在我要盘问他的底细了。此时他的名士派头收敛了，说他曾在南菁书院（清末科举未废前江阴有名的书院）中攻研八股制艺，后来从美国教堂的一个牧师学英文，半路出家，底子有限；从缪艺风学版本目录之学也只是六、七年前的事。[①]

《困学纪闻》是南宋学者王应麟（1223—1296）的一部著作，王应麟是个奇才，也是影响最大的《三字经》的作者，宁波鄞县人，9岁通晓《六经》，南宋淳祐元年中进士后仍发愤读书，后官至国修国史实录院修撰兼侍读、礼部侍郎兼中书舍人等，在仕途上，王应麟与丁大全、

[①] 茅盾：《我走过的道路》（上），人民文学出版社 1981 年 10 月版，第 114 至 115 页。

贾似道、留梦炎等权臣不合，最终辞归故里。宋亡后，王应麟闭门著述以终。他涉猎经史百家，天文地理，熟悉掌故制度，长于考证。著有《困学纪闻》《玉海》《通鉴答问》《深宁集》《诗地理考》《三字经》等。其中《困学纪闻》考订精详，为后世所推崇。对像王应麟的《困学纪闻》这样的著作，眼前这位貌不惊人的年轻人在阅读，让孙毓修吃惊不小。从此，孙毓修对茅盾刮目相看，并且处处提携关照。

　　1916年年底，茅盾收到会计室送来薪水，并附通知，从1917年1月开始，增加薪水6元，即每月30元。当时孙毓修知道后，为茅盾抱不平，说你五个月翻译了两本半书，人家一年译一本，月薪六七十元，他们欺侮你年纪小，我去为你说！茅盾连忙阻止道：我没有家庭负担，在这里不为名不为利，只贪图涵芬楼的藏书丰富，古今中外齐全，借此可以读点书而已。孙毓修的不平之气是真实的，但是也有为自己多年没有增加薪水引发的怨言。① 而茅盾的想法也是事实，此时茅盾的心态，不是为钱，而是争取在商务印书馆的涵芬楼里多读书。同时，卢鉴泉表叔此时也来信，希望他多读书，只要有学问，何愁不立事业？所以，茅盾此时不光学问上非常勤奋，而且在工作上也非常努力。编译好《衣》《食》《住》以后，茅盾和孙毓修商量下一步选题，孙毓修根据茅盾的学识，提出要编一部开风气之先的书。并对茅盾说，我们编一部《中国寓言》，但是编这部书，必须是对古书要有研究的人，你正合适。听到孙先生的鼓励，茅盾"欣然同意"，工作更加用心用力了。

　　1917年，茅盾似乎又是"两耳不闻窗外事"，专门沉浸在先秦诸子、两汉经史子部里，茅盾用了半年左右的时间，仔细读了《礼记》《孟子》《史记》《汉书》《晏子春秋》《国策》《孔子家语》《宓子》《魏文侯书》《荀子》《孔丛子》《韩诗外传》《申子》《墨子》《胡非子》《田俅子》《尸子》《吕氏春秋》

---

① 当时，商务当局对孙毓修的工作不大满意。张元济1916年12月的日记里，有"孙星如（即孙毓修）功课太少，应每月督催。"为此高梦旦还找孙毓修谈了一次话。

《淮南子》《论衡》《列子》《庄子》《尹文子》《牟子》等古籍。搜集辑录寓言125则，编成《中国寓言初编》一书，1917年10月由商务印书馆出版。署名"桐乡沈德鸿"，书前有孙毓修用骈体写的序言。茅盾在原文中作适当夹注，或读音注解或名词解释，一则寓言后面作适当点评，或感慨或告诫或评论，十分精到。这里不妨选几则茅盾在《寓言》的评语，可以看到青年茅盾老到的思想和文笔，如《五十步笑百步》这则寓言后面，茅盾评语："人之自谓仁至义尽。胜于世俗所为。而实效不著者，皆行有未至耳。亦自反而已矣。"《治室与玉》这篇寓言中，茅盾评语："是非之心，人皆有之。蔽于物欲。则是非有时而不明。孟子此喻，借宾定主，单刀直入，足令人言下恍然。"在《宋人揠苗》中，茅盾评语："人贵有志，有志矣，又应得人指导。无志则有田不耘。无人指导则揠苗助长，误入歧趋。"在《月攘邻鸡》这个寓言中，茅盾评语道："知过非难，改过为难。过之所以难改，皆缘畏难而苟安。"在《张罗者》中，茅盾写道："天下事多成于有意无意之间。"在《鹬蚌相争》中，茅盾评道："争无为之意气，终于两败俱伤者。观此可恍然也。"在《桃梗土偶相语》这篇寓言中，茅盾评语道："有身份人，不值得与没身份人计较。没身份人如土偶，不胜则仍为泥耳，固无损也。有身份人，虽终胜之，而所失已多矣。"在《佣书掣肘》中，茅盾评语道："用人者固当知此义。人一意孤行，赴其所志，决当先安排脚地，扩清掣肘之人，方能成事。"在《蒙鸠射干》中，茅盾评语是："传言天道无亲，常与善人，是固然矣。然荆棘之中，理无翔步，岩墙之下，岂有安居。成败虽由于天，趋避自存乎人。"在《以明扶明》中，茅盾的评语是："以明扶明，相得益彰，是固善矣。不明之人，得明者以辅之，亦受益不小。故常人当尊贤，而贤人当容众。"在《舌存齿亡》中，茅盾写道："柔者常存，刚者先亡，此是天地间一定之理。"在《宋人燕石》这则寓言后面，茅盾评道："人固应有自信心，然太过则又成一刚愎之人。虚心应物，择善而从，方为得之。"

在《宋人守株》中，茅盾写道："守株待兔，人知其愚。世之役于名利。以有涯之生，殉生涯之欲者，其愚不又在宋人下哉。"在《对牛操琴》中，茅盾写道："不解事人前，莫卖弄本事。"[①] 可见茅盾当时思想的老到和对学问的投入。

《中国寓言初编》出版以后，茅盾趁假期回到乌镇看望母亲。

茅盾母亲询问茅盾，在上海有没有女朋友？茅盾如实回答："没有。"茅盾母亲告诉他，早就定亲的女方来催过几次了，让赶快结婚。理由是女方姑娘年纪不小了，已经20岁了。原来，茅盾5岁的时候由祖父沈砚耕抱着，去乌镇东栅钱隆盛南货店里聊天，这时，东栅的孔繁林也带着4岁的孙女来钱隆盛南货店聊天。聊了一会儿天，钱隆盛的店主钱春江看着一对小孩在玩，便对沈砚耕和孔繁林说：你们两家门当户对的，干脆定了亲吧。两个祖父一听，都笑着答应了。就这样，茅盾小时候定的"娃娃亲"，时间过去十多年以后，结婚被提上议事日程，茅盾母亲知道儿子在上海没有什么女朋友以后，还很感慨地对儿子说："从前我料想你出了学校后，不过当个小学教员至多当个中学教员，一个不识字的老婆也还相配；现在你进商务印书馆不过半年，就受重视，今后大概一帆风顺，还要做许多事，这样，一个不识字的老婆就不相称了。所以要问你，你如果一定不要，我只好托媒人去退亲，不过对方未必允许，说不定要打官司，那我就为难了。"而茅盾当时全神贯注地在做学问上，觉得老婆识字不识字，无所谓。而且嫁过来以后，母亲可以教她，或者可以上学校读书。于是茅盾母亲决定筹备茅盾的婚事。

1918年春节过后，茅盾在乌镇与孔家小姐孔世珍结婚。[②] 孔世珍比茅盾小一岁，生于1897年。孔世珍在没有出嫁时，家里人都叫她"三娜"，

---

① 上述引文均出自《中国寓言初编》，见《茅盾全集》第34卷，黄山书社2014年3月版，第6页至66页。

② 关于孔德沚的名字，孔德沚的侄女孔海珠在《孔另境传》中说："父亲的三姐孔德沚（1897—1970）原名世珍，小名三娜，是沈宝生生育的第三个孩子，也是长女。"

久而久之，左邻右舍的人，不知道她的名字叫孔世珍，只知道"三娜"。而孔家在乌镇，是靠经营起家的富户，在孔世珍的曾祖父孔庆增手里，靠勤奋和节俭，积累起不少财富，建造了占地十多亩的孔家花园——"庸园"，祖父孔繁林依然继承乃父的创业精神，开办蜡烛工厂，保持了良好的经营势头。可是，经营有道的孔繁林，自己非常勤奋读书，据说每天必读书数页，在方砖上练字半个小时，但是他在思想上却非常守旧，认为"女子无才便是德"，重男轻女，所以孔世珍小时候没有能够得到教育的机会。据茅盾回忆，当时茅盾父亲就曾经让人告诉孔家，让"三娜"进学校读书。还要求不要给她缠脚等，孔家不理睬沈家的要求，还认为，你们现在要求我们不缠脚，将来女婿说大脚不要，我们才不上当呢。后来在孔世珍的强烈反对和家里其他人的反对下，她的脚缠了一半，放开了，变成"半大脚"。而读书识字的要求，孔家就根本不理睬了。但是，孔繁林虽然守旧，晚年生病时，还是孙女婿茅盾从上海请了外国医生到乌镇给他治病，孔繁林不仅没有拒绝，由孙女婿当翻译，还和外国医生聊医理，临别还和外国医生握手，让家里人大感意外。孔世珍的父亲孔祥生，却是从小养尊处优，一个不善于理财，不愿意创业的人，而且几年时间，将祖父、父亲积累下来的财富败光，五开间五进的大宅抵债卖掉。孔祥生还有两个儿子，即孔另境和孔令杰兄弟。孔世珍的母亲沈宝生（1870—1918），是个性格懦弱但有文化的女性。可惜在女儿出嫁不久便去世。所以茅盾从小定亲的孔家，就是这样一户曾经辉煌、现在败落的人家。

茅盾的婚礼和乌镇普通人家的一样，新房设在乌镇北花桥东堍四叔祖家的房子里。茅盾似乎是第一次看到新娘，或者第一次近距离了解新娘。他在回忆结婚那天闹新房的情景说："新婚之夕，闹新房的都是三家女客。一家是我的表嫂（即陈蕴玉之妻）带着她的五六岁的女儿智英。一家是二婶的侄儿谭谷生的妻。又一家是新市镇黄家的表嫂，她是我的二姑母的儿媳。二姑母30多岁出嫁，男家是新市镇的黄家，开设纸行，与四叔祖现在的续弦黄夫人是同族。这三家女客中，陈家表嫂最美丽，当时闹新房的三家女客和新娘子说说笑笑，新娘子并不拘束。黄家表嫂问智英，这房中谁最美丽？智英指新娘子，说她最美。新娘子笑道：'智英聪明，她见我穿红挂绿，就说我美丽，其实她的妈妈最美。'大家都笑了。此时我母亲进新房去，看见新娘子不拘束，很高兴。大家还说到沈家在上海、北京的亲戚，这时，新娘子突然问了一句，上海远还是北京远？让茅盾母亲一怔，新娘子随即换个话题，说话的气氛又热烈起来。母亲下楼来对我说：孔家长辈守旧，这个新娘子人倒灵活，教她识字读书，大概她会高兴受教的。"[1]虽然茅盾的婚礼是旧式的，但是茅盾自己却对婚礼上的礼仪并不在意，据当时参加茅盾婚礼的茅盾表弟陈瑜清回忆，"我去吃喜酒的，我还记得他盘脚坐在床上做个观音菩萨的样子"[2]，逗这些小客人，喜欢和这些小客人玩。婚宴之后，茅盾母亲和新娘子聊天，才知道过去沈家对孔家的要求，根本没有办，新娘子没有进过一天学校，读过一天书。虽然当时农村里这种情况比较普遍，但是在乌镇镇上，却是不多的。三天以后，按照乌镇风俗，新娘子偕新郎官去"回门"，拜见岳父母，见丈母娘家的至亲，茅盾在回忆录里回忆第一次到丈母娘家的情形，发现新娘子的能干和聪明。

回到沈家后，新娘子告诉婆婆，自己回家与自己的母亲吵嘴了，原因是没有让她读书，现在在沈家当儿媳，完全像一个乡下人，是母亲害了她。茅盾母亲安慰新娘子，鼓励新娘子现在就开始读书，并且用《三字经》里"苏老泉，二十八"的例子鼓励儿媳。茅盾母亲还让茅盾为新娘子起名字，认为"三娜"名字改一下。于是茅盾为自己的妻子起名"孔德沚"，新娘子也非常认可。从此，茅盾夫人一直用"孔德沚"这个名字。而"孔世珍""三娜"的名字和小名，渐渐被人淡忘。在新婚的日子里，

---

[1] 茅盾：《我走过的道路》（上），人民文学出版社 1981 年 10 月版，第 140 页。

[2] 据陈瑜清 1983 年 7 月 2 日给笔者信。茅盾结婚时，陈瑜清已经 10 岁，所以他对去喝喜酒的情景记忆很清楚。我当时向他请教茅盾结婚时的情景，他就回信说这件事。

茅盾在乌镇家里，开始教夫人孔德沚读书，教她写字。不过，新婚的日子过得很快，两个礼拜后，茅盾就告别妻子和母亲，回到上海工作了。教孔德沚读书、写字的任务，就由茅盾母亲来承担了。所以茅盾夫人孔德沚一直视婆婆为母亲，充分尊重和孝顺。

茅盾回到上海，开始投入编写童话的工作。这是孙毓修安排茅盾从事的一项工作。童话的编写是孙毓修的强项，孙毓修是中国童话的开山祖师，是中国编辑儿童文学读物的第一人。茅盾回忆，所谓编写童话，就是"从外国的童话和中国的传奇中选一些故事，用白话文改写"。

当时，孙毓修正在为商务印书馆收集古籍，就把编写童话的事，逐渐交给茅盾，自己偶尔编写一点童话，给青年茅盾一个示范，茅盾记得当时孙先生编写的童话《玄奘》非常漂亮："童话和少年丛书都是孙毓修早期在商务编译所首创的两门儿童与少年读物，此时他仍偶尔为之，例如他当时编的《玄奘》，可以说是内容翔实，深入浅出，既宜于少年阅读，也使成年人增加历史知识。许多读过《西游记》的人知道历史上的'唐僧'是怎样一个人，不知他曾为中国和印度古代的交流，做出了重大的贡献。"[1]

茅盾编写的童话问世，最早是1918年6月发表的《大槐国》，后来一度产量很高，但主要是集中在1918年和1919年。在商务印书馆期间，茅盾编写的童话目录如下：

　　《大槐国》1918年6月出版。
　　《千匹绢》1918年7月出版。
　　《负骨报恩》1918年7月出版。
　　《狮骡访猪》包括《狮受蚊欺》《傲狐辱蟹》《学由瓜得》《风云

---

[1]　茅盾：《我走过的道路》（上），人民文学出版社1981年10月版，第149页。

雨》共五篇童话，1918年8月出版。

《平和会议》包括《蜂蜗之争》《鸡鳖之争》《金盏花与松树》《以镜为鉴》共五篇童话，1918年9月出版。

《寻快乐》1918年11月出版。

《蛙公主》1919年1月出版。

《兔娶妇》包括《鼠择婿》《狐兔入井》等童话，1919年1月出版。

《书呆子》1919年3月出版。

《一段麻》1919年5月出版。

《树中饿》1919年6月出版。

《牧羊郎官》1919年6月出版。

《飞行鞋》1920年10月出版。

茅盾的这些童话，篇幅都不长，但从当时出版情况看，都非常受欢迎，出版后一版再版，有的在二三年之间，出到五版！可见受欢迎的程度。茅盾为了编写这些童话，又阅读了大量的书，所以茅盾编写的每篇童话，都有来源和出处。如《大槐国》源于《唐人传奇·南柯太守传》；《千匹绢》《负骨报恩》源于《太平广记》《古今小说》；《牧羊郎官》源于《史记·平准书》和《汉书·公孙弘卜式儿宽传》；《狮骡访猪》《狮受蚊欺》都源于《伊索寓言》；《傲狐辱蟹》源于日本民间故事；《兔娶妇》源于挪威民间故事；《鼠择婿》源于突尼斯民间故事；《金龟》源于印度寓言；《十二个月》源于捷克斯洛伐克的民间故事；《驴大哥》源于《格林童话》。这些书目，足以说明茅盾编写童话，采撷材料的面十分宽广。茅盾编写的这些童话都非常健康。比如《蛙公主》《平和会议》《蜂蜗之争》《鸡鳖之争》《金盏花与松树》《以镜为鉴》等，都是教孩子要守信用，正确处理人与人之间关系的，要与人和平相处；《狮骡访猪》则提醒孩子不要受坏人利用等，都是教人向善向上的；《大槐国》《傲狐辱蟹》《寻快乐》《狐兔入井》《一段麻》《海斯交运》《金龟》等，都是教孩子要谦虚谨慎、勤奋节俭，不要沾染骄傲、贪财、讲废话、见异思迁等不良毛病；而《学由瓜得》《风云雨》《鼠择婿》《兔娶妇》等，故事本身都蕴含朴素的唯物主义思想和辩证的观点，让孩子们在读童话中领悟到一些社会发展规律。《牧羊郎官》《狮受蚊欺》等充满爱国主义思想，《书呆子》《驴大哥》《飞行鞋》等都是激励少年儿童读书求知、自强不息精神的；《怪花园》《十二个月》主要反映真善美与假丑恶这个人间永恒主题的。茅盾的这些童话作品，孙毓修给以充分的信任和关照，茅盾编写的童话，孙毓修都是"免检产品"，所以青年茅盾格外勤奋和努力。商务印书馆编写出版童话，要求很高。孙毓修编写好一篇，送高梦旦审查，高梦旦就带回家，先召集儿女们演讲，孩子们听后乐了，高梦旦才自己读。如果孩子们反应一般，或听不懂，高就动手修改，直到孩子们满意为止。据说当时商务印书馆的其他年轻人，看到编写童话，有名又有利，但是，当年要在孙毓修主编的《童话》中发表作品，也并非易事，即使是商务同事也是如此。商务印书馆同事谢寿长回忆："有一次，我见高（梦旦）的本家高真常写了几篇童话，经高交给孙毓修，不久出版，获得稿酬数十元，很是羡慕，因此也于业余从西文书上译了一篇，交与高梦旦，高即放在案头，隔了好久，没有下文，我有些耐不住了，一天下午下班时，高正准备回家，我赶忙冒昧询高上次那篇东西怎样了？高听了即从案头将那件文稿检出，重新坐下来从头到尾细看了一遍，遇有文句不妥顺处，用笔勾出作一标记，阅毕对我说：'明天让我交给孙先生好了。'这一来，足足花了他半个小时工夫……"① 这样，孙毓修才录用谢寿长编的那篇《山中人》童话。

从进商务印书馆开始，茅盾始终是一个埋头在书籍里做学问的年轻人，勤勤恳恳，兢兢业业，不计名利，颇为同事和孙毓修这样的前辈的好评和认可。1918年12月，商务印书馆在加薪水的报告中，高梦旦对茅盾和谢冠生两位年轻人评价很高。认为："沈德宏（鸿）、谢冠生能力

---

① 柳和城：《孙毓修评传》，上海人民出版社2011年10月版，第75页。

甚好，各加十元，实在尚不足为相当之值，但本人却无十分要求也。"①
这应该是茅盾的第二次加薪。高梦旦认为，给这两位年轻人加十元，和
他们做出的贡献相比，远远不足以相当的。而且两位年轻人没有十分要
求，可见心态十分平和，境界很高。因为在同一份材料上，高梦旦对有
的人加薪，还很不满意，高梦旦认为"万万不可再加"②。可见商务印
书馆的管理层，对埋头做学问的茅盾的肯定、认可。

---

①② 据桐乡市档案馆茅盾档案原件。

三、《新青年》的影响

　　1915 年《青年杂志》在上海创刊,早期提倡民主与科学,反对旧道德,提倡新道德, 反对旧文学提倡新文学。在上海的文化界思想界引起很大反响。1917 年改为《新青年》,"十月革命"以后,《新青年》开始传播马克思主义, 介绍苏联的革命经验。《新青年》在上海的崛起, 它传播的新思想新思潮, 很快成为知识分子的青年人接受新思想的主要刊物,成为时代的一个标杆性的思想阵地。

　　1917 年, 茅盾以"雁冰"的署名, 在商务印书馆的《学生杂志》第 4 卷第 1、2、4 号上发表翻译科幻作品《三百年后孵化之卵》。这是茅盾第一次在杂志上发表译作。茅盾回忆, 这是《学生杂志》主编朱元善主动向茅盾约的稿。当时以宣传"民主""科学"为号召的《新青年》刚刚迁到北京, 不久,《新青年》发表胡适的《文学改良刍议》, 提出不用典, 不用陈套语, 不讲对仗(文当废骈, 诗当废律), 不避俗字俗语, 须讲究文法之结构, 不模仿古人, 须言之有物为主要内容的文学改良,在全国文学界引起轰动。紧接着, 陈独秀在《新青年》上发表《文学革命论》, 正式提出"文学革命"的口号, 明确提出推倒雕琢的阿谀的贵族文学, 建设平易的抒情的国民文学;推倒陈腐的铺张的古典文学, 建设新鲜的立诚的写实文学;推倒迂晦的艰涩的山林文学, 建设明了的通俗的社会文学。这些革命文学主张,在文学界引起巨大的反响。随后《新青年》发表不少文学革命评论文章, 这些文学革命的文章对商务印书馆的那些编辑的思想影响，十分明显。茅盾回忆到，当时《学生杂志》主编朱元善受到《新青年》的影响，决定在自己主编的刊物小试改革。"朱元善既订有《新青年》，自然看到这两篇文章。朱可以说是商务几个主编杂志的人中对外界舆论最敏感的一个。他虽不学无术，但善观风色，而且勇于趋时。他打算以《学生杂志》小试改革，先从社论开始。"① 于是，朱元善看中茅盾，请茅盾为《学生杂志》写一篇社论，这就是后来发表在1917年12月号上的《学生与社会》，这是茅盾发表的第一篇论文。论文中，茅盾对学生的"地位"、作用（职务）以及应取的心理和态度，纵横挥洒，对两千年来封建主义的治学思想进行批判，并对青年学生提出要求："学生时代，精神当活泼，而处事不可不慎；处世宜乐观，而于一己之品行学问，不可自满；有担当宇宙之志，而不可先事骄矜，蔑视他人。尤须有自主心，以造成高尚之人格，切用之学问，有奋斗力以战退恶运，以建设新业。"② 茅盾的这篇文章，受到读者的欢迎，主编朱元善也十分高兴，认为可以让《学生杂志》面目一新。于是朱元善又让茅盾写一篇社论，这就是《一九一八年之学生》，发表在1918年第一期《学生杂志》。这一篇文章更加尖锐，直接在杂志上议论时政了。大谈国际形势，呼吁学生"翻然觉悟，革心洗肠，投袂以起"，起来革新思想创造文明，从而奋斗主义。而革新思想，就是要"力排有生以来所熏染于脑海中之旧习惯、旧思想，而一一革新之，以为吸收新知新学之备"③。明确提出："今所谓新思想，如个性之解放也，人格之独立也，……"④ 同时认为，思想不新，"致新文学失其效力，是乃深忧"⑤。可以想见茅盾当时的思想，已经明显受到《新青年》的影响。茅盾回忆说："那时候我主张的新思想只是'个性之解放'、'人格之独立'等等资产阶级民主主义的东西，还不是马克思主义，因为那时'十月革命'的炮声刚刚响过，马克思主

---

① 茅盾：《我走过的道路》（上），人民文学出版社1981年10月版，第125页。

② 《茅盾全集》第14卷，黄山书社2014年3月版，第9页。

③④⑤ 同上，第12页。

义还没有传播到中国。……进化论，当然我研究过，对我有影响，不过那时对我思想影响最大，促使我写出这两篇文章的，还是《新青年》。"①

在《学生杂志》上的文章受到好评以后，朱元善和茅盾商量，准备在1918年开始刊登科学小说，请茅盾找材料来翻译。后来茅盾找到美国人洛赛尔·彭特的《两月中之建筑谭》，由茅盾和他弟弟一起翻译。茅盾回忆说：

> 一九一八年的《学生杂志》，认真要登科学小说了。这也是我和朱元善商量好的，由我负责收集材料。我找到了一篇叫《两月中之建筑谭》（美国洛赛尔·彭特 Russell Bond 著）的科学小说。我认为译文虽然不必（像后来翻译文学作品那样）百分之百的忠实，至少要有百分之八十的忠实。朱却认为技术部分要忠实于原文，此外则可以不拘。他的"理论"是，给中学生读的科学小说，一方面要介绍科学技术，一方面也要文字优美，朱认为这一定要用骈体，《两月中之建筑谭》开头那段文字就由我来写。这篇小说是我与泽民合译的。泽民主要把技术部分译出，那时他在河海工程专门学校学了半年，技术方面完全可以译好。许多技术名词他知道，我就不知道。如混凝土，是 cement 加沙拌成的建筑材料，那时他们学校把它译成混凝土；又如钢筋水泥制成的部件，译成钢筋混凝土，也是他们学校里老师译出来的。②

据茅盾说，《两月中之建筑谭》翻译过程中，《学生杂志》主编朱元善是骈体爱好者，希望茅盾用骈体来写。而茅盾在中学时有过训练，用骈体作文也十分娴熟。所以，每一节开头，译文都是用骈体。如《纽

---

① 茅盾：《我走过的道路》（上），人民文学出版社1981年10月版，第127至128页。
② 同上，第128页。

约城中第一夜》一节中，写这个美国中学生回家度假，就用"疏林斜阳，数声蝉唱，绿水青草，两部蛙歌"开头；在《百仞楼头之纽约》里，茅盾用"蝶梦方酣，微闻钟声"开头；在《纽约之黄泉》里，用"林际斜阳，反照窗帘，余与毕尔，闲倚雕栏，指点眺览，状甚闲适"作开头；《悬桥之火警》一节则写道："客窗明净，市嚣不闻，茶铛炉烟，颇自怡悦。"当时茅盾用骈体翻译，有点调侃味道。据说，朱元善看到后，大加赞赏！并且在译稿发排时，朱元善又将"砚""笔洗""香炉"等中国人的学习用具，添加到美国中学生的书桌上。茅盾看到后，"觉得啼笑皆非"。然而，杂志已经发行，译者茅盾也无可奈何。这部 3 万余字的科普小说，连载于 1918 年的《中学杂志》第 5 卷的 1、2、3、4、6、8、9、12 号上。

在《新青年》的影响下，茅盾在商务印书馆时期的译介活动，始终与社会一起发展，与时代一起进步，与茅盾的思想进步同步。五四运动之前，茅盾翻译的作品，基本上是用文言文翻译，如《三百年后孵化之卵》《两月中之建筑谭》等。而到 1919 年下半年，茅盾在五四运动的影响下，立刻用白话文来翻译，最早用白话文翻译的小说是俄国契诃夫的小说《在家里》，译出后在《时事新报》副刊《学灯》上连载三天，时间是 1919 年 8 月 20 日至 22 日。而最早用白话的译诗《夜》，发表在五四以后的 1919 年 9 月 30 日的《时事新报》副刊《学灯》上。此后，茅盾彻底放下文言文译作，用全新的表情达意清楚的白话文来翻译作品，并取得丰硕成果。

在《新青年》的影响下，茅盾开始关注俄国文学，他曾回忆说："从一九一九年起，我开始注意俄国文学，搜求这方面的书。这也是读了《新青年》给我的启示。"[1] 可见茅盾在逐步接受马克思主义过程中，也渐渐影响到他对西方文学的选择和关注，影响到他的翻译价值取向。综观茅盾在商务印书馆期间译介的西方短篇小说，大体可分三个方面：一是

---

[1]　茅盾：《我走过的道路》（上），人民文学出版社 1981 年 10 月版，第 131 页。

选择一些世界知名作家的小说，如契诃夫的《在家里》《卖诽谤者》《方卡》等，茅盾曾回忆说："契诃夫的短篇小说《在家里》就是我那时翻译的第一篇小说，也是我第一次用白话翻译小说，而且尽可能忠实于原作——应该说是对英文译本的尽可能忠实。"[①] 还有法国的进步作家巴比塞的《为母的》《名誉十字架》《复仇》《错》等，这是非常难得的，因为当时巴比塞在文学上是与罗曼·罗兰齐名。后来加入法国共产党，并与罗曼·罗兰一起召开第一次反法西斯大会。还有印度的泰戈尔的作品《骷髅》，泰戈尔这篇小说也是他 1913 年得过诺贝尔文学奖后，较早介绍给中国读者的一篇小说。在茅盾早期翻译作品中，还有俄国的著名作家高尔基的《情人》，[②] 当时茅盾认为，高尔基"他的文名和托尔斯泰并称，最善于描写下流社会人的生活"。还说："高尔该（今译高尔基）以短篇小说及剧曲为最擅长。他看准了社会腐败的根，不容情的攻击；因为他的文学是多半写下流社会苦况的，所以人家说他是常在平民一边，他自己本来也是个平民，做过商店的学徒，和托尔斯泰，屠尔格涅夫出身不同。"[③] 高尔基的这篇小说介绍到中国，以及茅盾在 1919 年 10 月 15 日写的对高尔基的评论文字，恐怕是中国对高尔基这位文豪较早的介绍和评价吧。在同一时期，茅盾还有意选择翻译莫泊桑和契诃夫的短篇小说，将两位大师的相同风格不同特点介绍给读者。

二是依然关注欧洲的波兰、匈牙利等国家和民族地区作家的作品。茅盾在翻译这些国家和民族地区的作家作品，是茅盾在翻译、编辑实践中养成的一种同情弱小的情怀。如在短篇小说译介中，他选择了瑞典的斯特林堡、拉格洛夫、瑟德尔贝等三位作家的小说，也介绍过匈牙利的作家拉兹古、米克沙特、裴多菲等人的作品，其他还有波兰的热罗姆斯基、佩雷茨；捷克的尼鲁达；克罗地亚的雅尔斯基；以色列的平斯基；亚美

---

① 茅盾：《我走过的道路》（上），人民文学出版社 1981 年 10 月版，第 132 页。

②③ 1919 年 10 月 25 日《时事新报》副刊《学灯》。其中茅盾的"译者记"写于 1919 年 10 月 15 日。

尼亚的阿哈洛垠；保加利亚的伐佑夫；尼加拉瓜的达里奥；阿根廷的梅尔顿思等。所以，一般读者不大注意的弱小国家和民族地区作家和作品，能进入青年茅盾的翻译视野，这不能不说是青年茅盾的眼界宽阔和他的进步情怀所致。

三是茅盾选择翻译这些作家的小说，是和他在五四运动前后所接受所倡导的新思想有关。如1919年9月18日翻译发表的瑞典作家斯特林堡的小说《他的仆》，有启发妇女解放的意思，他在译后附识中提道："丈夫供给妻子，妻子办丈夫的杂务，到底算不算主仆关系？我们不要拿西洋的社会情形讲，我们就我们的情形讲，应该怎样回答这句话呢？"显然，茅盾从译介的虚构小说中直接切换到中国现实社会，让人思考妇女解放的现实问题。还有波兰作家热罗姆斯基的《暮》，茅盾也是为中国的妇女解放而译，他认为"同在生活压迫底下的男女，女人较男人更苦，女人背上有两重石头：——生活困苦和两性的不平等。"同样，茅盾在文艺上倡导自然主义时，在译介上就有意选择一些自然主义作家的小说，如瑞典作家斯特林堡的一些小说、瑟德尔贝的小说等，如茅盾对瑟德尔贝是这样介绍的："苏特尔褒格（今译瑟德尔贝）的妙处在他的眼光是确实无伪的，他有从微事中发挥出大道理的本事，他的描写手法是纯全的自然主义。日常生活内遇见的种种小事，一到他的笔下就没有一件是太平淡了或太肤浅了，他都可以借这一件事来深深地表出他所见的人生的毫无意义。他的悲观，他的否定一切，诚然是从他的孤僻而自私的见解出发的，——他的脾气是悲观不喜活动又不能慷慨的。但是他的悲观主义很能为热衷的人下一个当头棒喝，这是他对于现代思想界的贡献。"[1] 当时有些译作，茅盾是站在民族高度来介绍的。他在翻译波兰作家佩雷茨的《禁食节》的"译后记"中写道："犹太和波兰是被侮辱的民族，受人践踏的民族，他们放出来的艺术之花艳丽是艳丽了，但却是

---

[1] 刊《小说月报》第12卷，第7号，1921年7月10日出版。

看了叫人哭的。他们在'水深火热'底下，不颓丧自弃，不失望，反使他们磨练得意志愈坚，魄力愈猛；对于新理想的信仰，不断地反映在文学中，这不是可以惊佩的么？看了犹太和波兰的文学，我国人也自觉得伤感否？"①总之，茅盾当时翻译的作品，无论是原作者的选择还是作品的选择，都有茅盾自己的立场自己的思想思考在内，是在《新青年》的影响下，五四前后茅盾逐步接受先进思想影响下的一种选择。

此时，茅盾的翻译与时代潮流日益紧密，如《履人传》《缝工传》，都是赞美大丈夫贵自立精神的。"这与《1918年之学生》论文所提倡的革新思想、奋斗自立的精神是呼应的。"②茅盾在关注国外的文学作品的翻译时，商务印书馆当局提出编辑出版《四部丛刊》计划，而编辑这项目的任务，商务当局就布置给孙毓修。因为孙毓修正是版本目录学这方面的专家。1919年1月2日，商务印书馆当局正式研究决定，请孙毓修去南京图书馆查阅旧书，张元济在日记中载："商定请星如赴南京图书馆查阅旧书。"在次日的日记中，也记载着："商定，请星如先赴南京图书馆，选定可印之书，作《四部举要》之用。"③茅盾记得：

> 这样决定以后，孙毓修可就大忙了。当时的版本目录家一致认为已知的宋、元、明刊的善本，其属于湖州陆氏皕宋楼的早已为日本人收买了去，属于常熟瞿氏铁琴铜剑楼的，则尚待托人和瞿氏情商借印。（当时估计此事不能急，因为收藏家如果把善本借给商务影印，则他所藏的原本的身价会相应缩小。这些收藏家都是有钱的，若要借印，必得有人情，不能光用钱；瞿氏谅也如此。）只有杭州丁丙（松生）的十万卷楼藏书现归江南图书馆所有，商务当局和当时雄踞南京的军阀素有往来，至于江南图书馆馆长，

① 刊《小说月报》第12卷，第7号，1921年7月10日出版。

② 茅盾：《我走过的道路》（上），人民文学出版社1981年10月版，第130至131页。

③ 《张元济全集》第7卷，商务印书馆2008年12月版，第2页。

送他一些干股，他一定欣然愿意于效劳。这条路马上就可以走。商务当局办事一向不许浪费时间，方针既定，一面叫南京分馆经理先向南京军阀的亲信幕僚打招呼，也和江南图书馆馆长联络；一面派孙毓修专程到南京，查核一下南京图书馆所藏丁氏十万卷楼善本究竟有多少是够条件的"善"本？因为宋、元、明刊本中也常有不够条件的。孙毓修要带个人同去，指名要我。于是我的"打杂"工作又多一个方面。①

孙毓修当时去南京江南图书馆为选书和摄影等事宜，先后去了四次。其中有两次是带着茅盾一起前往的。茅盾在回忆录中说：

> 我和孙毓修于本年七八月之间到了南京。南京分馆经理事先已安排我们住在龙蟠里江南图书馆的客房内，还派了个厨子专管我二人的伙食，肴馔十分精美丰富。孙毓修每餐必邀请馆长和馆内高级职员，这样，一下子就彼此感情融洽。诸事顺手。
>
> 我们住了半个月光景，孙毓修每天很忙，他把整个江南图书馆的藏书浏览一番。我的工作倒清闲，只把孙毓修选定拟用的书，抄个清单，注册版本，有多少卷页，多少藏书家或鉴赏家的图章（这是版本目录学家最注意的，图章愈多，书的身价愈高）。因为事情清闲，我把带去的英文书看完，又翻译了其中若干篇。②

其实，茅盾两次陪孙毓修去南京江南图书馆，并不是茅盾回忆录中所讲的"七八月间"，第一次是1919年1月14日至18日，第二次是4月14日至26日。估计茅盾把两次南京之行，当作一次了。并且把时间弄错了。据说，当时孙毓修领了商务这个任务之后，指定茅盾和他一起

---

①② 茅盾：《我走过的道路》（上），人民文学出版社 1981 年 10 月版，第 152 页。

去，并且让茅盾负责两人的川旅费保管和使用。十天之后就带了茅盾一起赴南京。同时带了《善本书室书目》《江南图书馆书目》《四部举要》和计算的算盘等，直奔南京。据孙毓修1月14日记载："早车启行至南京。同行者沈雁冰。编译所交川资五十元，交沈君收管。午后二点至下关。天雨甚，雇车进城，暂住都督街华洋旅馆。康侯来谈，询知图书馆借阅事，渠已向省署核准，明日即可至馆。"①孙毓修十分敬业，第二天立刻去图书馆，但虽已经省署核准同意，仍遇到图书馆汪振之馆长阻挠，认为快放年假，不肯发书让他们观看。后来，经过孙毓修的再三交涉恳求，才允许看阅四天，照单发书。孙毓修与茅盾没有办法，只能在这有限的时间里选书。孙毓修在《江南阅书记》中说："汪君以年假在即，坚不肯发书。再三恳之，仅许留四日；照单发书，不能多阅一部。诸事谈妥，已午后矣！"②而且，当时孙毓修在书库看书，茅盾作记录时，这个年老病喘的汪振之馆长敬业至极，竟然在他们对面"危坐作陪"，监督孙毓修和茅盾看书选书，让茅盾他们十分不自然。据说，从1月15日下午到18日上午，实足三天，孙毓修共阅书180部。其中，十六日这一天阅书70多部，可见孙毓修十分敬业，效率之高，让人惊叹。

第二次去南京江南图书馆，是1919年4月17日至26日，孙毓修还是带了沈雁冰一起去。不过，茅盾比孙毓修早两天回上海。这次去的任务除了选书外，还要通过省长关系办理借书摄影的事，所以孙毓修一到南京，就跑省长公署，当时江苏省长齐耀琳一方面同意商务印书馆"借照"江南图书馆书籍，另一方面要求签订合同。因此，孙毓修跑上跑下，与省政府、图书馆、上海商务印书馆几方面之间沟通协调，忙得焦头烂额。这样，第二次去江南图书馆，孙毓修阅书的时间相对少了，从4月20日至26日，孙毓修只阅书60余部。而1月来南京时，一天阅书可以达到70余部。因孙毓修要协调上下左右，十分忙碌，而茅盾则相对清闲，

①② 转引自柳和城：《孙毓修评传》，上海人民出版社2011年10月版，第236至237页。

所以有时间与胞弟沈泽民见面。他说：

> 我也同泽民见了两次，他那时受"五四"运动的影响，很关心
> 政治，见面就议论政治问题，但学校的功课，他也是冒尖的，并且
> 还喜欢文学，一年来他已翻译了不少外国文学作品。我提醒他，母
> 亲的愿望是要他学好水利工程，因为父亲的遗愿我已经不能完成，
> 只有靠他了，因此不要让爱好政治和文学的兴趣超过了学校的课程。
> 他也表示同意。

沈泽民比茅盾小四岁，生于1900年，他天资聪颖，在读中学时就写过小说，并且发表在上海的杂志上。中学毕业，以优异成绩考入在南京的河海水利工程专科学校，1920年又辍学与同学张闻天一起东渡日本，学习马克思主义。回国后参加中国共产党，成为中共早期党员之一。后来，沈泽民被中共派往芜湖、南京等地工作。1925年以李立三翻译的身份去苏联。不久进入莫斯科中山大学。1930年回国后，在中共六届四中全会上当选为中共中央委员，担任中共中央宣传部长。嗣后，受中共中央派遣进入鄂豫皖苏区工作，担任鄂豫皖中央分局常委、鄂豫皖省委书记等中共要职；1933年11月20日病逝于苏区，年仅34岁。这是后话。

正当孙毓修在南京忙于协调时，商务印书馆高梦旦给孙毓修来信，又给孙毓修布置新的任务，提出新的要求，希望将南京的书借到上海去拍照，但孙感觉难度太大，因为南京方面的许多沟通不是很通畅。于是，孙毓修便让茅盾在24日"先行返沪"，向编译所领导汇报南京借照情况。

后来孙毓修又去南京两次，但没有带沈雁冰，而是带了另外一位年轻的助手姜殿扬。因为这两次主要是沟通拍照事宜。第四次去南京时主要是带姜殿扬和照相的技术人员。而这次去拍照的事，又与茅盾有关联了。这就是茅盾在回忆录里讲到的，自己被孙毓修派为在上海审查从南

京带来的照片底片，成为《四部丛刊》的"总校对"。他说：

> 我记不清孙毓修选定而经商务采用的善本有多少，但一定很多；书不能借到上海，摄影等等工作，只能在南京做。于是商务派了影印技术人员的裱装工匠等到南京去，就借江南图书馆近旁空房安顿这些人，又装了专用的小发电机，指定专人每天把摄影后印在特制纸上的底片带到上海。我又被派审查这些底片是否合格，是否要修饰，因为书页上的折痕或斑点，照相后印到那特制的纸上便成了黑点或黑纹；必须选用白粉细心涂去，这就叫修饰。当时调用了二、三个人做这项工作，但他们文化不高，有时会把一个字的点、捺、横，也当作折痕或斑点涂去，造成某些字的缺笔，会与真正避皇帝讳的缺笔混淆不清，所以又必须有人把修饰过的底片复校一次。这个工作又由我来担任。当时每天从南京专人送来的底片（三十二开的）大约有二、三百张，必须当天修完校过，因此，我每天忙得很，不过这是属于技术工作，脑子倒可以休息。当时我想，我大概要和这个《四部丛刊》的影印工作周旋到底了，不料事有不然。[1]

其实，当时孙毓修带了助手姜殿扬第四次到南京江南图书馆拍照，很不顺利，常常节外生枝横生波折，甚至发生图书馆工作人员与商务印书馆派往南京拍照的技术人员吵架等情况，后经孙毓修来往上海、南京进行调解，情况有所好转，给已选定的古籍拍照的工作才又走上轨道。大约在1919年7、8月，孙毓修在上海坐镇主持《四部丛刊》的具体事务，派姜殿扬去南京照料、协调拍照事宜。

姜殿扬，苏州人，1918年4、5月间进商务印书馆，比茅盾迟一年多进馆，开始工作时与茅盾一样，也在函授部做事，不过姜殿扬是在国

---

[1] 茅盾：《我走过的道路》（上），人民文学出版社1981年10月版，第130至131页。

文函授部。后来跟孙毓修学习古书辑印，由于这位苏州出来的年轻人姜殿扬勤奋好学，而且写得一手好字，因此同样深得孙毓修器重。所以，在孙毓修看来，编《四部丛刊》是件功德无量的大事，他先后分别带茅盾和姜殿扬两位助手去江南图书馆，也有培养之意。

当时姜殿扬在南京将拍好印在特别纸上的底片每天派专人送回上海后，孙毓修选中茅盾来担当这些底片的审查任务。这个审查任务就是茅盾回忆录中所讲的"总校对"，即审查这些底片是否合格，是否要修饰。而且要审查两遍，即初审和修饰后的终审。据茅盾说，每天要审查二三百页印好的底片，工作量非常大。但当时茅盾才二十三岁，年轻，所以，他认为这个审查是属于技术工作，"脑子倒可以休息"。茅盾在上海看南京送来的底片工作，时间大约有一个月光景。

当时"借印江南图书馆的书很多，后来正式编入《四部丛刊》的有四十二种、子部九种、集部三十种。十几种集部书都是数十或是百卷的大书"①。当时年轻的茅盾虽然给孙毓修先生当助手，但其中做出的贡献，仍不应忘记。笔者查阅了茅盾主编的两年 24 期《小说月报》，发现茅盾在 1921 年 5 月号的《小说月报》上，还为孙毓修当馆长的涵芬楼购买古旧书发布广告，也是茅盾主编《小说月报》时发布的唯一广告。可见茅盾和孙毓修的关系之深。当然，《四部丛刊》劳苦功高者，当首推孙毓修先生，他为此付出了健康的代价。

茅盾在替《四部丛刊》所选江南图书馆古籍底片审查把关告一段落后，已是 1919 年 10 月，此时，茅盾在孙毓修身边已经有整整三年时间了。历史的风云际会，茅盾在上海这个东方大都市的舞台上，天时地利，逐步走上历史的前台，站在时代的前列，为民族解放奉献自己的聪明才智。

在《新青年》和五四运动的影响和冲击下，中国的文化界、思想界受到强烈震动，人们的思想发生巨大变化，历史的潮流，浩浩荡荡，荡

---

① 柳和城：《孙毓修评传》，上海人民出版社 2011 年 10 月版，第 240 至 241 页。

涤着老中国的几千年文化，身在中国文化机构的茅盾，在时代的洪流里，成为名副其实的时代先锋。就在茅盾审查姜殿扬从南京送回来的照片底片前后，茅盾和桐乡的一些年轻人老乡，发起成立"桐乡青年社"，以提倡新文化、新思想，反对旧文化、旧道德，抨击地方恶势力为宗旨，参加的都是桐乡的青年知识分子，有茅盾、沈泽民、王会先、萧觉先、曹辛汉、朱文叔、程志和、杨朗垣、李泳章、卢树森、徐仲英等参加，徐仲英是桐乡青年社的"干事主任"，负责具体的杂志出版事务。"桐乡青年社"不定期出版《新乡人》杂志。[①] 后来"桐乡青年社"的规模有所扩大，最多时人数达四五十人。范围也突破乌镇桐乡，附近的年轻人也参加。如严家淦等，卢树森是茅盾表叔卢鉴泉的儿子，1919 年参加"桐乡青年社"以后不久，就去美国留学。还有金仲华，后来也参加过桐乡青年社。"桐乡青年社"是以茅盾昆仲为首的一个五四运动时期浙江最早的新文学社团之一。茅盾在《新乡人》的杂志上，发表不少文章。如第一期上发表《诚实》等。第二期，茅盾发表了《我们为什么读书》《骄傲》两篇文章。第三期上，茅盾发表《神奴儿》《本镇开办电灯厂问题》《人到底是什么》。而茅盾的弟弟沈泽民在《新乡人》第二期上发表小说《呆子》《阿文和他姊姊》，翻译《曼那特约翰》，科学介绍《发动机》（连载）。这些文章，洋溢着《新青年》的影响。"桐乡青年社"在此后的几年里，曾经在桐乡举办演讲会，宣传新文化新道德，抨击旧文化旧道德。茅盾、沈泽民等在桐乡县城，屠甸、乌镇等地的小学里，作讲演。后来因为茅盾的革命事业繁忙，加上其他一些同乡分散在各地，思想各异，"桐乡青年社"无疾而终。茅盾曾经回答桐乡青年社为什么结束时说："主要原因：1.我在上海不能兼顾此事；2.此事乃陪功夫陪钱的，热心者不

---

① 笔者手头有第 2 期《新乡人》杂志（复印件），第 2 期杂志在 1919 年 10 月 1 日出版，封面上错印 9 月 1 日。编辑者:新乡人社。发行者:新乡人社。还有"代售处:桐乡医院。新塍、濮院等处都有特约代售人。"内文有 20 页。栏目有"通论""乡事评论""乡谭""新文艺""常识"。同时在第 2 期上预告第 3 期的要目。

多，我那时靠薪水养家，卖文买书，也无力出钱找专人来办这件 [事]，其余诸人都不肯摊派费用（第 1 期的《新乡人》的印刷费是我掏腰包的）；3.杨朗垣、李焕彬都是桐乡城里人，在桐乡时多，但他们唯恐染上了'过激'的色彩（当时在地方军阀看来，《新青年》是过激派，像《新青年》似的鼓吹民主主义，也是过激），不能在当地混下去。这样就没有人来做事了，也就'无疾而终'。"① 曹辛汉在回答访问者提问时说："'桐乡青年社'的分化大约在 1923—1924 年，因为杨朗垣本是北洋大学法科毕业生，虽不反对共产党，但对茅盾和沈泽民兄弟等人以共产党的组织方法来搞这个团体有点害怕，以工作忙为借口，并劝告我和李泳章不要积极活动，于是这个团体便无形解散。"② 所以，由此看来，当时桐乡青年社里，茅盾兄弟是这个进步团体的主要骨干，是这个桐乡青年社的核心人物。而这个团体又是在《新青年》和五四运动的影响下诞生的，虽然存在时间并不长，但是，在茅盾的生平和思想的发展过程中，是值得关注的。

正当茅盾在审查完南京送来的古籍底片以后，主编《小说月报》《妇女杂志》的王莼农找到茅盾，请茅盾主持《小说月报》的"小说新潮"栏目的编务。茅盾不想去编这个栏目，就推托说，手里的事情太多，顾不过来。王莼农表示和孙毓修商量过，请你分心照顾一下《小说月报》。后来茅盾问过孙毓修、朱元善，才知道王莼农提出的事，确实是和他们有过商量。于是茅盾接手《小说月报》"小说新潮"栏目的革新任务，给上海文坛吹进一股清新之风。

茅盾用两个星期时间，写了两篇文章，一篇《小说新潮栏宣言》，提出急需翻译的外国文学共二十位作家的作品 43 部。另一篇是《新旧文学平议之评议》，提出文学应当"表现人生并指导人生"，"重思想内

---

① ② 史明：《茅盾与"桐乡青年社"》，刊桐乡县文化馆、桐乡县征集茅盾文物办公室合编的《桐乡文艺》（内刊）1983 年 3 月（纪念茅盾逝世二周年专辑）。

容，不重形式"等观点。第一次打开《小说月报》被鸳鸯蝴蝶派长期占领的阵地的一个缺口，为此茅盾自然成为旧文学作家们攻击的对象。历史将茅盾推上风急浪高的时代前沿，开弓没有回头箭，茅盾从古籍的整理、选编童话、寓言，在古籍世界里跌打滚爬三年以后，茅盾在《新青年》和五四运动的感召下，扛起弘扬新文学的大纛！从此，茅盾与中国的新文学建设与发展结下不解之缘。茅盾回忆说：

> 《小说月报》的半革新从1920年1月出版那期开始，亦即《小说月报》第11卷开始。这说明：十年之久的一个顽固派堡垒终于打开缺口而决定了它的最终结局，即为第十二卷起的全部革新。
>
> 我偶然地被选为打开缺口的人，又偶然地被选为进行全部革新的人，然而因此同顽固派结成不解的深仇。这顽固派就是当时以小型刊物《礼拜六》为代表的所谓鸳鸯蝴蝶派文人；鸳鸯蝴蝶派是封建思想和买办意识的混血儿，在当时的小市民阶层中有相当影响。①

茅盾在协助王莼农编《小说月报》"小说新潮"栏目，茅盾在《学生杂志》《小说月报》《东方杂志》《妇女杂志》《时事新报·学灯》等报纸杂志上发表大量的翻译介绍的西方文学作品，撰写了大量的妇女解放的文章。所以这时的茅盾眼界更加开阔，与社会各个阶层的人物接触也渐渐多起来了，一个既有旧学根底的进步的新文学青年形象，在上海慢慢形成，为日后的发展奠定了基础。

1920年春节，即2月13日，沈泽民在南京河海水利工程学校的同学好友张闻天，和茅盾兄弟俩一起从上海到乌镇茅盾家里过年。后来，沈泽民和张闻天放弃即将到手的大学文凭，毅然决然追求革命和进步，并在7月东渡日本，学习日语，从而进一步学习马克思主义理论。

---

① 茅盾：《我走过的道路》（上），人民文学出版社1981年10月版，第155页。

此时，茅盾春节以后回到上海，又日渐忙碌起来，母亲从乌镇来信，告诉茅盾：孔德沚从石门湾振华女校退学以后，在王会悟的劝说下，又想随王会悟到湖州的湖郡女校读书。茅盾知道这是湖州的一个教会办的学校，以英文为主上课，孔德沚不适合去那个学校读书。于是给母亲去信，让母亲阻止孔德沚去湖州。不料，孔德沚去湖州读书的意志十分坚决，茅盾母亲劝说无效。可是后来孔德沚去了几个月，就逃回乌镇，大呼"上当"。

四、中共早期党员

在中国现代文学作家中，茅盾是第一位中共党员；也是商务印书馆的第一位中共党员。也是最早的中共党员之一。在中共最早的创建中，茅盾的贡献巨大，茅盾的理想信念确定以后，茅盾不忘初心，始终如一，在他长长的一生中，留下光辉的一笔！

1920 年是茅盾一生中重要的一个年份。

1920 年年初，陈独秀经天津到达上海，《新青年》编辑部也随之迁到上海。于是在陈独秀周围，又集聚起一批信仰马克思主义或者研究马克思主义的知识分子，8 月在上海法租界老渔阳里《新青年》编辑部里，成立中共早期组织。而陈独秀以《新青年》编辑部的名义，邀请一些知识分子谈话，一方面听取大家对《新青年》编辑工作的意见，另一方面是了解上海知识分子的思想动态和对社会的看法等等，而茅盾近几年在《时事新报》《学生杂志》《东方杂志》《妇女杂志》等报纸杂志上发表的大量文章和翻译的国外的文学作品，从中体现出来的革命意识和进步思想，已经在提倡文学革命的陈独秀的视野之内。所以陈独秀到上海以后，自然被列入陈独秀谈话的对象名单。茅盾回忆说：

> 大概是一九二〇年年初，陈独秀到了上海，住在法租界环龙路渔阳里二号。为了筹备在上海出版《新青年》，他约陈望道、李汉俊、李达、我，在渔阳里二号谈话。这是我第一次见陈独秀。他，中等

身材，四十来岁，头顶微秃，举动随便，说话和气，没有一点"大人物"的派头。①

陈独秀和茅盾的谈话，十分轻松，给茅盾留下很好的印象。所以茅盾积极配合陈独秀的想法，落实陈独秀提出的要求。1920 年 10 月的《新青年》杂志第 2 期上以及 11 月的第 3 期上，都有茅盾配合陈独秀的文章发表，茅盾回忆说：

> 移沪后出版之《新青年》第一期（即八卷一号，于一九二〇年五月出版），就刊登了《谈政治》的社论。这一期的封面上有一小小图案，是一东一西，两只大手，在地球上紧紧相握。这暗示中国革命人民与十月革命后的苏维埃俄罗斯必须紧紧团结，也暗示全世界无产阶级起来的意思。社论《谈政治》简明扼要地阐述了马克思主义的基本原则。笔锋凌厉，一望而知出自陈独秀之手。……《新青年》从八卷一期开始，虽着重介绍马克思主义的理论，但也介绍了其他方面的学说。如著名之英国唯心主义哲学家 B. 罗素博士（偕其秘书勃拉克女士）来华访问时，《新青年》就译登了罗素的好几篇文章，而对罗素之思想体系却未有批评。②

这里茅盾回忆的翻译罗素的"好几篇文章"，就有茅盾当时是在百忙之中应陈独秀之请，专门翻译罗素的《游俄之感想》，发表在《新青年》八卷第 2 期；同时，茅盾又翻译并发表了美国哈德曼的《罗素论苏维埃俄罗斯》，发表在《新青年》八卷第 3 期。

茅盾回忆，1920 年 7 月上海共产党小组成立，"发起人是陈独秀、

---

① 茅盾：《我走过的道路》（上），人民文学出版社 1981 年 10 月版，第 169 页。

② 同上，第 170 至 171 页。

李汉俊、李达、陈望道、沈玄庐、俞秀松。本来还有张东荪和戴季陶，可是刚开了一次会，张东荪和戴季陶就不干了。据说张东荪所持的理由是：他原以为这个组织是学术研究性质，现在说这就是共产党，那他不能参加，因为他是研究系，他还不打算脱离研究系。戴季陶不干的理由是怕违背了孙中山的三民主义。"① 茅盾的这个回忆，但时间上稍有出入，其实，陈独秀在上海成立共产党小组是 1920 年 8 月。

但据张国焘回忆，有一次，陈独秀和张国焘谈话商量工作时，陈独秀曾经肯定地对张国焘说：沈雁冰也会很快参加共产党组织的。② 果然，隔了没有多少时间，即 1920 年 10 月，茅盾在老渔阳里二号由李达、李汉俊介绍，加入上海共产党组织，同时和茅盾一起加入共产党组织的还有邵力子。

1920 年 5 月，李达抱着"寻找同志干社会革命"的目的，③ 从日本回国，先到上海拜访陈独秀，结果两人一拍即合，陈独秀邀请李达一起筹建中国共产党，并邀请李达住在《新青年》出面租的老渔阳里二号，一起编辑《新青年》杂志。当时，茅盾的亲戚王会悟也住在这里，王会悟是茅盾表姑母。据张国焘回忆，当时张国焘到上海见陈独秀，陈独秀同样热情地邀请张国焘住在他家里，他记得楼上有三间屋子，"他和他的家人用了两间，另一间住着一位激进的女青年王会悟。楼下三间，一间是客厅，一间由青年作家李达住，还有一间空房正好给我住"④。

茅盾加入共产党组织以后，李达立刻要求茅盾为刚刚创刊的《共产党》杂志提供稿子，《共产党》月刊是中国共产党创办的第一份机关刊物，1920 年 11 月 7 日创刊，12 月出版第 2 期，后因经费问题，中断了三个月，次年在中国共产党正式成立前，又出版了第 3、4、5 期，编辑部开始设

---

① 茅盾：《我走过的道路》（上），人民文学出版社 1981 年 10 月版，第 174 至 175 页。

② 张国焘：《我的回忆》第一册，现代史料刊社 1989 年 3 月出版，第 97 页。

③ 陈光辉主编：《李达画传》，人民出版社 2010 年 11 月版，第 24 页。

④ 张国焘：《我的回忆》第一册，现代史料编刊社 1989 年 3 月出版，第 91 页。

在老渔阳里二号，后来李达与王会悟结婚之后，随李达迁到南成都路辅德里625号，《共产党》编辑部设在李达家里。茅盾当时的积极性非常高，在十分忙碌中为李达主编的《共产党》翻译了一系列有关建党的基本理论，茅盾回忆说："我在该刊第二号（一九二〇年十二月七日出版）翻译了《共产主义是什么意思》（副题为《美国共产党中央执行委员会宣布》）、《美国共产党党纲》《共产党国际联盟对美国IWW（世界工业劳动者同盟的简称）的恳请》《美国共产党宣言》，共四篇译文。"① 这些文稿，是当时共产党创建过程中十分迫切的理论文献，也是筹建中国共产党迫切需要回答的现实问题。

比如在《美国共产党党纲》一文中，许多理论和经验为后来党的建设所采用，如《美国共产党党纲》中确定"党徽是一个锤，一把镰刀，和一束小麦，……"；每个要求加入共产党的人，需要两个已入党三个月以上的党员"推举"介绍；而且新加入的党员要有两个月的"试用"，试用期内"有发言权但没有投票权"；每个入党的党员同志，必须缴纳党费；还有，每年要开一次全国性大会，常年大会代表的数目可由中央执行委员会按照当时情形确定；党员代表数，"可按该区党员数比例计算"，等等，这些建党实务的引进，为中国共产党的建设提供鲜活有用的参考。1921年中国共产党成立，其确定的第一个党的纲领中，同样有"候补党员必须接受其所在地的委员会的考察，考察期限至少为两个月。考察期限满后，经多数党员同意，始得为正式党员。如该地区有执行委员会，应经执行委员批准"。

还有，茅盾翻译的《美国共产党党纲》中，作为革命党，有不准为官方服务的规定："本党党员没有一个应受公共官吏之职，挂名的或是支薪的。也不应为政府服务，除非是法律强迫着。党员不先经过本党的核准，也不应做公共官吏的候补人。"1921年的中国共产党第一个纲领

---

① 茅盾：《我走过的道路》（上），人民文学出版社1981年10月版，第175至176页。

中，第十四条也是"党员除非迫于法律，不经党的特许，不得担任政府官员或国会议员。"这里写的，是否受了茅盾翻译的《美国共产党党纲》的影响？现在似乎提出并研究的人不多，但从文字上看，影响是显而易见的。据说这一条，在中共二大上曾引起"激烈争论"。

茅盾在第二期《共产党》杂志上发表4篇建党文献之后，在第三期上又发表《共产党的出发点》《自治运动与社会革命》。在《共产党》杂志第四期上，茅盾翻译并发表了列宁的《国家与革命》第一章，这是中国共产党较早翻译的列宁的经典著作，同一期上，又发表茅盾的译文《劳农俄国的教育》。从《共产党》杂志上发表的这些译文著作看，茅盾加入共产党组织之后，就全身心地投入革命的政治活动。

通过翻译马克思主义经典文献，茅盾对共产党、对马列主义理论有了新的系统的认识，他自己曾说："通过这些翻译活动，我算是初步懂得了共产主义是什么，共产党的党纲和内部组织是怎样的；尤其《美国共产党宣言》是一篇马克思主义理论及其应用于无产阶级革命实践的简要的论文，它记述了资本主义的破裂、帝国主义、战争与革命、阶级斗争、选举竞争、群众工作、无产阶级专政、共产主义社会的改造等等。"[1]茅盾还根据自己掌握的马克思主义知识，在《自治运动与社会革命》一文中。运用马克思主义理论，批判当时的各省自治运动者鼓吹的资产阶级的民主，旗帜鲜明地指出这实际上是为军阀、帝国主义服务的，中国的前途只有无产阶级革命。这在中国共产党成立之前的1921年春天，茅盾的马克思主义政治水平，确实让人刮目相看！因此，茅盾在我们党初期做出的一些历史性贡献，以及马克思主义的理想信仰，在中国共产党成立之前他译介的马克思主义文献中就充分体现了。

秘密从事共产党事业的同时，茅盾公事、私事接踵而来，因为茅盾在协助王莼农编辑《小说月报》栏目"小说新潮"，在商务印书馆高层

---

① 茅盾：《我走过的道路》（上），人民文学出版社1981年10月版，第176页。

酝酿杂志改革过程中，茅盾被选为《小说月报》的主编。因此茅盾在秘密从事革命工作的同时，还要忙碌于杂志的革新，连春节都回不了家了。于是茅盾告诉母亲，春节不回乌镇了。没有想到的是，过去每年都回家过春节的茅盾，今年却不回家过春节的计划，引起母亲的怀疑，茅盾在上海是否有另外的女朋友？这是茅盾母亲不允许的，是茅盾母亲的底线。于是茅盾母亲从乌镇发出快信，表示将和儿媳孔德沚一起，到上海来一起生活了，让茅盾赶快找房子。于是茅盾赶紧请商务印书馆宿舍的"福生"帮忙寻找。结果从春节前找到春节以后，才在鸿兴坊找到一所"一楼一底带过街楼"的房子。大概在 1921 年春，茅盾母亲和夫人孔德沚搬到上海，一家人团聚。这时，茅盾的弟弟沈泽民和张闻天从日本回来了。虽然沈泽民没有和茅盾他们住在一起，但是，在 1921 年 4 月的一天，在茅盾家里召开的支部会议上，也加入了共产党组织。据考证，"从1920 年 8 月到 1921 年 7 月这段时间内，上海小组成员有十五人，即陈独秀、李汉俊、沈玄庐、陈望道、俞秀松、杨明斋、李达、袁振英、邵力子、李季、林伯渠、沈雁冰、李启汉、李中、沈泽民"[①]。沈泽民是上海小组年纪最小的，当时只有 19 岁。所以，在中共"一大"前，茅盾家里就有两位中共党员！而茅盾母亲和夫人孔德沚，都是共产党革命的积极支持者。

1921 年 7 月，中国共产党召开第一次全国代表大会，正式宣告中国共产党的诞生！这是中国历史上开天辟地的大事，在中国政治历史上是一个划时代的大事！当时全国只有五十多个党员，但从此开启中国革命新纪元。

茅盾虽然不是中共一大代表，但他自从加入共产党组织之后，就开始以党员要求严格要求自己，为党工作不遗余力、全力以赴。而且茅盾利用自己在商务印书馆编辑的有利条件，为筹备共产党的活动经费，做

---

① 沙健孙主编：《中国共产党通史》（第 1 卷），湖南教育出版社 1996 年 12 月版，第 303 页。

出了积极贡献。

当时，上海共产党组织建立后，因为没有及时得到第三国际的经济援助，他们的秘密活动经费来源，一部分就是共产党小组成员发表翻译作品所得稿酬。据陈望道回忆："当时，李汉俊、沈雁冰、李达和我都搞翻译，一夜之间可译万把字。稿子译出后交商务印书馆，沈雁冰那时在商务工作。一千字四五元，大家动手，可以搞到不少钱。"① 陈望道这个记忆，在李达自传中也得到了证实，李达说："这时候，经费颇感困难，每月虽只二三百元，却无法筹措。陈独秀办的新青年社，不能协助党内经费，并且李汉俊主编《新青年》的编辑费（每月一百元）也不能按时支付。于是我们就和沈雁冰（当时任商务《小说月报》编辑，也加入了）商酌，大家写稿子，卖给商务印书馆，把稿费充作党的经费。"②

茅盾当时除了自己的商务印书馆编辑的身份，高价收购党内同志的翻译稿件，为中国共产党创建初期提供活动经费之外，还自掏腰包为党的事业买单。徐梅坤是当时中共上海地方兼区执行委员会第一届的书记，茅盾、俞秀松等是徐梅坤的同事，徐梅坤回忆，当时"兼区"的"区委最初只有十几名党员，都集中在上海。我现在能记得的有：陈独秀、李达、沈雁冰、张国焘、施存统、张太雷、蔡和森、向警予、李启汉、杨明斋、李震瀛、邵力子、杨贤江（商务印书馆编辑，于 1922 年 5、6 月间入党，可能由我介绍入党的）等人，其中一些人时来时往，流动性很大，有些人不参加会议，所以开会时人员从未到齐过。"③ 徐梅坤还披露当年茅盾自掏腰包为中共"区委"租办公室的事。他说："区委最早的办公机关

---

① 陈望道：《关于上海马克思主义研究会活动的回忆》，《复旦学报》1980 年第 3 期。

② 《李达自传》（节录），《党史研究资料》1980 年第 8 期。转引自邓明以《陈望道传》复旦大学出版社 1995 年 3 月版，第 65 页。据笔者研究，当时商务印书馆有关翻译的稿费，一般情况下，是千字 2 元，当年张元济推荐的稿子，包括名人的翻译稿子，是千字 2 元。所以茅盾当时给陈望道、李达他们党内同志开的稿费，已经高出商务一般的稿费许多。

③ 《九旬忆旧——徐梅坤生平自述》，光明日报出版社 1985 年 9 月版，第 18 页。

设在成都路中段的一个弄堂里，租了一间小亭子间。每月由沈雁冰拿出五元钱租赁费。沈雁冰当时的收入多，每月薪水一百元，他用自己的薪水来资助党的活动。"①中共"三大"以后，对工人运动中反映出来的"工贼"以及党内的叛徒、奸细等情况，党决定组织特别支部，专门对付工贼走狗，党内叛徒、奸细等。由徐梅坤担任支部书记。徐梅坤接受任务以后，专门物色可靠的工人，组织"特工组"，徐梅坤回忆说："在各处大小工潮中，打击工贼的问题便提到日程上来了。为此，党决定组织特别支部，由我任特支书记，专门对付工贼走狗和共产党内的叛徒、奸细。在接受任务后，我到许多工厂去物色可靠的工人，组织了特工组，我担任组长，组员有李剑如、张阿四、肖阿四等四五人，这是我党用武器对付敌人的开始。当时，我们有五把锋利的英制小斧头，以后我从意大利军火船上买了四支意国造手枪。用手枪行动有危险，容易暴露目标，就将四支枪暂时存放在沈雁冰家里。这个秘密的反奸组织——特工队，就是以后的'打狗队'。"②这是我们党早期活动中一个片段，但这是需要冒极大的风险的。所幸茅盾一家都是革命者，或者是革命的支持者。这些秘密革命行为，没有发生意外。茅盾曾经回忆：

> 我去出席渔阳里二号的支部会议，从晚上八时起到十一时。法租界离闸北远，我会后到家，早则深夜十二点钟，迟则凌晨一时。如果我不把真实事情对母亲和德沚说明，而假托是在友人家里商谈编辑事务，一定会引起她们的疑心。因此，我对母亲说明我已加入共产党，而每周一次的支部会议是非去不可的。母亲听了就说：何不到我们家来开呢？我说：如果这样，支部里别的同志也要像我那样很远跑来，夜深回去，这也不好。所以，暂时仍旧是我每星期一

① 《九旬忆旧——徐梅坤生平自述》，光明日报出版社1985年9月版，第18页。
② 同上，第32页。

第二章 在上海的舞台上

115

次去渔阳里二号开会，夜深回来时都是母亲在等门，德沚渴睡，而且第二天要去读书，母亲体谅她，叫她早睡。①

当时党内的秘密活动，出于安全需要，常常变换地方，所以有时也到茅盾家里开党支部会议。沈泽民的入党，就是在茅盾家里召开的支部会议上通过的。有时，也到商务印书馆的其他同事家里开会。

茅盾晚年回忆录中还说到建党初期，帮助党中央解决陈独秀工作问题的往事，当时作为党中央总书记的陈独秀的工作问题，实际上也就是党的工作问题，因为陈独秀是中国共产党的总书记。茅盾说：

一九二一年秋，第三国际代表马林极力主张陈独秀必须回上海负起总书记责任。同年九月陈独秀回上海。

陈独秀回上海后，商务当局要请他担任馆外名誉编辑，派我向陈独秀探询。陈表示月薪不必多（当时商务招致名流为馆外名誉编辑，月薪有高至五六百元），编辑事务也不愿太繁重，因为他主要工作是办党，愿任商务的名誉编辑不过为维持生活。结果说定：月薪三百元，编辑事务不像其他名誉编辑那样要给商务审阅稿件，而只要每年写一本小册子，题目由陈自己决定，这以后，陈定居在法租界环龙路渔阳里二号，我们的支部会议地点就在陈独秀家里。支部会议每星期一次，是在晚上八时后开始，直到十一时以后。我还依稀记得当时参加渔阳里二号支部的党员有杨明斋、邵力子、陈望道、张国焘、sy（社会主义青年团）书记俞秀松等人，又有共产国际远东局代表魏庭康（原名威金斯基）。讨论事项，大抵是发展党员，发展工人运动，加强党员的马克思主义学习。除了各人自己阅读外，每星期有一次学习会，时间是下午，从二时到五时乃至六时。

---

① 茅盾：《我走过的道路》（上），人民文学出版社1981年10月版，第179页。

学习会采取一人讲解，大家讨论的形式。担任讲解者，李达和杨明斋。杨明斋山东人，刚从苏联回来。他们临时编的讲义有三种：马克思主义浅说、阶级斗争、帝国主义。这都是随编随讲，大家笔记。直到三四年后。杨明斋把它当时的草稿改定付印，书名现在记不起来了。[①]

　　建党初期的精英们的政治组织纪律十分严密，对自身的政治理论修养十分重视。当时茅盾虽然人在商务印书馆，但心向往职业革命家，他在60年代曾对采访他的人说："我在年轻时也曾经想当个革命家，革命家没做成，才做了作家。"[②]其实当时茅盾已经跻身中国共产党的领导阶层，亲自参与中国共产党的发展和建设，参与共产党领导的革命活动并且过着严格的党内组织生活。

---

① 茅盾：《我走过的道路》（上），人民文学出版社1981年10月版，第178至179页。

② 翟同泰：《茅盾在大革命前的社会和革命活动述略——兼答筱佑同志》，刊《茅盾研究》第3期，文化艺术出版社1988年7月版，第339页。

五、革新《小说月报》

茅盾在参加共产党组织的同时，商务印书馆对茅盾的新的工作，也正在酝酿之中。此时《小说月报》的销量，在新文化的冲击下，每况愈下，1920 年下半年，每期已经只有 2000 份的水平。所以商务印书馆的高层，对《小说月报》的革新，放上议事日程。张元济在 10 月 5 日一早，就乘火车去北京，在处理一大堆商务事务时，寻找《小说月报》的革新之策。他访问了胡适，拜访同乡旅京名人蒋百里，希望结识北京新文化运动的风云人物，蒋百里推荐了还在学校念书的郑振铎等，郑振铎也专门主动拜访张元济，愿意为商务的文学杂志提供材料。张元济和郑振铎这些年轻人讨论了新文学出版问题。表示对他们提出的意见，回到上海以后再商议。同时，张元济还去拜访胡适、严复、林纾、叶恭绰等人，寻找并问计商务印书馆在新文化运动中的出路。

在北京盘桓了二十多天，从北京的新文化倡导者的推荐中，才知道自己商务印书馆沈雁冰已经是一位墙内开花墙外香的新文化战士。

其实对商务印书馆的改革，还在 1920 年的春天，张元济与高梦旦商量："拟设第二编译所，专办新事。以重薪聘胡适之，请其在京主持。每年约费三万元，试办一年。"① 显然在五四运动的影响下，当时商务当局高层也在努力改革创新，想从体制机制上适应浩浩荡荡的世界潮流。

---

① 《张元济全集》第 6 卷，商务印书馆 2008 年 12 月版，第 192 页。

不知何故，张元济他们想请胡适在北京主持商务印书馆第二编译所的改革计划没有实行下去。

张元济在 10 月 30 日回上海后，与高梦旦等商量，决定起用茅盾。让茅盾去担任《小说月报》《妇女杂志》主编，但高梦旦、陈承泽找茅盾谈话时，茅盾表示只能担任《小说月报》一个杂志的主编，而不能同时担任《妇女杂志》主编。高梦旦他们商量后也同意了茅盾想法。这个过程，茅盾在回忆录中说：

> 大约是十一月下旬，高梦旦约我在会客室谈话。在座还有陈慎侯（承泽）。高谈话大意如下：王莼农辞职，《小说月报》与《妇女杂志》都要换主编，馆方以为我这一年来帮助这两个杂志革新，写了不少文章，现在拟请我担任这两个杂志的主编，问我有什么意见。我听说连《妇女杂志》也要我主编，就说我只能担任《小说月报》，不能兼顾《妇女杂志》。高梦旦似乎还想劝我兼任，但听陈慎侯用福建话说了几句以后，也就不勉强我了，只问：全部改革《小说月报》具体办法如何？我回答说：让我先了解《小说月报》存稿情况以后，再提办法。高、陈都说很好，要我立刻办。
>
> 后来我知道，张菊生和高梦旦十一月初旬到过北京，就和郑振铎他们见过面，郑要求商务出版一个文学杂志，而由他们主编（如《学艺杂志》之例），张、高不愿出版新杂志，但表示可以改组《小说月报》，于是郑等就转而主张先成立一个文学会，然后再办刊物。张、高回上海后即选定我改组《小说月报》。[①]

茅盾受命革新《小说月报》，是茅盾长长的一生中的一个重要事件，是茅盾跻身中国新文学建设的一个里程碑式的贡献，是茅盾经过商务印

---

① 茅盾：《我走过的道路》（上），人民文学出版社 1981 年 10 月版，第 160 页。

书馆几年磨炼之后正式走向新文学前台的一个标志。因此对担当《小说月报》主编过程记忆深刻。但是这个回忆是经历了半个多世纪之后的回忆，所以在一些时间上与实际情况有些出入。比如回忆录中说："张菊生和高梦旦十一月初旬到过北京，……"事实上相差一个月，不是"十一月初旬"，而是十月初旬。据《张元济日记》载，张元济是 10 月 5 日离开上海，6 日到北京，30 日回上海的，所以不仅是"到过"而已，而是在北京待了二十余天，做了广泛的调研和听取意见。然而，有意思的是，商务印书馆编译所事务部负责人江翰经 1920 年 7 月 8 日给张元济写信，报告茅盾近期工作状况和请商务领导审批茅盾在商务印书馆的杂志上发表的文章的稿费清单，其中讲道：

> 核此君月薪 48 元，办事精神尚好，惟担任外间译件不少，近又充共学社社员，终恐不免有纷心之处。向来座位设在四部丛刊中，此数月来实与四部事甚少关系，每月约担任东方、教育杂志一万字左右，不付译费。前星期起，座位移于楼上，夹在端六、经宇二座位之间，较易稽察，此后成绩或可稍佳，此复。
>
> 菊生先生
>
> 经
>
> 9-7-8[①]

这份档案史料共三页，除了这些内容外，主要还有关于"沈雁冰君译稿"篇目和稿费。即茅盾几个月间翻译的稿子、稿费一览。从这份档案材料，可以看出当时商务对茅盾态度。一方面肯定拿 48 元月薪的茅盾"办事精神尚好"；另一方面又指出茅盾向外投稿和参加"共学社"等，担心其"不免有纷心之处"。同时看到茅盾现在的事不多，座位从四部

---

① 原件存浙江省桐乡市档案馆。

丛刊的地方调整到楼上，安排在杨端六、钱经宇两位前辈之间，便于"稽察"。材料里的经宇，就是钱智修（1883—1947，字经宇，浙江嵊县人）。据说他的文章写得非常好，当年在上海滩上有"洛阳纸贵"的赞誉。茅盾搬到他身边办公时，钱先生刚刚从杜亚泉手里接任《东方杂志》主编；而茅盾身边的另一位是杨端六（1885—1966），是一位会计学专家。当时进商务印书馆不久，年纪比茅盾大，已经 36 岁，但是此时还没有结婚。从这份档案材料知道，茅盾此时也参加了"共学社"。"共学社"是梁启超发起，1920 年 4 月成立于北京，口号目标是"培养新人才，宣传新文化，开拓新政治"，"共学社"的阵势很大，核心人物有梁启超、蒋百里、张君劢、张东荪等。其他还有蔡元培、张元济、张謇、熊希龄、丁文江等名流列名发起。1920 年 5 月梁启超将《解放与改造》改名为《改造》，由"共学社"主办，蒋百里主编。参加"共学社"的条件只有一条，就是要有翻译作品 5 万字以上。这个条件，茅盾是足足有余了。据说当时"共学社"和商务印书馆协定，"共学社"在商务印书馆出版丛书，有一百多种，涵盖了马克思主义、无政府主义、基尔特社会主义等等各种不同的思想政治思潮。当时茅盾在"共学社"组织的活动，似乎并不多。但是也引起商务当局的注意。

商务印书馆编译所事务部负责人江翰经向张元济商务高层领导的汇报，似乎没有影响对茅盾器重，所以后来张元济、高梦旦他们从北京回来，便选中茅盾为《小说月报》革新的人选。因此，高梦旦他们找茅盾谈话以后，茅盾答应只担任《小说月报》主编，而推掉了主编《妇女杂志》的事情。从高梦旦找茅盾谈话，马上要动手革新《小说月报》，时间非常紧迫。所以茅盾用几天时间，了解了《小说月报》的存稿情况后，正式向商务当局提出革新《小说月报》的三项条件：

一、杂志现存稿子（包括林译）全不能用。
二、原来的四号字印刷全部改用五号字印刷。

三、馆方应给予全权办事的权力，不能干涉杂志主编的编辑方针。

这三项条件，看似简单，其实蕴含了年轻茅盾的办刊智慧。比如王莼农原来已经买下的稿子，据茅盾估计足够刊物用一年的，现在全部封存，一篇不用，意味着商务当局要损失一大笔费用。而革新后的《小说月报》用新稿，仍然要支付稿费，商务自然要多支出一大笔费用。但更重要的是，封存的旧稿都是当时旧文人的一些稿子，是鸳鸯蝴蝶派作家的一些稿子，现在革新的《小说月报》一篇不用，意味着《小说月报》将与旧文学决裂！这是一个新文化战士的基本立场。再比如四号字改五号字，刊物在同样的规模里，可以扩大内容的容量，意味着不露声色地扩大了新文学的阵地，增加刊物作品的发稿量。至于授予茅盾全权办事的权力，不得干涉茅盾的编辑方针，其本身是能否革新好《小说月报》的前提，但作为条件提出来，却是茅盾的智慧。因为，这样以来，把话说在前面，商务当局不好来指手画脚了。如果出现这样的情况，就是当局违背协定，理在主编茅盾。

据说，当时商务当局高梦旦与陈慎侯两位听了茅盾提出的三项条件后，当场拍板同意。这同样也证明，当时商务当局高梦旦他们是真心在求新求变，他们也明白茅盾提出的这三个条件的分量，而这三个条件与商务印书馆决策层的改革决心也相一致。所以，现在平心而论，当年茅盾之所以能够成功主编革新《小说月报》，与商务印书馆当局的开明和追求进步分不开的。

从1920年11月初开始，茅盾从王莼农手里接过《小说月报》主编这个接力棒之后，迅速将接力棒变为号召新文学的大旗。此时已加入中国共产党并常常参加党的活动的茅盾，又要革新《小说月报》，其工作繁忙的程度是可想而知的。但是，茅盾又遇天赐良机——北京一帮朋友成立文学研究会，①郑振铎、周作人、耿济之、蒋百里、冰心等等，而这些人都是新文化运动的倡导者，而且不少还是新文学作家。因此，在北京这些朋友的支持下，茅盾革新后的第一期《小说月报》如期正式与世人见面，成为中国新文学运动一个主要阵地之一；而茅盾本人从此也成为中国新文学史上的第一个文学团体——文学研究会的中坚力量。

有了《小说月报》这个阵地，也有了文学研究会这个东风，茅盾立刻将自己的文学主张在《小说月报》"改革宣言"中提出："今日谭革新文学非徒事模仿西洋而已，实将创造中国之新文艺，对世界尽贡献之责任，夫将欲取远大之规模，尽贡献之责任。则预备研究，愈久愈博愈广，结果愈佳，即不论如何相反之主义，咸有研究之必要。故对于为艺术的艺术与为人生的艺术，两无所祖。必将忠实于介绍，以为研究之材料。""就国内文学界情形言之，则写实主义之真精神与写实主义之真杰作实未尝有一二，故同人以为写实主义在今日尚有切实介绍之必要。""一国之文艺为一国国民性之反映，亦惟能表见国民性之文艺能有真价值，能在世界的文学中占一席地。对于此点，亦甚愿尽提倡之责任。"②

这些观点，成为茅盾编辑《小说月报》日后遵循的指导思想，从这些指导思想中，也可以看出茅盾志存高远的文学志向。

1921年的第12卷第一号《小说月报》，茅盾一改此前《小说月报》那些以"消遣""游戏"人生以及"情爱""闲适"的生活倡导，高举为人生的新文学大旗，让人耳目一新。所以革新以后的《小说月报》在栏目的设置上，将"创作"放在第一位，紧接着是"译丛"，再是书报介绍，新创立"海外文坛消息""文艺丛谭"等等。插图用了西方一些著名画家的作品，如革新以后第一期上用西方"印象派"画家德加的《跳舞》《浴

---

① 文学研究会于1921年1月4日在北京成立，是新文学运动中成立最早、影响和贡献最大的文学社团之一。发起人有：周作人、朱希祖、蒋百里、郑振铎、耿济之、瞿世英、郭绍虞、孙伏园、沈雁冰、叶绍钧、许地山、王统照等十二人。

② 商务印书馆《小说月报》第12卷，第1号（1921年1月10日出版）。

女》《洗衣人》。在作者的选择上，茅盾将当时如日中天的周作人的文章，放在前面，虽然周作人的文章并非专门为《小说月报》革新而作。但是周作人当时是新文化运动的"当红"作家，放在前面，体现杂志主编的思想。另外，革新以后的文章作品的作者，全部是新文学的拥护者，新文学的倡导者，除了周作人、茅盾之外，还有冰心女士、叶绍钧、许地山、瞿世英、王统照、耿济之、孙伏园、沈泽民、郑振铎等等，都是新文学的精英人物。所以，革新以后的第一号《小说月报》，在读者中引起热烈反应。李石岑专门在《时事新报》上刊文，认为革新以后的《小说月报》"佳著甚多"。后来，销量从二千一下子蹿升至一万。① 不久，当时如日中天的新文化倡导者之一胡适应邀到商务印书馆考察，和茅盾等商务编辑座谈，商讨商务发展，对《小说月报》提出多介绍一些西方自然主义作品要求，茅盾为此和胡适多次通信，甚至还给胡适寄中共党内刊物《前锋》。

茅盾主编《小说月报》，虽然顺应时代潮流，得到新文学界作者读者的欢迎。但是，也得罪了鸳鸯蝴蝶派以及一些守旧文化人的反对和攻击。商务前辈陈叔通原封不动退回赠刊；有些甚至非常刻薄和尖酸。为此茅盾也十分纠结。尽管茅盾回忆录中对受到保守势力攻击的往事，没有过多披露。当时他在一封给友人周作人的信中，吐露内心深处的苦恼："《小说月报》出了八期，一点好影响没有，却引起了特别意外的反动，发生了许多对于个人的无谓的攻击，最想起来好笑的是因为第一号出后有两家报纸来称赞而引起同是一般的工人的嫉妒；我是自私心极重的，本来今年揽了这劳什子，没有充分时间念书，难过得很，又加上这些乌子夹搭的事，对于现在手头的事件觉得很无意味了。我这里已提出辞职，到年底为止，明年不管。"② 茅盾讲的也是事实，当时一些老读者

---

① 茅盾在回忆录中说："改组的《小说月报》第一期印了五千册，马上销完，各处分馆纷纷来电要求下次多发，于是第二期印了七千，到一卷末期，已印一万。"见茅盾《我走过的道路》（上），人民文学出版社1981年10月版，第168页。

② 茅盾1921年9月21日致周作人信。载《茅盾全集》第37卷，黄山书社2014年3月版，第38及39页。

给茅盾来信，说《小说月报》过去是"堪为中学教科书，如今实在是废纸"。还有人来信指责《小说月报》印这些"看不懂的小说"，还说在国家危亡之秋，"哪有心情看小说消遣"。让茅盾心里很不是滋味。[①] 可见茅盾当时的压力。茅盾在1921年10月12日给周作人的信中说："关于《小说月报》编辑一事，自向总编辑部辞职后，梦旦先生和我谈过，他对于改革很有决心，对于新很信，所以我也决意再来试一年。"[②] 因此，茅盾在1922年继续主编《小说月报》。

但是，1922年的商务印书馆内外环境似乎更糟糕。首先是主管并支持茅盾革新《小说月报》的高梦旦卸任编译所长职务，由胡适推荐的王云五接任，而王云五虽然年轻也不是守旧的人，与胡适关系虽然很好，但与茅盾、郑振铎他们这些新文学青年并不志同道合。所以，茅盾在1922年7月《小说月报》发表《自然主义与中国现代小说》一文后，因为点名批评《礼拜六》杂志，结果《礼拜六》杂志向商务印书馆抗议。从而引起上任不久的王云五的关注，王云五派人去找茅盾，让茅盾就此事向《礼拜六》杂志道歉。茅盾拿出当初商务答应过的让他担任主编的三项条件，抗议王云五他们违背当初的承诺，干涉他的编辑方针。王云五自觉理亏，不与茅盾正面冲突，而是让人在背后审查茅盾发排的稿子。茅盾发现后，认为当局已经有违初衷，觉得这样的环境下再主编《小说月报》，已经无法实现当初自己的志向，决定辞去《小说月报》主编。

同时，1922年，外部对茅盾以及《小说月报》的攻击，比上年有过之而无不及。一些老派文人对一年前痛失地盘的怨恨，依然耿耿于怀，一有机会便讽刺、挖苦，做人身攻击。自然，旧派文人也并不是弱智，他们在与新文学斗争中，也会想方设法提高攻击艺术的。1922年7月

---

① 茅盾1921年9月21日致周作人信。载《茅盾全集》第37卷，黄山书社2014年3月版，第38至39页。

② 茅盾1921年10月12日致周作人信。载《茅盾全集》第37卷，黄山书社2014年3月版，第40页。

24 日，《晶报》发表署名"西湖人"的《不领悟的沈雁冰》的文章，[①] 就茅盾回复一个读者来信，攻击茅盾"不领悟"，认为与"西湖人"有 12 年"感情的老友《小说月报》，怎么会给一个不领悟的人支配了呢，老友啊！我深替你不幸"！ 1922 年 7 月《小说月报》发表《自然主义与中国现代小说》一文后，《晶报》在 8 月 3 日发表署名"燕红"的《沈雁冰的淫评》一文，肆意攻击茅盾；1922 年 9 月 21 日的《晶报》发表署名"星星"的文章，题目是《商务印书馆的嫌疑》，竭力贬低茅盾《自然主义与中国现代小说》的斗争意义，文章说："有人说，这是文学家的新旧之争，依我说，这话太高尚了罢！只不过是生活问题，换言之即饭碗问题而已。"是"同行嫉妒"，认为茅盾为了自己的"饭碗"而与礼拜六派文人进行斗争的，抹黑茅盾与礼拜六派斗争的意义，其用心是险恶的。[②] 在发表这篇文章的一个月前，即 8 月 12 日，《晶报》发表《小说迷的一封书》的文章，作者竭尽讽刺挖苦之能事，全盘否定革新后的《小说月报》，认为革新后的《小说月报》连废品收购都不要，所以作者为处置《小说月报》而产生"麻烦"，其讽刺挖苦到了无以复加的地步，文章写道：

> 怎么处置呢，我拿了这月刊，去到收旧书的小店里，问他们可要收买？他们说，如有十卷以前的，都可以收的，我说，前十卷是我最要好的朋友，我岂肯出卖呀。他们又说，如其这一卷，同前十卷一样，我们也可以要。我说，要是一样，我也不来卖了。我想这月刊是卖不成了。无精打采，夹了它，踱了回来。刚走到门口，一看，隔壁酱鸭店，正在拿了旧的报纸，包那切成块的酱肉酱鸭呢。我想有了，这才可以废物利用的了，递到这店里，把这本月刊，递给那

---

① 上海《晶报》1922 年 7 月 24 日。
② 上海《晶报》1922 年 9 月 21 日。

老板，说是送他包酱鸭的。那老板接过去，打开了书，并不看，凑在鼻上，闻了闻，摇摇头，说道："谢谢你先生，纸倒是上好的洋纸。可惜印的字，太臭了些，包起食物来，有点不大好呢。"我愕了愕，接回了书，叹了口气，转身走到屋里，想总要想个处置这月刊的法子。左想也想不出，右想也想不对。我用的小童说，可以拿它拆开来揩汗罢。我说，胡说，中国还没有到这个揩汗的程度呢。①

用如此刻薄的讽刺、挖苦的语言攻击一个新文学刊物，恐怕在中国期刊史上也少有的！但令人费解的是，当时商务当局王云五先生他们，看到这样刻薄的文字，竟然无动于衷，没有一点法律意义和道义上的反应，任其攻击自己单位出版的刊物！而茅盾在文章中提到"礼拜六派"后，商务印书馆当局就迅速做出反应，让茅盾发声明道歉！自然遭到茅盾拒绝。这拒绝和辞职，也彰显了茅盾的正义和尊严。

茅盾1922年最后一期《小说月报》编发后，移交给新主编郑振铎，并在12月号的《小说月报》最后一页上公告："本刊自明年起，改由郑振铎君编辑；并此附告。"紧接着茅盾发表一则启事："雁冰启事：我这里已收到的许多不识面的朋友们给我的信，因为大半是关于投稿处置的询问，都已交郑振铎君了，他一定不久就有满意的答复给列位。恐劳盼望，特此申明。"② 此后的时间里，茅盾虽然不主编《小说月报》了，但是他继续为《小说月报》撰写"海外文坛消息"，据不完全统计，从茅盾主编《小说月报》到1924年6月，茅盾共在《小说月报》上写了206则"海外文坛消息"。

从1921年到1922年，茅盾共编了两卷24期《小说月报》以及《俄国文学研究》等号外。从时间来看，茅盾编辑的时间并不长，但是他为

---

① 上海《晶报》1922年8月12日。

② 商务印书馆《小说月报》第13卷，第12号（1922年12月10日出版）。

新文学的发展，开辟出一条路来，从旧文化的堡垒变为新文学的阵地，断了旧文化的传播，为新文化的张扬，树起了一面旗帜，为中国新文学的发展立下不朽的功勋。

茅盾传

六、政治与编辑岗位的完美结合

茅盾在 20 世纪 20 年代的前五年，信仰的使命，让茅盾秘密置身于中共成长初期的革命实践中，成为上海共产党组织的主要领导人员之一。在中共"一大"以后，茅盾担任中共中央联络员，负责与全国各地中共党组织的联络。同时，茅盾在商务印书馆的编辑岗位上，依然努力地做着商务布置的编辑任务，或译或著，或者编辑，文章、著作源源不断，所以在商务印书馆这几年，茅盾的政治活动与编辑工作得到完美结合。

1921 年中共"一大"以后，党中央考虑全国各地党组织与党中央的联络，需要有个人在中间担任联络员，负责地方党组织给中央的报告的传递，各地党组织到上海向中央汇报请示的人需要联络接头和安排。对此，中共中央考虑茅盾在商务印书馆编译所工作，来来往往的人和信，比较多。如果各地向党中央的报告，寄给茅盾，由茅盾收到以后直接送党中央处理，不会引起一般人的注意。于是，党中央选择茅盾作为中央的直属联络员，负责担任这项非常重要的工作。所以茅盾在商务印书馆编译所的办公桌上，大量的来信里，多了一种"沈雁冰先生转钟英小姐收"的来信。"钟英"就是"中央"的谐音。茅盾回忆说：

> 各省的党组织也次第建立，党中央与各省党组织之间的信件和人员来往日渐频繁。党中央因为我在商务印书馆编辑《小说月报》是个很好的掩护，就派我为直属中央的联络员，暂时我就编在中央

工作人员的一个支部。外地给中央的信件都寄给我，外封面写我的名字，另有内封则写"钟英"（中央之谐音），我则每日汇总送到中央。外地有人来上海找中央，也先来找我，对过暗号后，我问明来人住什么旅馆，就叫他回去静候，我则把来人姓名住址报告中央。因此，我就必须每日都到商务编译所办公。为的是怕外地有人来找我时两不相值。①

当时，十里洋场的上海，茅盾收到全国各地各式人等的来信，数量多，来信也杂，这在编译所里是常态，大家不足为奇。但是，新来的同事郑振铎渐渐觉得茅盾有一种信很奇怪，信封上常常写有"沈雁冰转钟英小姐玉展"的字样，是不是茅盾还有不为人知的花絮？是不是已有红颜知己？有一次，郑振铎悄悄地拆开一封转"钟英小姐玉展"的信，一看，吓了一跳！原来是地方中共福州地方党组织向中央的报告！郑振铎立刻封好交给来上班的茅盾，并永远保守这个秘密。郑振铎是1921年春从北京铁路管理专科学校毕业后分配到上海铁路西站当见习，但志在文学的郑振铎，不久就离开铁路，到《时事新报》的《学灯》编辑部当编辑，几个月后，由高梦旦介绍进商务印书馆编译所筹办《儿童世界》，茅盾和郑振铎本来是神交已久的朋友，现在成了同事，而且是志同道合的朋友。所以，郑振铎发现茅盾已参加共产党的秘密以后，能够保守其秘密。茅盾担任中央联络员的时间，大概从中共"一大"至1925年年底，开始是茅盾一个人担任联络员，后来随着党员队伍的发展壮大，党中央的联络员人数有所变化增加。但是，中央的谐音"钟英"的使用，据笔者所见，中共"四大"召开时，党中央和各地党组织的联系，仍然用"钟英"谐音名称指代"中央"。茅盾担任党中央联络员期间，我们党还是幼年时期，许多方面正在成长之中。但是茅盾担任这个任务时，兢兢业业，

---

① 茅盾：《我走过的道路》（上），人民文学出版社1981年10月版，第180至181页。

一丝不苟，严守党的纪律，所以没有出现过纰漏和差错，为中国共产党的发展，做出巨大的贡献。

1921 年 11 月，中央局书记陈独秀签发《中国共产党中央局通告》，对近期的党团组织的发展以及工人运动、宣传工作等提出了具体要求。其中要求成立地方委员会。上海是党中央的所在地，行动非常迅速，中央通告发布的当月就成立中共上海地方执行委员会。由陈望道担任委员长（书记）。当时上海地方党组织十分活跃，每个星期都有会议，学习马克思主义理论和研究党的工作。1922 年 1 月 28 日是这一年的大年初一。上海地方党组织根据陈独秀的提议，发动上海一百多党团员，在茅盾、李达、李汉俊等带领下，走上街头，开展贺年活动，沿途散发贺年片六万多张。贺年片上印着陈望道写的《太平歌》和"恭贺新禧"，其中《太平歌》这样写道：

> 天下要太平，劳工须团结。
>
> 万恶财子铜钱多，都是劳工血和汗。
>
> 谁也晓得：
>
> 为富不仁是盗贼。
>
> 谁也晓得：
>
> 推翻财主天下悦。
>
> 谁也晓得：
>
> 不做工的不该吃。
>
> 有工大家做，有饭大家吃。
>
> 这才是共产社会太平国。[1]

---

① 沙健孙主编《中国共产党通史》（第 1 卷），湖南教育出版社 1996 年 12 月版，第 441 至 442 页。

陈望道在后来回忆说："当时，党组织建议我们向上海人民拜年，记得贺年片上一面写'恭贺新禧'，另一面写共产主义口号。我们一共七八个人，全部去，分两路，我这一路去'大世界'和南市。两路都是沿途每家送一张贺年片。沈雁冰、李汉俊、李达等都参加了。人们一看到贺年片就惊呼：不得了，共产主义到上海来了。"①1922 年 5 月，中共上海地方委员会改组为中共上海地方兼区执行委员会，陈望道因为对陈独秀的家长作风不满意而辞去委员长职务，所以委员长由徐梅坤担任，委员有徐梅坤、茅盾、俞秀松三人。茅盾负责宣传。当时，李达创办的平民女学 1922 年 2 月在上海诞生，女学有高级班、初级班和一个工作部，高级班学生有丁玲、李一知、王剑虹、李淑琼、傅戎凡和薛正源 6 个人。王会悟和陈独秀夫人高君曼是初级班的教员。秦德君是工作部师傅，也在高级班旁听。初级班学生有钱希均、王淑英、张明德、傅一星、蒋鞠伊、张静、黄玉衡及其女儿等 20 多人。②平民女学的教员，大多是共产党员和支持妇女解放的人士担任，到平民女学演讲的也是共产党的创始人居多。茅盾和胞弟沈泽民此时也在平民女学教书，他们都教英语。王会悟在当时的文章中说："英文教员是沈泽民、沈雁冰、安立斯三先生，泽民先生教我们读本，雁冰先生教我们文法。"③钱希均回忆说："沈雁冰和美国籍的安立斯老师也都是教高级班英文文法和会话的。"④当时茅盾在非常忙碌中，依然去平民女学讲课。他说：

　　平民女学是党办的，以半工半读为号召，目的是培养一批妇运工作者。最初设想，这个新事业必然大有可为，不料本地学生一个

---

① 陈望道：《关于上海马克思主义研究会活动的回忆》，刊《复旦学报》1980 年第 3 期。

② 有关平民女校的介绍，翟同泰在《茅盾在大革命前的社会和革命活动述略》甚详。见文化艺术出版社 1988 年 7 月出版的《茅盾研究》第 3 期。

③ 王会悟：《平民女校上课一星期之感想》，刊《妇女声》第 6 期，1922 年 2 月 15 日出版。

④ 钱希均：《我所知道的平民女学》，刊《红旗飘飘》第 23 辑。

也没有，都是外地学生，有从湖南来的，其他地方也有几个，全校学生不过二、三十人，要学英文的，是王剑虹、王一知和蒋冰之（丁玲）等六人，王剑虹、王一知和丁玲都是湖南来的。我教的就是这六个学生，一星期去三次，都是在晚上，一小时三十分钟，因为她们都学过一点英文，所以不教文法等等，只拿英文的短篇小说来讲解。大约教了半年，因为彼此忙于别事，教英文的事就停止了。平民女学的教员都是尽义务的，当时陈独秀、陈望道、邵力子都去讲课，泽民入党以后也在那里讲过课。①

一个星期去三个晚上，每次一个半小时，专门教英语。既要主编《小说月报》，又要担任党中央的联络员，还有大量的地方党组织的工作和学习，所以对工作非常繁忙的茅盾来说，还要在平民女学讲课，确实是需要献身精神的。

平民女学是中国共产党创办的第一个培养妇女运动人才的学校，而稍后创办的上海大学是我们党办的第二个学校。上海大学开学以后，茅盾不光自己去讲课，而且商务印书馆有的青年编辑在茅盾的牵线搭桥下，也到上海大学任教。英国文学系主任一职，茅盾就是根据邓中夏的要求，亲自出面去请商务印书馆同事周越然来兼任。茅盾回忆说："'上大'中国文学系主任是陈望道，英国文学系主任何世桢。何是国民党右派，不久他就辞职，另办持志大学。系主任一职，邓中夏要我去请周越然担任，他居然允诺，但也是兼职，他仍在商务印书馆编译所。我在'上大'中国文学系教小说研究，也在英国文学系讲希腊神话，钟点不多。"② 在上海大学，茅盾认识了瞿秋白，瞿秋白那时到上海大学担任教务长，兼社会学系主任。在此之前，茅盾曾经读过瞿秋白的《饿乡纪程》《赤都心史》原稿，对原稿中体现出来的精神气质十分欣赏，印象非常深刻。

①② 茅盾：《我走过的道路》（上），人民文学出版社 1981 年 10 月版，第 224 页。

所以茅盾第一次见到瞿秋白，就留下深刻印象，而且在革命活动中，不断加深友谊，成为志同道合的朋友。因为有茅盾兄弟在上海大学教书和共产党主导，后来，茅盾夫人孔德沚的弟弟孔另境以及张琴秋等，相继进了上海大学深造，并且从此走上革命道路。

　　当时，茅盾曾经一度担任过上海地方执行委员会委员长，相当于今天的中共上海市委书记。据瞿同泰在 1961 年 12 月 16 日访问茅盾妻弟孔另境时，孔另境回忆说，在 1922 年至 1923 年，茅盾曾担任过中国共产党上海地委书记。1962 年 2 月 5 日瞿先生访问黄逸峰同志时，黄说："沈雁冰是中国共产党最早的党员之一，在陈望道之后，他曾做过第二任上海市地委（相当于今日之市委）书记，时间约在 1922 年—1923 年间。"[①] 1962 年 3 月 1 日，瞿先生访问陈望道时，陈望道说，中国共产党一成立，即由他担任上海地委书记，大约半年以后，他因别的事忙，即辞去这一职务，由沈雁冰接替。后来，瞿先生致信茅盾，请教此事，当时茅盾回信瞿先生："有此事，大约是 1922 年为时约一年。"[②] 茅盾去世后，魏巍先生披露当年他在上海市委的档案中，看到二十年代的会议记录，才知道"那时的上海地下党的中共市委书记就是茅盾"[③]。显然，茅盾曾经担任过上海中共组织的主要负责人，是中共上海地方党组织的先驱者之一。

　　随着党的队伍的壮大和党的工作要求的提高，茅盾在党务工作方面的任务也日益繁重。1923 年 7 月 8 日，上海召开全体党员大会，传达中共三大的相关精神。其中一项是成立上海地方兼区执行委员会，扩大这个委员会的管辖范围，除上海特别市外，兼管江苏、浙江两省的党员发展工作和工人运动等。会上进行选举，徐梅坤、沈雁冰、邓中夏、甄南山、

---

① 瞿同泰：《茅盾在大革命前的社会和革命活动述略》，刊《茅盾研究》第 3 期，文化艺术出版社 1988 年 7 月版，第 345 页。这里的所谓上海地委书记，应该是中共上海地方执行委员会委员长。

② 同上，第 346 页。

③ 魏巍：《敬悼茅公》，载《解放军文艺》1981 年第 5 期。

王振翼五人当选执行委员。第二天，即 7 月 9 日，上海地方兼区执行委员会召开第一次会议，中央委员王荷波、李立三、罗章龙代表中央出席会议并指导，社会主义青年代表彭雪梅列席。会上决定由邓中夏任委员长，徐梅坤为秘书兼会计，沈雁冰为国民运动委员，王振翼、甄南山为劳动运动委员。

根据当时上海中共党员发展迅猛的情况，将上海 53 名中共党员按照居住相近、工作相近的原则进行分组，全上海分为 5 个组，其中第二组为商务印书馆组，有 13 人，董亦湘为组长，组内的党员有：编译所的沈雁冰、杨贤江，印刷所的糜文溶、黄玉衡（女）和商务印书馆以外的徐梅坤、沈泽民、郭景仁（黄玉衡的丈夫、书店职员）、张国焘、刘仁静、傅立权、张秋人、张人亚等。这个小组，茅盾显然是其中的骨干，他既担负着上海党组织领导工作，也还担负着中央联络员的任务。所以茅盾自己说："因为担任了上述的党的职务，我相当忙了。执行委员会大约每一周开一次会，遇到有要事就天天开会，再加上其他的会议和活动，所以过去是白天搞文学（指在商务编译所办事），晚上搞政治，现在却连白天都要搞政治了。"①

其实，不光白天搞政治，他还到上海以外的地方宣传进步思想，抨击恶势力。1922 年为了纪念革命导师马克思诞辰 104 周年，中共上海地方委员会举办过两次演讲会，宣传马克思主义。第一次是在中国公学，是陈望道和陈独秀去演讲；第二次是以上海学界的名义，在北四川北路怀恩堂召开纪念会，陈望道和茅盾等到会演讲。7 月 28 日，松江县图书馆、教育会、国语研究会等组织国语讲习会，邀请茅盾讲《文学与人生》，邀请陈望道讲《国语与文学》。②30 日，应宁波"四明夏期教育讲习会"的邀请，茅盾和郑振铎一起乘"新宁绍"轮船到宁波，当天就在宁波"明

---

① 茅盾：《我走过的道路》（上），人民文学出版社 1981 年 10 月版，第 239 页。
② 见 1922 年 7 月 28 日《申报》。

伦堂"演讲。茅盾演讲《文学上各种新派兴起的原因》，在宁波引起热烈反响。当时上海的小报专门有茅盾参加各种讲演的报道，1922年10月，中华职业学校举办"青年星期演讲"，专门邀请李大钊和茅盾去演讲。[①]1923年7、8月间，茅盾利用暑假，应松江侯绍裘的邀请，到松江暑期讲习班讲演《什么是文学》。后来又到家乡桐乡的几个学校去讲演，宣传新思想，抨击恶势力。后又应柳亚子的邀请，去江苏黎里演讲。可以想见已经是共产党员的青年茅盾的革命激情。

1923年8月5日，上海地方兼区执行委员会召开第六次会议——一个月不到，已经召开过五次会议，可见茅盾回忆录中讲的大约每周开一次会，是事实。这第六次会议，中共中央也非常重视，派中央委员毛泽东来参加并指导，这是茅盾与毛泽东第一次见面。这次会议决议：（一）救援在狱同志，派定沈雁冰联系上海工商界知名人士设法保释；（二）江浙军事问题决议，上海、杭州两地发动反对军阀内战的运动，以"反对军阀内战，武装民众"为口号，此事由国民运动委员会负责；（三）劳动委员会（党内的）和劳支组合书记部（这是公开作工人运动的）合并成一个机构，统一负责上海的工人运动，并决定沈雁冰以国民运动委员会负责人的身份参加该机构工作。会上，茅盾记得，当时毛泽东代表中央向会议建议："对邵力子、沈玄庐、陈望道的态度应缓和，劝他们取消退出党的意思。"于是，会后落实毛泽东代表中央的建议的任务落在茅盾身上。茅盾晚年回忆这次会议时说：

　　党组织又决定派我去向陈、邵解释，请他们不要退出党，结果邵同意，陈却不愿。他对我说：你和我多年交情，你知道我的为人。我既反对陈独秀的家长作风而要退党，现在陈独秀的家长作风依然故我，我如何又取消退党呢？信仰共产主义终身不变，愿为共

_____

① 见1922年10月10日《晶报》。

产主义事业献出我的力量，我在党外为党效劳，也许比党内更方便。①

　　陈望道在新中国成立后重新回到党组织。但当时茅盾根据毛泽东的建议指示，与陈望道等三人做思想工作，却是事实，并且也有一定成效。当时，邵力子和陈望道对茅盾说，不必去劝沈玄庐："他一定不愿留在党内的。"但茅盾觉得，这是中央的要求，自己还应再做些努力，希望沈玄庐不要退党。对沈玄庐要求退党的原因，茅盾是清楚的，因为沈给陈独秀要求退出共产党的信，是担任中央联络员的茅盾亲自经手交陈独秀的。茅盾回忆录中说到，沈玄庐给陈独秀的信寄给邵力子，请邵力子转交陈独秀，结果邵力子自己也想退出共产党，"不愿去见陈独秀，把这封长信送给我，要我转交中央"。所以茅盾知道沈玄庐要退党，同样也是因为对陈独秀的一种不满情绪引起的。因此，邵力子他们劝茅盾不必去劝沈玄庐。茅盾最后还是去找了沈玄庐。但是，茅盾是去浙江萧山找沈玄庐，还是沈玄庐在上海时找到沈玄庐的？茅盾回忆录中没有说。但从沈玄庐当时的活动状况看，沈玄庐在杭州萧山的可能性很大。当然，这是猜想。但是茅盾是确实见到了沈玄庐，茅盾说："不过我仍去劝了沈玄庐，他发了一顿牢骚，却表示愿意考虑党组织的挽留。"显然，茅盾代表党组织的劝说，是有作用的。

　　在我们党建立之初，人员的变动很快，党的组织的结构也在适应形势变化中变化。就在茅盾根据执委会和毛泽东的建议对邵力子、陈望道、沈玄庐挽留谈话之后不久，即 1923 年 9 月初，中共上海地方兼区执委召开会议，重新调整改组，因为邓中夏已选为团中央书记，无暇兼顾中共上海地方兼区的工作，王振一、甄南山也因调动工作而辞职，张国焘离开上海去北方，也要辞职。因此，7 月刚刚选出 8 个人的执委和候补

① 茅盾：《我走过的道路》（上），人民文学出版社 1981 年 10 月版，第 240 至 241 页。

执委，现在一半要离开。这次会议上，增选了王荷波、徐白民为执委、瞿秋白、向警予、林蒸为候补执委。调整后的上海地方兼区执行委员会的执行委员为徐梅坤、沈雁冰、王荷波、徐白民、顾作之；候补执委为郭景仁、瞿秋白、向警予、林蒸。由此分工也有调整，决定王荷波为委员长，沈雁冰为秘书兼会计。原先由茅盾负责的国民运动改由徐白民、顾作之负责；劳动运动由王荷波（兼）、徐梅坤负责。这"秘书"与"会计"，实际上是主持日常工作，是个十分繁忙的岗位。而且，当时虽然革命工作是秘密的，但还是十分活跃，党组织的活动非常多。比如在开展十月革命纪念活动时，党组织派定茅盾与陈独秀、瞿秋白、刘仁静、施存统等各写一篇纪念文章，并在上海大学召开纪念会，还要去工厂门口散发传单等。据说，当时茅盾因为太忙，后来的纪念文章也没有写。

当时的茅盾，实际上已是上海地方共产党组织中的中坚，为大家所认可。据说，1924年1月13日那次上海地方兼区执委会的会议上进行改选，茅盾以最高票当选执委。选出沈雁冰、沈泽民、施存统、徐白民、向警予为执行委员；徐梅坤、杨贤江、张秋人为候补执行委员。施存统为委员长，茅盾为秘书兼会计。实际上茅盾是主持日常工作的。当时执行委员会决定：为纪念二七大罢工做好准备工作，沈泽民等人还为此撰写文章；召开纪念列宁去世的追悼大会，当时还请商务印书馆的柳溥庆绘制列宁像，这是国内民众第一次见到列宁像，另外还派员参加黄炎培的平民教育促进会和印制春节宣传品。4月，中共中央决定，中共上海地方兼区执行委员会改组为中共上海地方委员会，简称上海区委。上海区委管辖的党员，到此时已经有50人左右。分4个小组，第一组18人，组长是刘剑华。第二组15人，组长徐梅坤。第三组12人，组长刘拜农。第四组只有5个人。① 据《中国共产党党报》披露，1924年，上海地方

---

① 茅盾：《我走过的道路》（上），人民文学出版社1981年10月版，第243页。

中共党员情况，"人数，上海党员中，有固定职业的，也有没有固定职业的；更或有因别的关系时去时来，所以因党员有一部分属于流动的，而总数遂时增时减。最近以前有党员 56 人，但现在确数只有 47 人，一方面新党员的增加率却也非常迟缓。现党员 47 人中，以职业分述之：学生 13 人，工人 8 人，商人 3 人，教员、编辑或其他职业的有 23 人。"① 主要原因是"介绍本党同志，务在严极，故新党员人数自然不易骤增"②。这 47 名党员，分成 5 个组，即"第一组在上大有同志 16 人；第二组在闸北有同志 10 人；第三组在西门方面有同志 6 人；第四组在法界有同志 7 人；第五组在虹口有同志 5 人"③。在党中央的领导之下，经过茅盾、徐梅坤、董亦湘等人几年的努力，商务印书馆的党团员发展十分迅速，1921 年冬，茅盾和杨贤江介绍柳溥庆加入中国社会主义青年团，成为商务印书馆的第一个团员。短短几年时间，从茅盾加入共产党，成为商务印书馆第一个共产党员开始，到后来糜文溶入党，到董亦湘入党，恽雨棠入党，到 1925 年成立商务印书馆党支部，说明我们党正在健康成长，党的队伍正在不断扩大。商务印书馆的党支部书记，先后为董亦湘、杨贤江和茅盾担任，据说。1921 年中共成立到 1927 年，"商务印书馆内有共产党员、共青团员近 200 名"④。其中不少是茅盾介绍而走上革命道路的。

茅盾当时的党内革命活动，都是秘密的地下工作，表面上的沈雁冰（茅盾），是商务印书馆的一位青年才俊，是一位才华横溢的年轻人，是一位新文学界骁将！所以名声在外的茅盾，各种各样的社会活动，也找到茅盾，有一些社会活动，茅盾无法推辞，1923 年 11 月 27 日，在上海的浙江籍人士陈望道、茅盾、杨贤江等致电浙江省省长和教育厅长，抗议浙江省罗织罪名提出查办省立五中校长案。12 月，上海成立东方

---

① ② ③ 见《中国共产党党报》（第 4 号），陈独秀主编，1924 年 6 月 1 日出版。这里的分组情况，与茅盾的回忆有所不同，这里按照原件记载引用。

④ 陈发奎、柳伦编著：《柳溥庆传奇人生》，复旦大学出版社 2020 年 11 月版，第 30 页。

艺术学校,聘请陈望道为教务长兼美育教授。聘请茅盾为现代文学教授。甚至中华书局编辑程本海 1924 年 3 月 3 日举行婚礼,茅盾也应邀出席并发表演讲。1924 年春,茅盾、杨贤江等发起成立闸北市民外交协会、南市市民对外协会、上海店员联合会等,反对外人扩大租界。据当时《中国共产党党报》披露,当时这些"协会""联合会"属于"国民运动"工作,[①]是茅盾分工负责的。7 月 18 日,闸北市民外交协会召开全体代表大会,并且改名为"上海市民对外协会",聘请恽代英等为协会顾问。

此时的茅盾,一方面要从事党内秘密工作,另一方面为商务印书馆编书,茅盾在晚年回忆说:

> 1923 年我不编《小说月报》了,但仍在商务印书馆编译所,工作是"打杂",是我自己出的题目:(一)标点林琴南译的《萨克逊劫后英雄略》(英国历史小说家司各特著,原名 *Ivanhoe*《艾凡赫》)和伍光建译的《侠隐记》、《续侠隐记》(法国历史小说家大仲马作《三个火枪手》、《二十年以后》两书的中译名),并加详细的评传。(二)给《国学小丛书》编选《庄子》《梦辞》《淮南子》,标记加注,每书也要写一篇绪言,总结前人对这些书的研究成果。以上的计划,商务编译所的当局同意了,并同意:多少时间完成一种,不加规定。这样,我算是打破了王云五当时在编译所推行的什么"科学管理法",即每人每月须编或译多少字的定量。[②]

但是,茅盾的这些工作,阅读量非常大,在繁忙的革命工作中,一向

---

① 《中国共产党党报》(第 4 号),陈独秀主编,1924 年 6 月 1 日出版。其在《上海地方报告》第二部分"国民运动"中的第二项是"所组织之团体"中说:"有闸北之市民外交协会,南市之市民对外协会及店员联合会,闸北市民外交协会,出对外旬刊一种。店员联合会今已有会员 160 余人,不日即可开成立会。"

② 茅盾:《我走过的道路》(上),人民文学出版社 1981 年 10 月版,第 222 页。

办事认真，"谨言慎行"的茅盾，在学术研究上并没有放松自己，为了完成商务当局同意的编译计划，茅盾做了大量的阅读和研究，做了充分的准备。他为了写《司各特评传》的文章，茅盾"除阅读了司各特的全部作品（包括他早期的叙事长诗，后期的历史小说以及他所写的论文），还阅读了3大卷《司各特传》（这是司各特女婿Lockhart写的）。此外，还阅读了法国洛利安（F·Loli ê e）的《比较文学史》、英国珊次倍尔（Sainsbury）的《十九世纪文学史》，丹麦布兰兑斯（G·Brandes）的《十九世纪文学主潮》、法国泰纳的《英国文学史》，以及意大利美学家柯洛支（Croct）的《司各特论》"[①]。那么，司各特的全部作品有多少呢？据说，司各特有24部各种体裁的长诗、22部长篇历史小说，其中《拿破仑传》有九卷之巨，茅盾要全部读过之后才动手写《司各特评传》，可以想见工作量之大。

为了有效消化评传提及的司各特24部诗和历史小说，茅盾又为24部作品写了详细的内容提要，取名《司各特重要著作解题》，同时，通过读英国《每季评论》，编写了《司各特著作编年录》《司各特著作的版本》，这"解题""编年录""版本"三个材料五六万字，都作为《司各特评传》的附录一起印在《撒克逊劫后英雄略》一书前面。茅盾后来回忆说："这件事，我花了半年时间；我算是达到了当时还没有人写过的详细的《司各特评传》这一预定目标了。"[②] 所以，茅盾写《司各特评传》是在全面深入阅读的基础上认真写成的。茅盾《司各德评传》《司各德著作编年录》《司各德重要著作解题》《司各德著作的版本》连同《撒克逊劫后英雄略》校注，于1924年3月由商务印书馆出版。

编注《撒克逊劫后英雄略》之后，茅盾又继续标点伍光建译的大仲马的《侠隐记》和《续侠隐记》。《侠隐记》现在通译为《三个火枪手》，这是大仲马在1839年开始写的历史小说"达特安三部作"的第一部，在

---

① 茅盾：《我走过的道路》（上），人民文学出版社1981年10月版，第228页。

② 同上，第230页。

1844 年发表这部历史小说,让大仲马从剧作家华丽转身为历史小说家。从此以后,大仲马的历史小说像潮水一般来了。十年之内,他写了二百五十卷。大仲马由此赚了许多钱,他在圣遮猛附近造了一所大房子,命名为蒙德克利斯都;1847 年又办一历史戏院,专演大仲马写的历史剧。据说当时许多人跟着大仲马,有诗人、演员、击剑师、骑士、猎师、女伶等,其热闹程度可与路易十四王宫媲美。这些人都在恣情地代大仲马挥霍。还有大仲马的爱犬,也要引进十三头野犬来帮着吃。另外,大仲马还养了猴子、猫、老鹰、秃头鹫,可与动物园媲美。据说,1831 年 5 月 3 日,大仲马的《安托尼》上演,观众如痴如醉,全剧演完,观众围住大仲马,把他的一件美丽漂亮的绿色外褂撕得粉碎,都说要得一片来作为永久的珍贵纪念。然而,1848 年的革命,让大仲马迅速破产,大仲马只好逃到比利时去避债。1870 年 12 月,大仲马死于儿子小仲马的家里。尽管大仲马的生活如此,但是茅盾认为,"大仲马是个成功的不世出的历史小说家",评价很高。而伍光建译的大仲马的《侠隐记》和《续侠隐记》是茅盾较喜欢的译本,茅盾后来回忆自己为什么要选择这个译本来标点,他说:

> 伍光建是根据英译本转译的,而且不是全译,有删节,可是他们译本有特点:第一,他的删节很有分寸,务求不损伤原书的精彩,因此,书中的达特安和三个火枪手的不同个性在译本中非常鲜明,甚至四人说话的腔调也有个性;第二,伍光建的白话译文,既不同于中国旧小说(远之则如"三言"、"二拍",近之则如《官场现形记》等)的文字,也不同于"五四"时期新文学的白话文,它别创一格,朴素而又风趣,由于这些原因,我选它作为我所标点加注的第二种外国名著译本。①

---

① 茅盾:《我走过的道路》(上),人民文学出版社 1981 年 10 月版,第 234 页。

除了通读并且进行标点注释外，茅盾同样也要写《大仲马评传》。但也许是忙于政治活动的缘故，《大仲马评传》要简略得多，《大仲马评传》内分：一、戏曲家与小说家；二、小传；三、对于他的批评很不一律。三个部分加起来只有一万余字。茅盾1923年下半年标点注释的《侠隐记》，于1925年3月由商务印书馆出版。

茅盾在秘密从事共产党地下工作的同时，除了做好点校司各特、大仲马著作外，一方面要和旧势力做斗争，另一方面还要和来自新文学内部的不同观点的人打笔仗。然而，精力充沛的茅盾，在共产主义理想信念的驱使下，依然夜以继日，不懈地从事党的工作以及在文学上和不同势力不同观点做斗争。

还在茅盾主编《小说月报》时，1922年1月，王云五从高梦旦手里接任商务印书馆编译所长，成为茅盾的顶头上司。当时王云五他们看到"礼拜六"派文人的大量稿子买而未用，背着茅盾、郑振铎他们这些新文学年轻人，创办《小说世界》，并向茅盾要稿子，说办一个通俗的文学刊物。茅盾没有想到这是王云五他们的策略，就将手头连同王统照的翻译稿子给了他们，不料，王云五他们的《小说世界》在1923年1月出版时，发现他们大量用了"礼拜六"派的稿子，同时茅盾、王统照的稿子也在其中，引起舆论的一片哗然，以为新文学的闯将和"礼拜六"的旧文人走在一起了？而茅盾和王统照看到这份刊物时，也大吃一惊！这才如梦初醒，原来商务编译所当局欺骗了他们！而北京的《晨报》率先批评《小说世界》，同时连茅盾和王统照一起批评。上海的小报《晶报》也冷嘲热讽，还在筹备时，小报就披露茅盾的作品将被编入《小说世界》[①]，只不过当时茅盾他们对这种小报嗤之以鼻，不以为然。于是，茅盾专门

---

① 1922年8月20日《晶报》刊登一篇《非记账式的小说来了》的文章，指出："其中最特色的，就是许多文丐的作品中，夹一篇沈雁冰的小说在内，听说是每期有他的文字的。沈雁冰，不是开口骂人'文丐'、闭口说人家'文字上的手淫'的大文豪么？"在讽刺攻击新文学的同时，也披露了当时商务的做法。

写了"我的说明",刊登在 1923 年 1 月 15 日的《时事新报·学灯》,揭露商务当局的欺骗手法,说:去年初夏"他们当初附带的说明:《小说月报》方针不错,万无再改回来之理,通俗小说之创办,原是一个梯子。我当初听了这话,自然放心。后来他们叫我转约别人做做稿,并要我的稿子,也说:借此可以慢慢引高一般人的口味,并无一语说到罗致上海的'礼拜六派'等情。所以我当即回答:转言的差使当然可以遵办,来不来却不负责,自己或者可以译一点。……但后来不知为什么原因,忽又收罗'礼拜六派',那我可不知道了"①。同时,茅盾又将王统照给他的信,一起在《时事新报·学灯》发表,将真相告白于天下,揭露商务当局的欺骗勾当。当时《小说世界》出版以后,一片哗然,上海的小报就起哄,以刊登来稿的形式,把商务印书馆和新文学冷嘲热讽一番。②这是茅盾和商务印书馆内部保守派之间的斗争。

而茅盾与南京《学衡》杂志的学者们的斗争,则是茅盾他们这些新文学战士的主动出击。

在五四运动之前,思想界的启蒙运动推动了新文化运动的兴起,在五四运动的影响下,新文学从后面走到前台,从北方到南方,轰轰烈烈,以《新青年》为中心,李大钊、陈独秀、钱玄同、刘半农、胡适、周作人、鲁迅等一大批新文学先驱活跃在文坛,揭开新文学的大幕。但是当时新文学的建设和发展并不一帆风顺,一些从国外回来的学者教授,对新文学并不认可,尤其是南京东南大学的胡先骕、梅光迪、吴宓等几位教授创办《学衡》杂志的思想,就是穿着洋服的复古派,他们鼓吹标榜"国粹",攻击白话文和新文化运动。他们反对文学进化论,认为白话不能代替文言,言文不应合一,主张模仿古人,等,完全是逆历史潮流而动。这股逆流的背后,是反动的军政界和文艺界的旧势力,所以当时出现了"四

---

① 沈雁冰:《我的说明》,刊 1923 年 1 月 15 日《时事新报·学灯》。
② 见《晶报》1923 年 1 月 18 日。

面八方的反对白话声"。对此，鲁迅、茅盾以及文学研究会的同人，纷纷主动出击，打击这股复古逆流。鲁迅写了《估〈学衡〉》，尖锐地指出学衡派自己还没有弄通古文，却自谓肩负捍卫古文的重任来教训新文学者，这是不知羞耻。鲁迅的批判，是一针见血的。茅盾此时写了七八篇文章，对南京东南大学《学衡》的复古逆流进行深度批判。如《评梅光迪之所评》中指出：梅光迪在《评提倡新文化者》和《评今人提倡学术之方法》两篇文章中，"以一人之嗜好。抹杀普天之下之真理"。犯了颠倒系统，见一隅而不见全体的大毛病。还指出梅光迪"引百年前人对于当时文学进化论的批评以驳百年后的见解"，就颠倒系统了。茅盾为了批判胡先骕的言文不应合一，反对白话文的观点，写了《文学界的反动运动》以及《杂感》等，批驳《学衡》派反对白话文的观点。针对吴宓反对新文学中的写实主义观点，茅盾又写了《"写实小说之流弊"？》一文，驳斥吴宓把欧洲的写实小说同中国的黑幕派小说和"礼拜六派"小说相提并论的做法：

> 吴宓君原文的第一节说："吾国今日所最盛行者，写实小说也。细分之可得三派：（一）则翻译俄国之短篇小说，……（二）则上海风行之各种黑幕大观及《广陵潮》、《留东外史》。《广陵潮》李涵秋著，一九一四年起分集出版。《留东外史》，作者不肖生（向恺然），一九一六年出版。二书均为鸳鸯蝴蝶派长篇社会小说。之类……（三）则为少年人所最爱读之各种小杂志，如《礼拜六》《快活》《星期》《半月》《紫罗兰》《红》《星期》《紫罗兰》《红》均为鸳鸯蝴蝶派刊物。杂志之类。惟叙男女恋爱之事，然皆淫荡狎亵之意，游冶欢宴之乐，饮食征逐之豪，装饰衣裳之美，可谓之好色而无情，纵欲而忘德。"又曰："……是不啻于上言三派之劣作，亦承认其为文学之精华巨制也。"这两段文字里，显然含有两个意思：一是认定《半月》《礼拜六》《星期》《快活》等等定期刊物上所登的小

说就是写实派文学；二是认定俄国的写实小说就等于中国的黑幕派和礼拜六派小说。我对于吴君这两层议论十二分的不满意；我以为吴君这两段议论，在理论上是错误的。（一）吴君既然反对西洋写实派，一定曾经研究过西洋写实派的作品（如果没有研究过，便不能反对），一定知道写实派的第一义是把人生看得非常严肃，第二义是对于作品里的描写非常认真，第三义是不受宗教上伦理上哲学上任何训条的拘束。敢问吴君：《礼拜六》、《星期》、《半月》等等定期刊物所登的小说是否有一篇合于这三个要义？非但不合，并且是相反的呢！吴君难道不见《礼拜六》、《星期》、《半月》里的小说常把人生的任何活动都当作笑谑的资料么？不见他们的"马车直达虎邱"等等的描写么？不见他们称赞张天师的符法，拥护孔圣人的礼教，崇拜社会上特权阶级的心理么？老实说，这些作品都是进不得"艺术之宫"的，而吴君却把他们比作西洋写实派的文学，实在是和他们开玩笑了。①

当时，茅盾发表了不少有理有据的文章，给南京东南大学《学衡》杂志上那些反对新文化、主张复古的教授沉重打击。与此同时，沈泽民、郑振铎等其他的新文学战士和鲁迅、茅盾一起，纷纷撰写文章，反击和批判这股复古逆流，不久，南京东南大学的那些海归学者在新文学工作者的反击下，便偃旗息鼓。

但是茅盾他们在反击南京东南大学学衡派反对新文学提倡复古的倒行逆施时，以郭沫若、郁达夫、成仿吾等为代表的创造社的新文学战士也开始对茅盾、郑振铎等文学研究会骨干进行攻击。于是，一场持续3年的创造社与文学研究会之间的论争，拉开了帷幕。而秘密参加共产党，而且担任上海地方领导职务的茅盾，又是这场争论的主角。

---

① 冰：《"写实小说之流弊"？》，刊1922年11月1日《时事新报·文学旬刊》第54期。

大概在 1921 年 5 月初，茅盾和郑振铎邀请从日本回到上海的郭沫若在上海"半淞园"小聚，"半淞园"是当时上海一个有名的休闲公园。郑振铎顺便邀请郭沫若加入文学研究会。郭沫若婉拒。因为都是第一次见面，大家都没有深交，只是大家借此小聚认识一下。

　　当时，郭沫若气宇轩昂风度翩翩的形象与茅盾一袭长衫的着装，形成强烈反差！据说，当时郭沫若见到风头正健的茅盾，对茅盾的形象竟大失所望，觉得文章写得文采飞扬的沈雁冰，竟是一个其貌不扬的书生！但茅盾见到郭沫若，觉得郭沫若"穿了笔挺的西装，气宇不凡"。所以，此后一段时间，对郭沫若的作品，时不时在自己编辑的刊物上作些介绍，在 1921 年 5 月 10 日的《文学旬刊》第一号上，茅盾以"玄珠"的笔名，在"文学界消息"中，对郭沫若的《女神之再生》专门作了介绍："《民铎》第五号预告有《女神之再生》一篇，听说是郭沫若的作品，郭君的诗，大家都读过的，想来一定很留一个印象，现在这篇《女神之再生》，我们都很急切地盼望他早点出来呀。"后来《民铎》出版后，茅盾在第二号《文学旬刊》上的"文学界消息"中给予介绍："民铎第五号出版，其中文学作品，最好的是《女神之再生》一篇。这是一篇诗体的剧本，用了古代的传说来描写现代思想的价值与其缺陷。委实不是肤浅之作。近来国内很有些人乱谭什么艺术，然而了解艺术的人，实在很少。对于郭君此篇我不能不佩服为'空谷足音'；然恐不足一般人所能领会，所以写下几句以为介绍。"可见当时茅盾对郭沫若还是十分友好和推崇的。

　　茅盾晚年回忆说，他们是因郭沫若在 1919 年年底发表长诗《匪徒颂》而对郭沫若格外关注的。当时郭沫若在诗中透出来的叛逆精神深深地打动了茅盾他们。后来郭沫若的诗集《女神》出版后，茅盾认为，郭沫若在诗中表现出来的热情奔放、昂首天外的气魄，"在当时也是第一人"。

　　1921 年 8 月初，郁达夫发起在上海一品香举办一次《女神》座谈会，郑振铎、茅盾、谢六逸、庐隐等文学研究会的人都参加了这个会，日本留学归来的朋友也不少。会后大家还在一起拍照。

有意思的是，在郁达夫组织《女神》座谈会后，茅盾的评论，有时也触及郁达夫的作品，谭国棠在 1922 年 1 月 2 日投书《小说月报》，批评郁达夫的《沉沦》，"亦未见佳"。在 2 月 10 日《小说月报》的通讯栏内，茅盾回应谭国棠说："《沉沦》中三篇，我曾看过一遍，除第二篇《银灰色的死》而外，余二篇似皆作者自传（据友人富阳某君说如此），故能言如是真切。第一篇《沉沦》主人翁的性格，描写得很是真，始终如一，其间也约略表示主人翁心理状态的发展：在这点上，我承认作者是成功的；但是作者自叙中所说的灵肉冲突，却描写得失败了。《南迁》中主人翁即是《沉沦》的主人翁，性格方面看得出来。这两篇结构上有个共通的缺点，就是结尾有些'江湖气'，颇像元二年的新剧动不动把手枪做结束。"而同在一封信中，茅盾又高度评价刚刚发表的鲁迅的《阿 Q 正传》，认为《阿 Q 正传》"实是一部杰作"。"阿 Q 这个人，要在现社会中去实指出来，是办不到的；但是我说这篇小说的时候，总觉得阿 Q 这人很是面熟，是呵，他是中国人品性的结晶呀！"估计，茅盾的这封信中对郁达夫作品的批评，对鲁迅的高度评价，郁达夫看到后，心里自然不舒服的，但当时郁达夫似乎也没有立即作出反应。

其实，在当初半淞园见面后不久，即 1921 年 7 月初，郭沫若、郁达夫、张资平等就在东京成立现代文学史上有名的"创造社"，商量出版《创造季刊》。但创办《创造季刊》并不顺利，本来可以在 1922 年 1 月 1 日出版的《创造季刊》，直到 5 月 1 日才由上海的泰东书局正式出版。这个新文学刊物一出世，就带着浓厚的新文学社团的色彩，第一期就由郭沫若、张资平、田汉、成仿吾、郁达夫五人包揽，内容有诗、戏剧、小说、评论、序文和通讯等。

但是，就在这第一期里，郁达夫和郭沫若都写了文章，矛头直接指向文学研究会的茅盾和郑振铎。郁达夫在名为《艺文私见》的文章里，[①]

---

① 郁达夫:《艺文私见》,刊《创造》文艺季刊第 1 卷,第 1 号,1922 年 3 月泰东图书局出版。

暗指茅盾、郑振铎他们是"在新闻杂志上主持文艺的假批评家",诅咒他们"都要到清水粪坑里去和蛆虫争食物去"。而"那些被他们压下的天才,都要从地狱里升到子午白羊宫里去呢"!郁达夫在这篇文章中还说:"文艺是天才的创造物,不可以规矩来测量的。""以常人的眼光来看,终究是不能理解的。"认为"各种批评家,每为了一定义 Whae is art 之故,生出许多争论来,这些争论,都是假批评家的用具"。对文学研究会的一些针对复古势力的尖锐的批评,同样给予否定,并讽刺茅盾他们是"假批评家","是伏在明珠上面的木斗"。"木斗除去,真的天才才放他的灵光,来照耀世人"。这些,虽没有指名道姓,但语言指向十分清楚,所以自然让茅盾他们这些年轻人恼火万分!

郭沫若的《海外归鸿》,[①] 同样矛头直接针对文学研究会这些人,和郁达夫的文章相呼应,他说:"我国的批评家——或许可以说是没有——也太无聊,党同伐异的劣等精神,和卑鄙的政客者流不相上下,是自家人的做作译品,或出版物,总是极力捧场,简直视文艺批评为广告用具;团体外的作品或与他们偏颇的先入见不相契合的作品,便一概加以冷遇而不理。他们爱以死板的主义规范活体的人心,甚么自然主义啦,甚么人道主义啦,要拿一种主义来整齐天下的作家,简直可以说是狂妄了。我们可以各人自己表张一种主义,我们更可以批评某某作家的态度属于何种主义,但是不能以某种主义来绳人,这太蔑视作家的个性,简直是专擅君主的态度了。批评不可以冷却,我们今后一方面创作,一方面,当负完全的责任:不要匿名,不要怕事,不要顾情面,不要放暗箭。我们要大胆虚心佛情铁面,堂堂正正地做个投炸弹的健儿。"郭沫若的激扬文字火气不小,火药味也很浓。所以引起文学研究会的人的反感。茅盾晚年回忆当时的情形时说:

---

① 郭沫若:《海外归鸿(三封信)》,刊《创造》文艺季刊第1卷,第1号,1922年3月泰东图书局出版。

我和郑振铎见到这两篇文章，实在吃惊！我们想，一年来我们努力提倡新文学，反对鸳鸯蝴蝶派，介绍外国进步文艺，结果却落得个"党同伐异"和压制"天才"的罪名，实在使人不能心服。而且，直到此时，无论《小说月报》或《文学旬刊》都没有收到创造社诸公来稿而被"压制"。那时我们都是二十来岁的青年，血气方刚，受不得委屈，也就站起来答辩。①

从1922年5月开始，创造社和文学研究会在主要骨干，开始了你来我往的笔墨战。现在看，这场论争相当多成分是意气用事，颇有怒不可遏的样子。茅盾看到《创造》创刊号上郁达夫、郭沫若的文章后，立刻奋起反击，以"损"为笔名，在5月11日、21日，6月1日的《文学旬刊》上连续刊登《〈创造〉给我的印象》，气势很大，语言同样尖刻，咄咄逼人。他在文章中先引用郁达夫的《艺文私见》中的一些观点，嬉笑怒骂起来：

《创造》第一期第二栏"评论"里有一篇郁达夫君的《艺文私见》，开头说："文艺是天才的创造物，不可以规范来测量的"；又说："文艺批评有真假的二种，真的文艺批评，是为常人而作的一种'天才的赞词'。因为天才的好处，我们凡人看不出来……"又说："目下中国，青黄未发，新旧文艺闹作了一团，鬼怪横行，无奇不有。在这混沌的苦闷时代，若有一个批评大家出来叱咤叱咤，那些恶鬼，怕同见了太阳的毒雾一般，都要抱头逃命去呢！"又说："Arnold也好Pater也好，……无论哪一个，能生一个在我们目下的中国，我恐怕现在那些在新闻杂志上主持文艺的假批评家，都要到清水粪

---

① 茅盾：《我走过的道路》（上），人民文学出版社1981年10月版，第205页。

坑里去和蛆虫争食物去，那些被他们压下去的天才，都要从地狱里升到子午白羊宫里去呢！"郁君这一席话真痛快呀！我表万分的同情！我先得声明，我并不是"在新闻杂志上主持文艺的"人，当然不生"批评家"真假的问题，不过我现在却情愿让郁君骂是假批评家，骂是该"到清水粪坑里去和蛆虫争食物去"的假批评家，对于"创造"诸君的"创造品"说几句类乎"木斗"的话，不过我终不敢自居于"批评家"。①

随后，茅盾又针对《创造》中张资平的两篇小说、田汉的戏剧《咖啡店之一夜》、郁达夫的《夜茫茫》、郭沫若的《棠棣之花》、成仿吾的《一个流浪人的新年》等等，三言二语，都有涉及。在文章最后，茅盾又拾起郁达夫《艺文私见》、郭沫若的《海外归鸿》中的话题，掷给对方："创造社诸君的著作恐怕也不能竟说可与世界不朽的作品比肩罢。所以我觉得现在与其多批评别人，不如自己多努力，而想当然的猜想别人是'党同伐异的劣等精神，和卑陋的政客者流不相上下'。更可不必。"让创造社的朋友拿出真货来。

虽然茅盾在回忆录中回忆当时的情景时说过"尽可能客观地"谈论自己的"印象"，但实际上，这篇《〈创造〉给我的印象》字里行间，还是看得出茅盾心中的委屈和愤怒！所以批评起来，揶揄、不恭、不屑、尖刻等意气，充满在其中！连茅盾自己在回忆录中也认为："这篇《〈创造〉给我的印象》大概冒犯了创造社主要人物的自尊心。我应当表示遗憾。但当时也是箭在弦上，不得不发。"②

茅盾的这篇"不得不发"的《〈创造〉给我的印象》发表后，郭沫若立刻在《创造》第二期上撰文反击，在《批判"意门湖"译本及其他》

---

① 损：《"创造"给我的印象》,刊 1922 年 5 月 11、21 日以及 6 月 1 日《时事新报·文学旬刊》。
② 茅盾：《我走过的道路》(上)，人民文学出版社 1981 年 10 月版，第 206 页。

中，在批评完唐性天译的"意门湖"的翻译错误后，突然笔锋一转，转到茅盾那篇"印象"的文章上，说：

> 人的直觉是比什么还要犀利，我在《创造》未出版以前，早已逆料着这样种人来做出这样的一种批评文字的了。究竟我所说的"党同伐异的劣等精神和卑陋的政客者流不相上下"的一句话，不是想当然的猜想，现前有这样的一种批评文字来为我作证，我也要算是不幸而言中了……

> 既是要做一个批评家，便当堂堂正正地布出论阵来，何必要学那种怀抱琵琶半遮面的丑态呢！要说就说得一个痛快，要骂就骂得一个淋漓，何必要那样吞吞吐吐，只徒挑剔人的字句，把捉人的话头，在那里白描空吠呢！①

郭沫若这种咄咄逼人的文字，茅盾立刻在9月1日的《文学旬刊》上撰文，以《"半斤"VS"八两"》为题反唇相讥。同时，茅盾又回敬郭沫若关于用笔名发文章的批评，表示：要把郭沫若"送给我的几句天才式的谩骂——鸡鸣狗盗式的批评家及其他———一璧还"。文章后面写道："承郭君赠我一个好谩骂的头等衔，我只好勉强做了这篇，替他圆谎；但我总疑心这只好算为'凡才式的谩骂'了。因为我亦很想把郭君的话不算做谩骂，可是实在想不出什么不同，那么，所不同者，其惟才之天凡乎？""至于仍旧署个'损'字，也是替郭君圆一次的谎，表示我实在连一个名字的勇气都没有呀！"当时，写完文章，茅盾还意犹未尽，在通信栏中附了一信，让郭沫若回应"空吠"两字。

当时，创造社和文学研究会骨干之间的争论，引起不少人的围观和

---

① 郭沫若：《批判"意门湖"译本及其他》，刊《创造》文艺季刊第1卷，第2号，1922年8月25日泰东图书局出版。

关注，在北京的周作人曾向茅盾打听事情的来龙去脉，茅盾在 9 月 20 日给周作人的信中说："对于《创造》及郁、郭二君，我本无敌意，唯其语言太逼人，一时不耐，故亦反骂，新派不应自相争，郁君在发启《女神》出版周年纪念时，似亦有此意，不解其何以一面如此说，而一面又谩骂也。"① 至于郭沫若指责茅盾等写文章用化名，茅盾也有些委屈，他晚年在回忆录中讲到这件事时说："其实'损'本是我的一个公开的化名，当时我们又规定《文学旬刊》的编辑在旬刊上写文章都用化名。"② 估计这是实情。而且不仅是在旬刊时期，在这之前就已经这样做了。茅盾在商务印书馆的同事胡愈之曾说："当时商务很保守，一切刊物杂志还是用文言文。我当时和沈雁冰同志都喜欢写白话文，但是怕所内老先生知道了不好，所以不敢用真名，而是用笔名投到报纸上发表。"③ 当然，在日本留学的郭沫若、郁达夫他们这些年轻人，自然不了解这种复杂的新旧文化背景。

不过，创造社和文学研究会骨干之间关于翻译问题的争论，虽然中间夹杂着意气用事，讽刺、挖苦乃至骂人，但是客观上推动了茅盾他们这些年轻人刻苦学习外语。茅盾说："我及商务编译所的几个同事，就因此而发愤自学日、德、法三种外文。学日本文，是想能够读德日文对照、注释实备的《茵梦湖》一类的书。读德、法文，是因为创造社诸公常说编译外文书必须从原本，不能依靠转译，当时我们找到了教师，每星期有三次学习，时间都在晚上。我学日、德两种文字（法文呢，我在北大预科时学过三年，此时尚未还给先生），可惜后来别的社会活动多了，不能坚持。"④

1924 年 7 月 21 日《文学》发表郭沫若来信和茅盾和郑振铎答复而

① 《茅盾全集》（第 37 卷），黄山书社 2014 年 3 月版，第 93 页。

② 茅盾：《我走过的道路》（上），人民文学出版社 1981 年 10 月版，第 206 至 207 页。

③ 胡愈之：《我的回忆》，江苏人民出版社 1990 年 7 月版，第 37 页。

④ 茅盾：《我走过的道路》（上），人民文学出版社 1981 年 10 月版，第 218 页。

落下帷幕。当时郭沫若 7 月 2 日写就的一封给《文学》编辑的一封信，信中语言犀利刻薄，夹杂着一些意气，"揭发"文学研究会茅盾、郑振铎他们"滥招党羽""徒广销路""敷衍情面""借刀杀人"等等，有些危言耸听。因此，郭沫若这封来信发表在文学研究会的《文学》第 131 期的同时，也刊登《文学》编者给郭沫若的复信。针对郭沫若的所谓"揭发"，茅盾、郑振铎以《文学》编者的名义回应说："凡把装自己过失的袋儿挂在脑后的人们，每每对于同一事件，作两样的看法；比如说杂志上收用稿件，他们自己报上刊登青年作家的作品是'提携青年作家'，然而别人报上刊登青年作品却便是'以青年幸进之心为钩钓读者之饵'了；又如互相批评，在他自己骂人的时候，骂人便是'防御战'，是极正当的行为，然而别人若一回骂，可就成了'大逆不道'了。我们老老实实说罢，当我们想起这种现象时，每不禁连想到近二年来创造季刊与创造周报的言论。……我们知道郭君，还有成仿吾君，是感情热烈的人；感情热烈者每每昨日自己说的话，今天就会忘记，所以我们十分原谅他们。……本刊同人与笔墨周旋，素限于学理范围以内；凡涉于事实方面的，同人皆不愿置辩，待第三者自取证于事实，……但我们今次聊且因郭君之质问而从事实上声明如右。……郭君及成君等如以学理相质，我们自当执笔周旋，但若仍旧羌无左证谩骂快意，我们敬谢不敏，不再回答。"①

所以，五卅运动之前，茅盾在繁忙的秘密革命工作中，仍然在新文学阵地上辛勤耕耘，无论是编辑翻译外国文学作品，还是与复古势力斗争，还是与郭沫若、郁达夫等新文学同行论争，精力充沛的茅盾仍然留下了不少文学思想和作品。

---

① 《文学》第 131 期，1924 年 7 月 21 日出版。

七、参与五卅运动和领导商务印书馆的罢工

　　1924年茅盾和创造社的论争落下帷幕后，他的秘密革命活动和编辑工作，依然夜以继日进行。而此时茅盾家里的情况也发生新的变化，一双儿女虽然由母亲陈爱珠在管，妻子孔德沚已经走上革命的道路，在上海成城女中里做管理工作，还要去工厂做女工工作，所以同样忙碌，孔德沚曾经通过叶圣陶邀请青年诗人汪静之去这所学校讲过课。[①] 茅盾胞弟沈泽民在1921年4月入党以后，全身心地投入民族解放事业，这几年先后去安徽芜湖、江苏南京以教书为名，发展当地的党团组织，此时正在国共合作的上海执行部从事宣传工作，月薪80大洋，已经跻身国共两党的精英阶层。1924年11月，沈泽民和已经在上海从事妇女解放运动的张琴秋结婚，成为志同道合的夫妻。张琴秋是沈泽民同乡石门镇人，1904年生在石门镇上一个小商之家，在石门镇小学毕业以后，考入杭州女子师范学校，后来辍学进上海爱国女学。毕业后考取南京美术专科学校，但刚到南京学校读书，她便因病辍学回到老家石门镇养病。不久，在茅盾、沈泽民的介绍下，进入上海大学读书。在上海读书时，与同学、茅盾夫人孔德沚来往密切，从而在茅盾兄弟引导下，走上革命道路，1924年11月加入中国共产党，和向警予等一起在上海从事妇女运动。所以，在中共"四大"之前，全国中共党员不到一千人的情况下，

---

① 见《汪静之文集》(回忆杂文卷)，西泠印社出版社2006年1月版，第46页。

茅盾家里已经有三位中共党员！

1924 年 1 月 13 日，上海地方兼区执委会进行改选，茅盾以最高票当选执委，兼任秘书和会计。不久，邵力子拉茅盾到《民国日报》副刊《上海写真》（后改"杭育"）帮忙，加上其他党内工作，茅盾向上海地方兼区执行委员会提出辞去执委，执委会同意了，但是秘书和会计仍由茅盾兼着。4 月，中共中央决定，中共上海地方兼区执行委员会又改组为中共上海地方委员会，简称上海区委。经过茅盾等人的努力，上海商务印书馆的党团员发展十分迅速，据说此时商务印书馆党、团员已有 30 多人。

在五卅运动之前，茅盾几乎是以职业革命家的姿态来担当党的任务的。据《上海商务印书馆职工运动史》介绍，五卅运动之前，商务印书馆编译所的沈雁冰、董亦湘、杨贤江三位共产党员，他们除了参加上海党的领导工作外，还配合徐梅坤，在商务印书馆职工中培养积极分子。他们常以到印刷所参观的名义，深入到全厂各部门接触工人，熟悉情况，和工人保持联系。为了工运工作的需要，茅盾他们还要重点帮助个别文化低的工人积极分子下班后补习文化。有时邀请一些工人积极分子，在晚上聚集到宿舍中，或到自己家里，向他们讲解鸦片战争以来的帝国主义侵华史，并分析国内各派军阀割据的形势，分析每个军阀势力背后都是有帝国主义势力支持的。同时还以商务印书馆资本家剥削职工扩大资本积累的种种手段为例使大家逐步懂得马克思主义有关剩余价值的道理。……经过对工人积极分子进行几次教育，并在实际工作中进行考察以后，发展了一批中共党员和社会主义青年团员。这是当时茅盾他们从事革命活动实情，据柳溥庆的女儿柳伦同志告诉笔者，当年她父亲柳溥庆和商务印书馆的一批党团员，常常趁她爷爷不在家里的时候，到她爷爷家里开会，因为爷爷家里宽敞，而且离商务印书馆也近。据黄逸峰同志回忆："那时商务印书馆的工作做得很好，工人觉悟很高，甚至还影响到张元济这班人。其他各工会都是跟着商务走，商务怎样做，其他工

会也都怎样做。"① 可见当时茅盾、徐梅坤他们的工作是很有成效的。

当时，商务印书馆朱经农策划编辑出版"学生国学丛书"，而茅盾正好对司各特、大仲马的名著注解告一段落，于是茅盾的编辑工作纳入朱经农的"学生国学丛书"计划之内。

根据朱经农的计划，茅盾负责选编《淮南子》《庄子》《楚辞》等。至于具体工作，茅盾回忆："我当时担任编选《淮南子》除从《淮南子》中选、注《俶真》《览冥》等八篇外，并写了个《绪言》，考证《淮南子》内容的几个方面。"② 茅盾从 1924 年年底到 1925 年 3 月，专门对《淮南子》进行校注，一共选了《俶真篇》《览冥篇》《精神篇》《齐俗篇》《道应篇》《诠言篇》《人间篇》《要略篇》八篇，逐字逐句进行标注，每篇都做了大量注释，包括读音的注解，十分详尽。校注后，茅盾又写了《绪言》，就作者、名称、版本、注释以及内容方面存在的问题等，进行详细考证。这篇写于 1925 年 3 月 17 日的数千言的《绪言》是研究《淮南子》的一篇深入浅出的导读文章，对理解《淮南子》是一篇很好的辅导材料。一年后，《淮南子》选注本作为"学生国学丛书"由商务印书馆出版。

校注完《淮南子》后，茅盾又为商务印书馆选注《庄子》，茅盾从浙江局刻的通行本《庄子》的 33 篇中选了 12 篇，所以书名为《节本庄子》。茅盾对《逍遥游》《齐物记》《养生主》《德充符》《应帝王》《马蹄》《胠箧》《秋水》《山木》《知北游》《天下》等 12 篇，逐字逐句进行校注，之后又写一篇《绪言》作为导读，全文分四个部分：第一部分介绍庄子其人，引经据典，简明扼要，一目了然。第二部分讲《庄子》版本问题，认为"五十二篇佚存三十三篇，似乎是极可惜的；但我们也要知道今传三十三篇中确实可信是真的，只有内篇七篇，其余外篇十五，杂篇十一，大半是假造的，至好亦不过弟子们的追记"。第三部分主要讲《庄

① 《茅盾研究》第 3 期，文化艺术出版社 1988 年 7 月版，第 358 页。

② 茅盾：《我走过的道路》（上），人民文学出版社 1981 年 10 月版，第 251 页。

子》的注家问题，即梳理对《庄子》的研究。认为对《庄子》章句音义的注家不少，但真正疏解义理的不多，"从事者更少"。最后部分是对《庄子》思想的议论，认为庄子的根本思想是虚无主义，他的政治思想是无政府主义，"庄子的人生观是一切达观，超出乎形骸之外的出世主义"。茅盾广征博引，挥洒自如，评判切中肯綮。所以，这篇写于五卅运动前夕的"绪言"，是茅盾的一篇精到的《庄子》的研究文章。《庄子》选注本，由商务印书馆作为"学生国学丛书"之一，于1926年1月出版，比《淮南子》出版早了两个月。

选注《庄子》时，上海的革命已经风起云涌，茅盾无法再沉浸在古书中作章句音义的研究了，时代的感召，已经是中共党员的茅盾立即放下古书投身五卅洪流中去了。一直到六月下旬或七月初，茅盾在五卅运动告一段落后，又重新开始为"学生国学丛书"选注《楚辞》，这是茅盾为商务印书馆选注的第三本"学生国学丛书"。也是茅盾在商务印书馆编辑的最后一本书。

《楚辞》的选注体例与《淮南子》《庄子》一样，茅盾从《楚辞》里选了《离骚经》《九歌》《九章》《远游》《卜居》《九辩》《招魂》《大招》等，详细注解，让学生自学时可以没有障碍地阅读和理解。茅盾当时的注解，条理清晰，文字干净，比如《九歌》，茅盾在引用王逸序中一段话后，认为"据此则《九歌》原为楚国祀神之歌而经屈原润色更定者"。再比如对《九章》的解释，茅盾认为："《九章》者，屈原之所作也。屈原既放，思君念国，随事感触，辄形于声；后人辑之，得其九章，合为一卷，非必出于一时之言也。"茅盾当时对《楚辞》的注释，非常认真，在短短一篇《离骚经》里，茅盾共作了231条注释，写了数千字的注释。而《大招》一节，茅盾也写了58条注释，给阅读《楚辞》的读者扫除了学习障碍。可见经历过五卅运动的茅盾回到编译所书斋后，仍然能够精心选编"学生国学丛书"，没有一丝的马虎，依然兢兢业业，一丝不苟，体现了良好的职业操守。

1925 年 1 月，中共"四大"召开，根据"四大"精神，工人运动蓬蓬勃勃地开展起来了，2 月 15 日，以商务印书馆和中华书局的工人为主，成立上海印刷工人联合会，会址设在北浙江路华兴坊 24 号。徐梅坤推选为主任委员。郑夏他为总务科长，商务印书馆印刷所工人王景云、徐洪生、陈醒华及中华书局的工人毛齐华等 10 人为委员。商务印书馆的工人运动由此日渐壮大起来，商务印书馆的工人徐洪生还出席共产党在广州召开的第二次全国劳动大会。

1925 年的 5 月，是上海反帝爱国的工人运动如火如荼的月份，面对日本大班发生枪杀上海内外棉七厂顾正红事件，引起广大群众的极大愤怒，也直接引发震惊中外的五卅反帝爱国运动。5 月 24 日，在沪西潭子湾空地上召开全市性的追悼顾正红大会。此后，在中国共产党的领导下，决定将工人的经济斗争发展成为反对帝国主义的政治斗争，并决定 5 月 30 日在上海租界内举行反帝爱国示威活动，抗议日本帝国主义血腥镇压中国工人的罪行。可是，当 5 月 30 日下午学生和工人走上街头散发传单，宣传演讲时，英国捕头竟悍然开枪，当场死十余人，伤多人，制造了震惊中外的"五卅惨案"。5 月 31 日，英租界当局宣布在南京路戒严，但不畏强暴的上海工人和学生冒雨到南京路宣传、游行。茅盾当时不仅是五卅运动直接参与者，而且是五卅运动的组织领导者之一。他和陈独秀、蔡和森、李立三、恽代英、王一飞、罗亦农等同志一起，直接组织领导五卅运动。对在五卅运动中的活动，茅盾在回忆录中用了相当篇幅进行回忆：

> 五月三十日，工人、学生，从几路汇合在南京路。上海大学和其它大中学校的学生们的许多宣传队，沿路演讲，这就吸引了不少路人，东一堆，西一堆，都大喊"打倒帝国主义"。南京路老闸捕房的巡捕大批出动，逢人便打，有人受伤，但示威的群众却不退却，而且巡捕的暴行激怒了本来是看热闹的人，他们也加入了示威队伍，

南京路交通断绝了。我与德沚，还有杨之华是同上海大学的学生宣传队在一起的，刚走到先施公司门前，忽然听得前边连续不断的枪声，潮水般的人群从前边退下来，我们三人站不住，只好走进先施公司，随后又有几个学生模样、不认识的人，也进来了，其中一人愤怒地说："巡捕开枪了，岂有此理！"我和杨之华问详细情形，才知道：演讲队的人被捕了几个，都扭进老闸捕房，群众（主要是学生和工人）也涌到老闸捕房，大叫"放还我们的人！"果然放出了几个被捕的人，但接着，在捕房的甬道口，巡捕开了排枪，死伤者十多人。后来知道其中有上海大学学生，上大学生执行委员何秉彝，当时他在喊"同胞快醒"，即被英捕用手枪抵其胸口开了一枪，当即死了。交通大学的陈虞钦在群众中不及奔避中弹倒地，但尚未死，英捕头瞄准他再放一枪，于是气绝。

……

当天晚上，我知道陈独秀、蔡和森、李立三、恽代英，以及上海地方兼区执委会负责人王一飞、罗亦农等在闸北宝兴里开会，决定发动全市的罢市、罢工、罢课运动。又拟定要求：租界须承认此次屠杀的罪行，负责善后，租界统治权移交上海市民；废除不平等条约如帝国主义等国在中国的领事裁判权等；撤退驻在中国各地的外国军队。至于行动计划，是立即组织上海总工会，并由上海总工会、全中学生总会和上海学生联合会、上海总商会和各马路商界联合会共同组织工商学联合会，为此次运动的领导中心。又决定罢市，目的是要断绝在沪外国人的供应，对一般中国市民照常供应；罢工不波及中国资本家开办的工厂，公用事业如自来水公司、电力公司不罢工。上海总工会临时办事处设在闸北天通庵路一个弄堂房子里，三十一日开始办公。

……

规模更宏大、组织更严密的大游行，在五月三十一日上午开始了。我和德沚已接到"十二点钟出发,齐集南京路"的通知。住在我们隔壁(顺泰里十二号)的杨之华也来了。我们三人闲谈,互相开玩笑;一个说,今天可能要挨自来水的扫射(这是说巡捕很长的救火车用的皮管,向群众喷射自来水);一个说,那可要穿了雨衣去;第三个说,偏偏不穿雨衣,也不带雨伞,显示我们什么都不怕的精神。

我们到南京路时,先施公司的大钟正指着十二点三十分。马路两旁的人行道上已经攒聚着一堆一堆的青年学生和工人。这时,自来水没有扫射过来,天却下雨了。雨越来越大,我们三人在雨里直淋。我们沿马路往东走了百余步,看见二、三个小队的女学生正散开到各店铺内演讲。德沚和杨之华也立刻加入演讲队。她们刚走到第十三或第十四家商店去讲演的时候,忽然咕令令的铃声在马路那边响起来了,随即有四五辆自行车从西向东而去。骑自行车的人一路散发的小传单在风雨中飞舞。这是聚集的信号,出发的信号。立刻,攒聚在人行道上的青年们开始把带在身上的小标语条子贴在沿马路的商店的大玻璃橱窗上。从横街小巷里出来的一队一队的学生和工人都分布在南京路一带,也都把小标语条子贴在商店橱窗的玻璃上。这些标语是,援助工人,援助被捕的工人和学生,收回租界,取消印刷附律,打倒帝国主义等等。有好几队的三道头(指英籍捕头)和印度籍巡捕拔出手枪,挥舞木棍,驱逐群众,撕去标语条子,但是他们刚赶走了面前的一群,身后的空间早又填满了群众,刚撕去一张标语向前走了几步,第二张标语早又端端正正贴在原处,终于,他们动用自来水龙头了,但是满身湿透的群众愈来愈多。永安公司的屋顶花园的高塔上忽然撒下无数的传单,趁风力送到四面八方。群众热烈鼓掌。沿马路商店楼上的窗洞里有人头攒动,阳台上也挤满了,都在鼓掌,高呼口号。

快近三点钟时,一队骑马的"红头阿三"(即印捕)向群众冲来,马路中间的群众像潮水似的涌向两旁,站在先施公司(这一天,群众一上街，先施公司就拉上了铁栅门）门前的我们三人被这人群一冲，也落荒而走；走了丈把路，我回头一看，两个同伴不见了，此时，自行车队又来了，命令是"包围总商会"。我事先知道，要去包围总商会的，极大多数是妇女。我就回家去了，直到傍晚，德沚回来了，她兴高采烈地叙述她的"战绩"。原来她和杨之华也被人群冲散，她一人直奔天后宫上海总商会。天后宫是一座庙，不知是根据什么条款，在天后宫围墙内，中国有"治内"法权，外国巡捕不能进去，市总商会就设在里面。德沚看见已有许多女学生和女工聚集在天后宫戏台前的空地上，随后越来越多，把这空地挤满了。她跟着大家喊口号，不宣布罢市，我们不回家。女学生把守着一道一道的门儿，只准进，不准出。总商会的先生们被包围着，他们在里边的小阁里正和上海学生联合会的代表、上海总工会的代表（李立三）、各马路商界联合会的代表，谈判罢市的事。三方面的代表的话语越来越激烈，总商会的副会长方椒伯仍然犹豫推诿。这样争吵到天黑，外面群众喊口号的声音越来越高，在阁子里也听得很清楚。在这样的内外交攻下，方椒伯终于签字，同意罢市。①

此时的茅盾，已经直接站在五卅运动最前线，他根据中共的部署，在6月4日与侯绍裘、韩觉民、周越然、丁晓先、杨贤江、董亦湘等三十余人，发起上海教职员救国同志会，6日，茅盾与杨贤江、侯绍裘公开发表谈话，进一步推动五卅反帝爱国运动向纵深发展，其间，茅盾亲自动手草拟决议，起草宣言。六月中下旬，以教职员救国同志会的名义，在中华职业学校举行讲演会。茅盾的演讲题目是《"五卅"事件的外交背景》。

同时，党中央针对上海各报皆不能据实报道"五卅"的情况，决定

---

① 茅盾：《我走过的道路》（上），人民文学出版社 1981 年 10 月版，第 260 至 264 页。

在六月四日出版《热血日报》，由瞿秋白、沈泽民、何辛昧等编辑。而茅盾所在商务印书馆，在商务张元济、王云五、高梦旦的支持下，在6月3日及时出版《公理日报》，由茅盾、郑振铎、叶圣陶、胡愈之等编辑。《热血日报》和《公理日报》成为五卅运动中的两大主要传播媒体之一。而茅盾负责对外宣传，所以茅盾关注国际上的反应，及时揭露和有针对性的宣传，让读者及时了解五卅运动。茅盾在《公理日报》上以"玄珠"的笔名，发表《注意段政府的外交政策》，[①] 强调："我们要正告国人，我们对于此次事变的负责者，固然要揪住英国，但也绝不放松日本！英国和日本，是目前压迫中国人民最烈的两个大敌人！"在《我们对美国的态度》中，[②] 揭露美国在中国的兵力已经占列强总数的一半以上，提醒国人："实际上美国已和英日合作压迫我们了！"

关于《公理日报》，茅盾回忆录中有一节专门回忆，十分珍贵：

> 《公理日报》是六月三日创刊，上海学术团体对外联合会主编，[③]……编辑部就在宝山路宝兴西里九号郑振铎的家里。王伯祥管发行，就在郑家门前同蜂拥而来的报童打交道。当时此报每份定价铜元一枚。
>
> 《公理日报》创刊号有上海学术团体对外联合会之宣言，除提出对英人之要求六条外，余皆驳斥工部局于"五卅"惨杀工人、

---

① 刊1925年6月6日《公理日报》。

② 刊1925年6月8日《公理日报》。

③ 据茅盾说，这个联合会包括少年中国学会、中华学艺社、文学研究会、太平洋杂志社、孤军杂志社、醒狮周报社、上海世界语学会、妇女问题研究会、中国科学社上海社友会等十一个团体。此十一个团体的成员中，如中华学艺社、孤军杂志社是一派，中心人物是商务印书馆编译所的陈慎侯、郑心南，在十一个团体中可以说是中间偏左的；太平洋杂志社、中国科学社上海社友会也可以归属到中间偏左，但是他们不敢提"打倒帝国主义"的口号。醒狮社是国家主义派，是右派。文学研究会、上海世界语学会（胡愈之是此学会的会员）、妇女问题研究会，可以说是左派。虽然名义上是十一个学术团体联合主办，实际的编辑工作却落在商务印书馆编译所中的文学研究会会员身上。

学生后所称"此乃误伤"。六条要求如下：一、收回全国英租界；二、英政府向中国道歉；三、立刻释放被捕学生；四、要求英政府惩办肇事捕头及巡捕，西捕头爱伏生及其他凶手，一律抵偿生命；五、要求优恤死者；六、要求赔偿伤者损失。最后谓，"欲使吾人要求之有效，惟有同时进行下列之三种办法：一、全国实行排斥英货；二、凡在英国私人或机关中服务者，一律退出；三、全国不售任何物品与英国人。"

《公理日报》揭露上海各报之不敢报导"五卅"惨案真相，尤其是《申报》、《新闻报》、《时报》之媚外言论，上海银钱业之私人接济外国银行，等等，甚为激烈，此在左、中、右三派混合之学术团体联合会中，惹起右派之反对，中间派之不安；然因编辑实权操在文学研究会在沪会员之手（亦即商务印书馆编译所一些重要编译员，其中有好些共产党员）右派及中间派无可奈何。

《公理日报》之创刊，商务印书馆当权者曾暗中给予经济上之支持，此是动用公司的公款的。此外，张菊生、高梦旦、王云五每人亦各捐一百元。各发起团体及个人亦有捐助。但商务印书馆不肯承印此报。六月二十日《公理日报》之停刊宣言谓：不得不停刊之原因，一、每日印一万五千份至二万份的印刷费约八十元，而售报收入只三十元，捐款也已用完；二、能承印本报的不过二三家小印刷所，现在他们受到压力，也不肯再承印了。①

据有关史料，"公理日报"四个字，是叶圣陶写好后制版的，整个报纸8开大小，有4版。茅盾这里披露的商务印书馆老板们张元济、王云五、高梦旦三人每人各捐一百元，支持五卅运动的逸事，十分珍贵。据说当时捐款时，不用真名，而用张先生、王先生、高先生的名义"暗

---

① 茅盾：《我走过的道路》（上），人民文学出版社1981年10月版，第272至273页。

中各捐 100 元"。《公理日报》从 6 月 3 日创刊，到 6 月 24 日停刊，共出版了 22 期，时间虽短，但在中国报刊史上，却不可忽视。因为《公理日报》在五卅运动中伸张了正义，为五卅运动做出了贡献。同时也为商务印书馆以后的革命活动起到了积极的推动作用。

在五卅运动的影响和推动下，中共党组织为了维护工人的利益，决定在 6 月 21 日商务印书馆成立工会，为商务印书馆的大罢工做了准备。茅盾又忙中偷闲，选注《楚辞》，本来打算《楚辞》选编结束，再编一部《文学小词典》，不料，《楚辞》选编结束，党中央根据五卅运动以后，上海的工人运动走向低潮的形势，提出商务印书馆要继续深入开展工人运动。于是茅盾又投入商务印书馆的罢工斗争。

当时，为了处理好与工人的关系，商务印书馆当局在商务工会成立以后，即 6 月 23 日召开 306 次董事会，认捐一万元，用于帮助在五卅运动中失业的工人，由五卅事件后援会支配。[1] 可是没过几天，工部局电厂切断一些公司企业的电源，威胁上海的企业不准支持五卅运动。商务印书馆也在其中。所以张元济在 7 月 16 日致傅增湘信中感叹："此间罢工事至今未了，敝公司所用电力已被租界工部局停止，甚为困难。现已自设发电机，约一礼拜后可以发动，不知能否合用，又不知彼时大局如何。吾辈在此，真如巢幕之燕。"[2] 所以，商务高层一方面为民众的爱国热情感动，另一方面又在担心自己企业的前途，对工人的罢工斗争，也有所觉察。

8 月 10 日，中共中央发出《告工人兵士大学生》，提出为避免"孤军独进"，既要有组织地罢工，也要有组织地复工，将总罢工转向局部的经济斗争。并把商务印书馆作为党发动局部罢工的重点之一。茅盾他在回忆录中说："商务印书馆罢工是党发动的，意在重振'五卅'运动以后被压迫而渐趋低潮的上海工人运动。党中央派了徐梅坤在罢工委员

①② 张树年主编：《张元济年谱》，商务印书馆 1991 年 12 月版，第 254 页。

会内组织临时党团。当时商务印书馆的党的组织由我和杨贤江负责，发行、印刷、编译三所都有共产党员（编译所最多），商务印书馆的总务处也有与三所的共产党员有联系的人。"①

徐梅坤当时与茅盾同在上海地方兼区执委担任领导工作，并且同在一个党小组内。徐梅坤虽然不是商务印书馆中人，但他是上海印刷总工会的负责人，所以党中央派他参与组织和领导商务印书馆的罢工斗争。而徐梅坤为商务印书馆罢工而组建的临时党团，主要由沈雁冰、丁晓先、杨贤江、廖陈云②、章郁庵、乌家良、王景云、徐新之等十余人组成，徐梅坤为书记，同时还派上海印刷总工会秘书长郑复他来协助徐梅坤工作。

商务印书馆罢工，在中共组织的领导下，临时党团人员就在工人职员中间秘密酝酿和动员。包括在中、低级职员，学徒中串联发动。8月20日晚上，罢工临时党团以五卅宣传队的名义，在天通庵路德兴里三民学校内秘密召开商务印书馆"三所一处"的40多名党团员和积极分子会议。茅盾与徐梅坤等参加并与大家商量了罢工策略，按照实际条件，讨论如何有组织、有领导地进行罢工，以及罢工的方法和步骤。决定选择在秋季教科书的销售旺季作为罢工的时间，这样，如果馆方态度顽固，罢工时间延长，商务印书馆势必在经济上遭受巨大损失。认为这个时间节点是确保罢工胜利的一个有利因素。但是没有不透风的墙。罢工临时党团人员的一些活动，也为商务当局所侦知。茅盾记得：密谋罢工，要求加薪之事，"已为商务当局侦知"，所以商务印书馆"即于二十一日在发行所出一布告，大意谓本年内因种种影响，本馆损失甚大，现当秋季开学，正是各书店营业旺盛之时，请职工勤勉从公，公司同人应同舟共济，休戚相关云云；同时由发行所副所长郭梅生召集发行所各部主任谈

---

① 茅盾：《我走过的道路》（上），人民文学出版社1981年10月版，第281页。

② 即当时在商务印书馆当店员的陈云同志。

话，口头允许每年酌提十万元作为加薪之用（即约加薪一成）。职工对此当然不满意"。

当天晚上，廖陈云主持召开发行所工人运动积极分子会议，会议开始时在天通庵路三民学校开会，后因军警干涉，临时易地数次，最后在青云路上海大学附属中学开会，到会有168人，所以会议开到22号凌晨才结束，决议罢工，提出复工条件十二项及职工会章程草案、罢工宣言等，并选临时委员十五人，廖陈云被推举为委员长，还有赵耀全、章郁庵、徐新元、孙琨瑜等。同时，又写信给三十多个分馆的职工，要求支持声援，并采取一致行动。当时，上海的小报披露："商务印书馆职工，前两次计划罢工以求加薪，均为当局探闻，立即自动略增工资，于事前消灭风潮。此次则职工方面，虽事前各方接洽，然消息严密，直至二十一夜，公司重要职员，方得探悉，但已不及挽回。二十二晨，发行所先罢工，午时趋告闸北总厂、总厂响应，立将厂门紧闭，群赴对门之俱乐部开会。"[①] 该小报还披露："二十二日罢工委员会，在发行所四楼开会时，副所长郭梅生偕总理张菊生至，拟入会场，为守门之纠察员阻止，郭曰，此张先生也。语未毕，守门者大声曰，奉委员会命令，此时无论何人，不许入内，于是张郭唯唯退。""发行所职工会，初举委员十二人，均为二十左右之青年，委员长廖陈云年尤小，仅十七岁，为虹口支店之练习生。"[②] 小报的道听途说，也反映了当时罢工的一个侧面。

8月22日上午10时，廖陈云命令关上河南路发行所的铁门，并将各部门的钥匙统一收集起来，宣布任何人不得开门。同时在发行所四楼食堂召开400余人的职工大会，由章郁庵报告罢工的有关事项，公布这次罢工的原因：一是薪金太薄，不足20元的职工占75%，因薪金微薄而不能携带眷属者占95%。学徒初期月薪只有2元，3年后加满5元，

---

①② 据1925年8月24日《晶报》。

升为职员。职员满5年，薪金也不过15元至20元。二是工作时间太长。职员平均每日需13小时，工友需14小时以上。三是待遇不平。馆内每年分配花红，总经理、经理及公司高级职员，有几万或几千元之多，普通职员只十余元，或数十元不等。① 对此，上海的小报也有披露。② 所以，廖陈云他们的号召，立刻得到发行所职工的热烈响应。同时也拉开了商务印书馆罢工斗争的大幕！

根据徐梅坤、茅盾他们的部署，发行所罢工后，廖陈云、徐新之、谢庆斋等人立刻到宝山路印刷所活动，中午12时，印刷所工会立即响应，关闭了总厂大门。接着总务处也立即响应，开始罢工。而茅盾亲自起草的《商务印书馆职工会宣言》也立即印成传单在商务印书馆职工中传播：

我们很抱愧，在这风雨飘摇的时局中，为了我们自己的生活上的苦痛，走进这条路，我们尤其是抱愧，在这二十世纪的新时代，在这号称东方最高文化机关里面，遇着不能忍受的生活上的苦痛，使我们走进这条路，果然，劳资之争，在共和政体之下是不成问题的了，但我们能够勉强苟且的生活着，谁还喜欢走进这条路呢，"急不暇择"情岂得已，我们的工作的辛苦，实非笔墨所能描写，而时间的冗长，亦非一般人所能意料的，早上八点钟开市，七点钟已经在路上跑了，晚上七点半闭市，八点钟我们还喘喘地在马路上走，如果迟到一分，或者是早走一刻，也要在薪水项下扣除，这种超过十二小时的工作，这种一分一刻的扣算，在先进的欧美，果然是没有的了，是在落后的中国，也是"绝无仅有"的吧，工

---

① 见《上海商务印书馆职工运动史》，中共党史出版社1991年6月版，第39页。

② 这份小报披露这次罢工的原因是酬劳分配不公平。说朱经农月薪250元，分得花红1000元，吴知觉，月薪240元，分得花红240元。"此种比例，已使人啧有烦言。"而商务学徒"每月仅有鞋袜费3元"，而一个茶房月薪却有30元。

作既苦，时间又如此冗长，精神自然不济的了，偶有错讹，曾不稍加原谅，当大众广座之间，立即申斥，甚而至于开除，更有进者，开除后的皇皇然，"枪毙盗犯"式的通告，露布在大众面前，这是如何难堪的事实，其漠视职工之人权，又为如何，薪水的微小，说来真也可怜，其不足十元及十元上下实占百分之七十五，有在三四年前十余元而到现在还是十余元者，年来上海之生计的高涨无不数倍于此，区区之数，果然难以"瞻养家室"，即个人在今日之上海的生活，亦岂再能敷衍，我们每每思及，无不"疾首痛恨"，馆中亦每年有所谓花红者，在几个当局，确实可以称为花红（例如经理月薪三百元，而年得花红二三万元），在我们薪水小者，却也可叹（月薪十余元者，仅年得花红十余元，甚有不足薪水一月者），这种百与一之比的不平等分配，真不知从何说走，当局对于同人的集会结社戒备之严，真是不可思议，而其压迫同人个人行动，亦无所不用其极，他们一方面用各种部主任为压迫同人的工具，一方面使他们的爪牙暗探来窥察同人的行动，一被觉察，便可借故辞退，在资本制度之下，此种现象，亦许是普遍的，但剥削同人集会自由的手段之狡猾，有如商务者，也许是少见的了，我们的工作和时间既如此之辛苦而冗长，我们的人权和自由既如此之被漠视被剥削，我们的职业是如此之危险，我们的生活是如此之苦闷而悲惨，在当局者早已视我们作牛马了，视我们作奴隶了，我们在这重重压迫的黑暗中，实在忍无可忍了，我们感觉到改进生活，减少工作时间，保障人权和集会自由等等之必要，知道组织工会之刻不容缓，现已集议定章，正式成立职工会，我们既负担这种种使命，凡我职工们，应绝对服从本会，听本会之指挥，积极奋斗，以求胜利，现本会已议决于八月二十二日起，宣告罢工，以议决之十一项要求为复工条件，在罢工期限内，同人须极力镇定，遵守秩序，绝不可有越规之行动，致贻人口实，我们愿共遵此旨，作有秩序的奋斗，得最后的胜利，特此郑重宣言。

八月二十二日①

8月23日下午，商务印书馆的罢工形成声势，3时，在俱乐部前的广场上举行大会，4000余名职工齐聚广场，听取罢工执委会报告罢工经过，并提出复工条件，职工情绪十分高涨。24日，编译所职工也一致决议参加罢工。当天下午，召开罢工联席会议，印刷所的王景云、乌家良、陈醒华、陈怀情；发行所的徐新之、孙琨瑜、章郁庵、马卫群；编译所的郑振铎、丁晓先、沈雁冰；总务处的乐诗农、黄雅生。"三所一处"的骨干在一起共同商讨修订复工条件。大家推举茅盾起草，综合大家所提条件，茅盾拟成正式谈判的《复工文件》十二条。

联席会议上，茅盾亲自起草的《复工条件》十二条获得通过。于是，罢工委员会立刻与商务印书馆当局开始谈判。劳资双方在总务处会客室进行第一次谈判。资方出席者为张元济、鲍咸昌、高翰卿、高梦旦、王显华、王云五；劳方代表为沈雁冰（茅盾）、章郁庵、徐新之、孙琨瑜、王景云、陈醒华、乌家良、胡允甫、冯一先、乐诗农、黄雅生、郑振铎、丁晓先共十三人，在谈判中，劳方提出茅盾起草的十二条复工条件，如果不答应，继续罢工；而资方态度也十分强硬，提出先开工后谈判。商务的这个态度，引起劳方代表的强烈不满，坚决反对，认为"从无此例"。所以，8月24日下午劳资双方的第一次谈判不欢而散，没有结果。

商务印书馆的罢工斗争立刻引起社会的广泛关注，舆论的声援声此起彼伏，因为正值学校开学在即，大批教科书的印刷发行有赖商务印书馆职工的努力，所以，商务印书馆一罢工，教育界、社会上也深受影响

---

① 1925年8月25日《申报》。

和波及。此时，上海总工会、上海总商会、上海各马路商界联合会、上海学生联合会等六个团体，闻讯后立即成立商务印书馆罢工后援会。上海学生联合会也出面给商务当局施加压力，认为"学校开学在即""贵馆急生意外，影响我学界匪浅"等等，一切都在徐梅坤、茅盾等商务印书馆党团组织的预料之中进行。

8月25日，茅盾等"三所一处"代表在商务印书馆俱乐部弹子房召开秘密会议，讨论建立进一步组织商务印书馆罢工的中央执行委员会，以便统一协调罢工事权，会上决议：建立罢工中央执行委员会，委员定为13人，即印刷所王景云、张守仁、乌家良、胡允甫。发行所、编译所、总务处各三人：章郁庵、徐新之、孙琨瑜、沈雁冰、丁晓先、郑振铎、黄雅生、冯一先、乐诗农；决议统一罢工对外口径，以后消息由罢工中央执行委员会写定后送各报馆，拒绝报馆记者的自行采访。指定茅盾担任新闻稿的撰写和对外新闻发言人。

第二天上午，商务印书馆劳资双方再次谈判，谈判的地点在总务处会客室，此时的茅盾一直处在罢工斗争的第一线。谈判一开始，就承认工会这个主要条件未被馆方接受，劳资双方正在僵持时，发生一个意外插曲，茅盾记得："忽有淞沪镇守使派来的一个营长带了几个卫兵闯进会议室，说是奉命来调解的，这个营长高踞上座，命资方代表及劳方代表队各坐一边，拿起罢工中央执行委员会的条件和资方表示能接受的答复条件，草草看了一下，就大声说：你们工人不是要加工资么？我说可以。商务印书馆有的是钱。你们工人又说要成立工会么？那不成。联帅（孙传芳，时称五省联帅）命令取缔一切工会。几千人罢工，地方治安就不能维持了，限你们双方今天立即签字复工。这一番话，劳资双方，都不赞成，都不作声。这个营长就拍案而起，威胁说：明天我派兵来，一定要复工。说着就朝外走了。这时候，王云五突然快步上前，拦住了营长，扑地跪在地下哀求道：请营长息怒，宽限一二天，我们自己解决，千万不要派兵来。营长不置可否就走了。王云五回身对大家痛哭道：我们双方都让步一点，免得外边人来干涉。"① 因为有这一个插曲，这次谈判仍没有结果。

26 日下午，编译所的林植夫联系了总务处与编译所职工二百余人，突然在弹子房开会，林还自任主席，让茅盾以罢工中央执委员会委员的资格向与会者报告上午谈判经过和发生的事情，茅盾告诉与会者，至今资方毫无表示，双方条件相距太远，很难接近。所以林植夫召开的会议不了了之。但是在稍后召开的罢工中央执行委员会会议上，茅盾严正指出，馆方如不接受职工关于复工的合理要求，将号召全国停止使用商务印书馆出版的教科书。同时还号召大家继续保持良好秩序，加强团结，坚持到底，不达目的，誓不复工，进一步鼓舞大家的斗志。会后，还发布《四团体联合宣言》，宣称：罢工条件一日不胜利，我们是一日不上班！

此时，廖陈云同志在发行所每天上午召开全体职工大会，报告谈判进展，提醒大家提高警惕，加强团结，防止坏人破坏罢工。

面对这声势浩大的罢工浪潮，面对开学在即，教科书印刷发行因罢工而带来的损失，商务印书馆当局感到压力越来越大了。27 日，商务印书馆劳资双方在宝山路印刷所交通科第一会议室再次开会，馆方代表高翰卿、张元济、王云五、鲍咸昌、高梦旦、王显华六人出席，罢工中央执委代表沈雁冰（茅盾）、王景云、张守仁、乌家良、胡允甫、章郁庵、徐新之、孙琨瑜、丁晓先、郑振铎、黄雅生、冯一先、乐诗农十三人参加谈判。

谈判中，双方围绕复工条件讨价还价，张元济作为商务当局代表，首先在会上对罢工中央执委说："昨见同人四团体宣言，里面有不妨害公司之存在云云，具见同人对公司的爱护，不胜钦佩，但存在须带有以

---

① 茅盾：《我走过的道路》（上），人民文学出版社 1981 年 10 月版，第 283 页。茅盾的这个回忆，成为商务印书馆罢工斗争中的一个花絮，虽然其他人回忆中没有讲到，但茅盾作为当事人，应该可信，所以后人编张元济年谱时，采信了茅盾这个回忆。

展之可能，则其存在乃为有意味。今公司在此社会环境内，发展极困难，故希同人对此点尚多注意维护公司发展之可能。"[1] 张元济的哀兵之言，多少赢得谈判双方的同情。然后，王云五将商务当局对罢工中央执行委员会提出的要求，逐条给予回应，提出一个解决罢工的方案。商务印书馆罢工中央执委的十三位代表，对商务当局的回应的条件，逐条研究，与当局反复磋商，来来往往，最后终于逐步达成一致。晚上九时左右，双方在协议上签字，罢工终于取得胜利。鲍咸昌代表资方签字，茅盾等十三位劳方代表签字。其复工协议如果下：

1. 公司认工会有协调职工及厂主之效用，惟现在政府对于工会法尚未颁布，彼此故无所依据，好在工会法规不久即可颁布，届时自可依据办理。

2. 14 年（即 1925 年）10 月起，增加工资，两方协定标准如下：

甲、工资在 10 元以内者，加百分之三十；

乙、工资过 10 元至 20 元者，加百分之二十；

丙、工资过 20 元至 30 元者，加百分之十；

丁、工资过 30 元至 50 元者，加百分之十；

戊、学徒满一年加 1 元，满 2 年加 2 元；

己、包工按全体约数加 1 成，但多分配于工资较少者，其分配方法另订之。

3. 每年年底加薪，仍照向例办理。

4. 酬恤章程由公司修正，须于全体同人更为有益。

5. 公司分派花红，将来改定办法，须于奖励与普及双方兼顾。

6. 公司对于各部分管理方法，须随时改良。

7. 端午、中秋各休业半日，五一、五卅休业与否，随同大众。

---

① 张树年主编：《张元济年谱》，商务印书馆 1991 年 12 月版，第 256 页。

8.发行所柜友因市面习惯，时间较长，由公司与同业商议减少 1 小时，如办不到，此 1 小时之服务，照加工资。

9.公司每年提 1 万元为薪水较小，病假较久者补助之用，其分配方法另定之。

10.女工生产前后各休业 1 个月，由公司照向例给保产金 10 元外，其愿入公司指定医院者，费用由公司负担，不愿者，另给津贴 5 元。

11.公司对同人子女免费学额，须定扩充办法，早日发表。

12.公司于相当之时机及需要，派遣同人赴国外留学或考察。

13.俱乐部名称加同人二字，但依现在情形，不全部开放。

14.关于此次罢工人员，公司不因罢工开除，此次罢工日起，至 8 月 27 日止，薪水照发。

15.8 月 28 日，总务处、编译所、印刷所、发行所、分店一律复工。

16.上议各条自签字日起实行，其有效时间为 3 年。①

这 16 条复工条件，每一条都对职工有利，每一条都凝聚了茅盾等罢工斗争领导者的智慧和心血，为了职工的利益，茅盾和徐梅坤、廖陈云及罢工中央执委的商务同事，夜以继日，与商务印书馆当局进行不懈的斗争。经过五卅运动和中共党内革命斗争的锻炼，茅盾与徐梅坤等年轻的中共领导，和商务印书馆当局进行有理有节、有条不紊的斗争，取得实质性的胜利！商务印书馆的这次罢工斗争，商务印书馆的临时党团书记徐梅坤每天向党中央报告罢工情况，及时得到指示，注重斗争策略，做到有组织罢工，有组织复工。所以，冲在前面的茅盾是有底气的。

---

① 茅盾:《我走过的道路》(上)，人民文学出版社 1981 年 10 月版，第 284 至 285 页。

8月28日上午，商务印书馆罢工中央执行委员会在东方图书馆的广场召开商务印书馆全体职工大会。会议由商务印书馆外栈房工人、中共党员王景云主持，茅盾在全体职工大会上代表罢工中央执委报告这几天的谈判经过，解释了16条复工协议内容，指出复工条件中的主要项目如增加工资、承认工会有代表之权、改良待遇、优待女工等，都争取到有利的规定和权益。最后，茅盾又宣读亲自起草的复工宣言：

　　　　我们罢工以来六日了。我们决定的两个交涉原则，是（一）在不妨害公司存在的范围内，代表同人提出合理的要求，（二）在十分谅解对方精神之下，为同人求得应有的利益。我们根据这二个原则与公司交涉，几经磋商。渐次接近。二十七日条件正式签字，二十八日起，同人即一律复工，本委员会亦于同日取消。在这议定的条件里，对于同人物质上精神上的痛苦，实在并没减少多少，但公司同人为顾全中国大局计，为公司前途计，不得不忍痛而出此十二分的让步。在这议定的条件里，有许多关于待遇上的都尚待初定详章，这固然同人将来希望之所寄，而公司对于同人迭次所表示之诚意，亦将于是卜之。谨此宣言。

　　　　　　　　　　　　　　商务印书馆罢工中央执行委员会
　　　　　　　　　　　　　　　　　　　　　　八月二十八日 [1]

　　茅盾的报告，让几千名商务印书馆的职工热血沸腾，报告结束，欢呼声震天，拥护复工条件，欢呼罢工胜利。
　　商务印书馆的罢工胜利了，罢工中央执行委员会又发表感谢上海总商会、上海总工会、印刷总工会、各马路商界联合会、上海学生联合会、

---

① 刊登在1925年8月28日《申报》。见《茅盾全集》（第15卷），黄山书社2014年3月版，第294页。

以及其他社团和个人对商务印书馆罢工表示支持、声援的短函。给商务印书馆的罢工画上一个圆满的记号。

8月28日下午，也就在茅盾他们召开全体职工大会之后，商务印书馆当局在极司菲尔路张元济寓所召开商务特别董事会，通报22日以来罢工情形和谈判结果。据9月22日商务董事会第308次会议透露，根据罢工议妥的条件，商务印书馆当局"全年增资约须17万元左右"。可见茅盾他们这次罢工斗争取得的成果还是非常丰硕的。

茅盾晚年回忆说："商务印书馆罢工结束，中华书局全体职工也罢工了，接着又是邮政工人的罢工，这样，党所领导的上海工人运动开始了新的发展的阶段。"①

所以，茅盾在20世纪20年代革命活动中，1925年8月商务印书馆的第一次罢工，是茅盾在党中央的直接领导下，亲自参与和组织领导的一次革命实践活动，在茅盾革命生涯里写上了浓墨重彩的一笔。

1925年8月，侯绍裘邀请了刚刚加入共产党的张闻天、团员张世瑜同赴苏州私立乐益女子中学工作。9月，侯绍裘在乐益女中秘密建立了中共苏州独立支部，直属上海区委领导。②而茅盾在五卅运动和商务印书馆罢工斗争结束以后，就秘密到苏州、杭州视察党的建设，同时了解社会思想。茅盾在广州时说："去年五卅运动以后，约在七八月间，我到了苏州，又到了杭州，两处都住了五六天，会见了好些朋友，和那两处地方的社会领袖（多半是教育界人），才知道那两处的半新不旧的素来不知国家为何物的中年先生们现在居然一变而为国家主义派的革命家了。苏州和杭州的中年的国家主义者似乎尚未知道我是国民党党员；他们和我的谈话中，不但反对共产党，也反对国民党。国家主义者反对国民党，原不足怪。……原来国家主义是躲避革命高潮的好盾牌！"③茅

---

① 茅盾：《我走过的道路》（上），人民文学出版社1981年10月版，第285页。

② 顾小平：《〈倪焕之〉中的王乐山原型侯绍裘》，载《苏州杂志》2017年第4期。

③ 雁冰：《国家主义与假革命不革命》，载1926年3月7日第5期《政治周报》。

盾在商务印书馆罢工胜利以后，又马不停蹄去苏州、杭州为党的发展壮大奔波。据说，后来，侯绍裘在苏州发展了11名中共党员。其中工人4名，教师5名，学生2名。革命的火种，在茅盾、侯绍裘等这些革命先驱者的努力下，正在燎原！

第三章　在大革命的漩涡中

茅盾在五卅运动前后，几乎是集中全部精力投身于中国革命，投身于民族解放运动，女儿沈霞已经在商务印书馆的幼儿园，和瞿秋白的女儿瞿独伊在一起，所以茅盾没有时间去接沈霞时，便让瞿秋白接女儿时，顺便把沈霞帮助接回来。而茅盾夫人孔德沚同样投身于革命活动，并且在五卅运动中由杨之华等介绍，加入中国共产党。所以到五卅运动时期，茅盾家里，茅盾、沈泽民、张琴秋、孔德沚都是共产党员了！尤其值得一提的是，鉴于张闻天的五卅运动中的杰出表现，沈泽民介绍张闻天参加中国共产党。但是，茅盾在文学方面，依然孜孜不倦，他在商务印书馆的《儿童世界》上介绍北欧神话和希腊神话，同时忙中偷闲写了记录和思考五卅运动的一些散文，如《"暴风雨"五月三十一日》《街角的一幕》《疲倦》《复活的土拨鼠》等七八篇散文，其中七篇散文和五卅运动有关。此外茅盾还发表了重要的论文《论无产阶级艺术》的长篇论文，茅盾早期提倡过写实主义和新浪漫主义，赞成过进化的文学，为平民的文学，主张艺术要为人生、为社会服务。而五卅运动前后发表的《论无产阶级艺术》，是茅盾对以前的文艺观点进行修正。在这篇论文中明确提出文艺的阶级的观点，此时茅盾明确"意识到无产阶级艺术的基本原理将会指引中国的文艺创作走上崭新的道路"。所以茅盾自认为这篇论文在当时"成了旷野的呼声"。在茅盾的文艺思想的发展中具有重要的影响。

五卅运动趋向平静，但是茅盾并没有轻松下来，中国革命的形势和任务，将茅盾推向革命的中心，推向大革命的漩涡。此时，茅盾和沈泽民等年轻的革命家，受到反动当局的注意。上海工部局密探在1925年7月8日提供的一份《关于中国布尔什维克活动和总罢工的报告》里，将许多中共领导人如陈独秀、瞿秋白、恽代英、施存统、李立三、邓中夏、沈雁冰、沈泽民、董亦湘等列入黑名单，其中讲道："李春藩、沈雁冰、蒋光赤、沈泽民、董亦湘和侯绍裘，其中多数是《向导周刊》的投稿人，均被任命在中国编辑、作者和其他知识分子中进行煽动。他们在商务印书馆和中华书局的各编辑部门取得了最大成功。湖南女学生向警予、瞿秋白的妻子杨之华、施存统的妻子王一知和范志超等都肩负专门的使命去煽动女学生。她们所取得的成绩不很大。"① 这一份用英文写的密报原件，充分说明茅盾他们的革命活动，随时都有危险。但是，全身心投身革命的茅盾，早已将生死置之度外，义无反顾地继续从事秘密的革命工作。

---

① 原件在美国国家档案馆 NARA。此翻译件由乌镇茅盾纪念馆提供。

一、在国民党中宣部的日子

　　商务印书馆第一次大罢工结束，茅盾就和恽代英、张闻天、沈泽民、杨贤江、郭沫若等联合发起成立中国济难会，旨在保护和救济受迫害的革命者和革命烈士家属。

　　1925年3月12日，孙中山在北京去世以后，共产国际为了加强对中国革命的支持，决定在莫斯科建立一所全新的大学，为中国革命培养懂革命理论，能够从事思想政治工作的干部，这所大学以孙中山的名字命名。1925年10月7日，苏联顾问鲍罗廷在广州正式宣布莫斯科中山大学成立。同时组建招生委员会。当时上海负责招考的是侯绍裘和姜长林。茅盾的弟媳妇张琴秋被党中央推荐去莫斯科中山大学学习。并被中共中央总书记陈独秀任命为莫斯科中山大学学生领导之一。茅盾的胞弟沈泽民以李立三的翻译的名义，同时随后去莫斯科。沈泽民的翻译任务结束以后，也进入莫斯科中山大学学习。茅盾记得，当时沈泽民夫妇知道党中央派他们去苏联莫斯科学习，非常兴奋地到茅盾家里向哥嫂告别，向母亲告别。张琴秋是10月25日出发的，沈泽民是28日出发的。[1] 沈泽民夫妇秘密去苏联前后，国民党右派的反共浪潮已经愈演愈烈，他们反对孙中山的三大政策，公开宣布开除已经加入国民党的共产党员，恽代英是第一批被他们开除的共产党员，茅盾是第二批被国民党右派开除

---

① 钟桂松：《沈泽民传》，中央文献出版社2003年12月版，第129至130页。

的共产党员。根据中共中央的指示，为了反击国民党右派的倒行逆施，党中央指示茅盾和恽代英一起组建两党合作的国民党上海特别市党部执行委员会，恽代英在其中担任主任委员，茅盾担任宣传部长，^①张廷灏为青年部长。张廷灏（1901—1980）是乌镇邻镇震泽人，传说是南浔第一个早期中共党员，也是张静江的侄子。1901 年生，此时才 25 岁，曾就读复旦大学，在五四运动的影响下，参加共产党。1924 年经毛泽东推荐，担任国民党上海执行部组织部秘书。恽代英担任宣传部秘书。1925 年孙中山逝世以后，国民党上海执行部在上海孙中山故居设立灵堂一个月，张廷灏负责总招待。新中国成立后，曾经受到毛泽东接见，这是后话。

此时，国民党将在广州召开全国第二次代表大会，本来，在 1925 年 5 月 16 日国民党第三次中央执行委员会在广州开会，决定国民党第二次全国代表大会在 1925 年 8 月 15 日召开，但是，由于 6 月 23 日广州沙基惨案发生，各地国民党组织要求国民党"二大"延期召开，可是有的省份的代表已经抵达广州，只好在广州等待大会的召开；而有的省份的代表推荐选举还没有结束，所以推荐选举工作仍在进行，上海就是如此，茅盾是 7 月 5 日由中国国民党上海市第一区第三分部选举出来的参加"二大"的代表。^②上海共选举恽代英、茅盾、张廷灏、吴开先等五人为国民党第二次全国代表大会的代表。12 月 28 日，茅盾在国民党上海各区党部联席会编的第 14 期《中国国民》上发表《中央召集（开）二次全国代表大会宣言》，介绍国共合作时期国民党全国代表大会的情况。

国民党第二次全国代表大会已经在 1926 年 1 月 1 日在广州开幕。

---

① 翟同泰：《茅盾在大革命前的社会和革命活动述略》，刊《茅盾研究》第 3 辑，文化艺术出版社 1988 年 7 月版，第 360 页。

② 台湾国民党党史馆保存有这次推选会议报告的档案："执行部台鉴敬启者敝区分部今日上午 9 时在闸北天通庵路三民公学开第四十次党员大会选举沈雁冰同志为第二次全国代表大会初选代表特此奉达顺颂 党祺 中国国民党上海市第一区第三分部执行委员会谨启。十四年七月五日。"见杨扬《台湾所见"国民党特种档案"中有关茅盾的材料》，刊《新文学史料》2012 年第 3 期。

但是，也许是信息不通畅的缘故，张廷灏为出席国民党第二次全国代表大会的上海代表订了 1 月 7 日去广州的船票，这艘船名"醒狮号"，是宁波人虞洽卿开办的三北轮船公司的。此时的茅盾带着共产主义的理想和信念，踌躇满志。他在赴广州途中，在浙闽洋面上，茅盾写《南行通信》，第一篇就是回忆自己乘船经过，写得很有文学色彩。1 月 12 日，茅盾等上海代表到达广州。大会已经开了 12 天了，还在继续之中。茅盾到大会秘书处报到以后，知道这一天的会议是孙科向大会报告孙中山陵墓建设计划和筹备情况，会议主席是谭延闿。所以茅盾没有到会场参加会议，而是和恽代英一起到文德路见中共广东区委书记陈延年，陈延年将大会的情况和中共对这次大会的态度，告诉了茅盾和恽代英：你们到了，参加大会的各个省的共产党员都已经到齐，中共中央对参加这次大会的策略是团结国民党左派和中间派，打击西山会议派。共产党不在选举中央委员时争席位。茅盾和恽代英了解了中央的态度以后，从 13 日开始，参加大会举办的各种会议，包括 16 日选举会议。在会议上，茅盾了解到开幕式的盛况，开幕典礼时，到会的代表 176 位。开幕式开始，"各炮台皆鸣礼炮致敬，飞机二架翱翔天空，散发纪念片"[①]。10 时，举行盛大阅兵仪式，场面非常热烈，群情激奋！茅盾记得："大会会场在旧广东省议会楼下大厅。我们到会时，汪精卫在大会上做的政治报告，已经过去，我们只能从大会秘书处看简单的记录。我们上海代表团的恽代英在大会上作了演讲，恽代英是大演说家，可以连讲两小时，讲者越讲越有精神，听众也始终静听，时时报以热烈的掌声。"[②]大会于 1 月 20 日下午闭幕，大会通过了"接受总理遗嘱决议案"，被大家称为"大会之春雷第一声"；通过了"对外政策决议案"，发表了致苏联及致世界被压迫民族及一切被压迫阶级的友好电文。提供了政治、军事、财政、宣传、

---

① ② 《第二次全国代表大会始末记要》，刊《中国国民党历次代表大会及中央全会资料》（上），荣孟源主编，光明日报出版社 1985 年 10 月版，第 173 页。

工运、农运、妇运等决议案。大会也通过了弹劾西山会议派决议案，开除邹鲁、谢持等国民党右派的党籍等。

赴广州参加国民党全国第二次代表大会，让茅盾在政治上大开眼界，在风起云涌的革命中心广州的日子里，茅盾心潮澎湃，他认识了当时风头正劲的汪精卫，认识了毛泽东、陈独秀的儿子陈延年等共产党领导精英，也认识了不少同样很年轻的革命家。还认识了不少浙江的年轻人如宋云彬、张秋人、宣中华等，在充满热情激情的年代里，对革命都充满憧憬，每个人都在激情飞扬！

国民党第二次全国代表大会结束后，茅盾准备回上海，陈延年却派人到茅盾下榻的旅馆，找到茅盾，告诉他，他和恽代英都得留在广州，恽代英去黄埔军校担任政治教官，茅盾去国民党中央宣传部担任秘书。当时国民党全国第二次代表大会选举的中央委员会，选举汪精卫为国民党中央宣传部部长，因为汪精卫忙不过来，请毛泽东代理宣传部长。来人还告诉茅盾，一会儿有人来接茅盾去东山庙前西街 38 号。茅盾知道东山是别墅区，蒋介石以及俄国的军事专家顾问团等都住在那里。但是茅盾一到东山庙前西街 38 号，原来这是简陋的中式楼房，也是毛泽东和杨开慧夫妇的住所，楼上前后两间，外面一间是会客的地方，里面一间是毛泽东夫妇的卧室兼书房；楼下后面一间是厨房和女仆的卧室。外面一间已经有一个人住着，这个人就是萧楚女。茅盾记得："毛泽东给我介绍说：这就是萧楚女。我早知楚女是'楚男'。却不料是麻面黑脸。萧楚女很热情又诙谐，同我一见如故。他指着室中一架挂着蚊帐的单人木板床，对我说：这是留给你的，我陪伴你。"到东山庙前西街 38 号报到后，毛泽东曾和茅盾谈话，大意是，宣传部在国民党第二次全国代表大会开会的旧省议会二楼，这里到宣传部上班，相对有点远。这几天马上要开国民党中央常务委员会会议，他将提请。任命茅盾为宣传部秘书。茅盾一听，不解，问一个秘书也要中常委通过么？毛泽东答道，部长之下就是秘书。其他各部也是如此。茅盾听说部长之下就是秘书，感觉担子很重，恐怕不能胜任。毛泽东安慰道，不要紧，萧楚女可以暂时帮助你处理部务。毛泽东还说，《政治周报》过去是自己编，杨开慧协助。现在也交给茅盾，杨开慧还有其他的事。茅盾知道，《政治周报》是国民党政治委员会的机关报，对外不公开，毛泽东已经出版四期。茅盾接手编第五期。毛泽东还告诉茅盾，自己现在主要是在筹备第六届农民运动讲习所，所以不能天天到宣传部办公。所以，茅盾在国民党中宣部的工作，毛泽东交代清楚了。

1926年1月22日至25日，国民党第二届中央执行委员会第一次全体会议召开。在1月22日的会上，推举了常务委员，在常务委员会下面设立一处八部。其中宣传部部长是汪精卫，代理部长是毛泽东，秘书是沈雁冰。组织部部长是谭平山，秘书是杨匏安。青年部部长是甘乃光，秘书是黄日葵。这些部，都没有副部长，正如毛泽东说的，部长之下就是秘书。

22日中常委会议任命茅盾为宣传部秘书后，茅盾就到宣传部开始工作，汪精卫和毛泽东都到宣传部，开会把茅盾介绍给大家。茅盾回忆说：

> 过了几天，我到国民党中央宣传部办公了。这一天，汪精卫也来了，他讲了几句：希望大家在毛泽东同志的领导下，共同努力，依据第二次全国代表大会的宣言、政治报告以及各项决议案的内容，展开革命的宣传工作。讲完话，汪精卫就先走了。然后，毛泽东指示：（一）要起草一个用中央名义的宣传大纲，向全国宣传此次大会的精神。（二）把原来的检阅干事（原有三人，职司检阅国内外出版物，但近于剪报），改组为检阅会议，订办事细则，规定每个检阅干事各备小册记录每日检阅所得，于检阅会议时提出讨论；检阅会议对于党内外出版物谬误之言论记载应拟具纠正或驳斥之大纲，交本部秘书核定处理。（三）设立宣传材料储藏机构，即扩充原有之图书室，应订阅海内外日报、刊物若干份，并订阅外文杂志及书若干种。

毛泽东同志指示完毕也就走了。我和萧楚女召集宣传部的工作人员来开会，计检阅三人外，有专司抄写的文书二人，收发并登记文件的干事一人。共计六人。加上我和萧楚女，也只有八人。看来，用中央名义向全国宣传此次大会精神的宣传大纲只好由楚女和我动笔了。好在萧楚女是个又会讲演又会写文章的全材（我不善于讲演），花了一天时间，我和萧楚女就把宣传大纲起草完毕，请毛泽东同志审核。毛泽东仔细看过，作了一些文字修改，又在草稿上加了"军队与人民合作"一段话，然后对我说，还是送给汪精卫看一下。不料此宣传大纲经三月五日的中常委会议讨论，又决议：再加上一段文字，列举二次大会通过的各种决议案之重要意义。因此这个宣传大纲在三月六日方始发出。

过了几天，毛泽东指示要办的各项都已办好。①

茅盾开始在国民党中央宣传部的工作以后，对文学已经无暇顾及，在1926年1到3月中间，1月，发表《南行通信》、杂文《自杀案与环境》《南京路上》、论文《各民族的开辟神话》《苏俄"十月革命纪念"》，徐蔚南的翻译作品《一生》（莫泊桑著）出版，茅盾作序。2月，茅盾一篇文章都没有发表。这是茅盾近十年所少见的。3月，茅盾除了为《政治周报》写几篇政治性文章，只在《小说月报》发表一篇翻译作品《首领的威信》，包括后记。所以可见此时的茅盾，完全以一个革命家的要求，全身心投入国民党中宣部的革命工作。用他自己的话说，"忙得团团转了"。其实，除了《政治周报》上和纪念十月革命的文章，其他都是来广州之前写的。

这时，同在参加国民党第二次全国代表大会的广州特别区代表陈其瑗认识茅盾以后，知道茅盾已经在中宣部担任秘书，便找到茅盾，请茅

---

① 茅盾：《我走过的道路》（上），人民文学出版社1981年10月版，第301至302页。

盾对广州市的中学生做一次演讲。茅盾表示自己不会讲广东话，普通话也不好，但是陈其瑗很热情，茅盾推辞不掉，只好去做一次演讲。

> 我虽不善于演说，还是被陈其瑗拉去，对广州市的中学生作了一次讲演。我开始推托不会讲广东话，陈其瑗说他当翻译。开会前，陈其瑗恭读总理遗嘱，然后用广东话介绍我是中央宣传部秘书，但还是一个文学家。他把介绍辞也翻译给我听了，他这文学家一句话，启发我放弃原来想讲的一套党八股，改用了和文学有关的。我简单地叙述了希腊神话中普罗米修斯从天上偷了火种下来给人民，然后人民知道吃烧过的兽肉和鱼类等等，然后知道把树枝点燃起来，夜间也可以做事，住在山洞深处的原始人在白天也能做事了。火是人类文明的起源。我接着高声说，伟大的孙中山先生，就是普罗米修斯，革命的三民主义就是火。这一结束语，博得满场的热烈掌声。当我开始讲这段希腊神话时，满堂的中学生鸦雀无声，都在静听，想见他们对这个希腊神话感到兴趣。当翻译的陈其瑗，脸色有点惊讶。当听到最后，他边译边鼓掌。陈其瑗送我回宣传部时在汽车中对我说，有许多人对全市中学生讲过话，都把听众催眠了。我这次效果这样好，真是破天荒。①

茅盾向来口才并不好，演讲对茅盾来说，有如此效果，真的是"破天荒"！

后来，广东的文学研究会广州分会的人，专门宴请茅盾，并请茅盾为《广州文学》写文章。茅盾表示"写文章恐怕不行，宣传部的工作已经够忙了"。茅盾还是抽出时间和广东省的文学研究会分会的年轻人刘思慕、梁宗岱等见面座谈。当时，有个"政治讲习班"，教室就在宣传

---

① 茅盾：《我走过的道路》（上），人民文学出版社 1981 年 10 月版，第 302 至 303 页。

部的楼下，演讲的人很多，毛泽东讲农民运动，何香凝讲妇女运动，萧楚女、恽代英讲工人运动，茅盾讲革命文学。

与此同时，茅盾在编辑《政治周报》时，除了约人写文章，有一个栏目"反攻"，是编辑自己写的时评。茅盾接手编第五期时，写了三篇文章，即《国家主义的"左排"与"右排"》《国家主义——帝国主义最新式的工具》《国家主义与假革命不革命》都是揭露和批判国家主义的。2月16日，国民党中常委开会，其中决议，在毛泽东因病请假期间，中宣部的部务由沈雁冰（茅盾）代理。① 于是茅盾成为代理部长的代理"部长"，国民党中宣部的日常工作，由茅盾处理。自然，这样的安排，茅盾的忙碌是可想而知了。而此时的毛泽东虽说是"因病请假"，其实是秘密去韶关（湖南与广东交界的地方）视察那里的农民运动了。茅盾记得，在茅盾代理部务期间，汪精卫专门举行家宴，邀请一些年轻的同志到他家里小聚。其中有缪斌、甘乃光等等。其中甘乃光是刚刚选上的国民党九位中常委之一。同时又是青年部部长。国民党中央已经内定缪斌为第二师党代表。所以在宴席上，汪精卫说，这个小宴会，是对缪斌即将担任新职务表示祝贺。同时也是介绍代理部务的沈雁冰同志与各位认识。宴会快结束时，茅盾顺便向汪精卫请示宣传工作。这是在国共合作时期茅盾和汪精卫的其中一次近距离接触。

不久毛泽东回到广州，茅盾的代理部长工作也结束了。但是毛泽东的主要工作，还是筹备农民运动讲习所，萧楚女从宣传部调到农民运动讲习所参加筹备工作。于是茅盾向毛泽东要求增加人手，协助编辑《政治周报》。毛泽东答应了，表示：如果广州找不到，就请上海派个人来。

正当茅盾随着毛泽东的思路，在宣传部里逐步顺手起来的时候，突

---

① 毛泽东在2月14日给中央秘书处和常务委员写信："因脑疾增剧，须请假两星期特地到韶州疗养，宣传部事均交沈雁冰同志办理，特此奉告，即祈查照为荷。毛泽东，2月14日。"见杨扬《台湾所见"国民党特种档案"中有关茅盾的材料》，刊《新文学史料》2012年第3期。

然广州发生"中山舰事件"，此时蒋介石先让中山舰做好往黄埔军校方向开拔的准备，同时又散布谣言，说共产党策动海军局的中山舰密谋发动武装政变。后来这个谣言传遍广州，连军队里都有这样的传说，弄得人心惶惶。而3月19日晚上的事，让茅盾刻骨铭心。他说：

十九日深夜十一点半钟光景，宣传部图书馆的工友，慌慌张张来到庙前西街三十八号，那时毛泽东和我都还没有睡，正在谈论广州的形势。毛泽东说：鲍罗廷回去了，加伦将军也回去了，代理苏联军事顾问团长的季山嘉对广州各军情况不了解。正说到这里，那位工友来了，见了毛泽东，就用广东腔的半生不熟的官话说，海军局长李之龙被捕了，李之龙新婚不久，被王柏龄部下的士兵从床上拉下，打了一顿，然后带走。毛泽东听说李之龙被捕，就说，现在是查有实据了。他吩咐那个工友去找陈延年。工友去后，毛泽东默然沉思，显然是在考虑问题。我不敢打扰，也默坐相陪。杨开慧在楼上给小的孩子喂奶后早已睡熟了。

那个工友终于又来了，他说街上已戒严，但夜市未收，士兵们在赶走夜市上的人，十分混乱，所以他没有受到盘问。毛泽东有点不耐烦地问道，陈延年同志呢，见到没有？工友说，他在文德楼附近看见他带着他的秘书，据秘书说，是往苏联军事顾问代表团的宿舍。于是毛泽东不再多问那爱唠叨的工友，挥手叫他回去睡觉，对我说，他要到苏联军事顾问团的宿舍去。我说："路上已戒严，怕不安全，我陪你去。"毛泽东点头。苏联军事顾问团宿舍离毛泽东的寓所不过一箭之遥，路上没有碰到戒严的岗哨。但到军事顾问团宿舍时，却见士兵甚多，简直把宿舍包围起来了。毛泽东和我走到宿舍大门前就有两个士兵上前盘问。毛泽东坦然答道：中央委员、宣传部长。又指着我说，"这是我的秘书。"士兵听说是中央委员，就赔笑道：请进去。我们进了大门，是个传达室，毛泽东叫我留在传达室，独自进里边的会议室。我在传达室先听得讲话的声音，像是毛泽东的。后来是多人讲话的声音，最后是高声争吵，其中有毛泽东的声音。又过一会儿，毛泽东出来了，满脸怒容。我们回到家中坐定，毛泽东脸色平静了。我问：究竟是怎么一回事？毛泽东回答：据陈延年说，蒋介石不仅逮捕了李之龙，还把第一军中的共产党员统统逮捕，关在一间屋子里，扬言第一军中不要共产党员。据苏联军事顾问代表团的代理团长季山嘉说：蒋介石还要赶走苏联军事顾问团。我有点惊异，问：那怎么办呢？毛泽东回答：这几天我都在思考。我们对蒋介石要强硬。蒋介石本来是陈其美的部下，虽然在日本学过一点军事，却在上海进交易所当经纪人搞投机，当时戴季陶和蒋介石是一伙，穿的是连裆裤子。蒋介石此番也是投机。我们示弱，他就得步进步；我们强硬，他就缩回去。……毛泽东一气讲完，我就问结果如何？他叹口气说：陈延年先是站在我一边，可是，以季山嘉为首的苏联军事代表团却反对。……季山嘉这样一反对，陈延年也犹豫起来。我再三跟他们辩论，没有效果，最后决定请示党中央。我又问：您料想结果如何？毛泽东思索一会儿说：这要看中央的决策如何，如决定对蒋让步，最好的结果大概第一军中的共产党员要全部撤走了。重要之点不在此，在于蒋介石从此更加趾高气扬，在于国民党右派会加强活动，对我们挑衅。

此时快近午夜十二时半，毛泽东说：睡觉去罢。就上楼去了。我在床上却辗转不能熟睡，但听不到枪声，料想没事，也就睡着了。

第二天我醒来，已经日上三竿，街上已解严。毛泽东早已到农民运动讲习所去了。我到宣传部办了些杂事，看过几封不紧要的文件。宣传部里的同人都不知道昨夜发生了什么事。我到陈延年的办公地点，才知道蒋介石派兵包围苏联军事顾问团宿舍以外，还派兵包围了汪精卫住宅。蒋的部下对兵士说：共产党要造反，派兵去，是保护苏联顾问和国民政府主席。陈延年又说：蒋介石也包围了省港罢工委员会并收缴了纠察队的枪枝弹药。过了两天，我又见到陈延年，我问：事情如何结束？陈延年回答：中央来了回电，要我们忍让，要继续团结蒋介石准备北伐。我们已经同意撤回了第一军中的所有党员。但蒋介石要求解聘季山嘉，这不是中国党内的事，让蒋介石自己向莫斯科办交涉。陈延年又对我说："刚收到上海来电要你回去，张秋人则从上海来，两三天内准到。"

我在晚上，对毛泽东说起这些事。毛泽东说："看来汪精卫要下台了，我这代理宣传部长也不用再代理了。张秋人，你认识他么？"我回答：认识，也是浙江人。毛泽东点头说："张秋人本来要到宣传部工作的，现在就派他接你的手编《政治周报》罢。你且等张秋人来了再回上海。"①

茅盾在"中山舰事件"中，见识了风云激荡中毛泽东的风采，毛泽东那种临危不惧，回肠荡气的气度！茅盾准备回上海的时候，他的内弟孔另境来广州投奔姐夫来了，茅盾请示毛泽东同意后安排在宣传部工作。而《政治周报》则移交给张秋人。办完移交以后，茅盾去向汪精卫辞行，汪精卫告诉茅盾："你要回上海，我不久也要舍此而去。天下事不能尽如人意，我们的事业没有完。我们后会有期。"汪精卫低落的情绪，给茅盾留下了深刻印象。因为这次"中山舰事件"，蒋介石根本没有给汪精卫这个国民政府主席打招呼，就在广州全城戒严，撵走俄国顾问，拘留党代表等等，虽然是对付共产党的一种手段，同时也给汪精卫一个无形的耳光！不久，汪精卫便去了法国。汪精卫为此对蒋介石耿耿于怀，两年以后汪精卫给人的一封信中依然满腹牢骚，说："三月二十日之事，事前中央执行委员会政治委员会毫没有知道，我那时是政治委员会主席，我的责任，应该怎样？三月二十日，广州戒严，军事委员会并没有知道，

---

① 茅盾：《我走过的道路》（上），人民文学出版社 1981 年 10 月版，第 305 至 308 页。

我是军事委员会主席,我的责任,应该怎样?三月二十日,第二师团党代表以下,都被拘留,我是革命军总党代表,我的责任,应该怎样?"①

在向毛泽东辞行时,毛泽东告诉茅盾:上海的《民国日报》早已被右派把持,希望茅盾到上海后赶紧设法办个报纸,有了眉目后赶快给我来信。茅盾问他还管宣传部的事么?他说,他们一时找不到人,挽留我再管几天。还有,我得把代理部长以后的事情,作个书面报告,有个交代。毛泽东的定力,给茅盾留下深刻印象。茅盾在广州,还和邓演达一起,乘小汽艇去黄埔军校向恽代英告别。

临走时,中央党部的书记刘芬,将一包文件交给茅盾,让茅盾带到上海,交给上海的中共中央。在广州的革命中心的两个多月里,茅盾经历了革命的风浪,坚定了投身革命的信念。本来想在广州革命中心的奋斗中实现革命的理想,但是蒋介石玩弄政治手腕,革命形势发生如此变化!大概3月25日,茅盾离开广州,此时,茅盾百感交集,"轮船开航的时候,我站在甲板上,遥望江天,心中感慨万端"。船行6天,茅盾回到上海。

---

① 汪精卫:《复林柏生书》,转引自沙健孙主编《中国共产党通史》(第二卷),湖南教育出版社 1996 年 12 月版,第 346 页。

二、在上海交通局

　　茅盾在 1926 年，似乎并不太顺利。本来在广州的革命中心与中国的革命精英一起革命，似乎已经前途无量，虽然忙得团团转，但是为了中国革命，为了共产主义理想，献身革命的茅盾已经在所不惜！"中山舰事件"的突然发生，革命形势陡然逆转，茅盾在广州革命中心的憧憬也戛然而止。但是，革命没有结束，茅盾在经历了"中山舰事件"以后，对革命过程中的曲折性似乎有了更多的思想准备。

　　回到上海，茅盾带着广州带来的文件，急匆匆地赶到当时在上海的中共中央秘密机关，陈独秀、彭述之都在开会，茅盾将文件交给陈独秀以后，就回家了。紧接着，茅盾开始筹备毛泽东交代的办一张报纸的任务，茅盾向陈独秀报告此事，陈独秀也同意，并且建议茅盾找《中华新报》了解一下，说他们正想停刊。后来茅盾找《中华新报》的人了解，茅盾回忆说：

　　　　我找到《中华新报》的人，知道印报机器及其他设备出盘价钱是三千六百元。我看了机器，很小，每日印报三千至四千份。但想到广州的国民政府财政困难，目下只能顶盘《中华新报》的小小设备，在上海先办起来再谋扩展。我用上海特别市党部的名函写信给毛泽东，报告三千六百元可以顶盘《中华新报》的机器及其他设备，但开办费估计需要三千八百元，开办后每月经常经费估计为四千六百元。至于总经理，拟定为张廷灏，总主笔拟柳亚子担任，我为其副手，并推荐侯绍裘、杨贤江、顾谷宜为编辑委员。

这封公函去后，不久就收到毛泽东签发的宣传部复信。这时我才知道毛泽东虽然忙于农民运动讲习所的筹备工作，仍代国民党支撑宣传部的局面。复信加一个张静江为正经理，张廷灏为副经理，把我所拟总主笔名称改为正主笔，余俱照准。①但谓开办费（连顶盘《中华新报》机器等费用在内）七千四百元，可由宣传部陆续支付，每月经费照原定四千元樽节开支。

我接到这封复信的时候，正因法租界工部局对我们申请立案的呈文迟迟不批复，因此，跟《中华新报》并不说死，况且钱也还没汇来。一两天后，法租界当局的批示下来了：不准。因此，拟名为《国民日报》的上海党报，就此告吹。我据此函告中宣部（此时顾孟馀已为中宣部长），谓编辑部正主笔柳亚子、副刊主编孙伏园曾为此事开过几次会，计划此报和副刊的内容，并拟写了报纸和副刊的发刊词，似应略有报酬。②

茅盾回到上海的消息，很快就在朋友间传开，商务印书馆的朋友郑振铎就来看他，并且告诉茅盾，在他去广州以后，上海驻军就到商务印书馆问过几次，查问茅盾。商务都推托他已经走了，不在商务印书馆工作了。茅盾回忆说：

> 当我回沪的第二天，郑振铎就来找我，吞吞吐吐说："当地驻军派人到编译所问过几次，我们回答说，从前在这里工作，现在到

---

① 1926年4月13日国民党中常委第二十次会议讨论"毛泽东同志提议开办上海党报案"，决议"经理、编辑两部之组织及人员的照准"。见《中国国民党第一、二次代表大会会议史料》（上），第528页。

② 茅盾：《我走过的道路》（上），人民文学出版社1981年10月版，第310至311页。

广东去了。"我问当地驻军怎么知道编译所有我这个人？郑振铎回答："香港报纸上说你是赤化分子，过去做过什么事，说得很详细。当地驻军是看了香港报纸才知道你在编译所工作。"我说："本来我也不想在编译所工作了，现在我就辞职。"

第二天，郑振铎又来找我，带来一张九百元的支票，说是退职金。又给我一张商务印书馆的股票，票面百元，说这是公司报答你替公司做了许多事，还说票面百元的商务股票，市场上有人肯出二百元买，还买不到呢。郑振铎这话是真的。我早知道商务印书馆的现有资产，超过注册的股本两三倍。

这张股票，不久我卖给一个本家，只要二百元。这个本家高兴得很，说是照顾他；如果拿到市场上，至少可卖二百五十元。[1]

茅盾虽然离开商务印书馆，但从广州回到上海的一段时间，依然很忙，都在为落实毛泽东的要求而奔波，大概在6月，在上海办报的事告吹，茅盾又向广州方面报告，此时顾孟馀已经是代宣传部部长。[2]在奔波办报的同时，茅盾还做了两件事，一是4月3日，茅盾在国民党上海特别市代表大会上传达国民党第二次全国代表大会精神，二是收到毛泽东关于编辑国民运动丛书的计划，国民党中宣部代理部长毛泽东还任命茅盾为"驻沪编纂干事"，这套丛书主要是为对外宣传，对内教育训练用的。分五辑，每一辑十二册，每一册只有一万二三千字，目的是尽快编辑出版，投入使用。茅盾记得这套丛书一共计划出版60册。茅盾当时就认为，这套丛书，无论对共产党人还是对国民党人，都有重大教育意义。

---

[1] 茅盾：《我走过的道路》（上），人民文学出版社1981年10月版，第313页。

[2] 据上海1926年6月2日《民国日报》报道：国民党中央执行委员会常务委员会议（28日）议决：蒋介石任组织部长，顾孟馀代宣传部长，甘乃光调任农民部长……所以，顾孟馀代宣传部长是5月28日以后的事。

因为恽代英去了黄埔军校担任政治教官，恽代英原来担任的国民党中宣部在上海的交通局负责人就空缺了。于是，广州的国民党中央宣传部就指定茅盾为代理主任。上海交通局实际上是国共合作时期国民党中宣部在上海的一个秘密机关。建立于1925年11月。恽代英为主任，陈养山协助。主要的任务就是翻印广州出版的《政治周报》，转发国民党中宣部编印的各个时期的宣传大纲和其他宣传方面的秘密文件。主要寄往北方省区和长江一带的省区国民党党部。因为孙传芳专门在上海检查扣压广州来的书报邮件，所以广州出版的《政治周报》只能通过秘密渠道到上海，由交通局专人翻印转寄。而交通局人手很少，只有四五人，而且茅盾除了交通局代主任外，还担任国民党上海特别市党部的主任委员。所以对交通局的日常工作常常鞭长莫及，于是茅盾向中共上海特别市委说明情况，要求派人，加强交通局的工作。茅盾说：国民党第二次全国代表大会以后，"上海交通局的业务繁忙了，我还兼国民党上海特别市党部的主任委员（也是代恽代英的），所以没法自兼会计。我向中共上海特别市委说明情况并要求派人，不久，派来了姓郑（男）姓梁（女）一对夫妇，都是知识分子，也是党员。这两人担任会计和记录。男的任会计，女的任开会的记录和收发、登记《政治周报》和国民党中宣部的文件。却不料原有的交通局工作人员对新来的两个知识分子，不能和衷共济，时常闹纠纷，还私下里说，这两人是我的私人。结果，我只好请中共上海特别市委出面说清楚，解决了这纠纷"①。茅盾从广州回到上海，报纸没有办成，已经很郁闷；现在只有四五个人的交通局，却因为进了两个来自乌镇的中共党员而不能和衷共济，茅盾不得不请组织出面，澄清事实，才平息这个意外纠纷。茅盾这里没有讲交通局里几个人，对进入交通局的人，也只是说姓郑姓梁。茅盾这里讲的是事实。姓郑的就是郑明德，梁，就是梁闺放，是乌镇出来的一对中共党员夫妇。据梁闺放

———————

① 茅盾：《我走过的道路》（上），人民文学出版社1981年10月版，第314页。

回忆，①当时是郑明德先到上海，②她后来到上海的。交通局机构在商务印书馆编辑吴文祺家里。③当时，郑明德因为当地立志小学校长辞退一位进步教师而打抱不平，立志小学的校长被免职，而郑明德也被县长撤职。此时，已经是中共党员的郑明德因为在乌镇无法立足，离开乌镇去上海，这时，沈雁冰从广州回来，交通局缺人，郑明德经组织介绍进交通局，而梁闺放稍后也离开乌镇去上海。由于郑明德夫妇都是桐乡人，夫妇俩是乌镇出来的，而且郑明德、梁闺放他们和沈雁冰一家非常熟悉，

---

① 20 世纪 80 年代，笔者曾经就茅盾回忆录中提到的交通局事务，向梁闺放请教。梁闺放在 1985 年 4 月 10 日来信说："我的上海居住，是郑明德先我来上海已经组织好的，属于交通局的机构，是茅盾办公处。公开是住宅，楼上是吴文祺全家老小住着，（吴文祺现在任上海市政协副主席）我们在楼下。办公室在亭子间，以住家作掩护。我经常到茅盾家去，他夫人孔德沚对我帮助很多，有什么事带我出去，有秘密讲演去听讲。我也曾经去过湖州会馆（党办公区）听过罗亦农、赵世炎先烈的演讲，也有陈独秀。"

② 关于郑明德，据桐乡党史办提供的材料：郑明德，1899 年冬出生在桐乡县濮院农村一个佃户家庭，因为穷，父母将郑明德卖给郑家做养子，养父郑三喜是烟叶行职工，但却抽上鸦片，常常借债，幸亏养母勤俭持家，全家勉强度日。1914 年，郑明德以第一名的成绩高小毕业，老师们都鼓励郑明德继续升学，无奈家贫，不能如愿。所以，濮院镇翔云小学校长介绍郑明德去本镇第九小学教书。郑明德一边教书一边补习。两年后考取杭州私立宗文中学，1918 年郑明德又考入浙江省立第一师范，其间得到老师刘大白的器重。1920 年夏天，郑明德毕业于第一师范学校，之后，他先后在崇德县第三高等小学、海宁一小教书。其间，郑明德在《新青年》和五四运动的影响下，开始热心社会变革，1922 年，郑明德到上海，认识沈雁冰、孔另境、杨贤江等，第二年，郑明德与吴文祺一同去杭州访问沈定一。同年冬，经人介绍，郑明德到乌镇植材小学当教务主任。在乌镇，郑明德与李达、王会悟夫妇来往密切，郑明德自己认为"得到许多进步"。1924 年，郑明德与同在植材小学教生理卫生课的梁闺放举行新式婚礼，郑明德说："其仪式只举行了一个茶话会。"

③ 关于吴文祺，据有关材料，吴文祺是浙江海宁县人，1901 年生，此时他刚刚进商务印书馆当编辑。后来，交通局工作结束以后，他随沈雁冰去武汉的中央军事政治学校武汉分校担任政治教育。大革命失败以后，吴文祺回到上海，担任商务印书馆馆外编辑。新中国成立以后，先后任暨南大学文学院院长、复旦大学教授，担任《辞海》副主编、上海市政协副主席等。1991 年去世。所以当时国民党中宣部（秘书处）所属的交通局，办在商务印书馆新人吴文祺的家里，是地下工作的一种合理选择。

来往密切，难怪交通局原来的工作人员怀疑郑明德夫妇是沈雁冰（茅盾）带来的"私人"。虽然此事经过组织出面解决了，但是对 1926 年的茅盾来说，记忆深刻。

国民党中央宣传部部长由甘乃光接任后，交通局的隶属关系有所变化，不再归宣传部管理，而是归口中央秘书处负责。因为在交接时期，交通局的经费常常拖欠，每月应该使用多少经费也没有规定，人手少，事情多的矛盾依然突出，所以面对这种状况，茅盾在 1926 年 7 月 27 日向中央秘书处写信，经费迟迟没有到位，使用经费也没有规定，他只好向秘书处提出辞去代主任职务。茅盾是以"孔玄珠"的名字寄的，收信人是秘书处许志行。[①] 许志行是浙江海宁人，1902 年生，少年时代流浪在汉口时结识毛泽东，在毛泽东的关心下，18 岁的许志行到湖南第一师范附小补习文化，1922 年经毛泽东介绍参加社会主义青年团，1925 年加入共产党，1926 年春，应毛泽东邀请，前往广州任宣传部交通局助理，从事广州、上海之间的地下交通联络工作。后来交通局归秘书处负责联络以后，广州方面联络人仍然是许志行。不料，广州来信，正式任命茅盾为交通局主任，并且规定每个月经费一千元，由中央特别费项下支拨。大概在七八月间，对革命工作充满热情的茅盾感觉交通局的工作不能光收收发发，还应该主动搜集情况，了解各地的党务和农民、工人运动情况。于是，他给广州国民党中央秘书处写信，要求在交通局内部增加一名视察员，"按时视察北方各省及上起四川下至江苏沿江各省的党务及工、农运动情形，提出书面报告，并由交通局转秘书处以备参考。但视察员之车马费应如何规定，或实报实销，应请核示"[②]。

---

① 许志行在新中国成立后参加中国民主同盟，先后在上海格致中学、新成中学、上海外国语学院、上海师范学院任教。1983 年 10 月 11 日在上海去世。

② 茅盾：《我走过的道路》（上），人民文学出版社 1981 年 10 月版，第 314 至 315 页。

但是茅盾这份要人要钱的报告寄出以后，石沉大海，广州国民党中央秘书处没有反应。为此，茅盾很生气，半个月以后，茅盾向国民党中央秘书处提出"因病"辞职，并请侯绍裘代理。八月下旬，广州国民党中央来信，挽留茅盾，并且很快批准了茅盾此前的要人要钱的报告。于是茅盾向中共中央报告，要求派中共党员来交通局担任视察员。当时中共江浙区委书记罗亦农曾经安排一位叫华林的党内同志给茅盾。华林记得：当时上海的"中共江浙区委书记罗亦农通知我：'你去长江一带巡视一次，和沈雁冰接洽。'后由沈雁冰委派我任国民党上海执行部长江巡视员任务是视察九江、南昌及以下各地党部，调查军事，政治情况，随时详报，并召集国民党员，宣传'联俄、联共、扶助农工'三大政策。我以三个多月时间，完毕这一工作返沪"[1]。从后来国民党披露的材料看，华林曾经在 1926 年 6 月 19 日从交通局领取费用，说明华林曾经是为沈雁冰的交通局工作过。

茅盾在国民党中央宣传部的上海交通局的时间，在忙碌中过得很快，向来非常勤奋的茅盾，在繁忙的革命工作中，依然能够在晚上沉浸在希腊、北欧神话以及中国古典诗词的研究中。而已经被茅盾引导到革命道路上的妻子孔德沚，也同样忙碌于共产党的革命妇女运动，常常和那些太太小姐打交道，向这些年轻的女性灌输革命的道理，宣传妇女解放必须走革命的道路。孔德沚的豪爽和果断，赢得不少年轻女性的欢迎和拥护。所以当时茅盾家里，来和孔德沚聊天谈思想的年轻女性不少，她们也给孔德沚带来不少信息。她们的喜怒哀乐，她们的所思所想，她们对革命的向往，对自由婚姻的追求，她们对经济的看法，故事五花八门，情节五光十色，她们的人生、性格，同中有异，

---

[1] 见《浙江党史资料通讯》1982 年第 2 期。茅盾回忆录说是物色到一个姓王的共产党员担任视察员，出去视察两次。估计不确。而华林的回忆，与茅盾设立视察员制度的要求相符合的。另，1927 年大革命失败以后，国民党搜查交通局，在披露的档案中有华林等在 1926 年 6 月 19 日领取经费 80 元的记载。

异中有同，充分反映了这个时代的女性风采。这些孔德沚的女朋友来多了，茅盾有时候也参加她们的聊天，听她们诉说，她们这些故事，有时候让茅盾情不自禁地想到创作，一种强烈的创作冲动，时不时在茅盾脑海里出现，有时候甚至可以到放一张桌子就可以创作的地步！

茅盾说：

> 这年的秋季，我白天开会忙，晚上则阅希腊、北欧神话及中国古典诗词。德沚笑我白天和晚上是两个人。她那时社会活动很多，在社会活动中，她结交不少女朋友。这些女朋友有我本就认识的，也有由于德沚介绍而认识的，她们常来我家中玩。由于这些"新女性"的思想意识，声音笑貌，各有特点，也可以说她们之间，同中有异，异中有同。我和她们处久了，就发生了描写她们的意思。那时，因团中央负责人之一梅电龙追求一位密司唐，到了发疯的程度；一次，他问密司唐：究竟爱不爱他。回答是：又爱又不爱。这在密司唐，大概是开玩笑而已。但是，梅却认真对待，从密司唐那里出来坐上人力车，老是研究这"又爱又不爱"是什么意思，乃至下车时竟把随身带的团中央的一些文件留在车上。梅下车后步行了一段路，才想起那包文件来，可是已经晚了。我听到这个事件后，觉得情节曲折，竟是极好的小说材料。我想写小说的愿望因此更加强烈。有一次，开完一个小会，正逢大雨，我带有伞，而在会上遇见的极熟悉的一位女同志却没伞。于是我送她回家，两人共持一伞，此时，各种形象，特别是女性的形象在我的想象中纷纷出现，忽来忽往，或隐或显，好像是电影的断片。这时，听不到雨打伞的声音，忘记了还有个同伴，写作的冲动，异常强烈，如果可能，我会在这大雨之下，撑一把伞，就动笔的。①

---

① 茅盾：《我走过的道路》（上），人民文学出版社 1981 年 10 月版，第 315 页。

茅盾的创作冲动是在革命活动中形成的。丰富的革命经历，深厚的文化素养，对社会发展规律的深刻认识，以及马克思主义理论的掌握，对共产主义信仰的树立，让茅盾时时感到文学的力量。这是1926年的事。可是，茅盾此时无暇顾及文学，更不可能坐下来创作。但是他与文学界的联系一直没有断，鲁迅到上海了，茅盾和郑振铎、陈望道、夏丏尊、朱自清、胡愈之、叶圣陶、王伯祥、周予同、刘大白等一起喝茶小聚。而且当时北伐革命正在节节胜利之中，革命的高潮仿佛就在眼前，历史的洪流已经不可阻挡，作为时代的弄潮儿，还有许多革命的事，需要茅盾去做，所以茅盾的忙碌是意料之中的事。

　　然而，更加动荡的革命还在后面。

三、从军校教官到汉口《民国日报》主笔

　　1926年下半年，在北伐革命节节胜利的气氛里，中共中央分析形势，其中有一个计划，当浙江省省长夏超宣布独立以后，就准备派沈钧儒到杭州组织浙江省省政府，明确茅盾为浙江省省政府秘书长。为此事，中共中央曾经与夏超和沈钧儒商量过，夏超同意了，沈钧儒也同意。不料，夏超在1926年10月16日宣布独立，本来可以接应的何应钦指挥的第一军，在福建打了败仗，没有及时到浙江杭州接应，而浙江本来是孙传芳的地盘，所以孙传芳的援兵迅速赶到，将夏超赶出杭州。[①] 这时中共中央的由沈钧儒组阁浙江省政府，茅盾担任省政府秘书长的计划，全部落空。而此时关心浙江局面的茅盾，感觉浙江局面已经相当混乱。

　　大概在11月，党中央鉴于浙江的局面，组建浙江省政府的计划事实上已经不可能，沈钧儒已经不可能去杭州组织省政府，茅盾也不可能去担任省政府秘书长。这时，正好武汉来电向中共中央要人，党中央改变计划，决定派茅盾到中央军事政治学校政治科担任政治教官。茅盾夫人孔德沚去武汉到农政部工作。

　　正当茅盾夫妇准备起程去武汉时，忽然收到武汉军校发来电报，要

――――――――――

① 　查看1926年浙江省政府公报，夏超最后一次以省长身份露面是1926年10月23日。(见《浙江公报》第3742号) 那么，夏超是他宣布独立之后没有几天，就被孙传芳的势力赶下台的。而接替夏超任浙江省省长的陈仪是在1926年12月1日正式以省长身份在《浙江公报》上露面的。可见夏超被赶下台到陈仪出面任省长这段时间，沈雁冰知道"浙江局面相当混乱"的。

求茅盾在上海代表军校政治科招生。男女生不限，同时汇来招生的经费。于是，茅盾放下行李，着手开始为军事政治学校政治科招生。他根据学校要求，首先通过中共党组织在"在上海报纸上登了招生广告"。招生广告分别登在 1926 年 11 月 25 日《申报》第二版和上海《民国日报》第一版上。两种报纸在同一时间刊登的广告内容是一致的：

中国国民党中央军事政治学校政治科上海招生广告

（一）本校为中央军事政治学校之一部分，以养成健全宣传人才，充以军事政治工作之下级干部及各地社会工作人员为宗旨。（二）本校设于武昌。（三）本校共定名额一千一百人，分速成科、本科、女子特别班三班。（四）速成科修业三个月，本科修业一年，女子特别班修业六月。（五）凡中等以上之毕业生或有同等学力，经各级党部或党员二人以上之介绍，年龄在十八岁以上二十五岁以下者，皆得投考。（六）初试科目除三民主义大要，依照中学毕业程度，考试下列各科（国文、算学、中外史地、博物理化），上海初试时加口试，检查身体。（七）报考生应缴呈文凭及介绍书介绍人，须注明党证号码，党员须有该部证明书并最近二寸半身像二张（文凭未发下或遗失者，须由原在学校校长出其证明书）。（八）上海报名处为中国国民党上海市各级党部报名，期限公布之日起至十二月五日止。考期另行通知。（九）学生服食及一切必备品均由本校供给并每月津贴零用大洋二元五角。①

当时这个招生广告十分详细，招生专业、培养目标、报考条件和要求、考试科目、学校待遇，都一目了然。1926 年 12 月 5 日报名截止以后，有近千人报名。当时，茅盾请了吴文祺、樊仲云、陶希圣、梅思平等商务印书馆旧同事来帮忙。于是茅盾和吴文祺他们用了半个月时间，笔试，

---

① 这个广告刊登在 1926 年 11 月 25 日《申报》和上海《民国日报》上。

面试，从 1000 多考生中为中央军事政治学校武昌分校政治科录取 200 多名男女青年。分正取和备取两种。其中正取陈亚东等 218 名，备取曾组衡等 20 名。于是，茅盾在 1926 年 12 月 23 日分别在《申报》、上海《民国日报》上刊登了广告，公布录取名单。并且提出要求"正取各生务须于今明两日（廿三日廿四日）到法租界陶尔斐斯路五十六号领取证书及川资；正取各生至迟须于本月廿五日动身赴鄂；备取各生须于三日内到陶尔斐斯路五十六号留下确实通讯地址；截止本月廿五日止，正取各生尚未来领取证书，即以备取递补。"

当时招生结束以后，武汉军校恽代英来上海，要求茅盾在上海招几位政治教官，茅盾就和商务印书馆过来帮忙的同事吴文祺、樊仲云、陶希圣、梅思平商量，问他们愿意不愿意去军校，吴文祺他们都是有抱负的年轻人，对商务印书馆老气横秋的编译工作感到厌倦，所以，这几位同事都愿意去大革命的中心武汉奋斗。后来，茅盾的这四位商务同事从此开始不同的人生道路。① 吴文祺回忆："不久恽代英同志到上海（他本

---

① 梅思平，名组芬，字思平，1896 年出生于浙江省永嘉县，北京大学法律科毕业。1914 年 6 月进入商务印书馆编译所当编辑。这次应邀参加武昌军事政治分校招生以后，就离开商务印书馆去武昌分校担任政治教官，开始他的另一种政治人生。大革命失败，投靠蒋介石；全面抗战开始以后，梅思平投靠汪精卫，做了汪伪国民党中央执行委员、常务委员、组织部长。1940 年汪伪政府成立后，梅思平先后做过工商部长、实业部长、内政部长。抗战胜利以后以汉奸罪被捕入狱。1946 年 9 月 14 日大汉奸梅思平在南京被执行枪决。也许是这个人后来臭名昭著，所以茅盾在回忆录里不愿意提起他。

樊仲云，也是商务印书馆的编辑，1898 年出生在浙江嵊县（今嵊州市），日本东京帝国大学政治经济科毕业，回国以后进入商务印书馆工作。曾经参加共产党，大革命失败后脱党。后来在教育和出版系统工作。全面抗战以后，追随汪精卫，曾任汪伪政府的中央大学校长、教育委员会主任委员。抗战胜利以后，潜逃到香港，在香港报馆当编辑。1984 年回大陆。1989 年去世。

陶希圣 1899 年生，1988 年去世，北京大学毕业生，1924 年进商务印书馆当编辑。帮助茅盾招生以后，去武昌分校当中校教官。后来追随蒋介石，曾任蒋介石的侍从秘书、国民党中央宣传部副部长，起草《中国之命运》，《中央日报》总主笔。

吴文祺，浙江海宁人，1901 年生。1924 年参加文学研究会，1926 年进商务印书馆工作。所以此时沈雁冰请他来帮忙招生，他还是一个刚到商务不久的新人。但是，此时的吴文祺，已经是茅盾的"同志"。大革命失败后，吴文祺长期从事教育工作。曾任上海市政协副主席。

来是黄埔军校的政治教官），托沈雁冰为介绍武汉中央军政学校的政治教官，只要能教政治课的知识分子，不管党内党外都可以，雁冰就介绍我、樊仲云、陶希圣、梅思平等四人，我和樊仲云先走，同船去武汉的还有一个女同志陈学昭（陈学昭现在还在），陶和梅比我们迟一班走，雁冰因为在上海还有一些事未了，最后才走。"[1] 其实，当时吴文祺的夫人陈云裳也一起投奔武汉军校的。茅盾给四位政治教官发了车旅费，自己则在 12 月底边，与夫人孔德沚一起，坐英国轮船沿长江去武汉。而将上商务印书馆幼儿园的女儿沈霞、儿子沈霜留在上海，托给自己母亲陈爱珠带管。

北风呼啸，溯江而上。茅盾站在英国轮船的甲板上，望着滚滚东去的长江水，迎接 1927 年新年的到来，茅盾既踌躇满志又无限感慨！不顺利的 1926 年过去了，1927 年的风云际会又会给茅盾带来什么呢？此时的茅盾没有一点预感！

1927 年年初，茅盾夫妇到达武汉。军校安排茅盾夫妇住进了武昌阅马厂福寿里 26 号。当时中央军事政治学校政治科本部在两湖书院，茅盾记得，学生有 3000 人左右，其中有女生 500 人。[2] 女生中有谭勤先、胡兰畦等等。政治教官除了茅盾和商务印书馆聘来的四位外，还有李达、陈石孚、马哲民等，此时的武汉到处充满北伐战争胜利之后的激情，各地汇集到武汉的革命者，热血沸腾，豪情满怀，茅盾感觉"到处热腾腾乱哄哄"。茅盾到武汉没有几天，即 1 月 19 日，中央军校政治科改为中央军校武汉分校。校长是蒋介石，汪精卫是党代表。但是蒋介石和汪精卫都不在武汉，所以由邓演达、顾孟馀分别代理蒋、汪的职务。但实际的日常工作由恽代英主持。2 月上旬，军校武汉分校正式颁布了 75 项委任令，其中第 71 项委任令："委任沈雁冰为本校政治教官，支中校二级薪，

---

① 据 1987 年 10 月 15 日访问吴文祺录音整理。

② 据女生队指导员彭漪兰回忆，当时女生招 195 人，男生招 986 人。

此令。"2月12日上午，军校正式举行开学典礼。① 2月14日，军校武汉分校正式上课。茅盾教授的是政治方面内容，如什么是帝国主义？什么是封建主义？国民革命军的政治目的是什么？等等。同时还给军校女生队讲妇女解放运动方面的专题。在军校武汉分校，茅盾有时还参加军校的相关会议，3月16日，茅盾和恽代英、毛泽东等一起，参加总政治部农民运动讨论委员会常会。②

除了在军校教书，茅盾还兼武昌中山大学教授，但是这些教学，任务并不繁重，所以这些年轻的政治家，又想起文学的青春爱好，于是在2月组织一个"上游社"，在《中央日报》上出版《上游》副刊，发起人有茅盾、陈孚石、吴文祺、樊仲云、郭绍虞、傅东华、梅思平、顾仲起、陶希圣、孙伏园。"上游社"的联系地址是茅盾在武汉的家里，茅盾为"上游社"提供过三篇文章：即3月27日《上游》第六期星期特别号上的《〈红光〉序》《最近苏联的工业与农业》，连载于《上游》第六、七号上。还有一篇是《〈楚辞〉选读》，刊登在5月15、29日《上游》副刊星期特别号。然而，茅盾还来不及继续关注文学的时候，1927年4月下旬，一纸任命，将茅盾调到《汉口民国日报》担任主笔。

《汉口民国日报》是1926年年底北伐军占领武汉后创刊的一张日报，是国民党湖北省党部机关报。实际上这份报纸由中共控制，社长是董必武，总经理是毛泽民，编辑有宋云彬、马哲民、倪文宙、石信嘉、马念一、李达可、孙际旦等，其中大部分编辑是共产党员。茅盾去报到之前，专门去找到瞿秋白，请示应注意的事项。"他听说我要编《汉口民国日报》，就说，当前的报纸宣传要着重这样三个方面：一是揭露蒋介石的反共和分裂阴谋；二是大造工农群众运动的声势，宣传革命道理；三是鼓舞士气，作继续北伐的舆论动员。他说《民国日报》过去办得不错，旗帜很鲜明，

---

① 见《汉口民国日报》1927年2月10日刊登的军校"牌示"。

② 李良明、钟德涛主编：《恽代英年谱》，华中师范大学出版社2006年4月版，第318页。

就照这样继续办下去。他对蒋介石的反动很忧虑，说此人十分阴险，嘴上讲的和实际做的完全两样，现在掌了军权又有了京沪杭的地盘，完全是个新军阀，将来后患无穷！果然不出秋白所料，没有过几天，蒋介石就在上海对共产党和革命群众大肆屠杀。"瞿秋白的嘱咐和看法，给茅盾留下深刻印象。关于《汉口民国日报》，茅盾回忆说：

> 《汉口民国日报》每天出十版，[①] 六版新闻，四版广告。六版新闻又分"紧要新闻"版、"各地新闻"版、"本市新闻"版、"本省新闻"版、"民众运动"版、"党务消息"版。"紧要新闻"版主要登载国际国内重大消息，前线战况，国民政府、国民党中央执行委员会、军事委员会发布的各种训令、命令、决议，以及汪精卫在大局讨论会上的报告等。(大局讨论会是当时讨论和协商政局的一种特殊的形式，由党、政、军各方面的头面人物参加，不定期召开，在汪精卫叛变革命前，共召开过六次。)此外，就是一篇社论。这一版是国民党的味道最浓的一版。其他五版新闻，虽各有侧重，但基本上都是围绕着群众运动这个内容，集中反映了共产党的主张和政策。国际新闻很少，登在"各地新闻"和"紧要新闻"版上，因为那时中国没有通讯社，国际新闻稿全靠外国通讯社，主要是上海的路透分社和哈瓦斯分社(法国半官方通讯社)供给，国民政府收回汉口英租界后，路透社就不给我们寄稿了，所以国际新闻极少。此外，还有一个"经济界"专栏，内容有经济评论、经济新闻、金融消息、本埠商情、经济常识等，但从五月份起因稿件缺乏，停刊了。[②]

茅盾4月下旬去报社接替高语罕担任总主笔，高语罕之前是宛希

---

① 经查，《汉口民国日报》创刊时是12版，1927年元旦后改为五大张20版。

② 茅盾：《我走过的道路》(上)，人民文学出版社1981年10月版，第322至323页。

俨，都是共产党人。内容报道方面，由中共中央宣传部确定，当时中共中央宣传部部长是彭述之，但是彭述之在上海，所以实际上是瞿秋白在分管。所以茅盾后来在《汉口民国日报》时，主要是向瞿秋白请示宣传方针。

为了工作方便，茅盾夫妇住到汉口歆生路德安里一号报社编辑部楼上的一间厢房内。[①] 这时已经怀孕的茅盾夫人孔德沚在农政部工作。

茅盾接手《汉口民国日报》以后，蒋介石已经在上海屠杀共产党人，革命形势已经乌云密布，不久前的激情飞扬，变得非常复杂。汪精卫从国外回到武汉，武汉各界举行盛大的欢迎会，然而，欢迎汪精卫的锣鼓声还在武汉三镇回荡时，传来蒋介石在上海、南京屠杀共产党人的惨案，蒋介石公开反共，撕下革命的伪装，走向革命的对立面，成为反革命的罪魁祸首！茅盾的朋友侯绍裘在南京被杀，曾经和茅盾住在一个房间的萧楚女在广州被杀！从 4 月 12 日到 15 日，"上海工人被杀害三百余人，被捕五百余人，另有五千余人下落不明"。一时间，武汉三镇反蒋讨蒋怒潮汹涌！5 月 13 日，《汉口民国日报》刊登高语罕写的社论《只有一条路》，揭露蒋介石"四一二"大屠杀行径；"中央严电查办解散上海纠察队主使者"，"蒋介石逆迹昭著"，专门揭露侯绍裘被害消息。17 日，《汉口民国日报》又大量刊登讨蒋消息，"一片讨蒋声，蒋有六大罪状"等等。22 日，发表"中央委员联名讨蒋"，"蒋介石屠杀上海革命工人纪实"等等。当时《汉口民国日报》开辟有"农工消息""光明与黑暗之斗争"等栏目，专门刊登农民运动的消息。"四一二"反革命政变以后，农民运动依然如火如荼，声讨蒋介石的怒潮风起云涌。茅盾在《汉口民国日报》上，根据中共中央的精神，写了大量的讨蒋文章，如《袁世凯与蒋介石》，将蒋介石的所作所为与袁世凯的所作所为联系起来，揭露蒋介石的欺世

---

① 《汉口民国日报》报社地址是汉口歆生路忠信二里第 4 号。

盗名反革命勾当,指出"蒋介石实在是一个具体而微的袁世凯"①。在《蒋逆败象毕露了》一文中,揭露蒋介石集团的败象,呼吁"蒋逆已至最后的挣扎了,我们再努力一点,早些把他完完全全送进坟墓去呀"②!在5月15日的《汉口民国日报》社论里,茅盾用锐利的眼光,深刻揭露蒋介石从1926年以来的种种阴谋:

去年三月二十日事件是蒋介石叛逆行为的第一次露骨的表现。从那时起,他汲汲扶植自己的势力,准备更进一步的叛乱:至去年五月十日第二次中央全体大会时,蒋逆布置业已完毕,遂更进一步实现其"窃党"的阴谋。

第二次中央全体会不但是蒋逆威劫下的会议,并且是蒋逆预先布置好的圈套诱中央委员去钻的。因为自从三月二十日以后,党权旁落,个人独裁已露端绪,忠诚同志都很痛心忧虑,而蒋逆忽有开第二次中央全体会以决定党国大计之提议,许多同志以为蒋逆或者有悔过之心,视为党国前途一线之希望,我们敢说那时到会的忠贞的中央执监委员大概都抱着这种希望的。谁又料这正落了蒋逆的圈套。中央全体会既在蒋逆势力下之广州开会,蒋逆便将他预定的把戏,和盘托出来。这些把戏一是违背总章,擅以中央监察委员充中央执行委员会主席,而以老朽昏庸的张静江为蒋逆的工具,一是违背总章,以中央监察委员充中央执行委员会部长而以陈果夫为蒋逆工具,一是擅以非中央委员的西山会议派邵元冲为中央青年部长,一是违背总理联共政策而提所谓整理党务案。这些把戏,蒋逆突然大会提出来,与会的中央委员方始愕然失惊,知道落了蒋逆的圈套了。但是那时既在蒋逆的威劫之下,且又为革命利益计,暂时顾全

① 珠:《袁世凯与蒋介石》,刊1927年5月9日《汉口民国日报》。
② 珠:《蒋逆败象毕露了》,刊1927年5月10日《汉口民国日报》。

事实，于是蒋逆的诡谋遂得如量实现。①

茅盾在《讨蒋与团结革命势力》中指出："蒋介石现在是封建军阀、买办阶级、交易所市侩、贪官污吏、青红帮匪、土豪劣绅，一切反动势力的总代表，举凡中国封建社会数千年来之积秽，现皆依附于蒋逆肘下。"②"我们现在大家都知道革命已到了一个严重时期，但我们须知这严重时期的真实性质即是一切反动势力现在联合团结在南京，并且有日趋稳定的形势。我们目前应付这严重时期的唯一道路，就是一切革命势力加紧团结起来，以迅雷闪电的手段迅疾冲破那正在团结而尚未稳定的反动派大本营——南京伪政府！"③茅盾如此深刻地揭露蒋介石的倒行逆施，蒋介石自然不会视而不见，所以后来茅盾在蒋介石的"通缉令"的黑名单里面，是自然的事。在揭露蒋介石的反革命真面目的同时，茅盾执掌《汉口民国日报》宣传时，用不少篇幅宣传当时两湖的蓬蓬勃勃的农民运动，以及"四一二"反革命政变以后，反动势力反扑，屠杀农民运动积极分子的事实。在宣传农民运动时，陈独秀曾经要求茅盾注意少刊登一些农民运动的报道，以免引起国民党的反感，国民党左派已经认为茅盾编的这个报纸太红了。对此，茅盾又请示瞿秋白，瞿秋白认为现在按中共"五大"的精神办。茅盾记得当时瞿秋白对他说：

那时候，《汉口民国日报》的"紧要新闻"版很伤我脑筋，因为上面必须登国民党中执会、国民政府、军事委员会的各种布告、命令、训令，以及国民党要人的讲话，而且经常要写社论配合，他们常为这些事来干涉我的编辑事务。我曾多次向瞿秋白讲起这种情形。现在我又把陈独秀的意见告诉了他，他说，你就按照"五大"

---

① 1927年5月15日《汉口民国日报》社论。

②③ 雁冰：《讨蒋与团结革命势力》，刊1927年7月9日《汉口民国日报》。

决议的精神去办。他沉思有顷，又说：我们另办一张报！你不是说他们常来干涉你的工作么？共产党的政策要通过国民党的报纸来宣传，本来就不正常，许多话只能讲一半，不如干脆把《民国日报》交给国民党，抽出我们的同志另办一张党报，堂堂正正地宣传共产党的政策。他并且提议，新的党报仍由我任总编辑，另外由党中央的负责同志组成社论委员会，负责写社论。可惜这件事秋白考虑得晚了，不久时局迅速逆转，办党报的事终于成了泡影。[1]

早在中共"四大"以后，中共中央为了进一步加强党中央机关建设，彭述之为中宣部主任（部长），中宣部委员有蔡和森、瞿秋白、郑超麟、沈雁冰、黄文容、羊牧之。[2]所以茅盾本来就是中共中央宣传部委员。后来，瞿秋白打算创办自己的报纸这件事，曾经在5月25日召开的政治局常委会上讨论，会议决定成立党的日报筹备委员会，由张太雷、沈雁冰、汪放原组成，并且指定沈雁冰为书记。[3]因为形势发生逆转，办报的计划落空。但是，茅盾宣传中共的主张的工作没有耽误，1927年4月27日，中共"五大"在武汉召开，出席会议的代表82人，代表57967名党员，各界来宾80人。陈独秀主持会议。中共"五大"召开以后，茅盾根据中共中央的要求，在《汉口民国日报》上用三天连续刊登《中国共产党第五次大会宣言》，旗帜鲜明地宣传共产党的主张。同时有关共产党的事项，也公开在《汉口民国日报》上刊登，如茅盾主笔期间，曾经刊登过"中国共产党中央委员会启事"等。

茅盾在编《汉口民国日报》时，非常重视经济报道，常常用一个整版的篇幅，详细报道中国经济消息，报道各种物资市场行情指数，同时还开辟"汉口商情"专栏，专门报道汉口的各种经济消息。这些经济信

---

① 茅盾：《我走过的道路》（上），人民文学出版社1981年10月版，第331页。

②③ 赵晓琳：《1927年中共中央宣传部在武汉》，刊《百年潮》2015年，第2期。

息与政治是密不可分的，与大革命的形势有很大关系。所以茅盾对经济行情的认知，大概是从他编辑《汉口民国日报》开始的。

随着革命形势的逆转，两湖各地陆续传来土豪劣绅反攻倒算，屠杀农民运动的骨干的消息，为此茅盾在主笔期间，刊登了大量的各地土豪劣绅反攻倒算的消息，唤醒民众揭露真相。当时《中央日报》不敢刊登这些土豪劣绅反攻倒算的消息，茅盾就不顾阻扰，连续刊登这方面的消息。同时茅盾用"社论"的方式，揭露土豪劣绅反攻倒算的惨无人道。7月6日《汉口民国日报》刊登省农协统计材料，标题"反动派屠杀民众的总账——自二月至六月，死四千七百余人"。材料披露："自社会上发现所谓农运过火的谣言，一般莫名真相者，便像煞有介事，信为真确，于农运实况则非彼等之所能知，可是近数月来的□实，湖北各属，反动势力，竟大举向革命民众进攻，其屠杀方法之残酷，则有非吾人之所忍闻者，不知彼等谓农运过火者，又作何感想也。据省农协就所得报告中，作一概括的统计。（由二月至六月）其地域有大冶，宜都，谷城，圻水，罗田，通山，钟祥，公安，枣阳，应城，京山，咸宁，随县，沔阳，嘉鱼，阳新，黄陂，荆门，江陵，汉川，蒲圻，秭归，麻城，竹山，当阳（最近石首，云梦，□陆等尚不在内）等三十余县之多，其死人数，达四千七百余人，伤者无数。其屠杀之方式，或活埋，或烧死，或钉死，或锤死，或枪杀，或挖眼割舌，等等不能罄述，其反动口号，大概拥护反共，反党，反农工，妇运，反中央等，就中被屠杀之妇女党员工人亦死八百余人，至被反动派秘密活埋的，以及受反动派抄家，烧毁房屋，奸淫妇女，勒索巨款，尚不在统计之内云云。"[1]同时，大量的农民运动骨干被残杀的消息，从湖南、湖北各地雪片似的寄到报社，农民运动中的个别幼稚行为成为土豪劣绅疯狂的反扑的借口，其手段之残忍，令人发指，骇人听闻，所以，6月的《汉口民

---

[1] 见1927年7月6日《汉口民国日报》（□为原件字迹无法辨认。）

国日报》上，《宜都县党员之浩劫》《钟祥避难同志为钟祥惨案呼援》《一个悲壮的呼声》《危机四伏的黄安》《又有两起大屠杀》《罗田惨案请愿团之呼吁》《死难农友的最后希望》等土豪劣绅反扑残杀农民运动骨干的消息报道，比比皆是，当时土豪劣绅们的暴行，让茅盾的心灵受到强烈震撼。

茅盾在主笔《汉口民国日报》期间，李立三有一篇《中国职工运动概论》，在《汉口民国日报》上连载。结果，由于编辑工作的缘故，时断时续，开始是制作锌版的图画丢失了，等了几天，后来刊登了，却因为全国总工会要出版李立三的这篇长文。所以只好没有刊登结束就草草收场了。茅盾在报纸上以"编完以后"的方式，向读者和李立三表示歉意。对此，想来李立三是不会很满意的。

茅盾在《汉口民国日报》社里，那些年轻的时代女性的活泼和进步，动摇和幻灭，激情和消沉，给他留下深刻印象。如汉口市妇女部长黄慕兰、海外部范志超等都是武汉三镇有名的时代女性[1]，她们的年轻和漂亮，聪明能干和充满激情，成为大革命中心的武汉的"明星"人物。而茅盾夫妇却成为她们不便在外面说的话可以随意倾诉的对象。所以茅盾在武汉时期，有机会了解时代女性的所感所想，这成为茅盾创作的素材库里丰富的生活源泉之一。在这热热闹闹的武汉，茅盾的内弟孔另境也从广州到武汉来，他来茅盾住处，看望怀孕的姐姐和在报社忙碌的姐夫。可是茅盾来不及和孔另境谈话，军旅倥偬的年轻人，早已被武汉气氛吸引，匆匆一见就随部队开拔了。

茅盾在新闻第一线，对形势的敏感更加强烈，蒋介石反革命集团疯

---

[1] 黄慕兰当时与宛希俨刚刚结婚，1927年3月23日在《汉口民国日报》上刊登启事："希俨慕兰拟于最近宣告结婚，所有旧日婚姻关系，自登报之日起，完全脱离，特此声明，以昭郑重。"据黄慕兰自述，她当时还在《汉口民国日报》副刊当编辑。而范志超的丈夫朱季恂是国民党中央执行委员，1927年3月初在广东去世。1927年3月18日《汉口民国日报》发消息："本报广州六日电：中央委员朱季恂在粤逝世。"

狂屠杀共产党人，甚至接二连三发布通缉令，缉拿共产党人；夏斗寅叛变后发表反共通电，不到一个月，"被害的人竟有三千到四千之多"①。之后又发生一系列叛变事件，曾经高喊革命的汪精卫日益向右转，对叛变分子极力纵容和包庇。对农民运动横加指责，对中共等进步势力进行限制和排斥甚至打击。而陈独秀的右倾投降主义的步步退让，使大革命的形势急转直下。武汉，已经是一片白色恐怖。6月底，武汉已经很不安全，茅盾托人陪伴已经快生孩子的夫人孔德沚，秘密回到上海，而自己则在7月8日发完稿子以后，给汪精卫写了一封辞职信，转入地下，和宋云彬、于树德几个人搬到不为人知的一个商人的栈房里。据说当时汪精卫收到茅盾的辞职信，还专门给茅盾一封信，表示挽留。茅盾没有理睬。此时的武汉已经一片混乱，7月12日，中共中央改组，成立了由张国焘、张太雷、李维汉、李立三、周恩来五人组成的中央临时常委会。陈独秀被停职。7月15日，汪精卫终于撕下"左派"的假面具，公开叛变，实行反共"分共"。武汉陷入一片白色恐怖之中。中共临时中央面临复杂的局面，积极开展一系列工作，初步总结大革命失败的教训，指出今后斗争的方向；疏散革命骨干，保存大批革命精英，决定"凡是能回本省工作的，仍是回本省工作；适宜于分配到其他地方工作的，分配到其他地方工作；一批人去莫斯科学习"②。7月23日，茅盾隐居的地方得到中共的通知，要求茅盾去九江找个接头的人，并给茅盾一张二千元的抬头支票，带去交给党组织。③茅盾当时并不清楚去九江有什么任务，因为到

---

① 《武汉国民党中央政治委员会第31次会议速记录》（1927年6月23日）。

② 沙健孙主编：《中国共产党通史》（第二卷），湖南教育出版社1996年12月版，第618至619页。

③ 《黄慕兰自传》中国大百科全书出版社2004年7月版，第60页中有这样一段话："行前我和希俨奉董必武同志之命，将3000元的支票送交茅盾同志，并传达董老的指示，时局将有变化，嘱茅盾同志持此支票去上海绍敦公司（蔡叔厚）兑现，'隐于笔耕，善自珍重，后会有期'。当时我们并不知蔡叔厚即第三国际驻中国的联络员。"据黄慕兰回忆，晚年黄慕兰去北京看望茅盾时，还和茅盾说起此事。

7月25日，有关南昌起义的决定才得到联共（布）政治局的电报。而大量的从武汉疏散到九江的人员，因为要到南昌去，而去南昌的交通不顺畅，铁路时通时不通，所以大部分从武汉下来的人都滞留在九江。当时张国焘在26日晚上奉命到南昌向前委传达共产国际和中共中央的指示，27日早上到达九江，一直到30日早晨才到达南昌。[①] 所以当时茅盾接到去九江的指示以后，立刻去买船票。茅盾回忆：

> 那时船票极难买，费了大劲，才买到了日本轮船"襄阳丸"当天的船票。同行的还有宋云彬和另一个姓宋的，不过他们不是有任务去九江，而是搭船先到九江，再换船回上海。我上船一看，乘客有一半是面熟的，很多是共产党员。我们住的是统舱，三个人只有两个铺位，由于天热、拥挤，统舱像个蒸笼，我一夜汗流浃背，未能入睡；幸而傍晚船开，第二天清早就到了九江。我们上了岸，找了个客栈住下，我就按照通知的地点去找人。接头地点是一家小店铺，我走进屋里，见有两个人坐在那里，原来一个是董必武，一个是谭平山。董老看见是我，就说："你的目的地是南昌，但今天早晨听说去南昌的火车不通了，铁路中间有一段被切断了。你现在先去买火车票，万一南昌去不了，你就回上海。我们也即将转移，你不必再来。"我把二千元的抬头支票交给他，他说，你带到目的地去。我不敢多耽，转身出来就到火车站，果然去南昌的客车已不卖票，说是马回岭一带通不过，只有军车能通过。我只好走出车站，无意中碰到许多同船来的熟人，都是要去南昌的。他们说，可以先到牯岭，从牯岭再翻山下去就到南昌了，这样就把马回岭那一段路越过去了。他们还说昨天恽代英从牯岭翻山过去了，郭沫若也上了牯岭，要去南昌。于是我决定上庐山。宋云彬他们听说我要去庐山，定要

---

① 王新里：《南昌起义前前委与张国焘的斗争》，刊《炎黄春秋》2017年，第9期。

跟着去游玩，我也不便说明，只好同意。①

茅盾此时不知道去南昌做什么，而且董必武告诉他，如果南昌去不了，就回上海。所以当时茅盾的第一目的地是南昌，第二目的地是上海。现在茅盾根据董必武的指示，寻找去南昌的机会。董必武此时是根据湖北省委书记罗亦农的指示，专门离开武汉到九江，"专做从武汉地区撤退到江西的中共党员和国民党左派的安全分散和转移工作，以便使这些人去会合贺龙、叶挺的部队，参加武装起义"②。然而，董必武见过茅盾以后，又消失在茫茫人海里，去忙其他的事情了。在九江，茅盾遇到武汉下来的熟人，人家告诉茅盾，去南昌还有一条路，就是上庐山，翻过去就是南昌了。而且有人告诉茅盾，郭沫若也是这样走的，已经上了庐山。于是，茅盾决定上庐山。这时，同是《汉口民国日报》同事、老乡宋云彬等，也要一起上庐山，茅盾自然不便向他们讲自己是要去南昌的。茅盾回忆说：

第二天，我们一早动身，先到了莲花洞，打算坐轿子上山。可是宋云彬与轿夫讨价还价弄僵了，硬不肯坐轿子，只好雇了个挑夫挑上行李，自己步行上山。一路走走歇歇，到达山顶已是下午二三点钟了。当即住在位于半山腰的庐山大旅社。此"大旅社"其实不大，十来间客房，在庐山的许多旅馆中，它是小的。它离牯岭大街约二三里。住定以后，我到牯岭大街上走，无意中遇见夏曦，就问他情况。他说昨天翻山下去的路还是通的，恽代英就是从这条路下去的，郭沫若来迟一步，今天这条路就断了，所以他上午又匆匆下山回九江了。他告诉了我他的住址，要我明天再去找他，看还有没

① 茅盾：《我走过的道路》（上），人民文学出版社1981年10月版，第338至339页。
② 《董必武传》，中央文献出版社2006年1月版，第249页。

有别的办法。我只好仍回旅馆。①

　　在庐山，茅盾仿佛有一种飘零感，见到的人，都是来去匆匆，原来许许多多革命者，现在已经若隐若现，有的被蒋介石集团屠杀了，有的叛变了，随着蒋介石反革命了，有的隐蔽到地下了，有的继续在高喊革命的高潮来了,而原来高喊革命的"革命偶像"反过来屠杀自己的粉丝了。真真假假的各色人等，像放电影一样，一幕一幕，在脑海里盘旋，无法安静下来，茅盾在庐山的旅馆里失眠了，他对中国革命的意义从来没有怀疑过，对共产主义的理想，始终是茅盾接受马克思主义以后的不懈追求，对共产党的信念，茅盾始终是坚定不移的。

　　但是，轰轰烈烈的几年的大革命，却因为蒋介石、汪精卫的叛变而失败了。茅盾参加共产党组织以后始终在一起的陈独秀，现在也因为他的右倾而下台了。茅盾在庐山遇到中共湖南省委书记夏曦，夏曦告诉茅盾，去南昌的路，也已经不通。既然无法从庐山去南昌，他就在庐山旅馆里写了《云少爷与草帽》，与宋云彬他们去庐山的御碑亭、仙人洞、天地寺、黄龙寺、黄龙瀑等风景点，回到旅馆，茅盾又写了《牯岭的臭虫——致武汉的朋友们》。第二天，茅盾准备下山时，却因为腹泻起来，一连好几天，浑身无力，只好在旅馆里躺着。宋云彬他们见茅盾一二天动不了身，便下山去了。而此时的形势也日益紧张，7月29日，汪精卫、孙科、张发奎、黄琪翔在庐山开会决定：一、严令贺龙、叶挺限期将军队撤回九江；二、封闭九江市党部、九江书店、九江国民党新闻报馆，并逮捕其负责人；三、第二方面军实行清党，通缉廖乾吾、高语罕、恽代英等。② 所以此时庐山一片白色恐怖。茅盾在旅馆里，身体很虚弱，也不能出去看风景。等到茅盾感觉身体可以走动时,听到旅馆茶房在"交

----

①　茅盾：《我走过的道路》（上），人民文学出版社1981年10月版，第339页。

②　李良朋、钟德涛主编：《恽代英年谱》，华中师范大学出版社2006年4月版，第330页。

头接耳"，茅盾问他们有什么事，茶房说，南昌出事了。于是茅盾想到外面去打听消息，走出旅馆，忽然碰到范志超，范志超看见茅盾，十分惊讶，问："怎么你还在这里？"茅盾把这几天的情况说一下。范志超说："外面不是说话的地方，到你的旅馆房间去说。"到了旅馆，范志超告诉茅盾，8 月 1 日，南昌发生了暴动，我们把朱培德的兵缴了械，现在南昌是叶挺、贺龙的部队占着。情况不明。范志超还告诉茅盾庐山上的一些情况，告诉茅盾不要去外面，来庐山的人，不少是你认识的。有什么情况，她会来找他的。

范志超带来的消息，茅盾才知道南昌已经发生起义。南昌起义打响了武装反对国民党的第一枪！中国共产党开始走上武装革命的道路，在中国现代史上具有十分重要的意义。但是当时茅盾在庐山，对山下九江、南昌的形势，只是听范志超的报告，没有任何组织来通知茅盾在一片混乱中该如何行动。茅盾觉得现在去南昌，已经形单影只，暴动似乎已经过去，再去南昌已经没有意义。翻译的西班牙柴玛萨斯的《他们的儿子》已经杀青，并且寄给了《小说月报》。于是茅盾在庐山再休息几天，听听外面的形势再下山。所以茅盾此时有感而发，写了《我们在月光底下缓步》和《留别》的白话诗，提出"明日如何？"以及"后会何地"的问题，"在春申江畔？在西子湖畔？在天津桥畔？"茅盾脑海里充满矛盾。

其实，当时南昌起义之后，起义部队马上撤出南昌，往广东方向进发了。而事实上对茅盾不利的消息，比听到的更加严重，蒋介石和汪精卫已经同流合污，一起对付共产党了。早在 5 月 15 日，福建省政务委员会呈请南京国民党政府通缉的 88 人中，沈雁冰（茅盾）列第 58 名。6 月，南京国民党政府正式发布包括茅盾在内的通缉令，浙江、福建都转发了这份通缉令。8 月 4 日，国民党执行委员会训令其各级党部，要全体动员镇压共产党。8 月 8 日，汪精卫主持召开国民党中央政治委员会第 44 次会议，发出"中央执行委员会训令"，对恽代英、吴玉章、林伯渠等共产党人"缉拿讯办"。而上海同样也是一片白色恐怖，等待茅盾的是蒋介石反革命集团的通缉令。

　　庐山上风景依旧，茅盾的心境已经不是刚刚上山时那样充满期待，而是带着茫然，带着困惑，也有一些恐惧！庐山虽好，不是久留之地，大概在 8 月 17 日，茅盾托范志超买九江到上海的船票。范志超买了两个人一个房间的船票，船是日本的轮船。一路上，茅盾有机会听了不少时代女性范志超的个人生活故事，让茅盾对当时的那些时代女性有了更多的了解和认识。船到镇江，长期从事共产党秘密工作的茅盾，突然决定不到上海，而在镇江码头上岸，行李托范志超带到上海。茅盾后来说：

　　　　第二天下午，船到镇江，我考虑在上海码头上容易碰到人，不如在镇江下船，再换乘火车，行李托范志超带回上海。范也赞成。我就把上海家的地址告诉了她，在镇江上了岸。想不到镇江码头上有军警搜查旅客，搜查我的那个兵发现我带的那张二千元的抬头支票，又见我没有行李，就怀疑起来。我急中生智，低声对他说，这东西我不要了，就送给你罢。那个兵迟疑了一下，就把支票塞进口袋里，让我走了。我在镇江上了火车，正要进车厢，却听得里边有人说话，声音像是个熟人，我悄悄朝车厢内一看，原来是吴开先和另一些人，车厢挤得满满的。吴开先投靠蒋介石，我在汉口时早知道。于是我不进车厢，车抵无锡，我就下车，在无锡找旅馆过夜。[①]

　　茅盾的地下工作习惯，让茅盾一路上顺利回到上海。当时茅盾在上海的家在虹口景云里十九号半，是 1926 年 3 月茅盾从广州回到上海时租下的房子，茅盾夫妇去武汉以后，其母亲和一双儿女居住这里。茅盾回家，知道夫人孔德沚因为小产而住进了当时上海有名的"福民医院"，茅盾赶紧去医院看望，原来是宋云彬回上海后，没有地方可去，外面又

-----

① 茅盾：《我走过的道路》（上），人民文学出版社 1981 年 10 月版，第 341 页。

一片白色恐怖，就先住在茅盾家里，孔德沚因为帮助宋云彬挂蚊帐，不小心摔了一跤，结果小产了。回到家以后，茅盾及时向党组织汇报了失掉支票的事情，后来由党组织出面向银行挂失，由蔡绍敦的"绍敦电器公司"担保，取出支票的现金。孔德沚告诉茅盾，上海的报纸上刊登了不少中共秘密机关被破坏的消息，不少认识的熟人被捕了，有的牺牲了，茅盾也在被通缉的名单里。所以孔德沚对丈夫的生命安危，一直在提心吊胆，因此见到熟人问起，孔德沚就说："德鸿去日本了。"现在茅盾回来了，孔德沚问怎么办。茅盾说，你还是这样说吧。现在也不能出门，只能躲在家里，不见人。孔德沚认为，也只能这样了。

从参加共产党开始，茅盾的命运，已经是紧紧地与时代、与中国共产党的命运联系在一起了。1927年的半年多时间，形势发生了巨大变化，国共合作破裂，蒋介石、汪精卫举起屠刀，屠杀共产党人，"剿灭共产党"，一大批革命志士倒在蒋介石屠杀的血泊里。茅盾的不少同志朋友，就死在敌人的屠刀下。茅盾从军校教官到《汉口民国日报》主笔，没有想到，就这样又回到原来出发的地方——上海。

第四章　洛阳纸贵

　　茅盾从庐山下来，大概在 8 月 20 日回到上海，革命的形势已经一落千丈，一片白色恐怖，上海已经是蒋介石的天下，打开上海的报纸，都是对蒋介石的歌功颂德，都是对共产党人的血腥屠杀。茅盾看到的，都是自己曾经为之奋斗过的事业的损失和被破坏，朋友侯绍裘被蒋介石屠杀后扔入江底，一大批的革命同志失踪了，一些人经不住蒋介石反革命集团的威逼利诱，成为叛徒。茅盾从庐山上听到的各种各样的消息，到上海以后夫人告诉他的一些、大革命失败以后的残酷现实，让茅盾陷入沉思。刚刚过去的一幕，究竟如何去认识？这样轰轰烈烈的大革命，为什么会被蒋介石、汪精卫他们轻而易举地窃取？革命的道路如何走得更顺畅？最终实现共产主义理想目标，茅盾没有疑问，但是如何实现这个目标，此时的茅盾心里也没有一个答案。但是，面临的现实问题，是自己该怎么办？多年的地下革命工作经验，茅盾知道，自己只能在家等待党组织的通知；于是茅盾隐居在自己家里，开始一边等待，一边创作，以创作的作品换取日常生活所需。然而，一经动手创作，立刻一发而不可收，多年的文学知识积累，亲自经历的革命往事，让茅盾马上浸淫其中。1927 年茅盾的无奈转身，却让 20 世纪中国文坛多了一位文学巨匠！

一、"茅盾"的横空出世

　　茅盾回到家，从报纸上看到更多的令人愤怒令人悲痛的消息，夫人孔德沚给茅盾一张 8 月 11 日的上海《民国日报》，茅盾一看，上面有一篇清党委员会提供的《破获共党秘密机关》报道，详细披露了 7 月 6 日、7 日共产党在上海的秘密据点被查的情况，包括茅盾担任过主任的秘密交通局被破坏的经过，以及交通局的中共党员被逮捕等消息。原来和茅盾一起工作的区党部组织部部长顾治本、区党部青年部部长曹元标被捕，原来在交通局工作的郑明德、梁闺放夫妇被捕。报道说在福安里第二弄第一家前楼："拘获要犯二人，一名梁闺放，女子年 23 岁，嘉兴人，毕业于杭州广济产科专门学校，前任一区党部妇女部部长。一名郑明德，又名陈明德，年 29 岁，嘉兴人。前在沈雁冰把持中央交通局时当任会计。当场抄获油印机一架，秘密函件数十通，共产党印花证二张，支部名单一张，其他印刷品宣传品无数，……"① 茅盾看到这些年轻革命同志被捕，心情十分沉重。报道还披露 7 月 7 日搜查情况，说："7 月 7 日，该会又派职员三人，驰往闸北公兴路仁兴坊 45 号、46 号前楼，皆铁锁严扃。于是毁其锁进内一窥，除少数木器外，累累者皆印刷品，共五十余大包，又觅得藤箱一只，内藏去年跨党分子提前款项之支票存根簿四册，中央交通局各省通信留底全部，汪精卫致沈雁冰函三通，日记数册。其他共

---

　　① 上海《民国日报》1927 年 8 月 11 日。

产党书籍不计其数。乃雇大号汽车一部满载而归。"①7 月 18 日，又一个共产党地下工作地点——康梯路康吉里 4 号，被清党委员会搜捕，结果两名同志被捕，一大批革命文件被搜走。8 月 13 日，《民国日报》又刊登清党委员会披露搜查茅盾曾经工作过的交通局的情形，题目充满白色恐怖：《请看共产党的阴谋毒计——上海清党委员会披露：在沈雁冰宅中搜得》，原来交通局办公的地方已经被破坏，许多会议记录，如 1926年 6 月 21 日下午 7 时 30 分的会议记录，那次会议是茅盾担任主席，主要是茅盾做政治形势报告。会议记录披露："主席雁冰，报告自'民校'（即国民党）全体中央会于五月十五日通过《整理党务案》后，本党对'民校'政策由混合变为联合，以前的混合形势，好处在将散漫之'民校'团结起来，坏处在引起'民校'分子之反感及同志之'民校'化，所以现在自从混合向着联合的路上走……"② 这是国民党清党委员会从茅盾他们开会记录里摘录出来的。茅盾知道这次共产党地下机构被蒋介石破坏非常严重了。8 月 20 日上海《民国日报》继续刊登消息，标题为《请看共党阴谋毒计——上海清党委员会披露：操纵本党干部之真凭实据》，其中披露已经被破坏的上海交通局情况："十五年四月中央交通局设于上海，主持者为著名跨党分子沈雁冰，兹搜得该局各省通讯留底二十三本，书籍无数，支款存根四本，取款者皆著名共产党，如罗亦农、侯绍裘、高尔柏、沈雁冰、宣中华、梅电龙、赵醒侬、刘峻山、徐梅坤、邵季昂、蒋裕泉等。……中央交通局往来信件，……沈雁冰私函，以上共计二十三本。"③ 以及巡查员刘峻山的巡查山东省、直隶省、北京市、开封市国民党党务的巡查报告和交通局的一大批书籍。交通局原来的档案被国民党清党委员会搜查一空，而且上海的白色恐怖日益严重，国民党已经在顺藤摸瓜，搜捕共产党干部，茅盾在家里听到的消息，都是让人

---

① 上海《民国日报》1927 年 8 月 11 日。

② 上海《民国日报》1927 年 8 月 13 日。

③ 上海《民国日报》1927 年 8 月 20 日。

十分心痛的消息。茅盾刚刚到家，就看到上海的大报《民国日报》在8月23、24日连续刊登搜查交通局的档案材料，将茅盾在交通局时的一些支出账册，曾经和交通局有过联系的进步人士，全部公布在媒体，此时地下机构和地下党员，已经成为蒋介石集团搜捕对象，其中有一些已经牺牲，有一些已经潜入地下，或者逃亡外地，也有的已经被捕。所以茅盾在上海这样的白色恐怖下，只好隐居在景云里家里，无法出门。

茅盾看到曾经轰轰烈烈的大革命就在蒋介石、汪精卫的叛变之下，失败了，那么多的革命者，死在他们的屠刀下，而且死得十分惨烈！茅盾朋友侯绍裘在南京被捕后，被蒋介石反革命集团装进麻袋，乱刀戳死扔进江里的。茅盾在建党初期就认识的朋友李汉俊在汉口被汪精卫反革命集团杀害，敌人的疯狂，让茅盾愤怒。陈独秀已经下台，共产党内部的矛盾和斗争，让茅盾困惑迷茫。茅盾在上海的朋友郑振铎已经去了欧洲，躲避蒋介石的迫害，商务印书馆的《小说月报》暂时由叶圣陶代理主编。等等所有的这些零零星星的消息，不断地传到茅盾那里，在上海隐居的茅盾内心并不平静。他回忆当时的心绪说：

> 我对于大革命失败后的形势感到迷惘，我需要时间思考、观察和分析。自从离开家庭进入社会以来，我逐渐养成了这样一种习惯，遇事好寻根究底，好独立思考，不愿意随声附和。这种习惯，其实在我那一辈人中间也是很平常的，它的好处，大家都明白，我也不多讲了；但是这个习惯在我的身上也有副作用，这就是当形势突变时，我往往停下来思考，而不像有些人那样紧紧跟上。一九二七年大革命的失败，使我痛心，也使我悲观，它迫使我停下来思索：革命究竟往何处去？共产主义的理论我深信不移，苏联的榜样也无可非议，但是中国革命的道路该怎样走？在以前我自以为已经清楚了，然而，在一九二七年的夏季，我发现自己并没有弄清楚！在大革命中我看到了敌人的种种表演——从伪装极左面貌到对革命人民的血

腥屠杀；也看到了自己阵营内的形形色色——右的从动摇、妥协到逃跑，左的从幼稚、狂热到盲动。在革命的核心我看到和听到的是无止休的争论，以及国际代表的权威，——我既钦佩他们对马列主义理论的熟悉，一开口就滔滔不绝，也怀疑他们对中国这样复杂的社会真能了如指掌。我震惊于声势浩大的两湖农民运动竟如此轻易地被白色恐怖所摧毁，也为南昌暴动的迅速失败而失望。在经历了如此激荡的生活之后，我需要停下来独自思考一番。曾有人把革命成功前的纷扰起伏，比之为产妇分娩前的阵痛。一个婴儿的诞生，尚且要经过几次阵痛；何况一个新社会？大革命是失败了，阵痛仍在继续。不过，当时乘革命高潮而起的弄潮儿，虽知低潮是暂时的，但对中国革命的正确道路，仍在摸索之中。我以为我这看法，是有普遍性的。①

茅盾的这个回忆，是符合当时茅盾自己的思想、观点、看法以及革命形势实际的。正因为当时的社会、政治形势是如此复杂，茅盾怎么办？叶圣陶来看望茅盾，告诉他，现在他在编辑《小说月报》，叶圣陶劝茅盾"写些小说吧"②。于是，茅盾开始带着一种略带悲观、失望、迷茫的情绪创作了。然而开始落笔时，茅盾的脑海里尽是大革命兴起、失败过程中来来往往的人物形象，他们和她们的音容笑貌，性格个性，在茅盾的脑海里都是有名有姓的真实存在。他们的故事，也都是茅盾经历或者知道的，尤其是茅盾在汉口担任《汉口民国日报》主笔时期所见所闻，更是鲜活的材料。那些小资产阶级知识分子，从激情飞扬到颓废消极，从偶像的破碎到心意彷徨，从以身许国到不知路在何方，在大革命的洪流里，真

---

① 茅盾：《我走过的道路》（中），人民文学出版社 1984 年 5 月版，第 1 页。
② 叶圣陶在《略谈雁冰兄的文学工作》中说他去看望沈雁冰，劝他"写些小说吧。雁冰兄说'让我试试看。'虽说试试看，答应下来就真个动手。不久，《幻灭》的第一部分交来了"。

与伪、善与恶、美与丑、阴谋与幻想、野心与天真、伪装与激情、无耻与献身等等纠葛交错在一起，风起云涌，纷纷涌到笔端！在茅盾的生活积储中，最丰富的就是那些时代女性的喜怒哀乐，以及最有时代特征的她们的人生观价值观。虽然严格按照生活的真实来写，但对生活素材也进行了严格的选择，以最能够表达时代特征的时代女性作为小说的主人公。

茅盾从1927年9月初动手写，到9月底就写完《幻灭》。没有写过小说的茅盾，抱定宗旨，"严格地按照生活的真实来写，我相信，只要真实地反映了现实，就能打动读者的心……对于我还不熟悉的生活，还没有把握的材料，还认识不清的问题，我都不写。我是经验了人生才来做小说的，而不是为了说明什么才来做小说的"[1]。于是，他十个月足不出户，隐居在自己家里，以大革命为背景，写了《幻灭》《动摇》《追求》三个中篇小说，把刚刚发生的大革命用小说记录了下来，一批曾经活跃在大革命生活中的时代女性，成为静女士、慧女士、孙舞阳、章秋柳的生活原型，抱素、胡国光、方罗兰等等也是在大革命时期司空见惯的人物。对此，茅盾说：

> 《幻灭》从九月初动手，用了四个星期写完。当初并无很大的计划，只觉得从"五卅"到大革命这个动荡的时代，有很多材料可以写，就想选择自己熟悉的一些人物——小资产阶级的青年知识分子，写他们在大革命洪流中的沉浮，从一个侧面来反映这个大时代。我是第一次从事创作，写长篇小说没有把握，就决定写三个有连续性的中篇，其中的人物基本相同。但当我构思《动摇》的时候，才知道这个设想不能实现，结果只有《幻灭》中的个别人物出现在《动摇》中。
>
> 我提倡过自然主义，但当我写第一部小说时，用的却是现实主

---

① 茅盾：《我走过的道路》（中），人民文学出版社1984年5月版，第3页。

第四章 洛阳纸贵

义。我严格地按照生活的真实来写，我相信，只要真实地反映了现实，就能打动读者的心，使读者认清真与伪、善与恶、美与丑。对于我还不熟悉的生活，还没有把握的材料，还认识不清的问题，我都不写。我是经验了人生才来做小说的，而不是为了说明什么才来做小说的。①

其中，《幻灭》茅盾是一口气写下来的，主要写两个女士的故事。主人公其中之一章静遭到军阀暗探的玩弄而产生幻灭，后来投身大革命，在武汉军校的誓师大会曾经让静女士热血沸腾，但是一些革命者的行为让静女士再次幻灭。直到遇见强连长，又燃起爱情的热情和希望，但是强连长是军人，前方的战斗，强连长离她而去，静女士重新幻灭。但是另一个主人公慧女士在革命失败时也悲观、动摇、失望，但她没有幻灭，她将通过自己的生活方式找到安慰。当时，《幻灭》写到一半，叶圣陶过来看望茅盾，茅盾就把已经写好部分的《幻灭》,给叶圣陶看看。并随手在原稿上署上"矛盾"两个字，作为笔名。第二天，叶圣陶兴匆匆地到茅盾家里，告诉茅盾，写得很好，马上发稿。茅盾一听，忙说："还没有写完呢。"叶圣陶说："不碍事，九月份登一半，十月份再登一半。"叶圣陶接着说，"矛盾这个笔名，人家一看就知道是假的，如果国民党方面来追问，我们就为难了。不如矛字上加个草字头，茅姓的人很多，不会引起注意。"茅盾觉得叶圣陶说得有道理，便同意了。于是，《小说月报》第18卷第9号上，一部新小说《幻灭》问世，一个新的笔名"茅盾"横空出世了！

"茅盾"这个笔名，是他120多个笔名中影响最大的一个，也是他此后使用频率最高的一个笔名。"茅盾"也是人们对他的巨大文学贡献认可的一个名字。

《幻灭》的发表，因为太真实了，引起轰动。人们纷纷在猜测，"茅盾"

---

① 茅盾:《我走过的道路》(中),人民文学出版社1984年5月版,第3页。

是谁？诗人徐志摩见到叶圣陶,向叶圣陶打听:"《幻灭》是你的东西吧？"叶圣陶摇摇头,说:"我哪里写得出这样的东西？"叶圣陶没有告诉徐志摩《幻灭》的作者是谁。既然这部《幻灭》不是叶圣陶的,那么是谁呢？聪明的徐志摩一下明白过来,这样的小说,没有参加过武汉的大革命,是写不出这样真实的小说的。后来,徐志摩去看戏时,在戏院门口见到也是武汉回来的老乡宋云彬,悄悄地对宋云彬说:"绍钧兄不肯告诉我,我已经猜出来了,茅盾不是沈雁冰是谁？"宋云彬一听,两人相视而笑。

大革命时期曾经在汉口当妇女部长的黄慕兰,后来读了茅盾的《蚀》三部曲以后,觉得在小说里的这些时代女性人物身上能够看到自己的影子,而且朋友之间都知道茅盾在写当时那一个时代女性,所以十多年以后,她在香港见到茅盾,还"责怪"茅盾:为什么把她写进小说里,害得她改名字。因为茅盾的小说《幻灭》等三部曲发表以后,黄慕兰改名黄定慧。所以在同时代人看来,在小说《幻灭》《动摇》《追求》三部曲中,茅盾是真实地反映了大革命中的时代洪流。当时茅盾弟弟沈泽民在莫斯科读到茅盾的《幻灭》以后,专门给在日本的茅盾写了一封信,其中讲道:"我从这篇小说中已经知道你曾生活过当时所有的许多过程。你并且曾经到过庐山。"[1] 小说的真实程度,已经可想而知了。

有一个读者在《文学周报》上发表文章,说:"最近在《小说月报》上,前前后后读过《幻灭》《动摇》《追求》,这几个中篇小说,不自觉的一种力量命令我的眼睛一行一行的看下去了,觉得有些地方仿佛是自己曾经亲历其境的,至少限度也应该认识其中的几位。"[2] 这位读者还介绍说:"到学校去上课,有一个坐在我前排的同学,天天是抱了四本《小说月报》来上课的。这四本《小说月报》内就登载得有《追求》。这位同学上课的时候,右手拿着铅笔注解他的课本,左手呢,仍然在'追求'!

---

[1] 罗美(沈泽民):《关于〈幻灭〉——茅盾收到的一封信》,刊《文学周报》第8卷,第10期(1929年3月3日出版)。

[2] 辛夷:《〈追求〉中的章秋柳》,刊《文学周报》第8卷,第10期(1929年3月3日出版)。

他有一天，很郑重地把那四本《小说月报》介绍给我和同座的 W 女士，他那时的语气颇带一些惊异，好像没看过《追求》便等于不知道国民党有一个孙总理。"① 可见当时在读者中的影响之大。

茅盾的《幻灭》的问世，在中国新文学文坛上，多了一位新文学作家，茅盾转身的成功，并不等于离开政治，做一个专门写花花草草的作家，茅盾是一个对时代有责任感、有情怀的作家，是一个有马克思主义信仰的作家，是对共产党有深厚感情的共产党人。此时虽然大革命失败了，共产党组织早已转入地下，许多共产党员都找不到组织，甚至有的地方党组织找不到自己的上级在哪里。茅盾隐居在家里，思想的苦闷，常常以唱《国际歌》来充实时间，调节自己的思想。据茅盾儿子韦韬说，在大革命失败以前，父亲很忙，他们根本见不到自己的父亲，晚上睡觉了，父亲还没有回来。早上，他和姐姐还没有起床，父亲已经出门。所以很难见到父亲，也没有机会和父亲亲近。但是大革命失败以后，茅盾隐居在家里了，他和姐姐反而有机会和父亲亲近了，而且五音不全的父亲唱《国际歌》，哼唱时，姐姐沈霞也学会了唱《国际歌》。有一次，姐姐突然提出要和父亲比赛唱《国际歌》，让父亲吓了一跳，忙问：哪里学的？姐姐说，就是听父亲唱了以后学会的。后来茅盾关照女儿，不要在外面唱这首歌，这在当时是非常危险的。可见当时茅盾的内心世界，对马克思主义的初心始终没有变。尽管当时外面的情况，茅盾知道有限，但是创作小说，同样是茅盾对认识世界的一种探索。正如茅盾自己说的："我是真实地去生活，经验了动乱中国的最复杂的人生的一幕，终于感得了幻灭的悲哀，人生的矛盾，在消沉的心情下，孤寂的生活中，而尚受生活执着的支配，想要以我的生命力的余烬从别方面在这迷乱灰色的人生内发一星微光，于是我就开始创作了。"②

---

① 辛夷：《〈追求〉中的章秋柳》，刊《文学周报》第 8 卷，第 10 期（1929 年 3 月 3 日出版）。

② 茅盾：《从牯岭到东京》，刊《小说月报》第 19 卷，第 10 号（1928 年 10 月 10 日）。

二、"幻灭"之外

  茅盾写完《幻灭》，鲁迅也从南方到了上海，就住在茅盾家附近——景云里 23 号，鲁迅家的前门，正对着茅盾家的后门。因为景云里住的大都是商务印书馆的人，所以茅盾只好足不出户，在家里写作。茅盾知道鲁迅到上海了，也知道他就住在后门对面，却不便去拜访。鲁迅是 10 月 3 日从广州到上海的，10 月 8 日搬到景云里的。鲁迅是茅盾在编《小说月报》前后通过周作人认识的。1926 年 8 月 30 日鲁迅南下，路过上海，那一天晚上，茅盾和郑振铎、周建人、刘大白、夏丏尊、陈望道、胡愈之、朱自清、叶圣陶等人在消闲别墅宴请鲁迅。这是茅盾第一次和鲁迅见面。一年以后，鲁迅从广州到了上海，刚安顿好，10 月 10 日晚上，就和周建人一起去拜访茅盾。茅盾回忆说：

  十月八日，鲁迅搬到景云里来了，住在二十三号，他家前门正对着我家的后门。过了两天，周建人陪鲁迅来看我。这是我第二次见到鲁迅，第一次见面是一年前他去厦门大学路过上海的时候，郑振铎在"消闲别墅"请鲁迅吃饭，我是陪客之一，当时只寒暄了几句。这一次见面，我们谈得就多些。我向他表示歉意，因为通缉令在身，虽知他已来上海，而且同住在景云里，却未能去拜会。鲁迅笑道，所以我和三弟到府上来，免得走漏风声。我谈到了我在武汉的经历以及大革命的失败，鲁迅则谈了半年来在广州的见闻，大家感慨颇多。他说革命看来是处于低潮了，并且对于当时流行的革命仍在不断高涨的论调表示不理解。他说他要在上海定居下来，不打算再教书了。他已看到了登在《小说月报》上的《幻灭》前半部，就问我今后作何打算？我说正考虑写第二篇小说，是正面反映大革命的。至于今后怎么办，也许要长期蛰居地下，靠卖文维持生活了。①

鲁迅秘密看望茅盾以后，有一天叶圣陶来看茅盾，请茅盾写一篇评论鲁迅作品的文章。叶圣陶说，鲁迅来上海生活，我们以示欢迎。茅盾答应了。但是，茅盾放下小说《动摇》的创作，却先写《王鲁彦论》，茅盾自己说："但第一篇写出来的却是《王鲁彦论》。我这是避难就易。全面评论一个作家，我也是初次。对王鲁彦的作品，评论界的意见比较一致，不难写；而对鲁迅的作品，评论界往往有截然相反的意见，必须深思熟虑，使自己的论点站得住。所以第二篇我才写了《鲁迅论》。可是，在十一月份的《小说月报》上首先登出来的却仍旧是《鲁迅论》，因为叶圣陶从编辑的角度考虑，认为还是用鲁迅来打头炮比较好，而且那时鲁迅刚从香港来到上海，也有欢迎他的意思。"② 其实，茅盾对鲁迅作品的印象非常深刻，也是最早评论肯定鲁迅作品的人之一。早在 1921 年上半年，茅盾读过大量小说以后，认为"我最佩服的是鲁迅的《故乡》"，"这篇《故乡》的中心思想是悲哀那人与人中间的不了解、隔膜，造成这不了解的原因是历史遗传的阶级观念"③。后来《阿 Q 正传》发表一部分后，茅盾立刻肯定它"实是一部杰作"，认为阿 Q："他是中国人品性的结晶呀！"④ 深刻揭示了鲁迅作品中的社会价值。尽管茅盾对鲁迅作品的了解非常深刻，但是，落笔评论，却又非常慎重。写好《鲁迅论》，因为当时通缉令在身，

---

① 茅盾：《我走过的道路》（中），人民文学出版社 1984 年 5 月版，第 8 至 9 页。
② 同上，第 7 页。
③ 郎损：《评四五六月的创作》，刊《小说月报》第 12 卷，第 8 号（1921 年 8 月）。
④ 记者雁冰答谭国棠，刊《小说月报》第 13 卷，第 2 号（1922 年 2 月）。

茅盾署了个"方璧"笔名，交给叶圣陶。茅盾这篇随感式的《鲁迅论》，虽然没有从理论高度深入探讨鲁迅的创作道路，但是对当时鲁迅作品的认知，体现了茅盾的真知灼见，而且对当时学术界在鲁迅创作上的那些误解，茅盾也立场鲜明地给以纠正。比如，鲁迅是一个什么样的人？茅盾引用一些文章的各种看法，提出自己的观点，认为："鲁迅站在路旁边，老实不客气的剥脱我们男男女女，同时他也老实不客气的剥脱自己。他不是一个站在云端的'超人'，嘴角上挂着庄严的冷笑，来指斥世人的愚笨卑劣的；他不是这种样的'圣哲'！他是实实地生根在我们这愚笨卑劣的人间世，忍住了悲悯的热泪，用冷讽的微笑，一遍一遍不惮烦地向我们解释人类是如何脆弱，世事是多么矛盾！他决不忘记自己也分有这本性上的脆弱和潜伏的矛盾。"①茅盾的这个观点，影响了以后的鲁迅研究。所以茅盾的这篇《鲁迅论》，应该是鲁迅研究的一篇值得重视的文章。

在茅盾写《鲁迅论》之前，茅盾写了《王鲁彦论》，王鲁彦当时是个青年作家，生于 1901 年，浙江镇海人。原名王衡，又名王返我。1920 年到北京，参加蔡元培、李大钊等人创办的工读互助团，同时在北京大学旁听，从俄国盲诗人爱罗先珂学习世界语。1923 年参加文学研究会，同时进行翻译活动，坚持"文学为人生"的主张。1924 年到长沙中学任教。1926 年出版第一部小说集《柚子》,1927 年出版小说集《黄金》，是我国现代乡土文学的重要作家之一。茅盾当时就是读了王鲁彦的两部小说集，而写了这篇随感式的评论的。写好《王鲁彦论》《鲁迅论》以后，茅盾接着写《动摇》和《追求》。《动摇》是在 1927 年 11 月初至 12 月初期间创作的。《追求》是在 1928 年 4 至 6 月期间创作的。茅盾在创作《幻灭》《动摇》《追求》时，虽然是在地下状态，但是茅盾是以充满激情、充满悲愤、充满回忆去创作这些小说的。而且他以不可遏制的紧迫感来

---

① 方璧：《鲁迅论》,《小说月报》第 18 卷，第 11 号（1927 年 11 月）。

反映轰轰烈烈的大革命失败的，努力将大革命的失败和在洪流中的各色人等展示给读者。茅盾创作的勤奋，叶圣陶是见证者，叶圣陶说："那时我与他是贴邻，他的居室在楼上，窗帷半掩，人声静悄，入夜电灯罩映出绿光，往往到三更还未捻灭。我望着他的窗口，想到他的写作，想到他的心情，起一种描摹不来的感念。"①

但是，《幻灭》等三部曲发表后，小说强大的真实气场，引起读者的强烈反应，但是，也有不少人对小说的政治倾向，提出批评，甚至上纲上线，将茅盾推到小资产阶级作家的阵地上。钱杏邨在《茅盾与现实》中认为：茅盾"他的意识不是新兴阶级的意识，他所表现的大都是下层的革命的小布尔乔亚对于革命的幻灭与动摇。他完全是一个小布尔乔亚的作家"②。"布尔乔亚"是法语"资产阶级"的音译。所以将中共"一大"前参加共产党的茅盾，说成小资产阶级的作家。

茅盾隐居在家里，但是外面对他创作的小说的反应，还是非常关注。他知道这些批评他的年轻人，可能依然沉浸在不断革命高潮之中。同时茅盾也反省自己的创作思想，茅盾在写完《动摇》以后，腾出时间，专门创作一个短篇小说《创造》，小说借用欧洲古典主义戏曲的"三一律"来写，故事发生在早晨一个小时内，地点始终在卧室，人物是夫妻两个。丈夫叫君实，妻子叫娴娴。丈夫是妻子的思想上的引路人，妻子是被创造者，然而妻子娴娴一旦被创造，她要求进步的愿望却大大超出丈夫的设想，她毫无牵挂，勇往直前。小说结尾是娴娴留给丈夫君实的一句话：我要先走一步了，你要赶上来就来吧。这个短篇小说的创作，是茅盾对自己创作的一种反思，也是对太阳社等朋友批评的一种态度。他曾经说：

> 我写《创造》是完全"有意为之"。那时候，对于《幻灭》开

---

① 叶圣陶：《略谈雁冰兄的文学工作》，刊重庆《新华日报》1945年6月24日。
② 钱杏邨：《茅盾与现实》，刊《太阳》3月号（1928年2月17日）。

始有评论了，大部分的评论是赞扬的，小部分是批判的，甚至很严厉。批判者认为整篇的调子太低沉了，一切都幻灭，似乎革命没有希望了。这个批评是中肯的。但这并非我的本意。轰轰烈烈大革命的失败使我悲痛消沉，我的确不知道以后革命应走怎样的路，但我并不认为中国革命到此就完了。我冷静地咀嚼了武汉时期的一切，我想，一场大风暴过去了，但引起这场风暴的社会矛盾，一个也没有解决。中国仍是个帝国主义、封建势力、军阀买办统治的国家，只是换上了新的代理人蒋介石。所以革命是一定还要起来的。中国共产党一九二一年成立时只有五十几个党员，到一九二七年就发展到五万党员，谁能说共产党经此挫折，遂一蹶不振？中国历代的农民起义，史不绝书，难道二十世纪二十年代有共产党领导的农民运动反而一遭挫折就不能再起？这是谁也不能相信的。当然，革命起来了也许还会失败，但最后终归要胜利的。为了辩解，也为了表白我的这种信念，我写了《创造》。①

茅盾还说：

在《创造》中，我暗示了这样的思想：革命既经发动，就会一发而不可收，它要一往直前，尽管中间要经过许多挫折，但它的前进是任何力量阻拦不住的。被压迫者的觉醒也是如此。在《创造》中没有悲观色彩。娴娴是"先走一步了"，她希望君实"赶上去"，小说对此没有作答案，留给读者去思索。②

茅盾接着开始写《追求》，本来，茅盾对革命形势的认识，心情似乎已经没有那么悲观了，但是隐居中的茅盾，听到妻子孔德沚从外面传

①②　茅盾：《我走过的道路》（中），人民文学出版社 1984 年 5 月版，第 10 至 11 页。

来的消息，在革命不断高涨的口号下"左"倾盲动主义所造成的损失，一些熟悉的朋友，莫名其妙地被捕了，牺牲了，这让茅盾感到悲痛、苦闷、失望。因此茅盾在写《追求》时，这样的情绪，散落在小说的方方面面。《追求》从4月开始写，到6月写完。

正当茅盾写完《追求》以后，有一天，陈独秀突然来访，这让茅盾感到有些突然。虽然茅盾回到上海，隐居在家里写作，但是妻子孔德沚还在党内。上海党组织虽然被严重破坏，但是原来的一些朋友同志，常常给茅盾带来一些党内的消息。而陈独秀在1927年8月被解除职务以后，9月下旬，在中央的安排下，化装后秘密回到上海，反思大革命失败的原因，陈独秀当时隐居在上海江西北路福生里酱园弄的一栋三层楼房里。茅盾与陈独秀也已经一年多没有见面了。其间与陈独秀联系密切的郑超麟专门来看望过茅盾，大概是这个关系，陈独秀知道茅盾秘密住处。而郑超麟说，他知道茅盾住处，是一次偶然的机会，见到宋云彬和吴文祺两个海宁人，是吴文祺告诉郑超麟。[①] 因为郑超麟与茅盾也很熟悉。茅盾记得，陈独秀来访，是在一个晚上。

> 六月底，就在我去日本之前，一天夜间，陈独秀突然来到我家里。我们有一年多未见面了。约在半年前，陈之联络人郑超麟曾去看过我，知道我现在蛰居家中，卖文为生，所以陈独秀知道我的住址。此次陈独秀来，是德沚闻叩门声而去开门，一见是他，便请他进来。我请他坐下，德沚端上茶，正想探问他此来何事，他却自己说：我近来在研究现存于各省方言中之中国古音，为作一部《文字学注释》准备材料。……现在我正收罗上海话之古音，特来向你探讨。我说我对家乡话乌镇话，也许还没忘记，上海话就不行，德沚的上海话也许比我好一点。于是陈写出几个字，要德沚用上海白来

---

① 郑超麟：《怀旧集》，东方出版社1995年8月版，第178页。

读，他则作音标。二十分钟后，他将纸笔收起，说还要找真正的上海人来研究。……我又问他对时局有何看法。他说他现在不问政治，所以治声韵学。我又问：你看蒋政权能维持多久？他沉吟后说：从前北洋军阀直、皖、奉三系，火并八年，互相削弱，然后国民革命军能北伐成功。现在蒋内部派系及收编之地方军，恐不止三个系统，他们自相火并而削弱，也算它八年，那时共产党方可卷土重来，现在的到处暴动不能成大事。……这时已十一时，他要走，德沚说，里内各家都在门外乘凉，你从我家出去，惹人注意，不如在我家过夜。他笑笑说，"不妨，"站起身走到客厅的后间，忽又站住说，"小心点也好，"指着室内的小榻道，"我就在此过夜罢。"这小榻本是女佣睡的，我从牯岭回家就把女佣辞退，所以空着。于是德沚拿了一床毛巾被来。第二天清早，他就走了，我还没有起身。①

陈独秀是中国共产党创始人之一，在他负责中国共产党工作时期，中共"一大"到1925年年底，相当长的一段时间，茅盾是党中央直属联络员之一，陈独秀也是第一个发现茅盾进步思想的人，所以在上海时期，茅盾和陈独秀的个人感情一直很好。后来，茅盾在武汉以及秘密回到上海后，并不一定认可陈独秀当时的政治主张，但是两个人的个人感情还在，因此，处在秘密状态的陈独秀不避嫌，很放心地主动到茅盾隐居的家里，和茅盾聊天。

此时的中国，依然是一片白色恐怖，上海已经是蒋介石的天下。上海中共地方组织在大革命失败以后，处在地下状态，革命工作的秘密性，让隐居在家的茅盾更加觉得是离群索居，虽然是组织中人，但是已经得不到组织的指示和生活帮助，一些能够见面的朋友，大都是这样的情况。一个有着马克思主义信仰的年轻革命家，一个曾经不辞辛苦为党工作的

---

① 茅盾：《我走过的道路》（中），人民文学出版社1984年5月版，第16至17页。

中共党员，因为大革命的失败，无奈隐居在家，他的苦闷、迷茫和痛惜，是可想而知的。而且这样足不出户的生活，茅盾的身体也大不如前，连夫人孔德沚也为他身体担忧。一个偶然的机会，茅盾决心去日本呼吸一点新鲜空气，一边休养一边创作。

三、亡命日本

茅盾在创作《追求》时的情绪，是很不稳定的，他曾经说过：

　　《追求》从四月份开始写，到六月份写完。《追求》原来是想写一群青年知识分子，在经历了大革命失败的幻灭和动摇后，现在又重新点燃希望的火炬，去追求光明了。这也是我写《创造》时的心情。可是，在写作的过程中，我却又一次深深地陷入了悲观失望中。我从德沚以及几个旧友那里听到了愈来愈多的外面的迟到的消息，这些消息都是使人悲痛，使人苦闷，使人失望的。这就是在革命不断高涨的口号下推行的"左"倾盲动主义所造成的各种可悲的损失。一些熟识的朋友，莫名其妙地被捕了，牺牲了。对于盲动主义，我与鲁迅议论过，我们不理解这种革命不断高涨的理论。……但是到了四五月间，我却完全被这些不幸的消息压倒了，以致我写的《追求》完全离开了原来的计划，书中的人物个个都在追求，然而都失败了。同年七月十六日我在《从牯岭到东京》中写有一段话，很清楚地道出了我当时的情绪："我那时发生精神上的苦闷，我的思想在片刻之间会有好几次往复的冲突，我的情绪忽而高亢灼热，忽而跌下去，冰一般冷。这是因为我在那时会见了几个旧友，知道了一些痛心的事，——你不为威武所屈的人也许会因亲爱者的乖张使你失望而发狂。这些事将来也许会有人知道的。这使得我的作品有一层极厚的悲观色彩，并且使我的作品有缠绵幽怨和激昂奋发的调子同时并在。《追求》就是这么一件狂乱的混合物。"这里所说的"亲爱者的乖张"就是指的瞿秋白和他的盲动主义。也是在《从牯岭到东京》中，我还有一段表白自己的话，这一段话也反映了我当时的真实思想。我说："我承认这极端悲观的基调是我自己的，虽然书中（指《追求》）青年的不满于现状，苦闷，求出路，是客观的真实。说这是我的思想落伍了罢，我就不懂为什么像苍蝇那样向窗玻片盲撞便算是不落伍？说我只是消极，不给人家一条出路么，我也承认的；我就不能自信做了留声机吆喝着：'这是出路，往这边来！'是有什么价值并且良心上自安的。我不能使我的小说中人物有一条出路，就因为我既不愿意昧着良心说自己以为不然的话，而又不是大天才能够发见一条自信得过的出路来指引给大家。人家说这是我的思想动摇。我也不愿意声辩。我想来我倒并没有摇过，我实在是自始就不赞成一年来许多人所呼号呐喊的'出路'。这出路之差不多成为'绝路'，现在不是已经证明得很明白？"①

所以，茅盾在创作《追求》时，精神劳累，耗去茅盾大量心血，本来身体不好的茅盾，失眠、神经衰弱、食欲不振，而茅盾不能出门去呼吸新鲜空气。有一天，陈望道来茅盾家里，看望茅盾。看到茅盾的身体比较虚弱，便建议茅盾：你既然已经放出风去日本了，何不真的去日本休息休息？因为当时中国人到日本，日本人到中国，都不需要护照。茅盾表示这个办法好。但是也担心自己不懂日语，生活不方便。陈望道说："这好办，吴庶五已经在东京半年了，她可以招呼你的。"吴庶五是陈望道的女朋友，在上海时茅盾也认识。于是茅盾将兑换日元、代订船票等，拜托给陈望道。而茅盾夫人孔德沚为茅盾整理日常用品。孔德沚虚晃一

---

① 茅盾：《我走过的道路》（中），人民文学出版社 1984 年 5 月版，第 14 至 15 页。

枪的说法，一年后却成为事实，连孔德沚自己都没有想到。陈望道后来送船票来时，又告诉茅盾，曾经在平民女学读过书的四川姑娘秦德君也要去日本，现在化名徐舫，正好与你同行。茅盾想起来这个学生，认为有个熟悉的人一起去，路上也好相互照应。不过几年不见，23岁的秦德君，经历已经非常丰富。现在秦德君到上海，住在老师陈望道家里，计划去日本以后，伺机去苏联。所以现在老师茅盾也要去日本，也就正好同行，买了同一艘去日本的轮船的船票。一张船票25日元，非常便宜。

一切安排停当，茅盾化名方保宗，辞别母亲，告别夫人，已经习惯和父亲在一起的一双儿女，见父亲出门，倒是依依不舍。陈望道陪同送到码头，茅盾与秦德君一起，秘密离开上海，登上开往日本神户的小商轮，开始他亡命日本的生涯。

茅盾和秦德君上船以后，才发现这艘船非常简陋，没有客舱房间，床位也没有等级，只是在船的顶上有一个宽敞的大房间，摆了十多张床位，不分男女，十多个乘客，除了茅盾和秦德君之外，都是日本人。而且女客只有秦德君一个人。轮船在海上航行，万顷碧波，一望无际，茅盾和秦德君因为不懂日语，无法与船上那些日本人交流，只能茅盾和秦德君两个人在一起说话。对茅盾的过往，秦德君是有所了解的，知道茅盾早就是共产党，也知道茅盾曾经去过广州，去过武汉，茅盾顺便和秦德君说一些在广州、武汉的趣闻；而秦德君在老师面前，也讲一些自己的身世以及离开上海以后的一些经历，其实秦德君的身世还是非常坎坷的。秦德君是四川忠县人，她母亲是秦府选美进去的，后来怀孕后被秦家赶出家门，所以秦德君出生在秦府门外的野地里，后来母女俩寄住在县城一个大娘家里，后来读了小学，五四运动前一年到万县读了半年初级女子师范，秋天又进入成都的省立女子实业学校，在那里正好遇上五四运动，秦德君是成都五四运动中的佼佼者，她在抵制"日货"中，被奸商打掉一颗门牙！但是秦德君在成都的五四运动中，也认识了刘伯坚，认识了大她十多岁的《新蜀报》编辑穆济波。五四运动以后，秦德君给北京大学蔡元培写信，要求到北京大学读书，当时蔡元培回信给她，结果这封信被学校截获，立即被女子实业学校开除。被开除后，秦德君在吴玉章的帮助下，到重庆住在《新蜀报》创始人陈愚生家里。当时穆济波对秦德君格外热情，后来在一次酒宴上，秦德君喝醉后，失身于穆济波。为此秦德君曾经投井自杀，被人救起。后来陈愚生带她到武汉见了恽代英，到上海见了邓中夏，1921 年 5 月，又到北京见了李大钊、高君宇等人，进北京女师大附中学习，1921 年秋，恽代英到泸州川南师范学校任教务长，秦德君去了泸州川南师范学校教小学，此时穆济波也到了泸州，秦德君和穆济波同居，不久生了一个孩子。在泸州，秦德君认识了另一个女革命家胡兰畦。1923 年经邓中夏介绍加入共产党，又与穆济波生下第二个孩子，但是与穆济波的感情也在这时破裂。1925 年秦德君被组织派往西安，从事地下党工作和妇女工作，秦德君到西安以后，穆济波带着孩子寻到西安，但此时秦德君又怀着刘伯坚的孩子，1927 年11 月，秦德君生下刘伯坚的孩子。不久她到南京寻找党组织，然而，此时的党组织经过蒋介石集团的血腥屠杀，许多党组织都已经被破坏，找不到党组织的秦德君，只好将孩子托给汤用彤的夫人，自己只身到上海，见到了老师陈望道。

茅盾听了秦德君的诉说，对类似于小说的经历，十分感慨，也流露出同情的情绪。但是茅盾毕竟是地下工作经验丰富的人，他倾听秦德君的诉说，同时也安慰鼓励秦德君，她还年轻，只有 23 岁，经历已经这样丰富、坎坷，以后还有很长的路要走。在茫茫大海上，两个同为亡命客，两颗孤寂的心，渐渐地有了更多的共同话题。旁边的日本人，看到茅盾和秦德君在一起很亲密，仿佛有说不完的话，以为他们是一对夫妇，常常投以赞许的目光。

不知不觉，船到日本的神户码头，上岸时，日本的码头海关例行检查，见茅盾拖着行李，秦德君紧随身旁，海关检查官用日语加中文问茅盾："这是你夫人吗？"茅盾点点头，用英语回答："是。"就这样，顺利地通过海关检查。在神户上了火车，直接去东京。在两个小时的火车旅程中，一个日本人主动过来打招呼，问茅盾这次来日本，有没有朋友安排，准备去哪里玩。茅盾知道日本警探很多，不愿意多说，只是简单应付一下。而那个日本人很热心，表示有什么需要他帮助，告诉他，并给茅盾一张名片。火车到东京后，吴庶五等几个人已经等在那边，迎接茅盾和秦德君。秦德君被安排在白山御佃街中华女生寄宿舍，茅盾被安排在"本乡馆"——一个中等旅馆。刚住进房间，火车上见到的那个日本人又出现在茅盾的宿舍门口，很热情地表示，对茅盾的到来，有什么需要，很乐意帮忙。茅盾正在纳闷时，忽然来了一个在武汉认识的熟人——陈启修。陈启修看到那个日本人，用日语说了几句，那个日本人就很客气地对茅盾说"打扰了"，就离开了。这时茅盾问陈启修："你怎么认识他？此人是干什么的？"陈启修说："特高科便衣。"茅盾说，怎么找到我这里了？陈启修说，你还不算有名么？陈启修是武汉时期《中央日报》总编辑，他是大革命失败后，直接到日本的。所以茅盾的过往很清楚。陈启修还告诉茅盾，当时他到日本时，特高科的人也来"拜访"过。原来如此，茅盾对一到日本就碰到这个神秘人物，也就释然了。因为自己来日本没有什么使命和任务，估计他们也不会留难自己。

当时陈启修就住在茅盾住的"本乡馆"，所以刚到日本的茅盾，就去陈启修的房间聊天，看到陈启修写的短篇小说集《酱色的心》，茅盾很惊讶：这位读法律的教授怎么也写小说了？

后来，茅盾读过陈启修的小说后，感觉到大革命的洪流，对所有的人都是一次冲击，冲击以后，思想价值观都发生变化，无非是变化大小而已。他对陈启修的变化，想到自己在国内时的创作，觉得自己走的这条创作道路，是对的。他说：

> 我回到自己房内，读《酱色的心》，可是陈启修刚才那些话还在我耳边响。我渐渐回味出来，眼前这陈启修，似乎有点变了，不

同于武汉时期我所见的陈启修。现在他坦然自称为酱色的人,这不仅是自我解嘲,也含有对共产党和国民党的藐视。他露骨地瞧不起顾孟馀,也同样露骨地瞧不起想在国、共两党之外组织第三党(其实是中间派)的人们。似乎经历了一九二七年那场大风暴的人们都有些变了,陈启修也不是例外。

于是我又忽然想到还在上海时所写的《创造》。我觉得"五四"以来的思想解放运动,唤醒了许多向来不知"人生为什么"的青年,但是被唤醒了的青年们此后所走的道路却又各自不同。像娴娴那样的性格刚强的女性,比较属于少数;而和娴娴相反,性格软弱的女子,却比较地属于多数。写这些"平凡"者的悲剧的或暗淡的结局,使大家猛省,也不是无意义的。①

初来乍到的茅盾读了陈启修的小说,看到陈启修的变化,忽然文思汹涌,茅盾说:"在这一念之下,我就盘腿坐在铺席上写了短篇小说《自杀》,时间是一九二八年七月八日。"②这是茅盾到日本后创作的第一篇小说。刚到东京的这两天,茅盾在陈启修的陪伴下到东京的银座看地摊,地摊上有卖各种各样的东西,有古董,也有旧书,茅盾从日本东京的地摊上买了一本关于北欧神话的英文书,还买了其他一些书。这让在日本的茅盾,可以有更多的创作研究和翻译的空间。7月16日,茅盾写了《从牯岭到东京》一文,对自己早期的思想和小说创作作了真实的解剖,对一些批评进行回复,表明自己写作的态度。他说:

> 《动摇》是十一月初至十二月初写的,《追求》在一九二八年的四月至六月间。所以从《幻灭》至《追求》这一段时间正是中国多事之秋,作者当然有许多新感触,没有法子不流露出来。我也知

①② 茅盾:《我走过的道路》(中),人民文学出版社1984年5月版,第20至21页。

道，如果我嘴上说得勇敢些，像一个慷慨激昂之士，大概我的赞美者还要多些罢；但是我素来不善于痛哭流涕剑拔弩张的那一套志士气概，并且想到自己只能躲在房里做文章，已经是可鄙的懦怯，何必再不自惭的偏要嘴硬呢？我就觉得躲在房里写在纸面的勇敢话是可笑的。想以此欺世盗名，博人家说一声"毕竟还是革命的"，我并不反对别人去这么做，但我自己却是一百二十分的不愿意。所以我只能说老实话；我有点幻灭，我悲观，我消沉，我都很老实的表现在三篇小说里。我诚实的自白：《幻灭》和《动摇》中间并没有我自己的思想，那是客观的描写；《追求》中间却有我最近的——便是作这篇小说的那一段时间——思想和情绪。《追求》的基调是极端的悲观；书中人物所追求的目的，或大或小，都一样的不能如愿。我甚至于写一个怀疑派的自杀——最低限度的追求——也是失败了的。我承认这极端悲观的基调是我自己的，虽然书中青年的不满于现状，苦闷，求出路，是客观的真实。说这是我的思想落伍了罢，我就不懂为什么像苍蝇那样向窗玻片盲撞便算是不落伍？说我只是消极，不给人家一条出路么，我也承认的；我就不能自信做了留声机吆喝着："这是出路，往这边来！"是有什么价值并且良心上自安的。我不能使我的小说中人有一条出路，就因为我既不愿意昧着良心说自己以为不然的话，而又不是大天才能够发见一条自信得过的出路来指引给大家。人家说这是我的思想动摇。我也不愿意声辩。我想来我倒并没动摇过，我实在是自始就不赞成一年来许多人所呼号呐喊的"出路"。这出路之差不多成为"绝路"，现在不是已经证明得很明白？①

茅盾在这里是带着情绪的，对那些"革命"作家的指责，站在作者

---

① 茅盾：《从牯岭到东京》，刊《小说月报》第19卷，第10号（1926年10月18日）。

和大革命亲历者的立场上,表白自己写作《幻灭》等小说时的思想和看法。集中到一点,茅盾认为自己是真实地反映了那一段历史的。自己并没有歪曲和粉饰历史。同时,对新出现的"左"倾革命作家那些标语口号式的作品和"左"倾观点表明自己的态度,他说:

> 我们的"新作品"即使不是有意的走入了"标语口号文学"的绝路,至少也是无意的撞了上去了。有革命热情而忽略于文艺的本质,或把文艺也视为宣传工具——狭义的——或虽无此忽略与成见而缺乏了文艺素养的人们,是会不知不觉走上了这条路的。然而我们的革命文艺批评家似乎始终不曾预防到这一着。因而也就发生了可痛心的现象:被许为最有革命性的作品却正是并不反对革命文艺的人们所叹息摇头了。"新作品"之最初尚受人注意而其后竟受到摇头,这便是一个解释,不能专怪别人不革命。这是一个真实,我们应该有勇气来承认这真实,承认这失败的原因,承认改进的必要! ①

茅盾的这篇充满自己思想的文章发表以后,立刻引起很大的反响,也引起太阳社和创造社那些作家的围攻,这时候,茅盾和鲁迅,成为那些"左"倾作家围攻的对象,茅盾是"小资产阶级代言人",他们的逻辑是,你主张作品可以写小资产阶级,你的作品又是描写小资产阶级,因此你是小资产阶级代言人!茅盾曾经回忆说:"这等于说,描写强盗的必然就是强盗。不过他们还给我留了一点面子。他们说:'我们这一次战斗是和与鲁迅一班人的战斗不同的,这一次的战斗是无产阶级文艺战线与不长进的所谓革命的小资产阶级的代言者的战斗!'也就是说:我还够不上'封建余孽',我这'小资产阶级代言者'头上还保留一顶'所谓

---

① 茅盾:《从牯岭到东京》,刊《小说月报》第19卷,第10号(1926年10月18日)。

革命的'帽子，虽然是'不长进的'。他们又说我'以为中国的革命的理论是错误的，为什么中国的革命不以小资产阶级为主体，以小资产阶级为领导，他确实有这样的不满的暗示'。然而，这只不过是一种推论，因为《从牯岭到东京》中，我既不曾说要树立小资产阶级的文艺，也没有说小资产阶级是革命的'主体'，更没有说要以小资产阶级领导革命。这种推论（五十年后我们称之为'上纲'），实在古怪。"① 茅盾被国内的太阳社、创造社的朋友围攻的时候，已经在日本的茅盾表弟陈瑜清和他的朋友吴朗西、庄重到东京来看他。当时陈瑜清租住在东京郊区代代木上原 1277 号久保田家里，② 与黄源同住。后来茅盾也到东京郊区去看望过表弟陈瑜清，陈瑜清介绍黄源与茅盾认识。黄源是浙江海盐县人。此时在日本留学，因为经济问题，陈瑜清邀请黄源来同住，减轻他的经济压力。

茅盾此时开始研究北欧神话和希腊神话，这些适合研究的著作，茅盾寄回到上海，交给世界书局的徐蔚南，由世界书局出版。当时在世界书局的朱联保回忆："1927 年四一二蒋介石叛变革命，屠杀和逮捕共产党员，雁冰先生不能在上海立足，东渡日本，更换姓名，靠着译书稿维持生活。世界书局收受其著的《西洋文学通论》《小说研究 ABC》《中国神话 ABC》《神话杂论》等十种，用玄珠、方璧等笔名发表，他住在日本东京神田町，化名方保宗，稿费是我经手汇往日本，这事很少有人知道。"③ 朱联保（1903—1988）是崇德县（今桐乡市）洲泉镇人，洲泉镇与乌镇相距几十里地，也是茅盾同乡。朱联保 1921 年进沈知方创办的世界书局工作，一直到 1950 年世界书局由政府接管，后来去新华书店继续从事出版工作。茅盾去日本时，朱联保在世界书局总务处工作。茅盾

① 茅盾：《我走过的道路》（中），人民文学出版社 1984 年 5 月版，第 25 页。
② 张蓉、陈毛英编：《陈瑜清文存》，浙江大学出版社 2009 年 4 月版，第 382 页。
③ 朱联保：《联保文忆》，桐乡市档案馆编，嘉兴吴越电子音像出版有限公司 2018 年 12 月版，第 88 页。

在日本时，正在商务印书馆编辑《小说月报》的叶圣陶，也是和茅盾保持联系的一个朋友。茅盾的一些文稿，寄给叶圣陶，发表以后，一部分稿酬给茅盾夫人孔德沚，一部分稿酬寄给在日本的茅盾。因为茅盾的家和叶圣陶的家很近，所以茅盾家里的一些事情，茅盾也托叶圣陶帮助料理。

在日本东京的日子是难熬的，"岛国冬长，晨起浓雾闯牖，入夜冻雨打檐，西风半劲时，乃有远寺钟声，苦相逼拶，抱火钵打瞌睡而已，更无何等兴感"①。国内文坛上，茅盾似乎和鲁迅一样，动辄得咎，太阳社、创造社的朋友时不时地批判茅盾的文学思想和创作，称茅盾为"小资产阶级的代言人"，认为茅盾和他们已经分道扬镳，不再是革命道路上的同志了。而秦德君到东京不久，就和茅盾同居了，这样，茅盾的生活开支压力更大了。茅盾为了生活，还是需要不停创作，小说，散文，文艺论文，神话研究，茅盾原来计划学习日语的打算，只是学一些简单的生活会话，事实上已经无法实现。此时，随着茅盾到达东京，一个秘密通知也到达东京，这个通知，就是中共中央给东京支部的信，其中有关茅盾的内容是这样的：

> 东京市委：
>
>   收到你们来信，兹特答复如下：
>
>   ……
>
>   四、沈雁冰过去是一同志，但已脱离党的生活一年余，如他现在仍表现得好，要求恢复党的生活时，你们可斟酌情况，经过重新介绍的手续，允其恢复党籍。
>
>   中央　一九二八年十月九日②

---

① 茅盾：《我走过的道路》（中），人民文学出版社1984年5月版，第43页。

② 此信原件现存中央档案馆。

然而茅盾对此，一直蒙在鼓里，因为当时东京的中共党组织已经被破坏。这件事自然就没有下文。

大概在1928年12月上旬，茅盾和秦德君离开东京，应杨贤江的邀请，迁居京都。杨贤江是茅盾的老同事，在商务印书馆编《学生杂志》的同时，也秘密参加上海共产党活动。大革命失败以后，杨贤江偕夫人和孩子到日本京都，担任中国留日学生共产党组织的负责人。此时杨贤江邀请在东京的茅盾和秦德君搬到京都去住，那里的物价便宜。茅盾和秦德君到京都的火车上，茅盾又遇到警视厅的特高科的"便衣"，原来是这个"便衣"将茅盾移交的京都的"便衣"监视。到了京都，茅盾才知道，除了杨贤江一家外，还有高尔松、高尔柏兄弟夫妇，周宪文夫妇、漆湘衡夫妇等中国人都在那里。据松井博光先生考证，当时茅盾住在田中高原町的一条街上，"它位于京都市中心的东北方向的左京区，西侧临近京福睿山铁路线，东侧有疏水河流过"①。茅盾和秦德君女士住四号门牌的平房。隔壁三号住着高家兄弟和他们的妻子。所以有时候茅盾、秦德君和高氏兄弟一起开伙，高尔柏夫人唐润英买菜，秦德君掌勺做菜。对这个京都的新居，茅盾和秦德君都有回忆。秦德君回忆说：

> 我和茅盾住的第四号门牌，建筑质量的低劣，看起来风吹得倒，东窗都是纸糊的，尽可夜不闭户，即使闭也无济于事。进门走道是厨房，有煤气设备，最后是厕所；靠近厕所的是一间光线不大充足又潮湿的六铺草席的一间房，没有什么用场，只有空着，作为去厕所的过道。中间三铺草席的通道一小间，夜来我们把蚊帐挂在中间过道小房间的四个屋角的铁钉上……外面一间六铺草席的阳光好一些，屋檐下是过往行人的街道，道旁是樱花园地，每逢樱花盛开时

---

① 松井博光著，高鹏译：《黎明的文学——中国现实主义作家·茅盾》，浙江人民出版社1982年1月版，第16页。

节，抬头就看见日本国花。①

茅盾对此处也有回忆：

> 我的寓所离杨贤江的寓所有一箭之遥。这是面临小池的四间平屋，每间约有八铺席大小；当时我与高氏兄弟为邻，各住一间，另两间空着。房东就住在附近，亦不过一箭之遥。这里，确实很安静，从屋子的后窗，看得见远处的山峰，也不是什么高山，但并排有五六个，最西的一峰上有一簇房子，晚间，这一簇房子的灯火，共三层，在苍翠的群峰中，便像钻石装成的宝冕。
>
> 小池子边有一排樱树。明年春季，坐在屋中便可欣赏有名的樱花，想到这，便觉得我的新居确实是富有诗意；对写作十分有利。②

其实，这个寓所当时的条件并不好，茅盾他们住进去时，房间里电灯还没有安装，晚上在房间里，茅盾只能在黑暗里"默坐"，凝望这后面山上的灯光，引起茅盾的无限遐思。

茅盾和秦德君到京都以后，杨贤江夫妇邀请茅盾和秦德君去附近的山里欣赏红叶，这在日本与欣赏樱花是同样的盛事。虽然那天的天灰蒙蒙的，上山时有点微雨，茅盾记得："并不是怎样出奇的山，也不见得有多少高。青翠中点缀着一簇一簇的红光，便是吸引游人的全部风景。山径颇陡峻，幸而有石级；一边是谷，缓缓地流过一道浅涧；到了山顶俯视，这浅涧便像银带子一般晶明。

"山顶是一片平场。出奇的是并没有一棵枫树，却只有个卖假红叶

---

① 沈卫威：《艰辛的人生——茅盾传》，台湾业强出版社 1991 年 10 月版，第 117 页。其中秦德君的"每逢樱花盛开时节，抬头就看见日本国花"一句中，有误。"樱花"不是日本的国花。笔者曾经请教王中忱教授，承王先生告诉我：日本没有国花。

② 茅盾：《我走过的道路》（中），人民文学出版社 1984 年 5 月版，第 29 页。

的小摊子。一排芦席棚分隔成二十多小间，便是某酒馆的'雅座'，这时差不多快满座了。我们也占据了一间，并没有红叶看，光瞧着对面的绿丛丛的高山峰。"①

但是茅盾对这次游玩兴致很高，后来还专门写了一篇散文《红叶》。

但是茅盾和秦德君同居的事，由杨贤江回上海时，传到了上海。叶圣陶知道以后，专门去劝孔德沚，认为茅盾会回到孔德沚身边的。茅盾儿子韦韬回忆说："1929年初冬，母亲从叶圣陶那里得知父亲在日本与一个姓秦的女人同居了！那时叶圣陶是《小说月报》主编，住在我们隔壁，他的夫人何墨林是母亲的好友。父亲的稿费收入也由叶圣陶分作两份，小份寄往日本，大份交给母亲。这消息是他从刚自日本回国的杨贤江那里听来的。叶圣陶认为应该让母亲知道。他问母亲：'雁冰来信中提到过这件事吗？'母亲回答：'没有，一点影子也没有，只是最近来信比刚去日本时少了一些。'叶说：'那就好。'母亲不解其意。叶圣陶分析道：'雁冰没有把这件事告诉你，说明他并没有走那条路。你们婚姻的经历不简单，是经过风风雨雨的恩爱夫妻，还有一双宝贝儿女，这是大家都知道的，雁冰怎能忍心破坏这样一个家庭？何况雁冰是出名的孝子，他是不会忤逆伯母的，伯母那里你是否要告诉她？''不，绝不能告诉婆婆，她会着急的，会伤心的，会生气的。'"②孔德沚知道茅盾在日本外遇以后，非常伤心和气愤！后来母亲陈爱珠知道后同样非常生气，曾对儿媳孔德沚说："如果德鸿带那个女人回来，就不要进这个家门！"孔德沚后来又专门向叶圣陶、郑振铎等请教，他们都劝孔德沚要大度，宽厚，不要争吵，要更加关心雁冰。孔德沚听从叶圣陶他们的劝告，自己耐着性子。

茅盾在日本知道家里的情况后，心里也非常忧虑，对秦德君的性格，脾气，"相爱容易相处难"，茅盾已经看清楚和感受到了。凭着茅盾对母

---

① M.D:《红叶》，刊1929年3月10日《小说月报》第20卷，第3号。

② 韦韬、陈小曼：《我的父亲茅盾》，辽宁人民出版社2004年2月版，第188页。

亲的孝顺，茅盾心里明白自己下一步应该怎么走了。

茅盾从东京到京都，时间过得非常快，从 1928 年 7 月至 1930 年 4 月 5 日回到上海，茅盾在日本 21 个月，创作上非常丰富。共创作一部长篇小说、7 个短篇小说、12 篇散文，还有《从牯岭到东京》《读〈倪焕之〉》《关于高尔基》等文论。出版了小说集、文艺杂论、世界文学研究和神话研究等书 7 部，其中在世界书局出版 5 部。而且无论是小说还是散文，大多是质量上乘之作。

茅盾在日本创作的散文，是他散文创作中的精品，一类是抒情的散文，如《雾》《叩门》《卖豆腐的哨子》《虹》等，这些散文反映了茅盾在特定环境里的特定心情，抒情性很强，作品中暗示、象征色彩比较浓烈，意境比较曲折隐晦。但是这些散文的认识价值和审美价值很高，尤其是茅盾此时的思想情绪大多隐藏在这些散文中。同时，这些散文的文笔也非常优美，句式长短结合，节奏有时跳跃，有时平缓，让人读来如饮甘露，意味深长。另一类散文是茅盾在日本的见闻游记。如《速写一》《速写二》《红叶》《风化》《樱花》《自杀》《邻一》《邻二》等等。如他写日本浴池的散文《速写一》《速写二》就是用优美、细致的笔法记述平凡的事，而且《速写二》写浴池里阴阳镜的场面写得缠绵回荡，茅盾自己也很满意。《邻一》《邻二》则写了邻居孤寂美貌的少妇和活泼可爱的孩子，散文写得幽怨缠绵，情意缱绻，文字的时空里洋溢着异国情调。其他一些所闻的散文里，茅盾将自己在日本看到的社会新闻写成散文，表达自己对这些社会新闻的看法。

茅盾的短篇小说创作，是他在日本创作的一个重要内容，其间茅盾共创作了《自杀》《一个女性》《诗与散文》《色盲》《昙》《陀螺》《泥泞》7 个短篇小说。这些长短不一的短篇小说，一个最大的特征，是作品的主人公大多是现代女性，如《自杀》中的环小姐，《一个女性》中的琼华，《昙》中的张女士，《陀螺》中的五小姐等等，这些时代女性，在时代的狂潮里，情感世界都充满悲剧，充满失望。所以茅盾在日本创作的短篇小说，不少是留有《幻灭》时期的印痕。

而茅盾的长篇小说《虹》，是茅盾在流亡日本时期创作的一部优秀小说，这部小说茅盾从 1929 年 4 月开始创作，两个多月以后，7 月基本杀青。小说主要塑造了一个经过五四运动洗礼的知识女性梅行素的生活经历和成长过程，反映了从五四运动到五卅运动这段历史时期新旧势力和新旧思想的矛盾和斗争。茅盾重点描写梅女士人物性格的发展，写得绵密、周到、真实，而且茅盾将梅女士成长的时代背景，营造得丰富多彩，小说中连一个地名都是有所本。茅盾当时就说："我以为这是我第一次写人物性格有发展，而且是合于生活规律的有阶段的逐渐的发展，而不是跳跃式的发展。"[1] 但是，后面的第 8 至 10 章，写得稍显仓促，梅女士在上海的生活，因为是写地下秘密工作，人物的性格发展，跳跃性太大，虽然真实性很强，历史事件时有出现，但感觉还是梅女士在四川的经历更加动人心魄。小说《虹》里的主人公梅行素的原型，是秦德君的女友胡兰畦——一个女革命家。对胡兰畦，茅盾也认识，只不过在秦德君的叙述介绍以后，其经历更加生动具体。而长江三峡的风光描写，对从未到过三峡的茅盾来说，主要得益于在东京时听陈启修对三峡的绘声绘色的描绘。《虹》出版后，四川人沈起予曾经对茅盾说，想不到你未曾经过三峡而能写得如此逼真！

茅盾在日本还有一种贡献，就是对世界神话的研究。至于茅盾为什么在日本开始研究世界神话，他晚年曾说过："因为动辄得咎，我只好写一点决不惹起风波的东西，这就是《神话杂论》（一九二九年六月），这是编集旧作关于神话的论文。同年十月十日我写完了《西洋文学通论》。接着就写《北欧神话 ABC》，这书写成于一九二九年十二月。在写此书以前，承蒙上海的朋友们把我留存在上海的有关北欧神话的书籍寄了来，

---

① 见《小说月报》第 20 卷，第 5 号"最后一页"上茅盾谈《虹》的信。

再加上我初到东京在夜市地摊买得的合在一起，作为参考。"①茅盾的无奈之举，却结出丰硕之果。茅盾的《中国神话研究 ABC》是中国神话研究的拓荒之作，在茅盾这部著作之前，中国似乎还没有过类似的著作，许多神话研究的成果，都散落在《山海经》等中国各种典籍里，茅盾利用自己深厚的文学基础，爬罗剔抉，用四章的规模，为中国神话研究开辟一条道路。《北欧神话 ABC》也是一本普及性研究性的著作，茅盾提示读者，北欧神话大体上远不如希腊神话之深宏广大，然而北欧神话的特殊的结构却又表示了严肃的北方人的性质。在文学上，北欧神话"还是重要的材料"。《骑士文学 ABC》茅盾用讲述的方法，介绍骑士文学的特点和类别，通俗易懂，明白晓畅，把欧洲中世纪期间三百年文学的积淀，娓娓道来，介绍给读者。作为世界书局 ABC 丛书的一本，茅盾用五章的规模介绍骑士文学，如"骑士文学的特点""韵文的'罗曼史'""散文的'罗曼史'""后期的'罗曼史'""骑士文学的类别"。此外，茅盾在日本还有《小说研究 ABC》《西洋文学通论》等，这些神话文学研究在茅盾的一生中，是有非常意义的，因为此后的茅盾对神话，虽然心有牵挂，然而无暇顾及，所以在日本这种孤寂的生活状态里，研究神话，确实别具一格。

茅盾在日本时写的文论，一方面是他对国内文坛攻击的回应，另一方面是茅盾在自己创作小说以后的实事求是的思考和看法。除了《从牯岭到东京》外，茅盾在日本写的《读〈倪焕之〉》也是茅盾对当时国内文坛看法的一篇重要文章。借评论叶圣陶的小说，反驳"左"倾作家理论家的攻击：

> 但是看到克兴君说："……去年十一二月的客观却完全不然。这时候（去年十一二月）的客观情形却不是因救济左稚病以至于右

---

① 茅盾：《我走过的道路》（中），人民文学出版社 1984 年 5 月版，第 43 页。

倾思想的抬头，终至于大反动，而是旧的高潮发展到一个最高点，封建地主等串通民族资产阶级为保全自己的利益，大施其恐怖政策，小资产阶级虽然在资产阶级底压迫底下，但是一则因革命的高潮同他们本身冲突，二则为恐怖政策所威吓，所以不得不动摇。"我不知道克兴君有没有读过我的《动摇》？如果他是读过的，他总该看出来，《动摇》所描写的时代是一九二七年一月至五月，是湖北省长江上游的一个县内的事；这是写得极明白的，然而克兴君却认为是一九二七年的十一二月，徒然无的放矢地大骂起来，岂不是大大的笑话！

……

钱杏邨是主张"力的文学"，主张文学须有创造生活的意义的，所以他不满意于《追求》之每个人物都陷于失望，……如果在他们中间插进一位认识正路的人，在病态中泄露一线生机，那或者钱杏邨要满意些罢。我应该尚能见到这一点，可是我并不做；因为我相信《追求》中人物如果是真正的革命者，不会在一九二八年春初还要追求什么，他们该是早已决定了道路了。这就说明了《追求》何以全是黑暗的理由。①

茅盾在这篇文章中，痛痛快快地表达了自己对文艺作品的对象等问题看法，也认真地回答了国内文坛对他的攻击谩骂。同时茅盾又写了《关于高尔基》的文章，表明自己对无产阶级革命作家的推崇，认为革命文艺也应该像高尔基的作品那样，有血有肉，而不是革命口号的图解。

1929年春天，日本的樱花盛开的时候，茅盾突然收到胞弟沈泽民从莫斯科寄来的信，沈泽民在信中谈了他读《幻灭》以后的感受。这是茅盾看到的最为切近小说实际的文章。可谓知兄莫若弟。因为沈泽民

① 茅盾：《读〈倪焕之〉》，刊 1929 年 5 月 12 日《文学周报》第 8 卷，第 20 号。

1925 年 10 月 28 日离开上海到莫斯科以后，和茅盾已经多年不见，兄弟之间联系，都是通过在法国的陈学昭转寄。有时候也是通过茅盾表弟陈瑜清转来。陈瑜清是上一年 12 月途经莫斯科到法国的。在莫斯科时，陈瑜清特地看望沈泽民、张琴秋夫妇。[①] 沈泽民给茅盾的信中，认为《幻灭》是作者"心绪的告白"，并说："在当时身当其境者，如燕雀处堂，火将及身而犹冥然不觉的人已不知有多少；看见高潮中所流露的败象，终于目击大厦之倾，而无术以挽救之者，于是发而为愤慨的呼声，这就是我所了解于《幻灭》的呼声。"沈泽民还说，从小说中看出茅盾的经历："我从这篇小说中已经知道你曾生活过当时所有的许多过程，你并且曾经到过庐山。这些生活无疑的使你在技术上成熟，我想得见你在作小说时，笔下已经非常的自由，觉得许多实际的经验供给你丰富的材料，使你左右逢源。"沈泽民希望哥哥将"耳朵贴在地上，静听那大地最深的呼吸"。"择取现在中国民众生活最深处的情绪，来作一小说。"[②] 应该这是当时评价茅盾的《幻灭》最为深刻准确的一篇文章。可惜后来沈泽民无暇顾及文学。

大概在 1929 年夏天，茅盾和秦德君迁到漆琪生租的多余的出租房里。到 1930 年春天，茅盾准备回国。这时，石门湾振华女校的孔德沚的同学钱青来信，邀请茅盾和秦德君去奈良游玩。[③] 钱青是 1925 年就到日本留学的。后来考入奈良女子高等师范。日语已经非常好了，所以她们邀请茅盾和秦德君一起到奈良游玩。钱青也是沈泽民和张琴秋在莫斯科与在日本的通信的中转人之一。她曾经回忆说："其时，茅盾的弟

---

① 张蓉、陈毛英编：《假面具中的爱情——陈瑜清文存》，浙江大学出版社 2009 年 4 月版，第 382 至 383 页。

② 《关于〈幻灭〉——茅盾收到的一封信》，刊 1929 年 3 月 3 日《文学周报》第 8 卷，第 10 期。署名罗美。

③ 钱青老师晚年和我通信多年，在给我的信中，曾经说起："我是 1925 年到日本留学的，同行的有夏衍夫人蔡淑馨（当时还没有结婚）、杭女师的另 4 名同学，一共 6 人，赴日本进修日语一年半，都考取奈良女子高等师范。"

弟沈泽民与弟媳张琴秋在苏联留学，他们在莫斯科寄给茅盾的信件，都寄到我处，由我转交。"[①] 所以，其实当时茅盾与钱青她们是很熟的。后来，应高乔平的邀请，茅盾和秦德君又去位于兵库县的宝冢市游乐场参观。宝冢的少女歌舞团是1914年由日本阪急企业创始人小林一三创办的。演员全部是未婚少女。在日本享有盛名。这是茅盾在流亡日本期间为数不多的"观光"。

1930年4月，茅盾结束在日本的流亡，和秦德君秘密回到上海。同时也结束他和秦德君的同居日子，回到孔德沚身边，重新开始一家人的生活。

---

① 钱青：《茅盾在日本京都》，刊《永远的茅盾》，钟桂松编，浙江文艺出版社1998年8月版，第333页。

第五章　创作的黄金时期

　　茅盾在20世纪30年代前期，是他生活的相对稳定和创作的黄金时期。从1930年到抗战全面爆发的几年间，茅盾创作了《子夜》《林家铺子》《春蚕》《大泽乡》等不少优秀小说，奠定了茅盾在现代文学史上的崇高地位，同时茅盾在左翼作家联盟的领导下，从事左翼文学的工作，在团结左翼作家方面做了大量的工作。作为曾经是中国共产党最早的党员之一的茅盾，对马克思主义理想、共产主义信念的追求，始终初心不变，他在与共产党人的交往中，曾经提出回到党内过组织生活的要求。可惜在"左"倾路线占主导地位的党中央，没有给予茅盾回到党内的机会。但是，茅盾一直在共产党身边从事进步文艺事业，用现实主义文艺作品深刻揭示中国社会状况，为中国新文学竖起一座现实主义文学的丰碑。

一、参加"左联"

　　茅盾在 1930 年 4 月 4 日回到上海。因为秦德君的关系，茅盾没有直接回到景云里的家里，而是先去旅馆住下，后来又在杨贤江家借住。安顿好秦德君以后，茅盾回到两年没有回去过的家里，见到母亲和妻子孔德沚，以及两个孩子。茅盾记得："当天，我到景云里家中去看母亲、德沚和孩子们。两年不见，母亲显得老了，气管炎比过去严重了，常常夜间咳醒，她在家里管家务和照料孩子，没有雇女用人。德沚在一个与地下党有关系的'弄堂'女子中学任教导主任，同时兼做地下工作（办工人夜校等）。两个孩子长大了，都在商务印书馆的附属小学——尚公小学读书，一个三年级，一个一年级。"[①] 茅盾在家里见到了冯雪峰。原来茅盾去日本以后，茅盾原来躲在三楼上面写作的小间就空着，于是孔德沚就让冯雪峰来住，因为冯雪峰穷，孔德沚也没有收他房租。冯雪峰见茅盾回来，便准备搬出去。茅盾让他住在这里，自己还要过几天再回来。茅盾和母亲、夫人商量，日本回来，要找工作很难了。蒋介石的通缉令还在，所以茅盾还得继续过地下生活，卖文为生。还有，现在景云里的住所，已经住了几年了，知道的人太多，这次回来，要换个地方。茅盾母亲告诉茅盾，和秦德君一定要一刀两断，不能这样下去了！同时母亲还表示，现在这个家交给德沚去管理，自己回到乌镇去住一段时间。现

---

　　① 茅盾：《我走过的道路》（中），人民文学出版社 1984 年 5 月版，第 49 页。

在春天，乌镇的天气也好。孔德沚看到婆婆的态度，心里的气也消了一大半。说这几天自己就去找房子。孔德沚还建议茅盾把秦德君带来，在家里吃个饭，说个明白，做个了断。茅盾还在犹豫，母亲却赞成孔德沚的建议："德沚的想法可以。"

此时，茅盾母亲让茅盾和儿媳孔德沚去隔壁叶圣陶家看看，应该感谢叶圣陶先生，这两年，叶圣陶一直在照顾茅盾的这个家。茅盾和孔德沚去看望叶圣陶，现在茅盾回来了，对这两年的关照，表示感谢。叶圣陶很高兴，还陪茅盾和孔德沚去后弄堂看望鲁迅。鲁迅知道茅盾从日本回来了，便问茅盾在日本的见闻，还回忆自己在日本求学的情形。当茅盾问鲁迅在写什么时，鲁迅说自己正在翻译法捷耶夫的《毁灭》。

几天以后，茅盾带着秦德君到景云里家里。据当时读小学一年级的茅盾儿子沈霜（韦韬）回忆，在秦德君和父亲回来之前，母亲特地叮嘱女儿沈霞和儿子沈霜，秦德君来时，你们一定要有礼貌。当时读小学三年级的女儿沈霞看见秦德君随茅盾进门，就把头一扭，负气走了！而沈霜见到秦德君却深深地鞠了一个躬。

孔德沚的宽容和母亲的严厉指责，让茅盾下决心与秦德君分手。后来秦德君回四川，茅盾回家，茅盾和秦德君终于了结这场并无感情基础的婚外恋。不过，在秦德君一方，并不愿意与茅盾分手，分手是茅盾的一方的决心。因此，秦德君因爱生恨，记恨茅盾一辈子！这是茅盾没有想到的。

茅盾开始和孔德沚一起找房子，一个月后，开始在静安寺东面租到一间假三层的房子，住了将近两个月，又在愚园路树德里石库门内租到三楼的厢房。于是在7月开始又迁居到这里居住。长期从事地下秘密工作的茅盾，对租房的安全性特别看重，所以到了7月才真正找到新居。

茅盾回到上海，上海的形势依然是没有什么大的变化，蒋介石集团的反动统治，对革命势力的镇压，仍然非常残酷，上海的党组织依然没有直接联系茅盾。但是茅盾对上海革命形势十分敏感，夫人孔德沚见茅盾回家以后，也辞去学校的工作，回到家里"相夫教子"，不再参加组织秘密举行的"飞行集会"、散发传单等等。孔德沚虽然文化不高，但1925年入党以后，在党内一直是个积极分子，她胆大心细，和敌人斗争很勇敢，做工厂女工的工作有亲和力，做上层太太小姐的工作，也有丰富的经验。在"左"倾盲动主义统治时期，她曾经随夏衍等党内同志一起去租界贴"打倒反动派，武装保卫苏联"标语。下雨天的路上很泥泞，孔德沚摔倒在地上，夏衍他们几个年轻人扶着一身泥的孔德沚回家，路上，快人快语的孔德沚说："连自己都保护不了，还保卫苏联呢？"为此她在党小组里受到批评。认为这是孔德沚的"灰色情绪"在作怪。孔德沚的这个革命"花絮"，[1] 给夏衍留下深刻印象。孔德沚经过这几年在上海的革命锻炼，已经认识不少文化界知识界的名人，鲁迅、叶圣陶等等早已是熟人了，郑振铎、冯雪峰、夏衍、胡愈之、章雪琛等等与孔德沚都非常熟悉，还有一大批革命家，如瞿秋白等，因为茅盾关系，和孔德沚都建立了深厚的友谊。所以孔德沚到上海的十年间，文化水平、思想水平和眼界见识都有了很大的提高，早已不是当新娘时的"阿三"姑娘了。

在茅盾临时住的杨贤江家里时，创造社的冯乃超通过杨贤江与茅盾会面。茅盾回忆说：

> 有一天，杨贤江对我说："有人想同你谈谈，你愿意否？"我问何人？答是冯乃超。我知道冯乃超是后期创造社的重要角色，日本留学生，却未曾见过。我答以即请代约冯乃超于次日仍在杨家晤谈。到时，冯乃超来了，寒暄数语之后，他就问我知不知道成立了"左联"，我说听朋友讲起过，但不知其详。他说他是代表"左联"来邀我参加"左联"的，接着向我介绍了"左联"筹备和成立的经

---

① 参见陈坚、陈奇佳《夏衍传》，中国戏剧出版社2015年6月版，第137页。

过，现已参加的人员，并拿出一份"左联"的"纲领"给我看，问我有什么意见。我仔细看完了"纲领"及所附的"行动纲领"，就说很好。冯乃超又问我，是否愿意加入？我答道，照"纲领"的规定，我还不够资格。他说，"纲领"是奋斗目标，只要同意就可以了，你不必客气。于是我也不再推让。冯乃超又向我介绍了"左联"的组织机构，活动情况。于是，我就成了"左联"成员。①

茅盾成为"左联"成员，②但是对"左联"的各种各样的活动，很少参加。4月29日，"左联"召开全体大会，茅盾被要求参加了这次大会。茅盾晚年略带幽默的语言回忆说：

> 在我加入"左联"不久，参加了一次"左联"的全体大会，地点好像在福州路的一幢大厦里。到会有二三十人，但鲁迅没有去。会议是为了迎接"五一"而召开的。开头有冯乃超的一个政治报告，分析了当时的阶级斗争形势，说明革命高潮快要到来，以及"左联"成员以实际斗争来纪念"五一"的重要意义。其中有一句话给我以特别深刻的印象："革命的文学家在这个革命高潮到来的前夜，应该不迟疑地加入这艰苦的行动中去，即使把文学家的工作地位抛去，也是毫不足惜的。"会议通过了纪念"五一"的宣言，提出今年的"五一"是"血光的五一"。会上还通过了其他一些政治性的决议。

---

① 茅盾：《我走过的道路》（中），人民文学出版社 1984 年 5 月版，第 51 页。

② "左联"是"中国左翼作家联盟"的简称。1930 年 3 月 2 日在上海成立。成立大会上，鲁迅发表讲话，大会通过"左联"的理论纲领和行动纲领要点。通过了组织马克思主义文艺理论研究会和文艺大众化研究会等 17 项提案，选举夏衍、冯乃超、阿英、鲁迅、田汉、郑伯奇、洪灵菲 7 人为常务理事。周全平、蒋光慈为候补委员。茅盾后来对"左联"的贡献评价很高。认为"左联"在继承"五四"文学革命传统，倡导无产阶级革命文学，介绍马克思主义的文艺理论，培养一支坚强的左翼、进步的文艺队伍等方面，都做出了辉煌的成就，有着不可磨灭的功勋。评价甚高。

接着就有人具体布置"五一"那天"左联"成员上街头去参加哪些活动，无非是游行示威、贴标语、撒传单等等。这次会议的内容，使我这个新盟员为之一惊，又想到政治报告中提到的那句话，心中就默念：看来他们对于"作家"与"革命"两者的关系，有独特的见解，但这在"左联"的"纲领"和"行动纲领"中并未提到！"纲领"虽然也有"我们的艺术不能不呈献给'胜利不然就死'的血腥的斗争"这样的词句，但毕竟是革命的作家们可以遵循的一个纲领。

我既然这样想，"五一"那天我就"自由"行动了，没有执行"街头是我们的战场"的号令。事后我听说鲁迅、郁达夫都没有上街头，又知道那天上街头喊口号、贴传单的人，看见巡捕来了，就溜走了，因而未使这个"五一"真的成为"血光的五一"。可以设想，如果"左联"全体成员上街头，而被捕了三分之一，那么，要完成"纲领"及"行动纲领"所规定的任务，就困难得很。我当时虽然不认识全体盟员五六十人中之极大多数，然而也知道他们思想水平不比我高，竭五六十人之力，要完成"纲领"及"行动纲领"规定的任务，已是很困难，为何还要自己削弱自己的力量！ ①

茅盾加入"左联"以后看到的和自己原来的想法，有很大的差距，对这种很幼稚但有政治色彩的活动，对曾经是共产党早期的党员茅盾来说，已经不足为奇，对这种活动的结果，茅盾也早已料到。其实，当时正是在李立三"左"倾盲动主义思想指导下，太阳社、创造社的作家在革命高潮的鼓动下充满激情，而经历过武汉大革命兴起和失败的茅盾，深深知道中国革命并不那么容易。所以"左联"所要求的示威游行、飞行集会、写标语、散传单以及"左联"人员下工厂帮助个人出墙报、办工人夜校等等，茅盾知道这些都是党组织规定下来的，自己不便反对，

---

① 茅盾：《我走过的道路》(中)，人民文学出版社 1984 年 5 月版，第 53 页。

但是他都没有去参加。以至于"左联"的作家对茅盾的这种态度，表示不满。为此冯雪峰专门向其他的"左联"作家解释，说茅盾年纪大了，不必要求他都参加。当时茅盾听到冯雪峰的这个解释，哑然失笑。当时茅盾才三十多岁呢。

茅盾奔波找房子的事落实以后，除了"左联"的一些小型会议茅盾去参加外，茅盾对离开近两年的上海形势还要认真观察，加上自己身体的不适，茅盾除了休息养病外，就是在上海的乌镇人中间走访聊天，了解上海社会的变化，了解革命的形势。茅盾回到上海拜访的第一个乌镇亲戚是卢鉴泉，当时这位卢表叔在上海慕尔鸣路买了一个大房子，在上海做寓公。但是，这位年纪不大的表叔，在社会各个方面都有很广的人脉，消息很灵通。那天卢鉴泉见到茅盾来访，便说："听说你要回来，果然！"办事果断干脆的卢表叔一见面就拉着茅盾说。茅盾一听，说："我刚回来没有几天，表叔就听说我回来？"卢鉴泉说："不是汪精卫叫你回来的么？"茅盾一听，更糊涂了，"我大为惊异。此时汪正联合冯玉祥、阎锡山以北平（今北京）为大本营，号召'讨'蒋，两方军队，正沿津浦路作战。我就说：'如果是汪精卫叫我回来，那么，我该从日本直赴天津再进北平，何必绕道上海？'卢表叔点一下头，说：'如今捕风捉影的谣言很多，不理它算了！'"①卢鉴泉是茅盾成长道路上的伯乐，也是茅盾可以倾心交谈的长辈。所以茅盾从日本回国以后相当一段时间，卢表叔的家里，是茅盾常去聊天的地方之一。茅盾在卢鉴泉的家里，听到了不少有关股票、股市的一些内幕消息，也听到蒋介石、汪精卫两大集团争斗的一些情况，同时也了解了乌镇一些商人在上海做投资交易的情况，以及这些商人谈到的乌镇农村的经济、小镇的市面的情况。让茅盾在同乡故旧的拜访中，对国内的形势有了大概的了解。

就在茅盾第一次搬家以后，忽然海宁人徐志摩带了一个外国女人找

---

① 茅盾：《我走过的道路》（中），人民文学出版社 1984 年 5 月版，第 50 页。

到茅盾刚搬的新家，茅盾感到很惊讶，刚刚搬家，你怎么找到的？因为在茅盾回到上海之前，上海国民党已经知道"茅盾"就是大名鼎鼎的沈雁冰，国民党对沈雁冰的通缉令还没有取消。所以茅盾见到徐志摩，有些惊讶。徐志摩看见茅盾面露惊讶之色，忙说，开明书店的朋友告诉他的，并介绍这位外国朋友：这位是德国《法兰克福汇报》的驻北平记者 A. 史沫特莱。刚从北平来。茅盾这是第一次见到这位史沫特莱女士。徐志摩告诉茅盾，史沫特莱在北平，被认为是共产党，所以只好到上海来了。她想见见你，并且希望你送一本刚刚出版的《蚀》给她。《蚀》刚刚 6月由开明书店出版。茅盾送一本《蚀》给史沫特莱，并在扉页上签了名。史沫特莱开心地拿着《蚀》，翻了翻，看见扉页前茅盾照片，开玩笑说："Like a young lady."意思是像一个年轻的太太。徐志摩和茅盾一听，都笑起来了。茅盾和徐志摩是多年的老朋友，后来，徐志摩介绍的这位史沫特莱女士，和不少共产党人成为朋友，和鲁迅、茅盾等也成为朋友。

　　茅盾经过一个多月的调整、搬家，5 月下旬，终于可以坐下来写文章了。茅盾回国后写的第一篇文章是《关于作者》，介绍苏联《文凭》的作者作家丹青科。写于 1930 年 5 月 23 日。署名译者。从此，茅盾写的文章、小说陆续又在报纸杂志上发表。但是，茅盾的发表作品用的笔名，也开始多起来。8 月在《小说月报》上发表历史题材的小说《豹子头林冲》，用"蒲牢"做笔名。茅盾后来说："我之所以取蒲牢为笔名，意在暗示蒋介石的文化围剿虽日益酷烈，但左翼文坛成员仍要大声反抗，无所畏惧，且反抗之声要愈传愈远。"9 月，发表《石碣》；10 月发表《大泽乡》。茅盾连续创作三篇取材于历史题材的短篇小说，是茅盾从日本回到国内以后，最早创作的小说。至于茅盾为什么要写这样的短篇小说，而且是不同于以往风格的短篇小说？茅盾自己说："我写这三篇东西，当时也有些考虑：一是写惯了小资产阶级知识分子（因而也受尽非议），也想改换一下题材，探索一番新形式；二是正面抨击现实的作品受制太多，也想绕开去试试以古喻今的路。"其实这是茅盾的高明之处，当时在一片白色恐怖的形势下，如果茅盾继续写当下题材的那些小说，势必会引起国民党当局的注意，而且此时写那些小资产阶级知识分子题材的小说，太阳社、创造社那些"左"倾作家，同样会出来讨伐，用茅盾自己的话来说，自己为此已经"受尽非议"。还有，茅盾离开中国快两年，情况已经发生许多变化，茅盾需要有一个适应期，于是三篇历史题材的短篇小说脱颖而出。这是茅盾回国后的重要收获。

就在此时，即8月26日，茅盾的好友瞿秋白夫妇秘密回到上海。瞿秋白是绕道德国回到上海的。他和周恩来根据共产国际的决定，回国召开中共六届三中全会，纠正李立三的"左"倾路线的。当时"六大"以后国内形势有所好转，中国工农红军的力量增强，革命根据地日益扩大。而实际主持中央工作的李立三便忘乎所以起来，对革命形势的发展十分乐观，十分狂热，甚至对革命形势作了十分虚幻的估计，提出一省或数省的首先胜利。"预计在武汉。南京暴动胜利后，蒋介石将迁都北京，而苏维埃中央政府将在武汉成立，形成武汉与北京两个政权的对峙的局面。与此同时，在北方进行冀鲁豫暴动，推翻北京政府；在东北举行哈尔滨、大连起义，在南方进行广州、香港暴动，引起帝国主义与苏联的战争，实现世界革命。"① 据说当时瞿秋白在莫斯科看到李立三六月起草的政治局会议通过的《新的革命高潮与一省或几省的首先胜利》决议案，说：李立三简直是发疯了！所以当时"左"倾冒险主义在党内外影响很大。"左联"此时的许多要求，也是李立三"左"倾冒险主义的反映。瞿秋白回到上海以后，听说茅盾已经回上海，便通过开明书店给茅盾写信，相约见面。茅盾记得：

一九三○年八月，瞿秋白夫妇从莫斯科回到上海，听说我已从

---

① 陈铁健：《从书生到领袖——瞿秋白》，上海人民出版社1995年3月版，第358页。

日本回来了，就用暗号写信给开明书店转我收，约我去看他们。秋白改姓何，之华改姓林，还留了地址。我和德沚就按地址去拜访。他们夫妇住在一幢普通的楼房里，楼上是卧室兼书房，楼下是客厅兼饭堂。他们把我们让到楼上的书房里。秋白问了我在日本的情形，问了我母亲的身体（我告诉他，母亲回乌镇了），也谈了他自己在莫斯科的生活。他告诉我，泽民、琴秋不久就要回国了，琴秋生了一个女孩。他还向我概略介绍了当时的革命形势。我则告诉他，自日本回国后，一直过着地下生活，不可能也不想找到公开职业，只好当专业作家了。他支持我写小说，问我目前在写什么。我说有把秦汉之交中国农民第一次暴动写一部长篇历史小说的打算，但不知写得成写不成。①

茅盾和瞿秋白的感情很深，他们曾经在上海大学一起共事，在五卅运动时并肩战斗，武汉时期，茅盾是报纸主笔，瞿秋白是主管宣传的中共中央政治局常委，中央党报委员会书记。在革命过程中，两位党内才子心相通，意相投，成为莫逆之交。所以瞿秋白一到上海，就联系上茅盾，并且两人倾心交谈。茅盾从瞿秋白那里知道，沈泽民、张琴秋在莫斯科生了一个女儿，他们也即将回国。瞿秋白对茅盾继续从事小说创作，表示赞同。此后，瞿秋白在上海期间，茅盾和瞿秋白成为经常见面的党内朋友之一。

1930 年 9 月 24 日至 28 日，中共六届三中全会扩大会议在上海秘密召开，瞿秋白和周恩来主持，结束李立三路线主要特征的那些错误。会后由瞿秋白主持中央工作。不久，茅盾的胞弟沈泽民夫妇先后回到上海，沈泽民是带着共产国际的"十月来信"回来的，回来后进中共中央宣传部工作，而沈泽民的夫人张琴秋回到上海以后，在沪东区委工作。茅盾在与瞿秋白交往过程中，曾经向瞿秋白提出，希望回到党

---

① 茅盾：《我走过的道路》（中），人民文学出版社 1984 年 5 月版，第 60 页。

内。也向瞿秋白谈了自己的信念。瞿秋白表示理解。可是没有多少时间，在米夫、王明把持的六届四中全会上，指责瞿秋白在三中全会上犯了"调和路线"的错误，进行"残酷斗争和无情打击"，并解除了瞿秋白、李立三、李维汉的中央政治局委员职务。这样，茅盾向瞿秋白提出回到党内的要求，自然没有了结果，但是茅盾对这次要求，却深深地刻在自己的心里。

瞿秋白虽然被王明等人排挤出中央，但是瞿秋白对上海文艺界的情况依然十分关心。尤其是"左联"的工作，他与鲁迅、茅盾、冯雪峰等一起，做了大量工作，使"左联"的工作有了新的起色。

六届四中全会上，沈泽民当选为中共中央委员，担任中共中央宣传部部长。3月下旬，中央决定沈泽民夫妇去鄂豫皖苏区工作，沈泽民和张琴秋都非常兴奋，情绪高昂，认为终于可以去自己的地区工作，学了这么多年的马克思主义理论，可以发挥作用了。中央开始任命沈泽民为鄂豫皖中央分局书记、鄂豫皖省委书记。但是沈泽民出发以后，中央又改任沈泽民为常委、张国焘为中央分局书记。沈泽民夫妇临走之前，专门分别到瞿秋白和茅盾家里告别。茅盾记得："他们那天在我们家中盘桓了大半天，互祝珍重而别。谁又能想到，我们与泽民的这一别，竟成了永诀！"沈泽民在向瞿秋白、杨之华夫妇告别时，曾经长谈，并相约在革命胜利以后，在上海相会。瞿秋白还把自己从苏联带回来的钢怀表送给沈泽民，对泽民说，这块表是苏联同志送我的，你到苏区天天要打仗，这只表对你有用，你就留作纪念吧。后来在苏区残酷的岁月里，沈泽民将这块表送给徐海东，徐海东又将它送给彭德怀。全国解放后，彭德怀又把它还给杨之华。杨之华后来捐献给北京革命博物馆（今国家博物馆前身）。

沈泽民去鄂豫皖苏区工作以后，中共中央宣传部部长的岗位，由刚刚从苏联回来的张闻天担任。张闻天是沈泽民介绍参加共产党的，与茅盾兄弟俩以及茅盾一家的感情都很深厚。所以张闻天接任中宣部长以后，曾专门到茅盾家里看望茅盾，还曾经在茅盾家里约见过胡愈之。据胡愈之回忆："《莫斯科印象记》等文章的发表，也引起了党对我的注意。一天，沈雁冰来电话，说有一个熟人要找我谈谈，约我到他家里去。我到沈雁冰家里，见到的是张闻天。张闻天过去常给《东方杂志》写稿，所以我们早就认识，后来我知道他去了苏联，我途经苏联时想找到熟人，还打听过他，结果他的一个在苏联学习无线电技术的弟弟来了，告诉我张闻天到外地去了，不在莫斯科，实际上他已经回国了。这次与张闻天见面，谈了工作，也谈了思想，从谈话中可以看出，张闻天在了解我对党的看法，试探我对党的态度。"[①] 由此可见，茅盾从日本回到国内，参加"左联"以后，与中共中央的领导的接触已经非常频繁。虽然这些接触还是朋友之间的来往，并不是党组织意义上的接触，但是这些与瞿秋白、张闻天等的秘密来往，对茅盾三十年代的创作却有着深刻影响。

1931 年 5 月，冯雪峰请茅盾担任"左联"行政书记，茅盾推辞不成，只好尽力而为。好在当时瞿秋白给"左联"许多意见，支持"左联"工作。但是，茅盾与左翼人士的接触多了以后，引起国民党特务的注意，所幸有着地下工作经验的茅盾，能够及时摆脱特务的跟踪。有一次，茅盾和冯雪峰在北四川路附近的一个中学里开"左联"的会议，会议结束后，茅盾和冯雪峰一起回家。他们刚刚上电车，茅盾就发现被人跟踪了，后来茅盾和冯雪峰商量，茅盾提前下车，在南京路上进了商场，发现那个跟踪的人，也下车继续跟踪。茅盾凭借自己对这里的环境的熟悉，转了几个商店和银行，甩掉了尾巴，跳上电车，又转了几次车，才安全到家。可以想见当时上海的形势，对茅盾的生活依然险象环生。

---

① 胡愈之：《我的回忆》，江苏人民出版社 1990 年 7 月版，第 17 页。当时胡愈之的《莫斯科印象记》的文章先在樊仲云的新生命书店办的一个杂志《社会与教育》上连载。1931 年 8 月，新生命书店结集出版《莫斯科印象记》。由此可见，张闻天在茅盾家里会见胡愈之的时间，应该是张闻天到上海担任中宣部长不久。据程中原先生研究，张闻天在 1931 年 3 月 2 日起，就以中宣部长的身份列席中央政治局常委会和中央政治局会议。

二、《子夜》的诞生

　　茅盾在上海参加"左联"以后，发现自己的眼疾、胃病、神经衰弱等毛病接踵而来，让茅盾无法集中精力创作。1930年11月开始，茅盾开始创作中篇小说《路》，但是写到一半，茅盾的眼疾发作，只好放下写到一半的《路》，一方面请医生治疗眼睛，另一方面到同乡故旧的家里串门聊天，权当休息。休息一段时间后，眼疾有所好转，茅盾又埋头写《路》，到1931年2月，《路》才创作完成。《路》是一个中篇小说，全书12章，小说以当时学生运动为背景，描述了大学生火薪传的觉醒。小说反映大革命失败以后，青年学生为争自由、求生存和国民党当局进行斗争的正义性。小说追求平易洗练而又绵密的艺术风格，人物对话充分显现人物性格，从而揭露国民党当局在学校推行法西斯教育，镇压学生运动的罪行。小说还有一个人物"杜若"，是一个革命者的妻子，她被国民党逮捕，在牢里，她坚贞不屈，受尽折磨，释放后，她又进了大学，是她引导火薪传走上革命道路。茅盾用"杜若"的名字，是因为"她的灵魂是圣洁的，精神是崇高的，她是一棵香草"。所以小说最后是火薪传写给父母的诀别信，其中写道："时代给我走的，是一条狭路，不是前进，便是被人踩死。给人垫在脚下做他爬上去的梯子，我不肯。只有向前进。前进还有活路。"所以，茅盾书名用"路"，就是这样一条革命的路。茅盾在这篇小说中，讴歌了革命者的坚贞不屈勇往直前的大无畏精神。所以，这个中篇小说里，茅盾的思想情绪早已不再幻灭动摇，理想信念的坚定性可见一斑。这是茅盾从日本回国以后创作的第一部中篇小说，也是茅盾自己很满意的一部小说。

从此时开始，茅盾又恢复他创作的节奏，进入他在三十年代创作的黄金时期。

茅盾在上海的故旧同乡之间走访了解的同时，又开始创作另一部反映学生生活的中篇小说《三人行》。小说描写三个青年学生在"九一八"以后寻找出路的过程。但是小说没有准确把握时代背景影响下青年学生的思想和情绪。所以这部小说没有达到茅盾自己预想的程度，茅盾认为正面人物没有写好，是《三人行》写失败的主要原因。另外将青年学生写成中学生，也是失败的原因之一。因此当时瞿秋白读了小说《三人行》，对茅盾说："三人行必有我师，而你这《三人行》是无我师焉。"

1931年5月，冯雪峰请茅盾出任"左联"的行政书记。茅盾推辞不掉，只好允承下来。回来瞿秋白参加"左联"的领导工作，茅盾根据瞿秋白的意见，和鲁迅商量以后，茅盾写了《"五四"运动的检讨》《关于"创作"》两篇重要文章。这两篇文章，集中反映了当时茅盾的思想认识水平。同时，文章对创造社、太阳社的"普罗文学"进行批评，表达自己的意见。所以这两篇文章是茅盾当时公开对"左联"的主要角色的看法。这些观点，虽然一些人并不赞同，但是鲁迅和瞿秋白是支持茅盾观点的。茅盾晚年回忆时说："《关于'创作'》这篇论文，是我试图总结'五四'以来文学创作发展道路的一个尝试。现在看来，它与《'五四'运动的检讨》一文一样，有着贬低'五四'新文学运动成果的缺点。对于普罗文学的评论，则针砭有余而肯定其历史功绩不足。这在当时就未能为一些提倡普罗文学的年轻人所接受。不过，鲁迅和瞿秋白都支持我的基本观点。"[1]但是这恰恰是茅盾当时真实的思想认识。与此同时，茅盾还有一篇反映茅盾此时的思考的文章，这就是《中国苏维埃革命与普罗文学之建设》，

---

[1] 茅盾：《我走过的道路》（中），人民文学出版社1984年5月版，第81页。

这篇文章，茅盾用"施洛华"的笔名，发表在《文学导报》第八期上。文章以马克思主义理论为指导，提出必须深入生活，无愧于时代的作品来源于实际革命斗争，来源于作家的唯物辩证法的掌握和运用，要真正产生普罗文学，就必须反对浅薄的分析，单调的题材和闭门造车的描写。茅盾甚至在文章中提到大量的苏区的革命、农村的土地革命等等，要求左翼作家深入生活，挖掘真实生动的题材。茅盾的这些创作思想，在当时的条件下，其实也是纸上谈兵。但是这些创作思想，恰恰是茅盾经过大半年的走访了解和宏观思考的结果。而且这个结果与他创作长篇小说《子夜》有着直接关系。

从 1930 年秋开始，茅盾为《子夜》的创作，在上海的同乡故旧中间走访，听这些同乡有关社会、政治、经济各个方面的故事，办企业的老板为了对付工人，什么手段都使得出来；有的小老板为了打听到交易所的内幕，不惜将自己的女儿送给交易所里大佬当情妇，结果不谙世事的女儿，失身于大佬却忘了自己的"使命"，小老板为了仅存的一点人的尊严，只有上吊一途。上海滩上有不少专门充当买办、掮客的人，这些人在交易所里是见不到的，都在豪华宾馆包了房，在那里打情骂俏，谈笑风生，指点江山，过着风花雪月的糜烂生活。晚上，这些人西装革履，在黄浦江上逍遥风流，而交易所里的热闹背后，都是在这些党政军大佬操控之下，这些新鲜的故事，有一些是匪夷所思的，有一些是背景非凡。同时茅盾从同乡的故旧中了解到红军的一些零星信息，知道苏区围剿与反围剿的斗争，知道蒋介石集团派系矛盾在不断分化，各种势力在较量中，上海交易所也会震动，交易所的股票也会发生变化。茅盾后来说：

> 从他们那里我听到了很多，对于当时的社会现象也看得更清楚了。那时，正是蒋介石与冯玉祥、阎锡山在津浦线上大战，而世界经济危机又波及到上海的时候。中国的民族工业在外资的压迫和农村动乱、经济破产的影响下，正面临绝境。为了转嫁本身的危机，

资本家加紧了对工人的剥削。而工人阶级的斗争也正方兴未艾。翻开报纸，满版是经济不振、市场萧条、工厂倒闭、工人罢工的消息。我又时常从朋友那里得知南方各省的苏维埃红色政权正蓬勃发展，红军粉碎了蒋介石多次的军事围剿，声威日增。尤其彭德怀部红军的攻占长沙，极大地振奋了人心。这些消息虽只片段，但使我鼓舞。当时我就有积累这些材料，加以消化，写一部白色的都市和赤色的农村的交响曲的小说的想法。①

随着对社会问题研究了解思考的深入，茅盾对当时学术界对中国社会性质的论战十分感兴趣。茅盾曾经说，这个论战，对自己确定小说的写作意图，有很大关系。原来，在论战中，有三种观点：一种认为，中国社会依旧是半封建半殖民地社会，推翻代表帝国主义、封建势力、官僚买办资产阶级的蒋介石政权，是当前革命的任务，领导这一革命的是无产阶级。第二种观点认为，中国已经走上了资本主义道路，反帝反封建的任务应由中国资产阶级来担承。其实这是托派的观点。第三种观点认为，中国的民族资产阶级可以在既反对共产党，又反对帝国主义和官僚买办阶级的夹缝中求得生存和发展，建立欧美式的资产阶级政权。这是一些资产阶级学者的观点。茅盾写《子夜》，意图就是想用形象的表现来回答托派和资产阶级学者：中国没有走向资本主义发展的道路，中国在帝国主义、封建势力和官僚买办阶级的压迫下，是更加半封建半殖民地化了。这，茅盾从他自己实地了解到的中国政治、经济、社会和交易所的情况，也足以支撑这个观点。茅盾能够从亲戚故旧中和交易所内沸反盈天的喧嚣声中，看出中国社会的性质，梳理出故事的情节，看到了故事里活跃的人物，所以茅盾意图从另一个角度，即形象的角度形式，展示自己对中国社会性质的看法。

① 茅盾：《我走过的道路》（中），人民文学出版社 1984 年 5 月版，第 91 页。

在了解证券交易所鲜活的材料过程中，茅盾并不困难。因为，他在汉口主编《汉口民国日报》时，常常每天有半版或者一版的各种经济交易信息，各种指数上升或下跌，反映市场行情，所以对证券交易所的情况，茅盾是清楚的。但是，这一次，茅盾仍然多次到交易所去观察了解，有了许多新鲜感性的认识。有一位茅盾的朋友回忆说：写《子夜》时茅盾"他打算花半个月的工夫去实地调查一番，然后才执笔写作。以后我们每天出现在各个交易所中，瞧着那些骚动着的人们，疯狂地嚷着：'空头''多头'的买卖，我们冷视着，一直要到交易所休息时，才蹒跚地踏了出来。有时，茅盾先生更活跃得像一个商人，挤在生意买卖的人丛中去打听行情，他表现得是那样地认真，又是那样地老练"①。茅盾的投入是真诚的。

面对浩大而复杂的社会现象，茅盾想为三十年代的中国留一印痕，像为大革命留下一组真实的历史史诗一样，为三十年代的中国留下一个时代印痕。最初，茅盾设想写一部"都市月农村"的交响曲，规模非常宏大，茅盾开始着手规划，"都市"部分写成"三部曲"，并且每一部的题目、提纲都写出来了。第一部是《棉纱》，第二部是《证券》，第三部是《标金》。但是，农村部分，茅盾当时还没有想好。为了写好《棉纱》，茅盾计划研究国内外纺织业的现状，读周培兰的《中国纺织业及其出品》这样的专业著作，力求作品有坚实的历史厚度和现实高度。但是，茅盾觉得这个设想规模太大，都市和农村，无法交响，而且农村的状况，茅盾很难去了解考察，而且连耳食的材料很少。恰在这时，茅盾的眼疾又发作了，于是茅盾在不能看书写作的情况下，重新思考小说的结构材料。在不能看书写作的三个月中，茅盾又到同乡一些工厂参观，听他们的所思所想，听他们对行业变化的介绍，仿佛又重温了一遍过去读过的书，他回来回忆说：

---

① 黄果夫：《记茅盾》，刊 1942 年 8 月 10 日《杂志》月刊第 9 卷，第 5 期。

这三个月中，好像重温读过的书，我又访问了从前在卢公馆所遇到，并曾和他们长谈过的同乡亲戚故旧。正所谓温故而知新，这一次重访同乡故旧，在他们的谈话中，使我知道仅一九三○年，上海的丝厂由原来的一百家变成七十家。无锡丝厂由原来的七十家变成四十家。广东丝厂的困难也差不多。其他苏州、镇江、杭州、嘉兴、湖州各丝厂十之八九倒闭。四川丝厂宣告停业的，二三十家。这都是日本丝在国际市场上竞争的结果。这坚定了我的以丝厂作为《子夜》中的主要工厂的信心。我又从同乡故旧的口中知道，一九二九年中国火柴厂宣告破产的，江苏上海九家，浙江三家，河北三家，山西四家，吉林三家，辽宁三家，广州十三家。这又坚定了我以内销为主的火柴厂作为中国民族工业受日本和瑞典的同行的竞争而在国内不能立足的原定计划。这便是我用力描写周仲伟及其工厂之最后悲剧的原因。

　　同时我再一次参观了丝厂和火柴厂。我是第一次写企业家，该把这些企业写成怎样的性格，是颇费踌躇的。小说中人物描写的经验，我算是有了一点。这就是把最熟悉的真人们的性格经过综合、分析，而后求得最近似的典型性格。这个原则，自然也可适用于创造企业家的典型性格。吴荪甫的性格就是这样创造的；吴的果断，有魄力，有时十分冷静，有时暴跳如雷，对手下人的要求十分严格，部分取之于我对卢表叔的观察，部分取之于别的同乡之从事于工业者。周仲伟的性格在书中算是另一种典型，我同样是综合数人而创造的。①

所以茅盾考察、思考了一段时间后，还是没有沿着都市三部曲的设

_____

① 茅盾：《我走过的道路》(中)，人民文学出版社 1984 年 5 月版，第 98 页。

想深入下去，而是放弃这个都市、农村三部曲的交响曲计划，专门集中写城市为中心的长篇小说。这就是《子夜》的由来。在这部长篇小说的书名上，一开始并不是《子夜》，而是有一个变化过程，开始是"夕阳"，后来又是"燎原""野火"等。最后定名为《子夜》。

《子夜》从 1931 年 10 月动笔，到 1932 年 12 月 5 日脱稿，历时一年多。其间经历了上海"一·二八战争"的惊扰。一度还非常认真地听取了在茅盾家里避难的瞿秋白的意见，茅盾记得："一九三一年四月下旬，泽民和琴秋要去鄂豫皖苏区了，他们来告别，谈到秋白在四中全会后心情不好，肺病又犯了，现在没有工作；并告诉了我秋白的新住址。于是第二天我和德沚就去看望他们。秋白和之华见了我们很高兴，因为我们有四五个月没有见面了。在叙了家常之后，秋白问我在写什么，我答已写完《路》，现正在写长篇小说，已草成四章，并把前数章的情节告诉他。他听了很感兴趣，又问全书的情节。我说，那就话长了，过几天等我把已写成的几章的原稿带来再详谈罢。"[1] 茅盾这里讲到和瞿秋白提到《子夜》，应该是以后的事。

茅盾后来多次和瞿秋白谈论《子夜》的事是存在的。因为当时瞿秋白已经没有党务工作的繁忙，党内只发一点基本生活费，让瞿秋白赋闲，当时瞿秋白身体并不好，所以隐居中的瞿秋白为了"左联"的事，常常能够和茅盾见面。瞿秋白对茅盾的《子夜》的创作提出过意见、建议，在茅盾的记忆中印象深刻。茅盾的《子夜》已经酝酿了一段时间了，

---

[1] 茅盾：《我走过的道路》（中），人民文学出版社 1984 年 5 月版，第 109 页。茅盾在回忆录中说 1931 年 4 月去看望瞿秋白夫妇，并且谈到了《子夜》，估计这是茅盾记错了。因为《子夜》后记中说："右《子夜》十九章，始作于 1931 年 10 月，至 1932 年 12 月 5 日脱稿。"茅盾认为 10 月是指"重新提笔"的时间。并说 10 月时，已经写了初稿的前三四章。所以在 4 月，瞿秋白不可能看到初稿，如果当时和瞿秋白谈《子夜》的一些大纲和想法、构想等等，倒还是有可能的。所以让瞿秋白读《子夜》手稿，应该是 1931 年 10 月以后的事。

并且有了文字大纲和部分初稿,有一天,茅盾看望瞿秋白夫妇,茅盾记得是一个星期日:"我带了原稿和各章大纲和德沚又去,时在午后一时。秋白边看原稿,边说他对这几章及整个大纲的意见,直到六时。我们谈得最多的是写农民暴动的一章,也谈到后来的工人罢工。写农民暴动的一章没有提到土地革命,写工人罢工,就大纲看,第三次罢工由赵伯韬挑动起来也不合理,把工人阶级的觉悟降低了。秋白详细地向我介绍了当时红军及各苏区的发展情形,并解释党的政策,何者是成功的,何者是失败的,建议我据以修改农民暴动的一章,并据以写后来的有关农村及工人罢工的章节。正谈得热闹,饭摆上来了,打算吃过晚饭再谈。不料晚饭刚吃完,秋白就接到通知:娘家有事,速去。这是党的机关被破坏,秋白夫妇必须马上转移的暗号。可是匆促间,他们往何处转移呢?我们就带了他俩到我家中去。当时我家在愚园路庆云里,住的是三楼厢房。二房东是个商人。我曾对二房东说,我是教书的。现在带了秋白夫妇来,我对二房东说是我的亲戚,来上海治病,不久就要回去。我让孩子睡在地板上,把床让给秋白夫妇睡。之华大概觉得我们太挤了,住了一夜,第二天就转移到别处去了。秋白在我家住了一两个星期。那时天天谈《子夜》。秋白建议我改变吴荪甫、赵伯韬两大集团最后握手言和的结尾,改为一胜一败。这样更能强烈地突出工业资本家斗不过金融买办资本家,中国民族资产阶级是没有出路的。秋白看原稿极细心。我的原稿上写吴荪甫坐的轿车是福特牌,因为那时上海通行福特。秋白认为像吴荪甫那样的大资本家应当坐更高级的轿车,他建议改为雪铁龙。又说大资本家愤怒绝顶而又绝望就要破坏什么乃至兽性发作。以上各点,我都照改了,但是关于农民暴动和红军活动,我没有按照他的意见继续写下去,因为我发觉,仅仅根据这方面的一些耳食的材料,是写不好的,而当时我又不可能实地去体验这些生活,与其写成概念化的东西,不如割爱。于是我就把原定的计划再次缩小,又重新改写了分章大纲,这一次是只写都市而不再正面写农村了。但已写好的第四章不忍割舍,还是保留了下来,以致成为全书中的游离部分。"① 茅盾重新开始写作《子夜》时,就向冯雪峰提出辞去"左联"行政书记,集中精力写作《子夜》。

后来,茅盾和冯雪峰商量,让瞿秋白夫妇到上海南市紫霞路 68 号谢旦如先生家避难。瞿秋白夫妇在避难的日子里,和谢家建立了深厚的友谊。茅盾辞去"左联"行政书记后,专门和冯雪峰一起到鲁迅家里,向鲁迅汇报"左联"的一些工作。茅盾回忆说:

> 在我请准了长假以后,一天,冯雪峰对我说,你既然交了差,我们也应该向鲁迅作一番交代,谈谈这半年的工作情况,和今后的想法。于是就约定一个下午同去鲁迅家。我们刚跨进门,鲁迅就笑着迎上来说:你们来得正好,今天有大闸蟹,你们就留下吃蟹吧。等一会儿三弟也要来。我们也不推让,因为阳澄湖大闸蟹是不容易吃到的。在等候周建人的时候,我们就谈了我请长假写小说的事,以及"左联"的一些工作。冯雪峰谈了正在起草的"左联"决议《中国无产阶级革命文学的新任务》的内容。鲁迅对于我的摆脱杂务专写小说十分赞同,他说:在夏天就听说你有一个规模庞大的长篇小说要写了。现在的左翼文艺,只靠发宣言是压不倒敌人的,要靠我们的作家写出点实实在在的东西来。后来话题转到了时局。鲁迅问雪峰:老蒋八九月份在江西又吃了个败仗之后,现在有什么动静?(按:中央红军粉碎蒋介石第三次围剿胜利的消息,我们在九月底就听到了。)雪峰说:今年老蒋对中央苏区接连发动了三次围攻,都败得很惨,看来今冬不会再有行动了,明年春天会有大战。鲁迅笑道:他们在报纸上天天大喊朱毛如何如何,看来朱毛真把他们吓坏了!他转而问我:"朱德、毛泽东你认识吗?我只知南昌暴动有朱德,其他的很不了解。"我说,朱德我也未见过面,只知道他是

---

① 茅盾:《我走过的道路》(中),人民文学出版社 1984 年 5 月版,第 110 至 111 页。

四川人，军人出身，能打仗。毛泽东倒知道一点，"五卅"运动前就认识了，二六年春在广州还与他共事过，他是我的顶头上司。接着我就把广州那段经历讲了一遍。我说，毛泽东是共产党里的大学问家，博闻强记，谈笑风生；他的夫人杨开慧却相反，是个贤淑腼腆之人，整天不声不响，带着两个孩子。鲁迅笑道，过去只听说毛泽东是搞农民运动的，想不到还是个学者，而且已有了家眷，不知他有多大岁数了？我说大约比我大两三岁。我又笑着说，在广州时，他给我的印象是个白面书生，谁料得到现在竟然能指挥千军万马！这时，周建人也来到了。许广平端出了螃蟹，请我们围桌而坐。她自己则拿了一只螃蟹，到一旁替海婴剥肉去了。①

茅盾和冯雪峰去鲁迅家，是 1931 年 10 月 15 日下午。

茅盾写《子夜》后，正在商务印书馆编《小说月报》的郑振铎来和茅盾商量，决定先在《小说月报》上连载。茅盾还和郑振铎商量小说的名称，取了"夕阳""燎原""野火"等等，最后决定用"夕阳"作为连载的小说名称。用了个"逃墨馆主"的新笔名。于是，茅盾让夫人孔德沚帮助抄写《子夜》，将孔德沚的誊抄稿送给商务印书馆《小说月报》连载。而《小说月报》还没有连载，《文学月报》后来将第 2 章、第 4 章分别以《火山上》《骚动》的名称发表在《文学月报》第 1 卷第 1、2 期上。然而《小说月报》第 23 卷新年号准备推出《子夜》的一章《夕阳》时，还来不及发行，就发生"一·二八战争"，商务印书馆总厂为日本侵略的炮火所毁，大量珍贵古籍毁于炮火，纸灰飘飘洒洒吹过半个上海，茅盾送给商务印书馆的《子夜》稿子，也在炮火中化为灰烬，《小说月报》也从此停刊。所幸送商务印书馆的稿子，是孔德沚誊抄的稿子，茅盾自己的原稿完整地留在自己手边。

---

① 茅盾：《我走过的道路》（中），人民文学出版社 1984 年 5 月版，第 88 至 89 页。

上海 "一·二八事件" 发生后，十九路军将士英勇抗战，在人民的支持下，对日寇的侵略进行坚决的抵抗。茅盾和鲁迅等 43 人联合署名，在 2 月 4 日发表《上海文化界告世界书》，向全世界揭露日寇的侵略行径；2 月 7 日，茅盾和鲁迅等 129 名爱国人士联合签署《为抗议日军进攻上海屠杀民众宣言》，抗议日寇的侵略罪行。

1932 年 8 月，茅盾正在写《子夜》时，忽然乌镇传来消息，茅盾的祖母高氏在乌镇去世。享年 80 岁。于是，茅盾携妻子孔德沚和沈霞、沈霜回乌镇奔丧。茅盾是沈家的长房长孙，而沈泽民夫妇正在鄂豫皖苏区从事武装革命斗争，连通信都联系不上。这次回乡，茅盾又听到不少有关世界经济危机对中国农村的影响的故事，让正在写《子夜》的茅盾感触很深。

从乌镇回到上海，正是酷暑难耐的时光，茅盾又投入《子夜》的创作中去了，到 12 月，《子夜》杀青，而此时的开明书店已经将茅盾交来的《子夜》，陆续在编辑排版。茅盾写到结尾时，开明书店的排版也快接近尾声。中国的一部划时代的现实主义长篇小说即将诞生！这部小说以 "20 世纪 30 年代" 初半殖民地的东方大都市上海为背景，以民族资本家吴荪甫为中心，表现了中国民族资产阶级在帝国主义经济侵略和国民党新军阀相互混战带来民族资本民族实业的奋斗、挣扎直至破产的必然命运，揭示了中国社会发展的必然趋势，形象地驳斥了托派散布的中国已经是资本主义社会的谬论。小说结构庞大，逻辑严谨，人物众多，事件纷繁，脉络清晰，故事以吴荪甫的活动为中心，以吴荪甫和买办资本家赵伯韬之间的矛盾冲突为主线，同时，吴荪甫与同行之间的矛盾，与裕华丝厂工人的矛盾，与双桥镇农民的矛盾以及吴府内部的矛盾，错综复杂的矛盾，在结构上却浑然一体，又缜密清晰，历史高度和现实厚度得到完美结合。小说人物形象的塑造上，注重表现人物性格的多面性和复杂性，细节描写、心理刻画上努力挖潜与揭示人物心理活动的深刻社会历史内容，所以描写十分细腻和人物十分逼真，茅盾在《子夜》人物塑造中，力求真实地反映人物的典型性。小说的语言生动，笔力雄健。所以《子夜》是中国现代文学史上的一座丰碑，是一部奠定茅盾在中国现代文学史上地位的奠基之作。当时徐调孚拿到《子夜》稿子时，高兴地对人说："这是部在文学史上有重要影响的小说。"

1933 年 1 月，一部中国现代文学史上的代表作横空出世，《子夜》由开明书店出版。

《子夜》的出版，在当时上海成为一件新闻，在读者、媒体中引起强烈反响，出版三个月，重版 4 次，此后重版各为 5000 部。这在当时，实为少见。因为《子夜》写了资本家，所以从来不看新文学作品的太太、小姐，也争着看《子夜》，卢鉴泉的女儿也是从来不看新文学作品，也看了《子夜》，并且认为吴少奶奶的模特儿就是她。因为《子夜》出版以后，"茅盾"成为明星。上海滩上甚至出现冒名"茅盾"的奇怪事。当时上海小报上刊登一则消息，说青年作家芳信，娶一个舞女为妻，后来家用不给，妻子重操旧业，补贴家用。忽然有一天，一个自称"茅盾"的男子来与之跳舞，舞女知道当红作家叫"茅盾"，不胜惊讶。回家和丈夫芳信说起这件事。芳信认识茅盾，知道茅盾从来不去舞场跳舞的。芳信让妻子下次向那个男子索要一本《子夜》，并要签名。后来芳信妻子如教行事，但所得之《子夜》，只签 MD，而且此人后来再也不来跳舞了。其实当时芳信是确有其人，其妻子叫芳子。是广东人，舞厅是芳信夫妇自己开办的，是在上海北四川路虹江路口，对外叫"腊雪司跳舞学院"。①

《子夜》出版以后，瞿秋白是比较早的评论和肯定《子夜》在新文学上地位的人。他在《〈子夜〉与国货年》一文中说："1933 年在将来的文学史上，没有疑问的要记录《子夜》的出版。"② 给以很高的评价。鲁迅在不同场合肯定《子夜》的出版。有人说："《子夜》，这是 1930 年

---

① 锡金：《芳信和诗歌书店》，刊《新文学史料》1980 年第 4 期。

② 乐雯（瞿秋白）：《〈子夜〉与国货年》，刊 1933 年 4 月 2 日《申报·自由谈》。

的一个中国的故事，把握着 1930 年的时代精神的全部。"① 瞿秋白还说："在中国，从文学革命后，就没有产生过表现社会的长篇小说，《子夜》可算第一部。"② 当时对《子夜》的评论，大多数是充分肯定其重要意义和重要地位，肯定其崇高的认识价值和精湛的艺术价值；但是也有批评的，可谓百花齐放。《子夜》出版初期，就引来一批长长短短的评论文章，也可以想见当年的影响之大。

《子夜》出版以后，茅盾和夫人、孩子在 2 月 4 日去鲁迅家里，给鲁迅送去刚刚出版的小说《子夜》，茅盾并且在《子夜》的扉页上，题了"鲁迅先生指正　　茅盾　　一九三三年二月四日"。从此，茅盾作品赠人，就都签名。鲁迅在日记中写道："茅盾及其夫人携孩子来，并见赠《子夜》一本，橙子一筐，报以积木一合，儿童绘本二本，饼及糖各一包。"③ 4 月，开明书店出版精装本《子夜》，茅盾在 6 月 19 日专门到鲁迅家里，给鲁迅送上精装本《子夜》，并且题上："鲁迅先生指正　　茅盾　　一九三三、六、十九"。鲁迅在这一天日记中写道："午后保宗来，并见赠精装本《子夜》壹本。"④

---

① 余定义：《评〈子夜〉》，刊《戈壁》第 1 卷，第 3 期，1933 年 3 月 10 日。
② 施蒂而（瞿秋白）：《读〈子夜〉》，刊《中华日报·小贡献》1933 年 8 月 13、14 日。
③ 《鲁迅全集》，人民文学出版社 1981 年版，第 15 卷，第 63 页。
④ 同上，第 85 页。

三、《林家铺子》和《春蚕》的问世

三十年代前五年是茅盾创作的黄金时期，也是茅盾在上海生活安定时期，因为茅盾勤奋，茅盾的收入也相对比较可观，所以生活条件也在不断改善，成为茅盾到上海工作以后，最宽裕的时期。女儿沈霞非常聪明勤奋，从小学到中学，学习成绩一直名列前茅，尤其作文常常得到老师的高度评价。儿子沈霜正在读小学，先后在静安寺小学、怀恩堂小学、时代小学以及大同大学附中读书，年纪虽小，思想也很进步。茅盾母亲有时候回到乌镇住一段时间，有时候到上海住一段时间，因为她在上海，认识不少茅盾、沈泽民的朋友，如中共早期的共产党人陈独秀、恽代英、瞿秋白、李达等等，张闻天是沈泽民同学朋友，茅盾母亲早就认识。所以她在上海家里，常常看报，关心中国革命的情况，对当时中国和苏联的形势也非常关心。因此加上茅盾的勤奋，这段时间的创作源源不断，而且不少是脍炙人口的传世之作，是中国现代文学史上的经典作品。

茅盾还在创作《子夜》时，即 1931 年 10 月到 1932 年 12 月这段时间，非常勤奋，创作了不少作品，而且不少是脍炙人口的优秀作品。据不完全统计，这 15 个月里，茅盾写了 6 篇（部）小说、13 篇文论、19 篇散文、3 篇译作和序跋。同时还要参加"左联"的一些活动，小说《林家铺子》《春蚕》、散文《故乡杂记》等等，但是这段时间内创作的，而且这仅仅是茅盾创作《子夜》期间的创作，可以想见茅盾是何等勤奋！

茅盾在酝酿、创作《子夜》过程中，许多素材，许多故事，随着结构的调整，有一些无法写进《子夜》，但是这些素材，恰恰又是能够反映当时那个时代，尤其故乡乌镇一带这几年发生的经济社会变化，让站在时代高度认识社会的茅盾的创作激情喷发！对此，茅盾认为找到了一个创作的机缘，他说，第一，原来写《子夜》时，曾经有意识地注意和搜集了一些农村的素材；现在《子夜》既已缩小范围，农村部分的材料就可以用来写其他的东西。其二，他说，如果说"九一八"对太湖沿岸的普通老百姓震动还不大，"一·二八"战争却像一颗炸弹，骤然惊醒了被压抑的、沉默的人心，抗日的空气迅速弥漫于江南的城市村镇。帝国主义的经济侵略，尤其是日本货向农村的倾销所引起的农村中各种矛盾的尖锐化，所造成的农村经济危机，这些积压起来的矛盾，现在都趁着"一·二八"战争这股抗日浪潮，迸发了出来。所以，茅盾认为，"农村的题材又有了新的有意义的内容"。其三，1932年，茅盾曾两次回乡，也耳闻目睹了"一·二八"战争后家乡一带的人情世态的变化。最后，茅盾认为自己写惯了小资产阶级知识分子，现在也有意想换一换口味；或者说，想从自己所造成的壳子里钻出来。茅盾在创作上转向乡镇题材的这四个理由，让茅盾在繁忙的《子夜》创作时，腾出手来写乡镇题材的作品。而且是一发不可收。

其实这些《林家铺子》《春蚕》一类的乡镇题材的作品的创作，对从小就在小镇长大的茅盾来说，并不困难。因为在故乡乌镇的生活，茅盾从小就对这些店铺等生活耳濡目染，非常了解。他曾经说：

> 对于市镇的小商人，因为乌镇是个大镇，店铺很多，祖父那时开的是纸店，我从童年以至青年，跟镇上的商店中人就很熟悉，也熟知当时他们做生意的困难。同行竞争是普遍的，例如祖父开的纸店就和另一家纸店知裕（镇上只此两家纸店）发生竞争，两家纸店的经理（祖父开的纸店，名泰兴昌，经理是黄姓），各显手段，探知对方何种纸张缺货时就故意"放盘"（此是他们用的术语，意即

薄利多销），造成自己门庭若市的局面。可以夸大地说，这是一种战略，意在给镇上人以及四乡来办纸货的人们一个假象，认为这家纸店货品齐全而且价钱公道，以后买货只找这家就成了。纸店如此，其他洋广货店、绸缎店，亦复如此竞争。[①]

茅盾这些点点滴滴的生活经验和积累，为茅盾创作乡镇题材的作品提供了条件。而且这些有生活的作品，在茅盾的文学殿堂里，成为一道亮丽风景。《林家铺子》是应《申报月刊》主编俞颂华之约而写的。《申报月刊》是《申报》老板史量才决定新创办的杂志，他聘请俞颂华出来担任主编，俞颂华（1893—1947），江苏太仓人，早年留学日本，回国后在上海出任《时事新报》副刊《学灯》主编，传播马克思主义和五四新文学。1920年俞颂华以特派员的身份去苏联采访，成为中国最早采访十月革命后苏俄的新闻记者。在苏俄三个月，采访过列宁、莫洛托夫等领导人。从苏俄回国后，进商务印书馆，编辑《东方杂志》，并兼任暨南大学、中央大学商学院等教授社会学、新闻学伦理学等。1932年5月，史量才邀请俞颂华进《申报》编辑《申报月刊》，这是他一生从事新闻工作的最佳时期。有新闻界的释迦牟尼之称。他在筹备出版《申报月刊》创刊号开始，就邀请鲁迅、茅盾、巴金等新文学巨匠提供作品，后来发表了不少讴歌正义、鞭挞反动和黑暗的文章。所以，俞颂华是茅盾早就认识的朋友。当茅盾收到俞颂华的约稿信，茅盾就将早在构思的小镇上的小商人不管如何会做生意，最终逃脱不了大鱼吃小鱼、小鱼吃虾米的社会现象，只有倒闭一条路。小说描述了江南小镇上的善于经营的林老板，在"一·二八"战争后的年关前后，抗日的风波波及小镇，林家铺子用"一元货"，搭配陈货，发了一点小小的财，林家铺子热闹了几天，但是，紧接着镇上的公安分局、商会先后来敲诈，同行又来中伤，储户

---

① 茅盾：《我走过的道路》（中），人民文学出版社1984年5月版，第130页。

朱三太等又来兑现，雇员去练市要债回来，上海客人已经在林家铺子坐等还钱，林老板去钱庄兑换庄票，结果庄票被钱庄扣下抵债。林老板走投无路，最后"跑路"，林家铺子破产倒闭。小说写好以后，茅盾给小说取名"倒闭"，但是，俞颂华拿到茅盾的这篇小说稿后，认为在创刊号上发题目《倒闭》的小说，担心老板史量才认为不吉利，所以俞颂华商之于茅盾，拟将小说名称改为"林家铺子"，茅盾欣然同意。于是一篇现代文学史上的名篇佳作，就这样诞生在《申报月刊》的创刊号上。《林家铺子》的写完是6月18日，到7月15日就在《申报月刊》第一卷第一期上与读者见面了，这速度也是惊人的。

三十年代初，文坛上丰收成灾题材的文艺作品不少，如洪深的《五奎桥》《香稻米》《青龙潭》的农村三部曲，夏征农的《禾场上》，叶紫的《丰收》，叶圣陶的《多收了三五斗》等，都是描写当时农民丰收了，却成为一场灾难的故事。茅盾1932年8月因为祖母高氏去世，回到乌镇奔丧，在乌镇期间，茅盾进一步了解到丰收成灾的原因和背景。他曾经回忆说：

> 我在幼年，因为祖母接连三年养过蚕，对于养蚕，我有较丰富的感性知识。当时养蚕的规模是有一间屋专作蚕房，有两个姑姑和几个大丫头参加。我的母亲是乌镇镇上长大的，但她的外祖父是丝商，家里每年养蚕，母亲从小也就看惯了。后来她搬到上海住，每年总要养百十条蚕当作消遣。我的家乡乌镇虽然是近十万人的大镇（指我幼年时乌镇的人口），但市街之外便是稻田和桑地。我到外祖父家去，就必须走过一段两旁全是桑林的街道。在镇上，每年蚕季有所谓"叶市"，这是一种投机市场，专门操纵桑叶的价格来剥削蚕农的。而我的亲戚世交中，就有人是这种"叶市"的要角。镇上还有茧行，他们结成集团，资本雄厚，以地区划分势力范围，并勾通官府，操纵每年茧价的涨落。他们对蚕农的剥削，比"叶市"就

更厉害了。我幼年时，虽还不懂这些剥削的奥秘，但一年一度因桑叶、茧子价格的涨落而造成的紧张悲乐，我是耳闻目睹的。后来我上中学，离开了乌镇，但直到一九二一年我在商务印书馆编译所接编了《小说月报》，全家由乌镇搬到上海以前，我每年夏季和冬季总有一两个月是在乌镇过的，镇上及四周农村的变化，每年都能听到甚至感觉到。我不是农民，但从小与农民有接近，这就是常来我家的乡亲和几代的"丫姑爷"；他们不把我当作外人常常直率地向我诉说自身的痛苦和感受，以及一般农民的所思所感与所痛。这使得我对于农民的生活有了相当的认识，也能看到他们的内心。①

八月份，我又第二次回乡，因为我的祖母去世了，我和德沚带了两个孩子全家奔丧。祖母去世时，已有八十高龄，在我的长辈中是最长寿的。……祖母的丧事是比较隆重的，因为我的二叔和三叔都已在上海银行界有了职业，对于祖母的丧事都愿意办得体面些。丧事用了一周时间，亲朋故友来祭奠的络绎不绝，这些故旧都是从附近的市镇和乡村来的，有的已多年不见，有的似相认识。在大家的叙谈中，我听到了不少这几年来周围农村和市镇发生的变故，大家都在叫苦。这当然比前两年我回乡时听到的故事要丰富得多，尤其是关于蚕农的贫困和茧行不景气的故事。那时，为了写《子夜》，我曾研究过中国蚕丝业受日本丝的压迫而濒于破产的过程，以及以养蚕为主要生产的农民贫困的特殊原因，即丝厂主和茧商为要苟延残喘，便操纵叶价和茧价，加倍剥削蚕农，结果是春蚕愈熟，蚕农却愈贫困。这就是一九三二年在中国农村发生的怪现象——"丰收灾"。这个农村动乱、破产的题材很吸引人，但在《子夜》中，由于决定只写都市，却写不进去。这次奔丧回乡的见闻，又加深了我对"丰收灾"的感性认识，于是我就决定用这题材写一短篇小说。

---

① 茅盾：《我走过的道路》（中），人民文学出版社1984年5月版，第129至130页。

十月份写成，取名《春蚕》。①

《春蚕》描写了太湖南岸蚕桑产区一个蚕农经历春蚕丰收，然而又负债累累的故事，主人公老通宝，勤勤恳恳，相信老一套养蚕的方法，而儿媳四大娘和阿四、多多头则相信新的方法养蚕，由此而产生新旧的矛盾，而且矛盾很激烈，后来总算一个阶段一个阶段过去了，甚至春蚕产量有了十二分的好收成。但是意外就在丰收之后，蚕茧丰收了，茧厂关门，而蚕农无法解决保存蚕茧的问题，只好到无锡等外地去卖蚕茧，而且蚕茧的价格很低廉，老通宝原来指望春蚕丰收，可以还清一些旧债，不料卖掉蚕茧以后，还背上一大笔新债！老通宝到弥留之际依然没有想明白，世道怎么会变得这样？

《春蚕》像一幅乡村风俗画，将春蚕时节的江南农村描述得波澜起伏扣人心弦，蚕农们对蚕神的膜拜，对蚕事的禁忌，以及对春蚕饲养的精心，以及由此而付出的辛勤劳动，结果是丰收了但是蚕农又欠了一大笔债！所以《春蚕》充满浓浓的现实主义特色。

所以茅盾在写作《子夜》这段时间，创作了这么精美的《林家铺子》《春蚕》，确实难能可贵。

后来，俞颂华看到茅盾创作的《春蚕》发表在《现代》杂志，觉得茅盾的农村题材的创作或许是个富矿，就又去请茅盾写农村题材的小说。茅盾欣然允诺。于是茅盾接着《春蚕》的情节、人物和故事，在1933年4月写《秋收》，交给俞颂华，后来发表在《申报》第二卷第4、5期上。6月又写了《残冬》，发表在《文学》创刊号上（1933年7月1日）。此时，《春蚕》《秋收》《残冬》构成一个故事完整的"农村三部曲"。茅盾说过，这个三部曲与他写大革命时期的《蚀》三部曲不同，《蚀》三部曲是茅盾事先有设想的，人物故事要有连贯性，但是写出来的结果，《蚀》

---

① 茅盾：《我走过的道路》（中），人民文学出版社1984年5月版，第132至133页。

三部曲之间人物情节都没有连贯性；这是茅盾没有想到的。而《春蚕》《秋收》《残冬》农村三部曲，事先没有想到要写个三部曲，《春蚕》发表以后，受到鼓舞，才继续写后面两篇的。但是写出来以后，《春蚕》《秋收》《残冬》三部曲之间，却有许多联系。这同样是茅盾没有想到的。

由于《春蚕》反响强烈，引起夏衍的重视，当时夏衍化名"蔡叔声"将《春蚕》改编为电影剧本。由明星公司拍摄并搬上银幕。当时导演是程步高，演员中演老通宝的是肖英，演多多头的是郑小秋，饰荷花的是艾霞，饰四大娘的是严月娴，饰阿四的是龚稼农，饰六宝的是高倩蘋。据导演步高回忆，"这是中国电影第一次将'五四'之后的新文学作品搬上银幕"。所以大家拍摄中非常敬业，每一个角色的表演都非常努力。公司当局为了拍摄好这部电影，专门从苏州请来三个养蚕专家，专门负责拍摄期间养蚕。还买了六张蚕种，从头开始，以至养蚕的全过程。当时明星电影公司在上海的蒲石路三个摄影棚里专门让出一个摄影棚，保证《春蚕》的拍摄。为了保证拍摄画面的真实性，摄制组专门从北新泾装来48卡车的新鲜柳树枝，搭在摄影棚里。而那些演员，为了演好一个角色，常常不断反复地练习，直到满意为止。程步高回忆说："当时的演员们，保有舞台演员的良好传统，不怕穷，只怕戏演得不过瘾，就是要演得好，演得活龙活现，有戏味，感动人，因此事前常常一个人关在家里，对着镜子，自己排练，一会儿自言自语，一会儿哭哭笑笑。不知者还以为此人发神经病。演员们打好底子到摄影棚，不慌不忙，一排再排，从无怨言。大家要演得好，大家要过瘾，戏就演好了。"[1] 在拍摄过程中，夏衍经常去摄影棚看望演员导演，和他们交流看法，有时候还给这些演员介绍养蚕的风俗和细节。程步高还记得："有一个晚上，正在拍摄老通宝家布景时，剧作者陪着以茅盾为笔名的沈雁冰先生来参观，

---

① 程步高：《回忆〈春蚕〉的拍摄经过》，刊《影坛忆旧》，中国电影出版社1983年10月版，第2页。

跟我们谈了一会,细致地看了一会。足见原著者对影片的关心。"① 后来影片拍摄结束后,第一个拷贝印成了,明星公司就在六马路中央大戏院试映,程步高记得正中一个包厢,有人陪着一位贵宾来看试片,这个贵宾,就是鲁迅先生。1933 年 10 月,上海《晨报》副刊"每日电影"专门召开一次电影《春蚕》座谈会,参加这次座谈会的有程步高、姚苏凤、沈西苓、阳翰笙、叶灵凤、赵铭彝、郑伯奇、阿英、夏衍等等。其中夏衍在座谈会上说:"步高是太忠实于剧本,而我则太忠实于小说。"② 以至于剧本的许多台词都是茅盾小说《春蚕》中的。当说到为什么改编这个小说? 夏衍说:"至于我们为什么要取这个题材呢? 那是因为觉得,蚕丝的问题是很值得注意的(而且我从小就自己养过蚕而感觉到相当的兴趣),同时,《春蚕》的小说又不仅是真实地对蚕丝问题做着素描,而是联系到整个的社会经济机构与农村问题的一个郑重的解答。"③ 茅盾在回忆录中也说:"记得夏衍还陪我同去明星公司摄影场参观了影片的拍摄。"说明当时茅盾、夏衍等都非常重视电影《春蚕》的拍摄。而程步高的回忆也是真实可信的。

从《子夜》创作开始,茅盾持续几年,参与了"文艺大众化"的讨论。

"文艺大众化"因为关系到无产阶级文艺的方向问题,所以当时"左联"成员们都非常重视。但是,什么是大众文艺,大众文艺的内容和形式以及它们的相互关系,大众文艺的语言问题,艺术价值问题,作家与大众文艺的关系,以及怎样推进大众文艺运动,等等,大家都是众说纷纭,各说各的。当时充满激情的"左联"的那些作家和革命文学家,对文艺大众化都乐此不疲,发表自己的观点和看法。茅盾对此的看法还是冷静的。他认为,鲁迅对文艺大众化的认识是深刻的。因为鲁迅曾经说过:

---

① 程步高:《回忆〈春蚕〉的拍摄经过》,刊《影坛忆旧》,中国电影出版社 1983 年 10 月版,第 4 页。这是导演程步高在 1962 年 5 月的回忆。其中说到鲁迅先生去看试片一事,他还和赵丹提起过。

②③ 《在〈春蚕〉座谈会上发言》,刊 1933 年 10 月 8 日上海《晨报》"每日电影"副刊。

文艺大众化如果没有"政治之力的帮助，一条腿是走不成路的"。在无产阶级还没有取得政权之前，作家个人想去文艺大众化，是不现实的。瞿秋白在 1932 年 4 月 25 日《文学》半月刊创刊号上发表《普罗大众文艺的现实问题》，6 月 10 日又在《文学月报》创刊号（《文学》半月刊被禁后创办的左联机关刊物）上发表《论文学的大众化》，进一步表明自己的观点。当时，由于瞿秋白的文学大众化的观点，比较重要，所以杂志主编邀请一些人在杂志上一起讨论，发表自己的观点，《文学》编辑姚蓬子再三邀请茅盾参与讨论，于是茅盾用"止敬"的笔名，写了一篇与瞿秋白探讨的文章《问题中的大众文艺》，发表在《文学月报》第二期上。后来周扬、郑伯奇、田汉等人，也写文章讨论文艺大众化问题。一时间成为上海左翼文坛的一道风景。茅盾在文章中针对瞿秋白的"新文言"根本不是"话"，"新文言"写成"新文艺"，对大众而言，仍然是"鱼翅酒席"的等观点，提出："所以若就'新文言'与旧文言两者的本质而言，我反对宋阳先生那样的论断。'新文言'诚然'该死'，却是宋阳先生亦未免'深文周纳'。至于眼前那些看不懂听不懂'新文言'的成年大众应该拿怎样的东西给他们看——主要是大众文艺的文字问题。"① 至于大众文艺的技术方言等等，茅盾认为，大众文艺就是要让大众感动，不感动的文艺，也算不上大众文艺。他说："可是，'技术是主，文字是末'，即使读出来听得懂，要是技术方面还像前几年的'革命文学'，那就不能使大众感动，仍旧不是大众文学。"② 茅盾从文学创作的规律来谈文学大众化问题，显然是有深度的。茅盾的讨论文章发表以后，瞿秋白又发表《再论大众文艺答止敬》文章回应，解释一些误会，也讲了与茅盾在这个问题上的原则分歧，同时也讲了汉字拉丁化问题。对于瞿秋白的这篇回应文章，茅盾没有继续争论下去。他说：

---

① ② 止敬（茅盾）：《问题中的大众文艺》，刊 1932 年 7 月 10 日《文学月报》第 1 卷，第 2 期。

对于秋白的这篇文章，我没有继续争论下去，因为我发现我与秋白是从不同的前提来争论的，即我们对文艺大众化的概念理解不同。文艺大众化主要是指作家们要努力使用大众的语言创作人民大众看得懂，听得懂，能够接受的，喜见乐闻的文艺作品（这里包括通俗文艺读物，也包括名著）呢，还是主要是指由大众自己来写文艺作品？我以为应该是前者，而秋白似乎侧重于后者。由此又引出了对文艺作品艺术性的分歧看法。我认为没有艺术性的"文艺作品"不是文艺作品，即使最通俗的文艺作品也然。而秋白则似乎认为大众文艺可以与艺术性分割开来，先解决"文字本身"问题。秋白对文艺大众化的上述理解，大概与他很重视苏联的工农通信员运动的经验有关。但苏联开展工农通信员运动有一个先决条件，即政权在无产阶级手中，而中国那时却没有。①

茅盾和瞿秋白等一批左翼文化人，在三十年代初期，非常努力地推广文艺大众化工作，但是，在当时的时代背景下，只是一厢情愿的事，而且收效甚微。因为文艺大众化，真正有效的办法是变革社会制度。这是当时茅盾对文艺大众化的认识。

文艺大众化的讨论持续了好几年，形成三个高潮，后来陈望道、乐嗣炳趁文艺大众化的高潮，创办了一个以发表小品文为主要特色的刊物，陈望道将刊物取名为"太白"，意思是白而又白，比白话文还要白。而且"太白"二字，笔画少，符合大众化的原则，陈望道还说，太白星又叫"启明星"，表示天快亮了，暗示蒋介石国民党的黑暗统治即将结束了。当时，鲁迅、茅盾听陈望道解释后，十分赞赏。本来陈望道准备请鲁迅、茅盾担任编委，鲁迅和茅盾都认为，还是暗中支持好。公开列名，恐怕反而对刊物不利。事实上，后来鲁迅和茅盾都非常支持《太白》，茅盾

---

① 茅盾：《我走过的道路》（中），人民文学出版社 1984 年 5 月版，第 155 页。

在其中做出很大的贡献。《太白》创刊之初，茅盾以"形天""曲子"等笔名，发表了《大旱》《戽水》《阿四的故事》《黄昏》《沙滩上的脚迹》《天窗》6篇散文、1篇随感。而1935年茅盾为《太白》杂志写了15篇杂感。可见当时茅盾对陈望道的《太白》的支持力度。

四、国民党的文化围剿和《译文》丛书风波

　　20 世纪 30 年代抗战全面爆发之前，是茅盾的文学事业最为辉煌的阶段，他的代表性长篇小说《子夜》是这个时候创作出版的；脍炙人口的《林家铺子》《春蚕》以及农村三部曲是这个时候创作发表的；被柳亚子等前辈称赞的《石碣》《大泽乡》《豹子头林冲》等历史三部曲，也是这个阶段创作发表的。还有大量的文艺评论和杂文，茅盾以各种不同的笔名发表在各种杂志上，包括《申报》"自由谈"副刊上。

　　母亲常住乌镇，有时候茅盾夫妇带了一双儿女，去乌镇住几天，一家人其乐融融。清明时节，乌镇四乡，春光明媚，油菜花盛开，农田里到处是一片一片金黄色的油菜花，茅盾家里雇一条船，去东栅外的沈家坟的"新坟里"扫墓，船沿着三里塘往东，在"打铁高桥"进"杨木桥港"，沿徐家港，在一个叫"稻车浜"的地方停靠上岸。[①] 这时，茅盾的女儿沈霞、儿子沈霜是最开心的。从城市到农村，一切都很新鲜。

　　茅盾的几个本家，包括几个叔父，也都在上海工作，茅盾的二叔沈仲襄在茅盾从日本回国时，也从北京新亨银行调上海的交通银行工作了，所以茅盾与二叔一家也时有往来。三叔沈永钊也在上海交通银行工作。

---

　　① 笔者 1983 年 8 月 13 日在乌镇当地同志陪同下，曾经去乌镇东栅沈家墓地实地考察。据当地农民介绍，当时的地形地貌与半个世纪前的没有什么变化。考察以后，笔者专门向茅盾儿子韦韬先生以及茅盾表弟陈瑜清先生汇报和求证，这个地点确实是沈家墓地无疑。后来韦韬先生专门去沈家墓地祭拜其祖母的坟。

四叔沈永锟1931年在中央银行工作。所以当时茅盾家族里对金融业的敏感度非常高，稍有风吹草动，沈家的家族里面立刻有所反应。

在1931年11月，茅盾突然得到消息，诗人徐志摩因飞机失事而去世！茅盾感到十分沉痛，当时茅盾正在写《子夜》，还没有时间来写文章悼念这位不同道却有友谊的诗人。徐志摩和茅盾是相隔不远的同乡，茅盾是桐乡乌镇人，徐志摩是海宁硖石镇人。徐志摩家里生活条件富有，茅盾家里生活条件一般，徐志摩比茅盾小1岁。但是茅盾和徐志摩都是天才少年，茅盾的少年时代的作文，已经为老师称为"目光如炬，笔锐似剑，洋洋千言，宛如水银泻地，无孔不入"。预言茅盾"前程远大，未可限量"。而徐志摩1910年入杭州府中学堂，茅盾入湖州府中学堂。徐志摩1915年中学毕业考入北京大学预科，当时茅盾还在北京大学预科读书。但是徐志摩不久就转学上海沪江大学和天津北洋大学。在北京大学读书时，他们是否认识，现在不得而知。茅盾真正认识徐志摩，应该是在徐志摩1922年10月回国以后，特别是徐志摩陪同印度诗人泰戈尔在中国的旅行。当时茅盾根据中共中央的要求，和不少共产党人一起，写了中肯的批评文章，提醒中国青年在泰戈尔热中保持清醒的认识。茅盾在创作发表《幻灭》时，用了一个"茅盾"的笔名，当时徐志摩向叶圣陶打听"茅盾"是谁，叶圣陶不肯说，后来徐志摩和海宁人宋云彬说起这个笔名，恍然大悟，知道这是沈雁冰写的小说。但是同时替沈雁冰保密，没有宣扬。当时茅盾虽然早已是中共党员，但是对徐志摩的才华和作品，十分欣赏。茅盾从日本回国，徐志摩知道后专门来看望茅盾，并介绍史沫特莱和茅盾、鲁迅认识。没有想到，徐志摩竟然因为飞机失事而突然去世，让茅盾感到非常沉痛。所以时隔一年以后，茅盾写好长篇小说《子夜》后，写了一万三千多字的《徐志摩论》，纪念这位亡友。茅盾晚年曾说：

> 我和徐志摩早在二十年代初就认识了，虽然友谊不深，因为我

走上了"十字街头",而他则深深地钻进了"象牙塔"。一九三〇年我回国后,他来看过我,但后来他知道我参加了"左联",我的行动又秘密起来,我们就再没有来往。我总认为,虽然他的思想、作品乃至生活方式,都是十足资产阶级的,但他不是蒋王朝的御用文人。他不相信无产阶级革命,但他还有一颗艺术家的良心,他对于国民党的"革命成功"是愈来愈失望了。他遇难时才三十多岁,正是才智横溢的时候,而且在社会现实的教育下思想正处在要"变"的关口,所以,他的突然死去使我戚然。①

茅盾写的这篇作家论,是他经过一年的沉淀之后写的,也是茅盾写的作家论中最有特点的一篇。对徐志摩的知人之论,十分精确。是难得的徐志摩研究的重要文章。茅盾认为,代表徐志摩前期作品的《志摩的诗》,"大部分是苦闷愤怒的'情感的无关阑的泛溢'。虽然也有些'悲观'的作品,……但大部分是充满了诗人的'理想主义'和乐观"②。认为《猛虎集》是志摩的"中坚作品",是技巧上最成熟的作品。茅盾在文章中指出,徐志摩是中国布尔乔亚"开山"的诗人,同时又是"末代"的诗人。这些观点,表达非常精确。

茅盾写完《徐志摩论》以后,正好《申报》副刊"自由谈"由黎烈文主持开始革新,邀请一些新文学作家为"自由谈"供稿,茅盾也收到黎烈文的约稿信,茅盾就在考虑,给黎烈文写什么好?茅盾想,"自由谈"不是文艺副刊,所以不宜多谈文艺;而黎烈文刚刚将鸳鸯蝴蝶派长期盘踞的"自由谈"拿过来,新文学作家们就在上面攻击他们,力度过大,会让黎烈文和老板史量才感到为难的,茅盾自己这方面在革新《小说月报》时有深刻体会,所以要讲究策略,步子不能太大。所以茅盾估计写

---

① 茅盾:《我走过的道路》(中),人民文学出版社1984年5月版,第173页。

② 茅盾:《徐志摩论》,刊1933年2月1日《现代》第2卷第4期。

点含蓄一点的时论和抗日的文章，史量才和黎烈文大概不会反感。所以茅盾12月27日在"自由谈"上署名"玄"发表了《"自杀"与"被杀"》一文，此后，茅盾陆续在"自由谈"发表杂文，到1933年5月16日，茅盾在"自由谈"上发表了31篇，其中21篇署名"玄"，7篇署名"阳秋"，1篇署名"何典"，1篇署名"珠"，1篇署名"曼"。没有一篇署知名度高的"茅盾"。可见当时的社会环境并不安全。但是，有意思的是，本来茅盾不用"茅盾"这个笔名，可以写得随意随心一些，没有料到，黎烈文却在1933年1月30日的"自由谈"的"编辑室"栏目里刊登一段文字，说："编者为使本刊内容更为充实起见，近来约了两位文坛老将何家干先生和玄先生为本刊撰稿，希望读者不要因为名字的生疏的缘故，错过'奇文共赏'的机会。""何家干"是鲁迅的笔名。"玄"是茅盾的笔名。所以黎烈文这样广告一下，这两位作者的文章就格外引起社会的注意。

果然，5月6日出版的《社会新闻》刊登一篇文章，题目是《鲁迅与沈雁冰的雄图》，这篇文章说："自从鲁迅、沈雁冰等以《申报·自由谈》为地盘，发抒阴阳怪气的论调后，居然又能吸引群众，取得满意的收获了。在鲁、沈的初衷，当然这是一种与作用的尝试，想复兴他们的文化运动。现在，听说已到组织团体的火候了。"这些媒体已经在提醒国民党当局，紧接着，《申报》受到压力，黎烈文的"自由谈"的一些稿件被审查扣压，不让发表。黎烈文不得不在1933年5月25日"自由谈"栏发表告白，谓"这年头，说话难，摇笔杆尤难"。所以他"吁请海内文豪，从兹多谈风月，少发牢骚，"庶作者编者，两蒙其休"。此后，茅盾时断时续，继续在"自由谈"上发表杂文短论，至1935年，据不完全统计，茅盾不断变换11个笔名，在"自由谈"上发表杂文、短论35篇。这样前后加起来，茅盾在《申报》"自由谈"上一共发表66篇，为中国现代文学的杂文创作做出了重要贡献。

茅盾和鲁迅开始在《申报》"自由谈"上发表杂文时，茅盾又搬家了，搬到山阴路大陆新村三弄九号，茅盾是以"沈明甫"的化名租的，与鲁迅做邻居。茅盾在这里住了两年多，与鲁迅的来往更方便更多了。

《申报》"自由谈"受到威胁的同时，各种谣言四起，说"文人的脑筋最敏锐，胆子最小而脚步最好"。因为听说国民党要暗杀，鲁迅到了青岛，茅盾躲到浦东乡下，陈望道回到家乡，等等。这些谣言，是《社会新闻》配合蓝衣社的手枪最紧密的一次。据《中国论坛》披露，蓝衣社有一个56人暗杀的黑名单，其中有鲁迅、茅盾、杨杏佛、胡愈之等，而这个暗杀黑名单的签发时间，正是杨杏佛被暗杀的前三天！可见国民党特务已经在开杀戒了。这时左翼作家丁玲被捕了！并传说已经秘密杀害。茅盾闻讯，十分愤怒，立即撰写《女作家丁玲》，忆念丁玲。丁玲当时是左翼文坛的一颗新星。国民党特务在1933年11月捣毁艺华影片公司、良友图书公司等文化机构，并且扬言"对于赤色作家鲁迅、茅盾"的作品，"一律不得刊订、登载、发行。如有不遂，我们必以较对付艺华及良友公司更激烈更彻底的手段对付你们，决不宽赦"！一片杀气腾腾。同时国民党特务还散发《警告文化界宣言书》《铲除电影赤化宣言》等反动传单，摧残左翼文化。不久，国民党的文化围剿，开始直接禁止左翼作家的作品，1934年2月，国民党对茅盾的《子夜》等149种进步文艺作品以"鼓吹阶级斗争"的罪名，下达禁令，其中涉及28位作家，25家出版社。所以国民党的文化围剿范围很大。为此，开明书店的总经理章雪琛牵头，25家出版社同人，先后两次向国民党上海市党部请愿，章雪琛还和夏丏尊联名给蔡元培、邵力子写信，要求立即解除禁令。后来，国民党当局终于答应部分删改后解禁。笔者曾经在浙江图书馆看到一部茅盾的小说《宿莽》的审查本，审查官非常详细地审读，并且提出删改意见。3月20日，宣布解禁其中的59种书目。而开明书店出版茅盾的作品，成为文化围剿关注的一个方面，国民党上海市党部一个评价开明书店的内部报告中说道："该局自出版教科书外，其可述者，即为出版茅盾（沈雁冰）之著作也，计有《蚀》（包括《动摇》《幻灭》《追求》

三种),《虹》《三人行》《子夜》等,销路甚佳。"① 当时国民党当局将《子夜》列入应删改一类:"二十万言长篇创作,描写帝国主义者以重量资本操纵我国金融之情形, p.97 至 p.124 讥刺本党,应删去。十五章描写工潮,应删改。"② 国民党对进步文化的压迫,引起广大读者的强烈不满,有一个名为"救国出版社",专门印一个全本《子夜》,反抗国民党的文化围剿。

但是,国民党的压迫和对进步文化的围剿,茅盾和鲁迅等革命作家以及进步出版社可以同仇敌忾,而左翼文坛内部的矛盾,却让此时的茅盾有点顾此失彼,1933 年茅盾和鲁迅、陈望道、傅东华、郁达夫等创办《文学》杂志,编辑是傅东华,实际是茅盾把关。从 7 月 1 日创刊以后,茅盾投入大量精力,为左翼文坛的这个刊物的成长付出了心血。但是,傅东华在《文学》上发表了《休士在中国》一文,鲁迅收到《文学》赠刊,看到这篇文章,大为恼火,立即写了一封信给《文学》编辑部,其中说:

"……萧翁是名流,自配我们的名流招待,且唯其名流招待名流,这才得使鲁迅先生和梅兰芳博士有千载一时的机会聚首于一堂。休士呢,不但不是我们的名流心目中的名流,且还加上一层肤色上的顾忌!"

是的,见萧的不只我一个,但我见了一回萧,就被大小文豪一直笑骂到现在,最近的就是这回因此就并我和梅兰芳为一谈的名文。然而那时是招待者邀我去的。这回的招待休士,我并未接到通知,时间地址,全不知道,怎么能到? 即使邀而未到,也许有别种的原因,当口诛笔伐之前,似乎也须略加考察。现在并未相告,就责我不到,因这不到,就断定我看不起黑种。作者是相信的罢,读者不明事实,

---

① 章雪峰:《中国出版家·章雪琛》,人民出版社 2016 年 5 月版,第 187 至 188 页。

② 孙中田:《〈子夜〉的艺术世界》,上海文艺出版社 1990 年 12 月版,第 215 页。

大概也可以相信的，但我自己还不相信我竟是这样一个势利卑劣的人！

　　给我以污蔑和侮辱，是平常的事；我也并不为奇：惯了。但那是小报，是敌人。略具识见的，一看就明白。而《文学》是挂着冠冕堂皇的招牌的，我又是同人之一，为什么无端虚构事迹，大加奚落，至于到这地步呢？莫非缺一个势利卑劣的老人，也在文学戏台上跳舞一下，以给观众开心，且催呕吐么？我自信还不至于是这样的脚色，我还能够从此跳下这可怕的戏台。那时就无论怎样污辱嘲骂，彼此都没有矛盾了。①

　　鲁迅看到《文学》上的这篇文章，非常生气，所以写了一封信给《文学》社，表明自己对《休士在中国》一文的态度。傅东华知道自己闯祸，立刻去找茅盾，而茅盾当时正在乌镇，并不了解傅东华的这篇文章的情况，但是看到鲁迅的来信，茅盾觉得《文学》编委会应该向鲁迅道歉，同时让傅东华写一封给编委会的信，说明情况表示歉意。所以第三期的《文学》上，鲁迅的来信和傅东华的说明，编委会的道歉，一并刊登。鲁迅对茅盾他们的诚意，也表示接受。不过，经过这么一个过程，鲁迅和茅盾、傅东华他们，心里就多了一个想法。

　　1933年12月，有一天，鲁迅告诉茅盾，有人想见你。茅盾问："谁？"鲁迅说："成仿吾。"在内山书店边上的白俄咖啡店里，鲁迅和茅盾见到了成仿吾。成仿吾是鄂豫皖省委的宣传部部长，是省委书记沈泽民派成仿吾到中央汇报工作，但是，党中央当时去了江西，已经不在上海，所以成仿吾要找到关系，才能到中央苏区向党中央汇报鄂豫皖苏区的工作。到上海以后，成仿吾通过内山书店联系上鲁迅，此时，成仿吾和鲁迅已经见过面，鲁迅帮助成仿吾找到在中共中央上海分局组织部交通科科长

---

　　① 《鲁迅全集》第4卷，人民文学出版社1981年版，第551至552页。

高文华家里的瞿秋白。① 所以此时成仿吾想见茅盾，告诉茅盾一个不幸的消息：茅盾的弟弟、鄂豫皖省委书记沈泽民，已经在鄂豫皖牺牲了。当时茅盾和鲁迅一听，都怔住了。鲁迅问，泽民几岁？茅盾说，34岁吧。鲁迅叹息道："太年轻了。"大家在咖啡店小坐一会儿，便告辞。茅盾和鲁迅一道走回家的。茅盾回家，告诉了夫人孔德沚，孔德沚立刻泪流满面，问：琴秋呢？茅盾说，随部队走了。孔德沚又说，这怎么可以呢？后来，茅盾母亲知道小儿子已经牺牲，这位坚强的母亲曾经和亲戚说："阿二总算做了点事情！"

后来，1934年9月，在鲁迅的倡导下，生活书店又出版了《译文》,《译文》的创办过程中，茅盾推荐黄源担任编辑，第二年，鲁迅曾经创意出版《译文》杂志编辑一套《译文》丛书，当时，生活书店负责的徐伯昕同意在生活书店出版。后来，邹韬奋从国外回来，他让徐伯昕去莫干山养病，生活书店的事情交给毕云程负责。毕云程看到徐伯昕同意出版《译文》丛书，认为生活书店本来就有郑振铎主编的《世界文库》，内容性质相同，所以他和邹韬奋商量，不同意出版《译文》丛书。邹韬奋告诉了《译文》编辑黄源。黄源知道生活书店的态度变化了，不愿意出版《译文》丛书，便报告了鲁迅，并且去文化生活出版社接洽，文化生活出版社当时是吴朗西、巴金等在主持，吴朗西是黄源老朋友，所以一说，文化生活出版社就同意出版丛书了。为此，文化生活出版社和鲁迅、茅盾、黄源等一起在南京饭店聚餐，商量《译文》丛书的出版事宜。结果此事传到生活书店，生活书店邹韬奋、毕云程认为，丛书是否到文化生活出版社去出版？应该通过生活书店。他们以为是黄源在其中"掉花枪"，所以对黄源产生不满。其实毕云程和黄源都是浙江海盐县人，相互应该了解。但是问题还在后面，茅盾曾回忆说：

---

① 余飘、李洪程：《成仿吾传》，当代中国出版社1997年7月版，第266页。

　　九月十七日生活书店在新亚公司宴请鲁迅，共到鲁迅、茅盾、郑振铎、胡愈之、傅东华，主人为邹韬奋、毕云程。宴会刚开始，毕云程就提出：《译文》编辑仍请鲁迅担任，而不是黄源。这是要撤换编辑，事先却又没有和鲁迅及《译文》发起人（我和黎烈文）商量过。鲁迅当时很生气，把筷子一放，说"这是吃讲茶的办法"，就走了。上海流氓请人吃茶而强迫其人承认某事，谓之吃讲茶。生活书店之所以不让黄源为《译文》编辑，除了上面提到的误会，大概还因其名望比鲁迅小得多，而《译文》销数又不理想。但没有想到鲁迅宁可使《译文》停刊，却不能忍受"吃讲茶"的办法。

　　"吃讲茶"的第二天，鲁迅约我和黎烈文去家中，黄源也在，鲁迅当着我们的面把原来他已经签了字的《译文》第二年合同撕碎，声明：这个合同不算数了，生活书店如果要继续出版《译文》，必须与黄源订合同，由黄源签字。并要我去通知生活书店。

　　这事弄得很僵。郑振铎找我商量，想从中调解。他提出一个双方妥协的方案，即合同由黄源签字，但每期《译文》稿件鲁迅要过目并签上字。鲁迅和我研究，同意了这个方案。可是生活书店不同意，他怕《译文》赔本，情愿停刊。终于创刊达一年之久的《译文》最后出了一期"终刊号"，宣告停刊了。而黄源也因此辞去了《文学》编辑的职务。①

　　茅盾这里比较客观地介绍了矛盾激化的过程和结果，对生活书店的变化，茅盾也比较客观地看，认为邹韬奋之所以听从毕云程的建议，是因为当年邹韬奋困难时期，毕云程倾力相助，两人是患难之交，所以邹韬奋听从毕云程意见，是很正常的。但是鲁迅怀疑这件事是郑振铎在中

---

　　① 茅盾：《我走过的道路》（中），人民文学出版社1984年5月版，第240至241页。

间捣鬼，因为生活书店的借口是因为前面已经有了郑振铎主编的《世界文学》，再出《译文》丛书，成为出版社内部相互竞争。所以不肯出版《译文》丛书。鲁迅为此也与郑振铎逐渐疏远了。而茅盾夹在中间，和鲁迅说话不再随便。茅盾说，鲁迅"他本来对傅东华有成见，现在又添上了郑振铎，这使得我的工作十分难做"①。

此时，茅盾回乌镇的时候，发现乌镇观前街老屋后面的三间平屋，虽然破旧但是很安静，所以茅盾决定重新翻造这三间平屋。并且委托泰兴昌纸店伙计黄妙祥经手办理。当时，黄妙祥告诉茅盾，翻造一下三间平屋，费用五六百元即可。于是，茅盾亲自画了草图，交给黄妙祥去请人设计。后来在建造过程中，黄妙祥几次给茅盾写信，要求追加费用。最后，大概花了一千多元，比当初黄妙祥说的"五六百元"翻一番。不过当时茅盾的收入足以负担，所以茅盾能够忍受。而且刚刚翻造好的平屋，十分洋气。茅盾回忆当时验收时的情景说：

> 一九三四年秋后，房子盖好了，我亲自去乌镇"验收"，也为了接母亲来上海过冬。黄妙祥陪我看了新房子，果然不错，尤其木工做得细致。室内光线充足，很合我的意。黄妙祥笑着说道："镇上已经有不少人来参观过了，都说这是沈家大少爷亲自设计的洋房，要来开开眼界。"我也笑道："这算是什么洋房呀，不过还实用罢了。"这时候室内还没有家具，我就把布置房间，美化环境的任务交给了德沚。后来，那年冬季和第二年春季，德沚在上海、乌镇之间来回跑了几趟，从上海运去了一套沙发，十几箱书（其中有一套商务印书馆出版的《百衲本二十四史》），两棵扁柏，以及其他日用家什；在镇上定做了一张写字台，一张方桌，几把椅子，以及床、柜等；又在长窗上挂上窗帘，配上了灯罩。在院子里，母亲移来了

---

① 茅盾：《我走过的道路》（中），人民文学出版社1984年5月版，第242页。

一棵夹竹桃，栽上了一枝藤萝，种上了花。这个小院四周都是高围墙，仅南面有一扇小门通往前面老屋，平时没有人来打扰，十分幽静，又经过这样一番布置，真有点"桃源胜地"的味道了。可惜我只在那里住了短短的两次，一次是一九三五年秋，有两个月，一次是一九三六年十月，只半个多月。[1]

茅盾忙中偷闲，在乌镇老家翻造了三间平屋。后来，经过半个世纪，乌镇茅盾故居改造时，发现三间平屋的用料质量很差，当时茅盾不在乌镇，无法监督，费用增长不少，但是建筑材料有点偷工减料，这是茅盾没有想到的。[2]虽然如此，刚刚修建好的三间平屋，光彩亮丽，而且深居住宅中间，住在里面，不为外人知晓，十分安全，所以这样的房子，依然给茅盾许多安全的温暖。尤其是母亲回到乌镇，有个安静的落脚的地方，茅盾感到欣慰。

1935年3月下旬，茅盾从大陆新村搬到信义村一弄4号。这是全面抗战之前，茅盾在上海生活的最后一个地方。

1936年，也是左翼文坛的多事之年。当时，鉴于国内外的形势变化，党组织派夏衍去上海找郑振铎和茅盾等人，传达共产党组织的想法，决定成立一个更加广泛的抗日统一战线的文艺组织，同时认为"左联"已经完成历史使命，可以解散了。夏衍请茅盾出面与鲁迅商量，于是茅盾带着党组织的这个意见，去征求鲁迅的意见。不料，鲁迅对成立一个新的更加广泛的抗日统一战线的文艺组织，表示同意。但是鲁迅对夏衍他们提出的解散"左联"的做法，不赞成。茅盾回来把鲁迅的意见告诉了夏衍，夏衍一听，急了。因为这是党组织提出的意见，夏衍又让茅盾去鲁迅那里，向鲁迅解释。但是，夏衍他们的想法，引起鲁迅的更加不满。

---

[1] 茅盾：《我走过的道路》（中），人民文学出版社1984年5月版，第271至272页。

[2] 20世纪80年代乌镇茅盾故居改造时，发现三间平屋的木材用料，十分单薄，建筑质量粗制滥造，可见与当时茅盾不在乌镇有关。

茅盾后来一想，这样在两边传话，恐怕引起误会，而且于事无补。所以从鲁迅那里回来，茅盾没有直接找夏衍，而是将鲁迅坚持的意见，托郑振铎去转告夏衍，避免"说客"之嫌。

后来，鲁迅经过徐懋庸的说项，同意解散"左联"，但提出必须发一个宣言，申明"左联"的解散，是为了把无产阶级文艺运动推向一个新的阶段，而不是自行溃散。当时夏衍、周扬他们这些年轻人，也同意鲁迅的这个建议。可是，后来"左联"解散了，"宣言"却没有发。为此，鲁迅大为光火，认为他们言而无信，同时也迁怒于新成立的文艺家协会，而茅盾作为文艺家协会发起人之一，一度与鲁迅的关系十分尴尬。因此，当周扬他们希望茅盾从中调解鲁迅与他们的关系时，茅盾婉言推辞了。茅盾觉得自己已经处在尴尬境地，已经"没法调解"。

然而一波未平一波又起，上海文艺界的朋友提出一个"国防文学"的口号，呼应中共的抗日统一战线的要求，但是这个口号由于在理论上不成熟，所以在内容的内涵上十分模糊，而提出这个口号的徐懋庸等人又没有解释清楚。因此，这个口号提出以后，赞成的，反对的都有，十分热闹。茅盾开始保持观望态度，没有立即参与讨论。后来茅盾写了《悲观与乐观》《中国文艺的前途是衰亡么》《论奴隶文学》《需要一个中心点》《进一解》等文章，对徐懋庸的文章给以匡正，认为："民族革命斗争的伟大赤热的精神，将启发在斗争中的民族的每一人的心灵，而这心灵将唱大时代的史诗。这是世界革命先进国的已然的例子，中国也不会是例外的。如果中国大众抵抗侵略而发生广大而持久的战争，我们相信中国文艺只有前进，——展开全新的一页前进！"[1]茅盾正面提出对国防文学的理解，认为"这是唤起民众对于国防注意的文学。这是暴露敌人的武力的文化的侵略的文学。这是排除一切自馁的屈伏的汉奸理论的文学。这是宣扬民众救国热情和英勇行为的文学。这是

---

[1] 横（茅盾）:《中国文艺的前途是衰亡么》,刊《文学》第6卷, 第4号, 1936年4月1日。

讴歌为祖国而战，鼓励抗战情绪的文学。然而这不是黩武的战争文学。相反的，这是为了世界的真正和平，为了要终止一切侵略的战争的战争文学。这是民族的文学，咏赞民族自救的文学。然而这不是狭义的民族主义的文学。这对于民族的敌人固然憎恨，然而对于敌人营垒里被压迫被欺骗来做炮灰的劳苦群众却没有憎恨。不但没有憎恨，而且应以同志般的热心唤醒他们来和我们反抗共同的敌人。对于甘心做敌人伥鬼的汉奸，准汉奸，应给以不容情的抨击，唤起民众注意这种‘国境以内的国防’”①。正面阐述国防文学的意义。而正在此时，青年文艺理论家胡风发表了《人民大众向文学艺术要求什么？》一文，提出"民族革命战争的大众文学"的口号，让渐趋平静的左翼文坛再起风波。后来鲁迅还为两个口号写了文章，并让冯雪峰请茅盾在《文学界》发表，结果《文学界》没有引起重视，发表时也没有放在头条，引起当事人的不满。而当时茅盾的《关于引起纠纷的两个口号》写好后，交给《文学界》，结果发表时，《文学界》连同周扬的反驳茅盾的文章《与茅盾先生论国防文学的口号》一起发表，这明摆着是《文学界》做了手脚，将没有发表的茅盾稿子先送给了周扬，所以周扬才有与茅盾的讨论文章，这让茅盾十分恼火。于是茅盾又写了《再说几句——关于目前文学运动的两个问题》，进一步阐述了什么是关门主义和宗派主义等三个问题。文章锐利、坦诚而又深刻。在8月23日《生活星期刊》上发表后，据说周扬私下托人向茅盾解释。

由于左翼文坛上的是是非非，有的就趁机浑水摸鱼，发表一些无聊的东西，上海的《今代文艺》发表《戏改鲁迅茅盾联》，又引起一场风波，戏联据说是郭沫若写的："鲁迅将徐懋庸格杀勿论，弄得怨声载道；茅盾向周起应请求自由，未免呼吁失门。"茅盾看了这些无聊的戏联十分生气，为此专门写了《谈最近的文坛现象》，给以批评。

---

① 波（茅盾）：《需要一个中心点》，刊《文学》第6卷，第5号，1936年5月1日。

茅盾虽然奔波在朋友中间，协调左翼文坛朋友，团结一致，反抗国民党的压迫和文化围剿，自己的创作依然没有停止，而且创作基本上很顺手。据不完全统计，从1934年到1935年，茅盾在《文学》杂志上，发表文章56篇，最多时，一期的杂志上，同时刊登4篇。在《中学生》上，两年间发表13篇。在《译文》上发表12篇。在《读书生活》上发表7篇。在《申报月刊》发表8篇。在其他的刊物和报纸上发表近20篇。写了《庐隐论》《冰心论》，还有一批散文和小说如《雷雨前》《戽水》以及《第一个半天的工作》等7个短篇小说以及《多角关系》《少年印刷工》2个中篇小说。而且在翻译上，也是成果累累，茅盾为郑振铎主编的《世界文库》提供7册译稿。1935年，茅盾还选编了《中国新文学大系·小说一集》，并且写了导言。茅盾还在乌镇老家写了一部小说《多角关系》，这是茅盾在乌镇老家写的唯一的一部小说。这一些创作成果，都是茅盾一方面受到国民党文化围剿，人身安全受到威胁的情况下取得的，同时左翼文坛内部矛盾，也牵扯了茅盾不少精力，影响茅盾的创作。所以茅盾的勤奋和不懈努力，依然取得如此成果，贡献依然巨大。

五、全面抗战前的奔波

　　全面抗战前，茅盾在上海依然过着隐居生活，但是相对比较安定，所以他和鲁迅一起，继续在左翼文坛上勤奋耕耘。

　　在全面抗战前的上海，国民党对革命力量的扼杀，从来没有放松过，同样，革命力量的反抗，也在斗争中不断强大，茅盾的一些革命同志朋友，在上海或者在别的地方，被国民党杀害，成为茅盾理想信念不断增强的动力。茅盾在二十年代革命同志、上海大学同事邓中夏，1933年5月在上海被叛徒出卖而被捕，9月就牺牲在南京雨花台。但是，蒋介石在南昌发表讲话，强制推行"新生活运动"，提倡"尊孔读经"。紧接着，国民党中宣部公布《图书杂志审查办法》，加强对左翼文化的控制和压制。这时还发生一件让茅盾悲痛不已的事，1935年3月，茅盾和鲁迅的朋友瞿秋白被捕了！因为茅盾搬家，茅盾那天在鲁迅家里，和鲁迅告别。茅盾记得：

　　　　在搬往信义村的前一日，我去向鲁迅告别，因为住得远了，往后非紧要的事情只得靠书信来传递了。我们谈了一会，我觉得鲁迅的心情不好，就站起来告辞。鲁迅却拉住我，压低了声音道："秋白被捕了！"我大吃一惊，因为我们总以为秋白是随着红军主力离开中央苏区西进了，莫非他所在的部队给打散了？国民党倒是天天在报上吹嘘江西"剿匪"的胜利。我问："这消息可靠吗？"鲁迅道：

"他化名给我寄来了一封信，要我设法找铺保营救。看来是在混乱中被捕的，身份尚未暴露。"我又问："之华知道了吗？"鲁迅道："告诉她了，她是干着急。你也知道，这一次上海党组织被破坏得厉害，所有关系都断了，所以之华也没有办法，不然找一个殷实铺保还是容易的。现在要找这样一爿店，又能照我们编的一套话去保释，恐怕难。我想来想去只有自己开它一个铺子。"我沉吟道："就怕远水救不了近渴。还是要靠党方面来想办法。我们木然对坐，想不出更好的办法。"后来鲁迅果然打算筹资开一个铺子，但在尚无头绪之时，国民党的《中央日报》就登出了秋白被捕的消息。他被叛徒出卖了。从报纸上的消息，我们知道秋白未随红军主力西征，而是二月底在福建长汀被捕的。同时被捕的还有两个女的，也就是后来向敌人告密的叛徒。大约又过了一个月，在六月二十日前后，传来了秋白同志高唱《国际歌》从容就义的噩耗。那时，秋白才三十六岁。①

瞿秋白牺牲后，鲁迅、茅盾、郑振铎一起编印瞿秋白遗作《海上述林》，郑振铎为此还在家里举行家宴，陈望道、叶圣陶、胡愈之、章雪琛、徐调孚、傅东华、茅盾等一批瞿秋白的老友聚在一起，共同缅怀瞿秋白，商量遗作出版事宜。对瞿秋白的牺牲，茅盾感到十分沉痛和凄然。因为瞿秋白和茅盾兄弟俩认识很早，而且都是志同道合的党内同志。瞿秋白和沈泽民的关系非常紧密，无论在上海，还是在莫斯科，沈泽民都愿意和瞿秋白交流汇报，沈泽民回国以后，在鄂豫皖苏区担任省委书记，和瞿秋白告别时，两人相约，革命胜利以后，在上海相聚。沈泽民 1933 年 11 月 20 日在苏区牺牲后，瞿秋白刚到中央苏区不久，在 1934 年 1 月 19 日的《红色中华》报纸上介绍沈泽民同志，刊

---

① 茅盾：《我走过的道路》(中)，人民文学出版社 1984 年 5 月版，第 286 至 287 页。

登《追悼沈泽民同志》一文，认为"沈泽民同志的死，对于革命是一个很大的损失，尤其在我们党内，他是一个最坚定的忠实的布尔什维克。为着纪念他的伟大，我们不仅要表示无限的哀悼，而且要在实际的工作中，继续他的精神，为苏维埃的胜利而斗争"①。纪念这位革命烈士。4月3日，瞿秋白亲自在"国立沈泽民苏维埃大学"担任领导，并在开学典礼上讲话。沈泽民的夫人张琴秋，和瞿秋白的夫人杨之华，既是同学又是同志，情同手足。杨之华还是茅盾夫人孔德沚的入党介绍人。这是在抛头颅、洒热血，血雨腥风的岁月里结下的革命友谊，所以沈、瞿两家的感情非同一般。

　　瞿秋白牺牲后不久，鲁迅的身体健康出现问题，在1935年11月8日，史沫特莱邀请茅盾和鲁迅到苏联驻沪总领事馆参加一个小型的鸡尾酒会，在酒会上，史沫特莱悄悄地和茅盾说，她们大家都觉得鲁迅脸色不好，感觉有病。孙夫人宋庆龄也在酒会上，她也觉得鲁迅身体不大好。史沫特莱告诉茅盾，她已经和苏联同志说过，如果鲁迅愿意去苏联休养，他们可以帮助联系，并且安排好一切。而且全家都可以去。后来，茅盾又去鲁迅家里，告诉史沫特莱的想法，鲁迅听了茅盾的劝说，有些心动了，表示自己再想一想。显然鲁迅听了茅盾劝说，顾虑少了一些。但是，过了一个礼拜，茅盾再次到鲁迅家里时，鲁迅对茅盾说："我考虑再三，还是不去。"这时茅盾还是劝他去苏联休养，但是鲁迅是似乎决心已定，对茅盾说："疲劳总不免有的，但还不至于像你们所想象的那么衰老多病。不是说'轻伤不下火线'吗？等我觉得实在支持不下去的时候，再谈转地疗养吧！"茅盾知道鲁迅心已定，不好再说什么。所以后来茅盾给史沫特莱写信，告诉她，鲁迅先生的转地疗养的事，只好过些日子再说了。史沫特莱是茅盾在三十年代认识的外国朋友，是徐志摩介绍认识的。后来史沫特莱专门为介绍茅盾、鲁迅以及其他新文学作家的作品，不遗余

---

① 《追悼沈泽民同志》，刊《红色中华》1934年1月19日。

力，其中，茅盾的《子夜》是史沫特莱最早翻译给外国读者的。可惜后来因为战争，这部英文版《子夜》未能出版。但是，史沫特莱因为《子夜》的翻译，请茅盾写的第一个"自传"，却留了下来。成为后来茅盾生平研究的重要史料。

除此之外，史沫特莱还促成鲁迅和茅盾给中共中央拍电报祝贺红军东征胜利的事。茅盾记得：

> 一九三六年春节后的某一天，我照例到一些老朋友家去"拜年"，也到了鲁迅家中。告辞时，鲁迅送我下楼。走到楼梯中央，鲁迅忽然站住对我说："史沫特莱告诉我，红军长征已抵达陕北，她建议我们给中共中央拍一份贺电，祝贺胜利。"我也停住脚步道："好呀！"鲁迅继续往下走，又说："电文不用长，简短的几句就行了。"我点着头，转念又问道："可是电报怎样发出去呢？"鲁迅说："交给史沫特莱，她总有办法发出去的。"这时我们已走到楼下，见厨房里有人，就没有继续谈。我因为还要到别人家去"拜年"，就告辞了。后来，因为忙于别的事，见到鲁迅也没有再问起这件事，以后也就忘了。直到四月底冯雪峰从陕北到了上海，才告诉我："你们那份电报，党中央已经收到了，在我离开的前几天才收到的。"①

其实，当时鲁迅和茅盾是给红军东征胜利发一封贺信。

---

① 茅盾：《我走过的道路》（中），人民文学出版社 1984 年 5 月版，第 305 页。据阎愈新教授多年考证，当时鲁迅和茅盾给红军贺信，不是祝贺红军长征胜利，而是祝贺红军东渡黄河抗日。鲁迅、茅盾在贺信中写道："你们的英勇的斗争，你们的伟大胜利，是中华民族解放史上最光荣的一页！全国民众期待你们的更大胜利。"贺信的落款时间是 1936 年 3 月 29 日。可见茅盾在春节听鲁迅说起以后，又相隔不少时间，此信才发出。

此时，茅盾与生活书店的关系并不因为《译文》丛书问题而冷漠，因为生活书店出版进步读物，已经成为读者的共识，这在当时的国民党对进步文化压迫打击的历史背景下，是很不容易的。所以茅盾对生活书店的要求，尽量支持。1936 年 4 月的一天，邹韬奋找到茅盾，说他看到消息，苏联高尔基在主编一部《世界的一日》，他觉得这个创意非常有意义，所以他想请茅盾来主编一部《中国的一日》，茅盾一听，觉得确实有意义，就和邹韬奋一起商量了具体的编辑体例、规模以及费用等事务。商议成立《中国的一日》编委会，拟定名单，决定王统照、沈兹九、金仲华、茅盾、柳湜、陶行知、章乃器、张仲实、傅东华、钱亦石、邹韬奋 11 人为编委会成员。具体编辑事务，茅盾请孔另境来帮助。所以几天后,邹韬奋和茅盾出面,宴请编委会成员，一起商量《中国的一日》的具体工作。具体选定 1936 年 5 月 21 日作为基准点。分地区收入来稿，开展征文，同时请蔡元培为《中国的一日》作序。征文发出以后，到 6 月底，已经收到来稿 3000 多篇，约 600 万字，让茅盾和孔另境忙得焦头烂额，当时除了新疆、西藏、青海、西康、蒙古等以外,各个省市都有来稿。来稿人，都是各色人等，十分庞杂。编好以后，茅盾专门写一篇文章，介绍编辑经过。生活书店总经理张仲实写了《全国鸟瞰》，介绍这一天全国的政治、经济、军事、外交、教育与体育的情况。全书 18 编，还有许多插图照片，十分丰富。所以在抗战前，茅盾编辑《中国的一日》，为 1936 年 5 月 21 日的中国留下一个真实的记录，在新闻史和出版史上留下一个印痕。

茅盾结束《中国的一日》的编辑后，生活书店徐伯昕找到茅盾，希望茅盾为生活书店写一本指导青年创作的书。茅盾向来不喜欢作家自己讲什么创作经验，教人家如何去创作。所以徐伯昕开始讲，让茅盾写一部讲如何创作的书，茅盾就不同意，后来徐伯昕再三解释，并且表示，这部书，只有茅盾写最合适。茅盾见推不掉，只好答应下来。于是，茅盾用一个星期的时间，写了 3 万字，书名就叫《创作的准备》，全书讲了 8 个问题，即学习与模仿，基本练习，收集材料，关于"人物"，从"人物"到"环境"，写大纲，自己检查自己，几个疑问。茅盾这是第一次谈自己创作的甘苦，然而，有意思的是，茅盾在这部谈创作的书里，他故意不谈作家的世界观问题，不谈小说作品要指出光明前景问题，也没有说到作品的社会效果问题。这些问题在当时的茅盾心中，自有他自己的看法。

1936 年是茅盾忙碌而烦琐的一年，但是，茅盾一直没有停下手中的笔，弘扬正义，团结左翼作家，从生活中发掘创作源泉。茅盾上一年创作的《多角关系》年初在《文学》第 6 卷第 1 号上发表。这是茅盾三十年代创作的乡镇小说的一种，小说描写了经济危机下小镇工商业者，开展的一场尔虞我诈、你死我活的搏斗，茅盾自己认为，这篇小说没有写好，"可以说写失败的"。其实，当时小镇工商业者，在年关的工商业生意旺季的搏斗，这些在工商界跌打滚爬几十年的老生意人，在尔虞我诈方面，不比政治家们弱，所以这部小说，在描写小镇工商业方面，还是有典型意义的。

这几年，茅盾特别重视儿童文学的创作，写于 1936 年 5 月的《大鼻子的故事》，写于 1936 年 6 月的《儿子开会去了》，这是继《少年印刷工》之后，茅盾对儿童文学的贡献。《大鼻子的故事》描写了城市里一个流浪儿成长的过程，他没有名字，人家称他"大鼻子"，一个从小失去双亲，连自己的姓名都不知道的儿童。他整天踯躅于大城市的街头，露宿在公厕外墙的角落里，受尽了饥寒的折磨和种种无端的凌辱。他"独来独往"，只有求生的欲望，他太小，对周围正在发生的社会大动荡全然不知。但是，生活也教给了他许多。他自然地继承了中国的"民族特性"——阿Q精神，使他在困苦中也能安然自得。他懂得了爱与憎，他憎恨一切代表着上层社会的东西。他也有纯朴的是非观念，他同情好人，希望好人得到幸福。有一次，他偶然被卷入了一队爱国示威游行的行列中，他看到了爱国学生与警察搏斗，他明白了：这些穿戴入时的青年其实都是好人，于是他把拾起来的钱包悄悄送回到丢失钱包的青年的口袋里，也兴高采烈地挥着小旗子，跟大家一起喊出了："打倒日本帝国主义！"

此时，茅盾的女儿沈霞已经上了培明女子中学了，沈霞在中学里，写的作文，常常得到老师的肯定，给以非常高的评价。如《学以致用》作文里，老师的评价是："锦心绣口，咳吐成珠，是有目共赏之文。"在《值得纪念的一件事》中，老师评语是："理直气壮，大有怒发冲冠之势，民气如此，何患强梁。"在《马路上一瞥》的作文中，老师评语是："写来如绘，文中有画，阅者亦几疑置身其中矣。"而茅盾的儿子沈霜，上一年刚刚从时代小学毕业，进入大同大学附中读书。而小学时期的一次会议，让茅盾感触很深。在小学时沈霜和一些大同学关系很好，所以这些同学常常带着沈霜去班主任刘老师那里，刘老师是年轻的革命者，后来刘老师知道沈霜是茅盾的儿子，便让沈霜和那些大一点的同学一起到自己宿舍，一起议论革命大事。后来在纪念五卅运动时，沈霜也和那些大同学，一起上街，拿着小旗子，喊着口号。这让茅盾夫妇想到当年自己上街的情景，非常感慨。小说就是描写儿子开会去了，作为父母的揪心与欣慰交织在一起。《儿子开会去了》没有去叙述儿子参加游行的过程，而是着重描写了父母的心情。小说的寓意很简单：老一代曾在"五四"运动的感召下经历了革命的暴风雨；现在年轻的一代又在新的感召下冲向街头了！这就是中国革命的接力赛。茅盾在小说中写道："恐怕要到阿向的儿子做了小学生，这才群众大会之类是没有危险的。中国革命是长期的艰苦的斗争！"

除此之外，茅盾在这个时期，还写了不少儿童文学论文和有关儿童的散文。如《再谈儿童文学》中，茅盾提出儿童文学要表现儿童的天真和纯洁。在《"不要你哄"》中批评儿童文学创作中的不良倾向。在《儿童文学在苏联》则介绍苏联对儿童文学的重视和苏联儿童文学的状况。以及散文《好玩的孩子》等。1936年，茅盾还写了《烟云》《送考》《手的故事》《水藻行》等短篇小说。

当时，鲁迅写信给茅盾，告诉茅盾，日本改造社山本实彦向鲁迅约稿，并且要茅盾提供一篇稿子，茅盾同意了，因此，《水藻行》是应鲁迅的要求而创作的小说。这是一篇农村题材的短篇小说，但是这篇小说不同于茅盾其他的农村题材的小说，没有写农村的阶级矛盾，也没有展示农村阶层之间的矛盾，他重点刻画了财喜、秀生两个农民的不同性格，不同思想，不同情感的农民形象。故事很简单，叔侄两人去打蕰草，矛盾由此展开，人物只有三个，财喜和秀生夫妇。财喜是一个充满活力的农民，而秀生则是一个孱弱的年轻农民，在秀生家劳动中，财喜的身强力壮，和秀生的无能窝囊，于是财喜"鬼使神差"一般和秀生老婆好上了，然而，在乡长强行拉孱弱的秀生去筑路时，财喜挺身而出，保护秀生。茅盾说："我写这篇小说有一个目的，就是想塑造一个真正的中国农民的形象，他健康，乐观，正直，善良，勇敢，他热爱劳动，他蔑视恶势力，他也不受封建伦常的束缚。他是中国大地上的真正主人。"[①] 小说写好以后，本来是鲁迅自己翻译茅盾这篇小说的，但后来鲁迅因为身体原因，没有能够亲自为茅盾这篇小说翻译，直接送给日本山上正义翻译。鲁迅在茅盾的这篇小说上花的心血，茅盾十分感动！次年5月，《改造》杂志刊登了日文《水藻行》。此时，曾经关心过这篇短篇小说的鲁迅先生已经逝世半年！而茅盾的这篇短篇小说是茅盾一生中唯一先在国外发表的一篇小说。

1936年10月上旬，茅盾知道母亲在乌镇身体不适，便想去乌镇小住几天，陪伴母亲几天，自己计划在那边写早想写的小说《先驱者》。茅盾带了几箱书，14日到达乌镇，结果，到了乌镇，茅盾母亲身体好了，而茅盾反而病倒了。茅盾回忆说：

---

① 茅盾：《我走过的道路》（中），人民文学出版社1984年5月版，第355页。

　　我于十月十四日回家乡，随身带了几箱书。不料到达乌镇，母亲病已痊愈而我却躺倒了。大概是旅途劳顿又加上换了新环境，生活规律打乱了，于是严重的失眠和便秘同时袭来，结果痔疮大发作，大肠头脱出寸许，痛如刀割，整天只能躺着。请了镇上的郎中来，也无良策。就在这时候，突然收到德沚十九日下午打来的急电："周已故速归。"这个"周"是谁呢？还有哪个"周"能使德沚发急电来催我回去呢？一定是大先生！真是晴天一霹雳！我不能相信。十月初我曾陪《中国呼声》的编者格兰尼奇去看望鲁迅，还给鲁迅照了像。我们见他已恢复健康，谈笑风生与过去一样。格兰尼奇还对我说：今天看见鲁迅的脸色和精神比我意想中的好些，可是他若不赶紧转地疗养，总是危险。十月十日我又见到鲁迅，那是在上海大戏院看苏联电影《杜勃洛斯基》，他的精神依然很好，对于我提起的转地疗养连听都不愿听。十三日我给他去信告诉他我到家乡小住，他还给我回了信。可是才过了一个星期，怎么就会故去了！我决定第二天一早乘快班船回上海，并且希望经过一夜的休息，痔疮能有所好转。谁料这一夜又是一个不眠之夜，……第二天清晨痔疮未见好转，勉强下得床，才挪动几步，就痛得浑身冒汗。母亲见我痛得厉害，就说，你这个样子还能坐一天的快班船和火车？就算到了上海，也不能让人抬着你去参加出殡呀。想来丧事总得有几天，你再休息一两天，等到能走动了再回去也来得及。我觉得母亲说得有理，就给德沚回了一个电报，告诉她因病我要迟一两天返沪，要她先协助许广平料理后事（后来知道，治丧委员会交给德沚的任务是陪伴孙夫人）。①

　　茅盾是鲁迅葬礼结束以后，回到上海的，茅盾和夫人孔德沚以及

---

　　① 茅盾：《我走过的道路》（中），人民文学出版社1984年5月版，第343至344页。

专门赶来的女作家陈学昭一起，到万国公墓向鲁迅致哀。鲁迅先生的去世，茅盾十分沉痛，在短短的几天里，茅盾写了好几篇纪念怀念鲁迅的文章，他在英文杂志《中国呼声》上发表《"一口咬住……"》，提出"鲁迅是东方一位最伟大的作家，而且像每个伟大作家一样，也是一位伟大的思想家。他为中国人民的解放事业贡献了自己的全部智慧和知识"[1]。紧接着，茅盾又写了《学习鲁迅先生》《写于悲痛中》《研究和学习鲁迅》等几篇文章，提出要学习鲁迅的伟大斗争精神，为了永久纪念，茅盾提出新中国的时候，应该有"鲁迅文学院"，大陆新村一村收为公有，而边上建庄严的纪念馆……茅盾的这些远见，历史已经作出肯定的回答。在如何研究学习鲁迅时，茅盾提出一是要学习鲁迅的战斗精神，就是鲁迅的"一口咬住就不放"的精神；二是要学习鲁迅的战斗技术，反对学习研究中的"公式主义"，所以茅盾在鲁迅研究中的意见是一针见血的。所以茅盾是"第一个提出应当用科学的方法，准确地、全面地学习和研究鲁迅的人"[2]。

鲁迅去世后，上海文坛有点寂寞沉闷，生气活力都比较欠缺。"左联"解散后，虽然成立了文艺家协会，但是这个协会没有开展什么活动。加上文坛内部的矛盾，文艺界弥漫着一种焦虑、灰心的情绪。于是茅盾和中共特派员冯雪峰商量，以每周聚一次会的方式，进行沟通和联络，推动新文化的发展。这就是在全面抗战前上海文坛存在的"星期聚餐会"的诞生。这个"星期聚餐会"一般是一桌，十个人左右，每人一次出一块钱，每周一次，成为上海文化界联络感情、增进友谊、交流信息、编者读者互动的一个好形式。"星期聚餐会"一直到抗战全面爆发才结束。

全面抗战前的茅盾，一直在左翼文坛矛盾的交错中，然而茅盾始终

---

① 原载上海英文杂志《中国呼声》第1卷，第18期（1936年11月1日出版）。

② 查国华、杨美兰：《茅盾论鲁迅》，山东人民出版社1982年9月版，第187页。

是一个奋力向前的人，尤其是茅盾在四十岁左右的年龄段，精力充沛，思想、艺术早已成熟，他始终追随共产党的思想和步伐，虽然当时没有在党内过组织生活，但茅盾依然是一个马克思主义者。

第六章 奔波在烽火连天的日子里

　　1937年"七七事变"发生后，全国上下，地不分南北，人不分老幼，开始了全面抗战的伟大壮举！日寇的步步逼近，东北已经丢失，华北也是频频告急，紧接着上海发生"八一三战争"，日寇的炮火将上海文化的精华部分炸毁，纸灰像黑乌鸦一样，飘洒在半个上海城！像潮水一样的难民，涌向码头车站……茅盾在烽火连天的日子里，先后去长沙、武汉、广州、香港，在香港编辑《文艺阵地》，用手中的笔，为抗战作鼓与呼。后来去了新疆，为新疆的文化教育事业奉献自己的力量，但是盛世才的反革命面目暴露后，茅盾和张仲实差一点被盛世才以莫须有的罪名投入大牢。茅盾和盛世才斗智斗勇，最后逃出魔掌。新疆出来，茅盾直接去了延安，那里是共产党的天下，茅盾的一些老朋友在那里，茅盾在延安的日子，是他心情最为舒畅的时候。在重庆的周恩来一纸电报，把茅盾从延安召到重庆，从事国共合作时期的文化工作，可是，不久发生"皖南事变"，形势陡然紧张，茅盾秘密离开重庆，去了香港。先写长篇小说《腐蚀》，后又主编《笔谈》，在太平洋战争爆发以后，茅盾在中共的安排下，长途跋涉秘密前往桂林，在桂林创作了《霜叶红似二月花》等作品，之后茅盾又到重庆，在那里度过几年的风雨岁月。

茅盾在抗日战争时期的奔波，却付出了沉重的代价，母亲在乌镇孤寂地离开人间，聪明的女儿沈霞在抗战胜利时，在延安意外去世，让茅盾夫妇一辈子无法释怀！

一、在《文艺阵地》耕耘

上海"八一三战争"爆发后的第二天，正是星期六，上海文艺界的"星期聚餐会"来了不少人，大家群情激奋，面对抗战形势，作家、出版家都摩拳擦掌，纷纷表示要在这个大时代献计出力。这时，传来《文学》《中流》《译文》《文丛》都即将停刊的消息，大家感到，全民抗战开始了，文艺界的刊物反而停刊了，无论如何不是一个好现象！于是，大家决定联合创办一个抗战刊物，呼应当前这个抗战大时代的需要。而且大家推举茅盾为新的杂志主编。茅盾没有推让，愿意为此尽力。茅盾说：

> 战友们的信任和期待，使我义不容辞，当天下午我约了冯雪峰去找巴金。巴金完全赞成办这样一个刊物，他说，文化生活出版社已决定《文丛》停刊，听说上海杂志公司的《中流》《译文》也已决定停刊，现在可能出现这样一种反常的现象：抗战开始了，但文艺阵地上却反而出现一片空白！这种情形无论如何不能让它出现，否则我们这些人一定会被后人唾骂的！不过当前书店都忙着搬家，清点物资，收缩业务，顾不上出版新书和新刊物，所以新刊物只有我们自己集资来办。好在一份小型周刊所费不多，出版了第 1 期，销路估计一定会好，这可以接着出下去。雪峰道：这是个好办法，何不就用《文学》《中流》《文丛》《译文》这四个刊物同人的名义办起来，资金也由这四个刊物的同人自筹？我说：就这么办，还可

以加一条：写稿尽义务，不付稿酬。我们又研究了刊物的名称，初步确定叫《呐喊》，发刊词由我来写。又议定分头去找四个刊物的主编——王统照、黎烈文、靳以、黄源，征求他们的意见。①

《呐喊》是茅盾在全面抗战开始时推动诞生的小型刊物，凭着满腔热情和强烈的社会责任感，茅盾和巴金等一起，在抗战阵地上，首先竖起一面文艺抗战的旗帜。茅盾在《呐喊》的创刊号上写了创刊词《站上各自的岗位》，用激情飞扬的文字，号召文艺界朋友一起融入抗战的大洪流，一起呐喊怒吼！"中华民族开始怒吼了！中华民族的每一个儿女赶快从容不迫地站上各自的岗位罢！向前看！这有炮火，有血，有苦痛，有人类毁灭人类的悲剧；但在这炮火，这血，这苦痛，这悲剧之中，就有光明和快乐产生，中华民族的自由解放！"②

《呐喊》创刊号在 1937 年 8 月 22 日出版，但是出版了两期，《呐喊》就被禁止出版。从 9 月 5 日开始出版经过内政部中宣会登记后的杂志，并且改名为《烽火》，封面上标明编辑人：茅盾。发行人：巴金。后来移到广州出版后，改为编辑人巴金、发行人茅盾。其实此时已是挂名而已。这本 32 开的小杂志，阵营十分强大，茅盾、巴金、郭沫若、王统照、郑振铎、丰子恺、钱君匋、胡风、郁达夫、叶圣陶等等，都为《呐喊》《烽火》提供稿子，让这个刊物在抗战初期，焕发出抗战激情，成为文艺界抗战的第一个阵地，茅盾为此付出了不少心血，茅盾不仅为创办《呐喊》《烽火》呕心沥血，而且还为《呐喊》《烽火》写了 10 篇杂感等作品，在中国抗战文艺史上留下浓墨重彩的一笔。

当时茅盾看到抗战形势日益严峻，上海估计不是久留之地，于是茅盾决定先将读高中的女儿沈霞和读初中的沈霜送到长沙朋友陈达人家

---

① 茅盾：《我走过的道路》（下），人民文学出版社 1988 年 9 月版，第 5 页。
② 同上，第 7 页。

里，让他们在长沙找个学校，继续他们的学业。茅盾当时希望在乌镇的母亲随他们去外地，但是茅盾母亲不同意，她不愿意去外地逃难，表示还是留在乌镇，还要茅盾他们带不走的东西，送到乌镇去。茅盾不放心，还是派夫人孔德沚去一趟乌镇，做母亲的工作。但是茅盾母亲已经决定，孔德沚也没有能够说动她。

正在此时，茅盾突然收到弟媳妇张琴秋化名"凤生"从南京寄来的信，茅盾一家人十分惊喜，原来琴秋还活着！因为茅盾此前一直听说张琴秋已经战死在甘肃河西走廊，没有想到现在收到她从南京寄来的信，张琴秋在信中，简单报告了自己这几年的经历，她在信中开头写道："矛哥、沚姊：很久没有和你们见面了，而且很久没有和你们通信了，我心中时常想念你们，时常打听你们的消息，……""我此次能来南京，确实是死中逃生。我于今年四月中旬在甘北被马步芳的军队所俘，当时被俘去男女几千人，杀死者过半。被俘后解送青海西宁，易名隐匿，帮人煮饭，有三月光景。后觅得同乡一名，才把我设法带至西安。抵西安后又由行营押送到南京，由中央党部送我们入反省院，住了两个星期，最近有周先生把我保出来，才得着了自由，准备明日起程归家。"① 这里的周先生，即周恩来，归家即回陕北，这是茅盾他们一看信就明白的。信中也讲到泽民的死，她说："民的消息，想必你们已经知道了吧！可怜他的一生，为解放人类的痛苦而奋斗，历尽艰苦，抛弃了私人的利益，日夜工作，积劳成疾，终于离去我们而长逝了。唉！我没有见他最后的一面，实在使我心痛！"② 张琴秋的这封信，写于 8 月 27 日晚上。是当时周恩来把张琴秋从南京反省院营救出来时写的。茅盾记得，当时孔德沚看到张琴秋的来信，想起情同手足的泽民和弟媳，又大哭一场。

1937 年 10 月 5 日晚上，茅盾带着女儿沈霞和儿子沈霜，随着难民潮，乘上开往南京的火车，茅盾他们是计划到达镇江后，坐船去武汉的，

---

①② 据手稿。韦韬同志提供。

然后再乘火车去长沙。然而，火车晚上从上海出发以后，走走停停，先到嘉兴，再从嘉兴走刚建好不久的苏嘉铁路，到苏州，再到镇江，此时已经是第二天的上午九点了。买好当天下午的英国太古轮船公司去武汉的船票，茅盾带着一双儿女，在镇江吃过中饭就上船了。10月8日，茅盾他们到达武汉，叶圣陶和开明书店的朋友已经在那边等候，已经安排好住宿。所以茅盾他们在武汉住一夜后，第二天就匆忙乘火车赶往长沙。茅盾事先已经和孔德沚的朋友陈达人联系过，请她帮助为沈霞、沈霜联系好学校，他们一到长沙，就让孩子去学校读书。当时陈达人一家住在长沙城外白鹅塘1号。陈达人的丈夫是留学回来的大学教授，姓黄名子通。第二天，茅盾就让女儿和儿子分别去周南女中、岳云中学当插班生，以免功课落下太多。安顿好孩子的读书事情后，茅盾关照沈霞、沈霜姐弟俩：每周要给妈妈写一封信。星期天去陈达人家玩。

正当茅盾准备回上海时，黄子通拉着茅盾不让走，要茅盾去湖南大学做一次讲座，于是茅盾只好在黄家多待了几天。第二天，徐特立来访，让茅盾十分惊讶。这是茅盾在抗日战争爆发以来见到的第一个公开身份活动的共产党人！所以茅盾感到格外亲切。茅盾说："而这样身份的同志已有十年不见了。"

茅盾离开长沙，准备经武汉坐长江轮船回到上海，但是战争形势十分诡异，汉口开明书店转交给茅盾一封电报，是夫人孔德沚从上海发来的，说长江在南京以下，已经封航。只能走其他路线回上海。于是茅盾买到了两天以后到杭州的火车票。此时，茅盾与叶圣陶面对如此战争形势，非常感慨。后来生活书店的徐伯昕来看茅盾，他希望茅盾来武汉帮助他们编杂志，茅盾表示可以考虑。所以，茅盾在回上海的路上，走走停停，从10月24日从武汉坐火车到杭州，整整走了10天！而杭州到上海，因为战争，绕道绍兴，又走了一个礼拜！茅盾记得：

11月12日上灯时分，我回到家中，只见德沚一个人抱着一只白猫坐在沙发里发呆，旁边的收音机沙沙地响着。她一见我就跳起来高叫：好了，好了，回来了，总算回来了。接着就是一连串的问题：怎样回来的？孩子们好吗？路上走了几天？吃过饭没有？又说，这几天把我担心死了，现在好了，心里的石头落下了。说完又急忙忙要去烧洗澡水。我说，先做饭罢，我一天没有吃呢！她又奔进了厨房，只一分钟，又奔出来说：刚刚广播，我军已撤出上海！①

12月5日，南京陷落，茅盾开始做好离开上海的准备。买好去香港的船票，在上海坚持到12月底，才登上去香港的轮船。此时，茅盾感慨万端，从上海去广州，最早是在十年前的1926年1月初，当初茅盾是意气风发，踌躇满志，为了中国革命，奔赴当时革命的中心广州；而现在因为日寇的侵略，日寇的炮火烧到了上海，茅盾被迫逃难，此时的心情五味杂陈，但是茅盾坚信，中国人民的抗战是正义的，自己从事的无产阶级文学事业是崇高的，所以茅盾当时离开上海时，充满感慨地说：

> 1937年除夕，我和德沚登上了去香港的轮船，离别了曾经生活、工作和战斗了二十年的上海。上海可以说是我的第二故乡，在这里我开始了对人生真谛的探索，也是在这里我选择了庄严的工作。现在我要离去了，为了祖国神圣的事业。但是我还要回来的，一定会回来！②

1938年1月3日，茅盾夫妇到达广州，本来是想马上去长沙的，但是一到广州，发现广州的难民人山人海，根本买不到去长沙的火车票。

---

① 茅盾：《我走过的道路》（下），人民文学出版社1988年9月版，第23页。

② 同上，第24页。

茅盾想到了在广州的夏衍，夏衍当时在广州办《救亡日报》，夏衍看到茅盾到了广州，非常高兴，拉着茅盾，说他去帮助茅盾买火车票，而茅盾必须给他写文章。茅盾只好听从夏衍的安排，在广州的旅馆里等火车票的空隙，即3月5日写了一篇杂文《还不够"非常"》，发表在1月8日的《救亡日报》上。茅盾夫妇拿到火车票后，立即去长沙。到达长沙已经是1月12日。茅盾在长沙休息了半个月左右，在长沙时，女儿沈霞和儿子沈霜都已经放寒假，所以一家人在陈达人家里也过得很好。女儿沈霞在放寒假的几天里，写了《一个讨厌的人》《客来》《李先生》，分别写于2月8日、11日、12日。当时茅盾2月7日一个人去武汉了。沈霞善于观察善于思考，小说笔调非常浓厚，文字也很生动流畅。可是沈霞当时写好以后，没有拿出去发表，而是放入自己的小箱子里。① 茅盾一到武汉，邹韬奋、徐伯昕就找茅盾商量办刊物事，茅盾对此已经有所考虑，所以茅盾建议生活书店的杂志名称为《文艺阵地》，办一个综合性的文艺刊物，半个月出一期，每期五万字，内容包括创作、论文、书报杂评以及文艺动态等等。出版地点放在广州。因为茅盾认为，广州的印刷条件，比武汉好。况且武汉恐怕不是久留之地。邹韬奋和徐伯昕听了茅盾的建议，都一致同意茅盾的意见，生活书店决定出版《文艺阵地》，茅盾主编，广州出版。当时，生活书店已经有《抗战》三日刊，由邹韬奋主编。所以，茅盾答应生活书店主编《文艺阵地》以后，就开始在武汉向一些熟人朋友约稿。茅盾拜访了老舍、叶以群、楼适夷，也去拜访董必武，董必武非常支持茅盾去编辑《文艺阵地》，并且指定吴奚如与茅盾联系，为《文艺阵地》提供相关稿子。然而，茅盾在武汉的消息传开后，不少报纸杂志纷纷来向茅盾约稿，所以茅盾自从广州到长沙、武汉以后，写作几乎没有停过。据不完全统计，茅盾在1938年1月至3月这段时间，给《救亡日报》写了7篇文章；同时给《新华日

---

① 沈霞的小说，一直没有公开。是笔者在写《茅盾和他的女儿》时，韦韬先生提供给笔者的。

报》《少年先锋》《文艺月刊》《大公报》《抗战》写了9篇文章。其中邹韬奋见到茅盾,一方面请茅盾主编《文艺阵地》,另一方面请茅盾为《抗战》提供文章。所以茅盾当时2月7日一到武汉,2月10日就为《抗战》写了《"抗战文艺展望"之发端》,13日就发表在《抗战》杂志。茅盾还应邀去汉口量才图书馆做了一次演讲。可见当时在这非常时期,茅盾生活节奏之快。

茅盾是带着底气离开武汉到长沙的,在长沙,茅盾向陈达人一家对他们的关照,表示感谢。然后就携全家南下,先到广州,再迁香港。此时已经是2月25日。茅盾在香港九龙尖沙咀附近轩尼诗道租到一间房暂时栖身。沈霞、沈霜分别进九龙弥敦道的私立华南中学女校部、男校部,继续他们的中学学业。

茅盾安顿好家里的生活以后,离《文艺阵地》出版的时间越来越近,茅盾只有数着日子编辑《文艺阵地》的稿子。此时,一些主要的稿子,茅盾已经见到,如叶圣陶的杂文,老舍的新京剧《忠烈图》,草明的小说,林林的短诗,周文的通信,刘白羽的速写,萧红的散文,日本作家鹿地亘的论文,张天虚的报告文学,鲁迅的书简,丰子恺的歌词,等,还有戈宝权、陆定一、张天翼、楼适夷、叶以群、杜埃、李南桌的作品,茅盾手头的稿子,已经非常丰富。缺少的是短小的文章,所以茅盾写完"发刊词""编后记"一类的文字后,又自己动手写一些补白的短文以及"书报述评"等。

1938年4月16日,《文艺阵地》创刊号正式出版。

这是茅盾在极其简陋和印刷条件十分不堪的情况下编出来的。当时的香港十分落后,茅盾一家住在一间25平方米的房子里,卫生间和厨房间都是几户人家共用的。没有煤炉,夫人孔德沚烧饭烧菜,只能在酒精炉上折腾,晚上房间里的电灯只有25支光,对晚上工作的茅盾带来很大的困难。生活中如此简单,而且杂志在广州的印刷过程,同样让茅盾大跌眼镜!广州的印刷厂里,字体不全,排字工人的技术很差,手脚很慢，错字很多，这让在上海生活工作惯了的茅盾，非常不适应。所以茅盾将稿子编好以后，还要在印刷厂里费许多时间修改。

创刊号出版以后，非常受人欢迎。连茅盾自己都觉得这一次是"一炮打响了"。创刊号上，包括茅盾、鲁迅在内，有19位作家亮相，其中张天翼的小说《华威先生》，受到读者的热烈反响，"华威先生"成为抗战文艺作品中的第一个口口相传的典型反面形象——一个想包办救亡运动的国民党"抗战官"的形象。李南桌的论文《广现实主义》也是一篇让人深刻认识何为文艺的好文章，李南桌的知识的渊博和鲜明的态度，深得茅盾好感。陆定一的《一件并不轰轰烈烈的故事》和楼适夷的《福州有福》，都是当时的报告文学，前者写了罗荣桓讲述的晋察冀抗日斗争的故事，非常生动鲜活；后者写了作者自己从上海到福州以后碰到的种种，其中写到了郁达夫在福州的情景。还有丰子恺写的抗日歌词、萧而化作曲的《我们四百兆人》，这些作品给《文艺阵地》带来很大的社会效益。在创刊号的文章编排上，茅盾虽然是一个杂志的编辑大家，但是他仍然对《文艺阵地》做了精心编排，长短结合，有论文，有"短评""书报述评""诗歌""文阵广播"等等。其中"文阵广播"专门报道文化人在抗战非常时期的动态，非常符合逃难时期人们的心理期待，其中有丰子恺逃难的报道，有叶圣陶在重庆的报道，有刘白羽在潼关的报道，让关心这些朋友的读者，了解到更多的信息。

所以《文艺阵地》一出版，立刻受到读者的欢迎。茅盾说："创刊号'费尽了心力'终于出版了，各方面的反应都很强烈，用现在的话讲就是'一炮打响了'。尤其引起热烈反应的是张天翼的《华威先生》。这是一篇不到五千字的短篇，以天翼特有的幽默笔调描写了一个抗战中出现的新人物——想包办救亡运动的国民党的'抗战官'。华威先生也许是抗战爆发后在文艺作品中出现的第一个典型人物。"[1] 后来，《文艺阵地》发表了姚

---

① 茅盾：《我走过的道路》（下），人民文学出版社1988年9月版，第47页。

雪垠的《差半车麦秸》同样引起轰动。所以茅盾在条件并不好的情况下，编辑《文艺阵地》，推出可以载入中国现代文学史册的作品，贡献巨大。

但是，广州的印刷条件，让茅盾无端地增加许多工作量，还不能如期出版。而且香港、广州来回跑，耗去茅盾许多时间和精力。所以茅盾让生活书店在上海物色好印刷厂，并且请内弟孔另境在上海看校样和版式，于是，经过沟通，茅盾从第四期开始，将编好的稿子，秘密带到上海排印。为此茅盾三天两头遥控指挥孔另境。茅盾回忆说：

> 从第四期起，我编《文艺阵地》就分成了两步骤：第一步是组稿、选稿、编稿，编好一期就由生活书店托便人带往上海；第二步就是写信"指挥"另境如何编排。因为每期的稿子虽然我都计算了字数，但拼版时却常常超出或不足，需要临时调整版面，或增加补白等，于是我只好三天两头的写信。下面抄录当时的一封信以见一斑。

> 若君：一日来信收到。四期样本亦已到。
> 现带上六期全稿。目录，编后记，都在内了。下列各事，请注意：
> 一、补白材料，此间亦少；现付上一些，——散文及诗（齐同的与任钧的）。但此等虽作为"补白"用，目录上却不宜标明是补白。散文应在目录中占一题（下注"散文"二字，加括弧），诗则与其他之长诗目录同排一处。
> 二、目录各文次序皆为已定之各篇实在次序，故不可变动。此次六期目录已将假定须用之补白材料亦编进，以红笔为记，不用时在目录上除去。又此等作为补白用之散文或诗，目录上所列地位与实在排出地位不一样，目录上为求好看，故有实排于后而提前在目录上者，亦有反之者；目录以我所付上者为准，下面页码则照排出后实在数目加注上去。
> 三、上期余稿，六期内必须排出。即使多出五六面，也不要紧。

四、上期所余倘为论文（或译论），则可插在作品之后，倘为诗，则不可与本期之诗挤在一处。盖目录编排原则为：论文与作品夹登（论文之同性质者则排在一处），而作品又诗与小说或散文夹登也。

五、附上"文阵广播"若干则，亦可为"补白"之用。但在目录上则归在"文阵广播"一题之下。

六、在目录上说明是补白者，只限于一二百字之消息之类（例如国外文化界消息），此项消息，倘沪报副刊上有之，则即剪用。此在一二期《文阵》已有此例。

七、一个原则：空一皮以下时用补白，无补白则填用广告，空二皮时，则设法将多出之一皮移在别处所空之地位，或拼入上面，行款挤紧。余后白。即颂

日祺

玄七、八

从这封信可以见到我的"遥控指挥"相当繁琐，但又不得不如此，因为另境常常自作主张。譬如有一次他把《旅途中》一文题下的"笔记"二字改为"手记"，等到我发现，杂志已印出。我写信对他说："'笔记'二字仅稍牵强而已，'手记'则不通矣！以后遇有此等情形，你还是不要改动。"又如他把征稿启事中的一个数字作了改动，我写信告诉他："征稿启事中'万字以上长篇'云云，并无遗漏；原来因为从前之征稿启事中用'三万字'字样，发生了难以回旋之病，故此次用了'万字以上'，——言'万字以上'即从万字起，二万三万都可以说也。不料你又把它改了。其实大凡我手写手订之件，都看了两遍的，不会有错误及遗漏，——你所不解或认为不妥者，我都自有其用意也。"不过，另境在帮我编校《文艺阵地》的五个月中，还是很辛苦的，换个别人，恐怕还弄不成。他后来事无巨细都写信

问我，平均一个月要写五六封信。[①]

　　《文艺阵地》秘密在上海编辑印刷出版以后，茅盾从6月23日给孔另境第一封信开始，到茅盾离开香港，茅盾给孔另境写了23封信，其中6月2封，7月5封，8月5封，9月9封，10月、11月各1封。这么高密度的写信，在茅盾的编辑生涯中是少有的。这些信，从版面设计、文字编辑、自身安全、人事交往等方面给予许多详细指导。所以从茅盾给孔另境的信中，可以看出茅盾的编辑思想、编辑艺术以及编辑的责任心，作为一个编辑大家，是实至名归的。在茅盾给孔另境的信里，发现孔另境没有想到的，茅盾都给他想到了，茅盾在6月27日的信中，告诉孔另境要注意保护自己的安全，提醒他："我觉得你不可以让印刷店将校稿直送到你学校里；应由书店从中一转，更觉妥当。因为不能不谨慎些。"[②] 长期从事地下革命工作的茅盾，连如何递送校样这样的事，都替孔另境想到！

　　茅盾在《文艺阵地》上耕耘的同时，还应《立报》的邀请，主编其副刊《言林》。《立报》是1935年在上海创刊的，全面抗战爆发后，1938年4月1日迁移到香港出版。之前在广州时，《立报》的总经理萨空了找到茅盾，请茅盾担任副刊《言林》主编。所以在香港编《文艺阵地》的茅盾，同时成为《立报》的副刊《言林》的主编。当时，萨空了还请茅盾写个长篇小说在《言林》连载，这就是后来4月1日至12月31日在《言林》连载的《你往哪里跑》。当时，茅盾对如何用文艺形式记录伟大的抗战，已经有酝酿和思考，他想写一部史诗性的长篇小说。计划第一部是以上海战争为中心写到上海沦陷；第二部以武汉为中心写到武汉大会战。而且茅盾认为主题是应该回答青年们在伟大的抗战中何去何

---

① 茅盾：《我走过的道路》（下），人民文学出版社1988年9月版，第58至59页。

② 《茅盾全集》，黄山书社2014年3月版，第37卷，第180页。

第六章　奔波在烽火连天的日子里

333

从的问题。现在萨空了提议茅盾写一个长篇小说来连载，茅盾着手写了个开头"楔子"，题目"何去何从"。交给萨空了，几天后，萨空了来和茅盾商量，说《立报》老板成舍我认为，这个题目太有刺激性，是否改一下。茅盾知道萨空了的难处，便将"何去何从"改为《你往哪里跑》，从此开始在《言林》上连载。作者，署名茅盾。《你往哪里跑》描写了上海"八一三"战争期间上海各阶层人士对抗战所表现出来的不同态度。作品热情讴歌了上海军民英勇抗战的战斗精神和爱国热情，也毫不留情地揭露、鞭挞了当局汉奸行为和那些投机商人，托派分子的罪恶行径。小说刻画塑造了民族资本家何耀先的形象，反映了抗战初期民族资本家从祈求和日本讲和以发展资本主义民族经济的幻想中醒悟过来，终于走上抗日的行列的过程。小说因为要考虑香港和东南亚地区读者的阅读口味，茅盾写得非常通俗易懂，作品的情节结构和场景处理，都有中国古典小说的影响。茅盾打算反映抗战历史的宏大创作计划，在《言林》连载，意外中断，后来重新拾起来写作，但都未能实现茅盾的宏愿。连载小说后来结集出版时，改名为《第一阶段的故事》。

正当茅盾为《文艺阵地》在上海的出版编辑遥控指挥，还要为《言林》编稿子写小说连载时，香港也正在悄悄地发生变化，《文艺阵地》虽然大家都认可，但是由于战争影响，销路却不尽如人意，茅盾在 10 月 22 日致孔另境的信中诉苦说："此间情势日趋严紧，盖广州既失，此间真成了孤岛，英国对日只有更恭顺，反日分子在此愈难立足。而生活程度之高涨，亦使人不能再久居。我们还是想到内地去，大概一个月后即可决定。倘去，则将往西北耳。"[1] 这种政治上的压迫和杂志销路上的困难，茅盾是预计到的，但是，香港的物价上涨，让茅盾有些措手不及，他说："香港生活程度之高，也是我决心离开的一个原因。我们的开支月月入不敷出。《文艺阵地》的编辑费是法币七十元，折合港币四十多元。《文

----

① 《茅盾全集》，黄山书社 2014 年 3 月版，第 37 卷，第 206 页。

阵》在广州排印时，一月两次赴广州的车马费、旅馆费就花了一百多元，移到上海排版后，又从七十元中扣出十五元补贴另境。因此，我编《文阵》所得付了太子道公寓的房租就所剩无几了。幸而《言林》的编辑费和稿费还丰厚，但要应付香港高水平的开支，仍旧常使德沚叫苦。所以我们只好从积蓄中倒贴，十个月下来，几乎贴了一千元。显然，这样过日子是不能长久的。"①

在这之前，杜重远专门给茅盾"吹风"，鼓动茅盾离开香港，到新疆迪化②去，那里的政治环境，适合茅盾去发展。9月，茅盾见到杜重远，杜重远就向茅盾介绍新疆的情况，介绍盛世才在新疆的进步的统治政绩，其实，杜重远在1937年12月23日出版的生活书店的《抗战》三日刊上开始连载《到新疆去》，一直连载了19篇介绍新疆的文章，1938年2月23日结束。杜重远在这些文章中，从不同角度，全方位介绍了新疆在盛世才领导下的巨大变化，同时也介绍盛世才成长过程，把新疆和盛世才描写得非常美好，可亲可信。杜重远还把自己的这些文章结集，编成一本小册子，送给茅盾。杜重远告诉茅盾，盛世才在新疆提出"六大政策"，非常进步。杜重远是当时有名的企业家，所以盛世才曾经邀请他去新疆当建设厅厅长，杜重远认为，新疆要发展，必须培养大批有文化的人才，所以他建议盛世才让他去办学校——新疆学院。盛世才表示肯定。所以杜重远回到香港见到茅盾时，充满激情地希望茅盾等名人到新疆去发挥自己的作用，为新疆人民贡献力量。当时茅盾曾对杜重远说，你去办学校，应该请一些大学教授去新疆才对。杜重远说，正是。所以他邀请张仲实去新疆，他已经答应了。茅盾向杜重远推荐萨空了，杜重远说，萨空了也已经答应去新疆了。

萨空了见到茅盾，就向茅盾宣传新疆，说：他已经去过那里，住

---

① 茅盾：《我走过的道路》（下），人民文学出版社1988年9月版，第75页。

② 迪化，即今乌鲁木齐。

得惯就住它两年，住不惯就出来。茅盾的心活络了，"动了去新疆做点事的念头"。但是茅盾是谨慎的，他知道杜重远的感受是他个人的感受，可能有片面。所以茅盾专门去问中共在香港的廖承志，廖承志也说自己不了解新疆的情况，杜重远可能说得太好了一点，不过我们有人在那边工作，其中有你认识的。茅盾从廖承志那里得到这些信息，知道新疆是可以去的。因为有共产党的人在那边工作。于是，茅盾下定决心，去新疆！茅盾将自己的决定，告诉了杜重远，不久，盛世才签发了邀请函，欢迎茅盾去新疆工作。

　　茅盾在香港期间，应许广平的委托，曾经为《鲁迅全集》的出版奔波过，虽然没有完全成功，但是茅盾也经历了其中的曲折过程。其间，茅盾专门拜访了蔡元培，邀请蔡元培为《鲁迅全集》写序，蔡元培一口答应。茅盾刚刚进商务印书馆的同事黄访书是商务印书馆香港分店经理，但是茅盾去找他时，却委婉地推辞了。后来还是茅盾在武汉时期的同事黄慕兰帮忙，才解决了二十卷《鲁迅全集》出版问题。当时黄慕兰已经改名黄定慧，两个人见面时，茅盾问黄慕兰为什么改为"黄定慧"，黄慕兰说，都是你写小说引起的！因为茅盾写了《蚀》三部曲，里面的人和事，虽然是小说，但当事人一看就知道是写了谁。所以黄慕兰不得不改名为"黄定慧"。

　　但是，正当茅盾准备离开香港的时候，女儿沈霞突然得了急性大叶性肺炎，起病很急，高热，寒战，胸痛，气急，咳嗽等，所以茅盾没有与杜重远一家一起去新疆，而是等待沈霞的病康复以后再出发。

　　茅盾在香港《文艺阵地》上耕耘了大半年，经他手编辑出版了18期《文艺阵地》，推出了一批如《华威先生》这样的在文学史上有一席之地的优秀作品，有70多位作者在《文艺阵地》上发表作品。这些在《文艺阵地》上成长起来的作家，在以后的中国文学事业中，成为一支生力军，为中国文学事业做出了积极贡献。而茅盾自己一方面培养作家，另一方面自己亲自写文章，7个月，在《文艺阵地》上发表短论20篇，书评30篇，为文艺抗战出力。办刊物，出人才，茅盾办《文艺阵地》，贡献巨大。

茅盾找到《文艺阵地》编辑的接班人，这就是楼适夷。当时，刊物上面依旧印着主编茅盾，实际上是楼适夷在编辑。

1938 年 12 月 20 日，茅盾一家和杜重远夫人的弟弟侯立达，还有杜重远公司的一位职员杨先生，一共 6 个人，在香港上了一艘"小广东"客轮，开始启程去新疆。但是，想不到，茅盾决定去新疆的这一步棋，竟是一着险棋！

二、新疆，度日如年的日子

茅盾他们 12 月 20 日从香港出发，经越南海防，河内，28 日上午到达云南昆明，茅盾一家住进昆明护国路一个高级宾馆。安顿好后，茅盾得知杜重远因为夫人生孩子而停留在昆明，所以茅盾夫妇就去看望杜重远夫妇。杜重远告诉茅盾，兰州来电报，希望你们早点去兰州，可能最近有飞机去新疆。茅盾说，在昆明还有些事情，自己乘下一班去兰州的飞机。杜重远说，这样也好，萨空了的夫人金秉英和两个孩子这两天到昆明，就和你们一起走。还有，在成都的张仲实，也和你们一起走吧。杜重远第二天就先飞兰州，先回新疆。而茅盾他们在昆明逗留一个礼拜。

茅盾在昆明的一个星期，日程排得满满的：28 日上午到达昆明，晚上文艺协会云南分会举行宴会，为茅盾洗尘，见到朱自清、沈从文等朋友；29 日上午参加云南分会的茶话会，下午朋友来访；30 日上午顾颉刚来看望茅盾，晚上看话剧《黑地狱》。30 日去西南联大拜访顾颉刚，看望西南联大的朋友。1939 年 1 月 1 日，在云南分会负责人楚图南陪同下，茅盾一家游览了昆明西山龙门和滇池。2 日，茅盾应邀参加文协云南分会的新年联欢会。3 日茅盾到西南联大参加座谈会。4 日茅盾应云南大学文史学研究会之请，在云南大学至公堂演讲。其间，茅盾还抽空写了4 篇文章。这个简单的日程排列，可见茅盾当时生活节奏十分紧张。

1939 年 1 月 5 日早晨，茅盾一家和萨空了夫人金秉英以及两个女儿，乘欧亚航空公司的飞机，飞往兰州。楚图南等昆明的朋友到机场送茅盾一行。下午 4 时 15 分，飞机在兰州机场降落，从四季如春的昆明，到寒风凛冽的兰州，气温的反差，让茅盾一家领略了大西北气温的厉害！

在兰州，茅盾他们住进兰州南关外中国旅行社的兰州招待所。本来想在兰州等待几天，就可以去新疆了。没有想到的是，茅盾他们在兰州一等，就等了一个半月！所以茅盾在兰州的一个半月里，是在从容和焦虑中度过的。

在兰州，茅盾一家住的招待所，在兰州是算好的。茅盾记得："进门一个小院，左边是墙，墙脚下有几墩花坛；右边是一排新建的平房，约五六间，门窗新刷了绿色油漆，但室内是砖地，没有天花板，抬头能望见屋顶的瓦片。正面坐北朝南是一座木结构的二层楼房，房子是旧式的，相当陈旧，楼梯踏上去嘎吱嘎吱作响；楼上楼下各有并排的五间房，门窗已换成新式的，刷了绿漆，房门前是约二米宽的走廊和红漆的柱子。这就是招待所的主要建筑。现在楼下住着招待所的经理和账房等职员，只有楼上的五间（西头两间已住了客人）和院子里新盖的平房算是招待所的客房。……当然也有热闹的时候，那就是外面来招待所摆宴席或办喜事。我们在兰州停留期间，招待所大概办过七八次大宴会，做过五次喜事。楼下西头最大的一间客房就是专门保留做新房用的。"[1] 茅盾在等待张仲实来兰州时，茅盾给楚图南写了一封信，信中告诉楚图南："五日清晨起飞，下午四时十五分遂抵兰州，一日之间，地隔南北数千里，兄等笑貌，似犹在眼前也。……在兰城或有二三日之逗留，待人待'机'，不得不尔。……"[2] 这是茅盾在 1 月 9 日给楚图南写的信。待人，就是等待张仲实。此时张仲实还没有到兰州。[3] 张仲实是 1 月 10 日到达兰州，

---

① 茅盾：《我走过的道路》（下），人民文学出版社 1988 年 9 月版，第 95 页。

② 刊《云南日报》副刊《南风》1939 年 1 月 17 日。

③ 茅盾在回忆录里说，张仲实是在成都上了他们这一架飞机，然后一起到兰州的。其实，当时张仲实没有同机到兰州，张仲实是 1 月 10 日到达兰州的，并没有与茅盾同一架飞机抵达兰州。

和茅盾一家会合的。此后，张仲实一直和茅盾他们在一起，在新疆生死与共，建立了深厚的友谊。

在兰州这段时间，茅盾与兰州有限的一些文学作者、编辑见面，传播新文学的种子。如兰州生活书店经理薛迪畅，他是得到消息，第一个来拜访茅盾的年轻人。后来又有赵西等几个文学青年来拜访茅盾。茅盾还去甘肃学院做过《抗战与文艺》的演讲，后来又去做《谈华南文化运动的概况》的演讲。在甘肃这块土地上撒下新文学的种子。张仲实到兰州以后，茅盾和张仲实一起去拜访中共驻兰州办事处代表谢觉哉，在办事处没有见到谢觉哉，却见到了从延安过来的伍修权。后来谢觉哉专门到招待所看望茅盾和张仲实他们。谢觉哉对新疆的了解，和廖承志差不多，也只是说，我们在新疆有人的，去那边后可以联系的。但是，在兰州的一个半月里，茅盾也听到对他们去新疆抱怀疑的声音。一个是胡公冕，温州永嘉人。他过去认识茅盾，1921年10月在上海参加共产党，随即被党组织派往苏联学习，受到列宁接见。回国后曾经参加黄埔军校创建，大革命失败后，和茅盾一样，与党组织失去联系。后来胡公冕回到家乡，被人举报，又秘密回到上海。1930年受中共中央军委委派回到老家组织红军，担任浙南红军游击队总指挥部总指挥。1932年在上海被捕，1936年经邵力子保释后到西安，西安事变后胡公冕去胡宗南部工作。1937年5月参加国民党西安行营考察团到延安，受到毛泽东单独接见。随后任甘肃省第二区（平凉）第一区（临洮）行政督察专员兼保安司令。胡公冕第一次来看望茅盾叙旧，没有说什么。第二次来招待所看望茅盾时，问茅盾为什么要去新疆，茅盾说了理由，胡公冕告诉茅盾，听说那边进去不容易，出来更难，劝茅盾慎重。第二个劝茅盾进新疆要慎重的，是甘肃的西北公路局沈局长，他是茅盾弟弟沈泽民在南京河海水利工程学校同学，所以来看望茅盾，很热情地聊沈泽民过去的往事。后来有一次，沈局长问茅盾，你们这样去新疆，有把握进去，有把握出来吗？还说，新疆的情况，外面一点都不知道。听说里面还是很乱。还问茅盾，你们这样进去，是不是有点冒险？茅盾说，杜重远不是进去又出来了吗？他还写了文章，你看过吗？沈局长说，知道，但是我们都不相信。还建议茅盾把家属留在内地，一个人去，这样进出方便。茅盾知道沈局长是好意，便说，谢谢您。

胡公冕、沈局长的提醒和担心，也引起茅盾和张仲实的重视，他们分析利弊以后，决定还是去新疆。茅盾记得："这时，张仲实和金秉英也从其他渠道听到了同样的说法。我们在一起商量，最后决定还是去新疆。我们的考虑是：所有劝我们不要去新疆的，都出自国民党方面人士之口，而共产党方面并未拦阻我们，很可能是国民党放的空气；杜重远已去新疆，我们倘若中途变卦，无疑拆了他的台，于情于理都不妥；我们是盛世才请去的客人，并非自行跑去的野心家，除非盛世才是疯子，总不会随意加害我们。至于新疆情形复杂，我们心中有数，小心行事就是了。"[1]

茅盾他们一行在兰州等待一个半月以后，终于有一架飞到哈密的飞机，可以让茅盾他们一起去。于是，1939年2月20日，茅盾他们终于可以离开等待一个半月的兰州，飞往新疆哈密。飞机到哈密后，茅盾他们受到哈密地区行政长官刘西屏的热情欢迎，在哈密待了半个多月后，再坐汽车，沿七角井、鄯善、吐鲁番、达坂到达迪化。路上走了几天，到达迪化时，已经是1939年3月11日。那天，盛世才亲自郊迎二十里。茅盾说：

> 四时许，我们就到达迪化郊外二十公里处。这时，前方尘烟起处，一前一后钻出两辆卡车，卡车之间是两辆小卧车，迎着我们驰来。副官兴奋地对我说：督办来迎接了！转瞬间，卡车临近了。副官令司机停车，我们就走下车来。这时已经看得清楚，两辆卡车上整齐

---

① 茅盾：《我走过的道路》（下），人民文学出版社1988年9月版，第106至107页。

地站着全副武装的卫队，在驾驶室的上面各架着一挺机关枪，枪口威严地瞄准前方。我暗想：这排场是从哪里学来的？难道是怕遭到暗算？正想着，前面一辆卡车突然离开公路驶向右侧，后面一辆卡车则驶向公路左侧，形成了两翼，于是两辆小卧车就在两翼保护之下，驶到我们的前面。我不禁悄悄对站在我身边的仲实说：看来情况不太妙啊！这时前面一辆车内钻出一个军人，将校呢的军服外面披了一件黑斗篷，中等身材，浓眉，方脸，留着口髭。后面一辆车，下来的是杜重远，穿着西装和大衣。我们迎上前去，杜重远向我们介绍道：这位就是盛督办。①

盛世才的郊迎二十里的派头，让见过政治大风浪的茅盾大为惊诧！

茅盾是第一次见到盛世才，盛世才的过去，茅盾是从杜重远的宣传文章里才知道的。盛世才，1892 年出生在辽宁省开原县一个地主家庭，但盛世才出生时，家道已经衰败，杜重远在文章里说他"从小家境贫寒，无力读书，勉强的冲过了高小中学之后，到了大学，就感到困难得了，不过他这个人个性极强，立志又坚，感动一些朋友们，愿意为他帮忙。"②其实，盛世才自幼十分聪明，极有心机，1917 年 25 岁的盛世才赴日本留学，就读于东京明治大学，1919 年盛世才随请愿团回国，后进入广东韶关讲武堂学习，毕业后进入奉军第八旅郭松龄部任上尉参谋，郭松龄看好盛世才，将义女邱毓芳嫁给盛世才。后来又将盛世才推荐给张作霖，张见盛世才年轻有为，便出资送他去日本陆军大学深造。1927 年回国后，盛世才在贺耀祖部下任参谋，1928 年任代理军营参谋处科长。盛世才是有野心的人，对屈居科长、教官一类，自然心有不甘。他曾对老友赵铁民说过："吾必远到边区，另造一个局面，将来或做一东亚红军总司令，

---

① 茅盾：《我走过的道路》（下），人民文学出版社 1988 年 9 月版，第 116 页。
② 杜重远：《到新疆去（八）》，刊《抗战（三日刊）》第 37 号，1938 年 1 月 16 日出版。

亦未可知。不然我就找一老朽长官，假意忠诚，待其死后继承其权利，或认某蒙古王公大人干爸，待其死后袭其王公爵位。"[1]1929年，一个偶然的机会，盛世才与在南京的新疆主席金树仁的秘书长鲁效祖结识，盛世才向鲁效祖自诉抱负，希望鲁介绍他去新疆。鲁效祖答应帮忙。但因金树仁反对，一时不能实现。直到1930年秋，盛世才夫妇才随鲁效祖到新疆。

盛世才到新疆后竭力找机会表现自己，博得金树仁的信任，被新疆军政界誉为常胜将军。1933年4月12日新疆政变，为盛世才当新疆土皇帝提供了条件。当时新疆军政界，盛世才是学历最高，是唯一一个受过军事高等教育的人，再加上盛世才善于窥测时机，以屈求伸，而且留学日本时接触过新思想，也了解一些马克思主义的基本理论，因此很能迷惑一些人。连老同学杜重远也被他的许多假象所迷惑，写了不少文章宣传盛世才，误人害己。但是，在茅盾、张仲实他们进新疆之前，盛世才模仿苏联的一些做法，借助苏联的支持和中共的帮助，在新疆提出六大政策，即反帝、亲苏、民平、清廉、和平、建设六大政策，对新疆的发展起了一定作用，让渴求文明进步的人感到兴奋，认为新疆在盛世才的领导下，已经是一个进步的地方，所以当时有"第二延安"之称。

茅盾对盛世才的了解，基本上是从杜重远的介绍文章里得到的。但是盛世才对茅盾的研究却下了一番功夫。茅盾的经历，茅盾创作的一些作品，盛世才都了解。他知道茅盾是中国进步文艺界的一面旗帜，所以对茅盾到新疆来工作，对自己来说，无论哪个方面来看，都是有利的。所以，盛世才将来新疆的茅盾奉为上宾。让茅盾享受优厚的供给制待遇，一家四口，住进当时迪化南梁的一座大房子里——一排平房，共五间，一大四小，房间里有地板，窗户是双层玻璃，十分宽敞和明亮。与香港局促的蜗居，不可同日而语了。盛世才还为茅盾的生活，配备了四名服

---

[1] 《新疆冤狱始末》，中国青年出版社1990年4月版，第4页。

务员：一个厨师、一个勤务员、一个专门挑水的清洁员、一个马车夫——还专门给茅盾配一辆马车，还有一个随叫随到的副官。如此待遇，让茅盾一下子适应不过来。茅盾向盛世才表示感谢，盛世才却客气地说，应该的，这里的厅长待遇都是这样的。您是著名的大作家，这个条件不算什么。不过，盛世才当时说的也是实话，而且后来一直保持这样的待遇。茅盾说：在新疆"除了洗衣服，买小菜和日用开支外，其他生活需用全由'公家'供给，而工资还照发。这可以算是我第一次享受'供给制'的待遇。"

到迪化的第二天晚上，盛世才举行盛大的欢迎晚宴，请茅盾、张仲实与新疆所有的厅长见面。在这个宴会上，茅盾见到了老朋友毛泽民，毛泽民告诉茅盾，他现在是财政厅厅长，改名为"周彬"。一个残疾的中共党员孟一鸣，原名徐梦秋，是茅盾弟弟沈泽民莫斯科中山大学的同学，现在是新疆的教育厅厅长。欢迎宴会以后，茅盾被盛世才任命为新疆学院教育系主任，张仲实被任命为经济系主任。茅盾当时在给楼适夷写信说："新疆学院弟担任功课每周17小时，而大半功课与文艺无关。盖此校教员仅弟与仲实二人，他差不多包办了经济系功课，弟则包办了教育系功课。"① 其实所谓新疆学院，当时的学生也只有一百二三十人。

当时，盛世才看到茅盾、张仲实在新疆学院的教学十分努力，非常高兴。他曾经很诚恳地和茅盾、张仲实谈过一次话，请茅盾和张仲实兼任新疆文化协会委员长和副委员长。茅盾、张仲实表示，刚来新疆，对新疆的情况不熟悉，还有新疆学院的教学任务很重，所以恐怕文化协会的工作做不好。盛世才笑道，我知道，我已经考虑了，具体工作，我已经安排一个副委员长兼秘书长去做。这样，茅盾和张仲实也不好再推辞了。盛世才临走，希望茅盾他们考虑文化协会的章程和为文化协会编一套符合"六大政策"的小学教科书。盛世才的思考和安排，茅盾知道，

① 《茅盾全集》，黄山书社2014年3月版，第37卷，第215页。

此人绝非等闲之辈！茅盾后来单独分别和毛泽民、孟一鸣见面，毛泽民是茅盾在武汉时期的老朋友，毛泽民告诉茅盾：盛世才周围有一伙亲信，是他的耳目，你们今后与他们接触时要小心。并说，为了避嫌，他这个财政厅长，今后联系不会很多。而且盛世才不知道我们的关系。不过，孟一鸣是教育厅长，你们联络会多一些。后来孟一鸣将新疆盛世才的一些情况，告诉茅盾，并对茅盾说：在新疆，你多观察少说话，多做事少出风头。经过一个多星期的观察思考，茅盾对在新疆工作生活，有了自己的观点。工作上，以马列主义的观点来宣传"六大政策"下的新文化，进行文化启蒙工作；教好新疆学院的课程；有选择地进行文学艺术方面的介绍和人才的培养；人事关系上，实行"坚壁清野"，对外联系由茅盾一个人出面，将夫人和两个孩子与当地社会隔开。

刚到新疆的茅盾，和过去一样，对新疆的文化传播充满情怀，认真备课，在新疆学院上课，同时还在《新疆日报》上发表不少文章，赞扬盛世才的"六大政策"。其中在 4 月 12 日《新疆日报》上发表《新疆文化发展的展望》一文，称赞新疆文化已经有了飞跃的发展，认为这种发展，用"飞跃"，尚嫌平凡，简直可以用"奇迹"来称赞："然而这'奇迹'之出现，并无什么神秘奥妙，而是因为新政府有正确的六大政策，并且有了'以民族为形式,以六大政策为内容'的文化政策！"[1] 这个政策"是自有新疆以来的空前的创造历史的时代"[2]！5 月 7 日，茅盾在女子中学演讲《中国新文学运动》，介绍五四运动以来新文学的发展，发表在第二天的《新疆日报》上。9 日，茅盾在新疆学院演讲《"五四"运动之检讨》，发表在新疆学院《新芒》第 1 卷第 1 期。5 月 13 日，茅盾在《新疆日报》上发表《关于诗》一文，介绍诗的一些基本知识。5 月 17 日，在《新疆日报》上发表《青年的模范——巴夫洛夫》，5 月 26 日《新疆日报》发表茅盾的《为〈新新疆进行曲〉的公演告亲爱的观众》，同时

---

①② 茅盾：《新疆文化发展的展望》，刊《新疆日报》1939 年 4 月 12 日。

茅盾还应邀去《新疆日报》演讲《〈子夜〉是怎样写成的》，后来演讲稿刊登在 6 月 1 日《新疆日报》副刊上。

正当茅盾忙碌于演讲和约稿时，有一天，孟一鸣来茅盾家里看望茅盾，对茅盾来新疆以后的工作称赞一番后，告诉茅盾，让茅盾注意，已经有人在背后讲你闲话了。茅盾一听，不禁愕然，茅盾回忆说：

> 一天，孟一鸣来看我，先议论了一番新疆学院这次演出，然后他说：你要注意，已经有人在背后讲你闲话了。我不禁愕然。他说：你是新官上任，热情高，到处去讲演，又写文章，又编剧本，可有的人心里却不舒服。我说：我所做的都属文化启蒙性质的工作，又没有涉及新疆的时政，究竟触犯了他们什么？！孟一鸣道：因为你做的工作反衬出了他们的无能。看来盛世才对你还是器重的，所以要你担任《反帝战线》主编，不过你拒绝了，他心里不会痛快，在这种情形下，有人从背后向你放冷箭是不足奇的，你要小心。我冷笑道：想不到千里迢迢来到新疆，却要同这种小人斗法，实在犯不着。我以后就一不讲演，二不写文章。孟一鸣道：文章还是要写的，你是个大作家，一点不写怎么说得过去？我说：那是气话，我知道应该怎样对付他们。①

茅盾从 6 月开始谢绝外单位演讲的邀请，也不再写与工作无关的文章，只是"热心"地为《反帝战线》写国际问题评论。同时，茅盾开始做脱离新疆这一是非之地的准备。

然而，想脱离这个是非之地，并非容易。接二连三的揪心事情，让茅盾感到度日如年。

茅盾全家到了新疆迪化，成为一件新闻。而且茅盾还有一个如花似

---

① 茅盾：《我走过的道路》（下），人民文学出版社 1988 年 9 月版，第 147 至 148 页。

玉的女儿，名门闺秀，这让迪化城内的那些纨绔子弟想入非非，先是盛世才的老婆来茅盾家里，请茅盾女儿沈霞去中学工作，茅盾以女儿小而婉言谢绝了。而盛世才的弟弟盛世骥、盛世才老婆的弟弟邱毓熊，是迪化有名的花花太岁。这两个花花太岁先后找到南梁茅盾家里，要拜茅盾门下学写小说，茅盾婉言拒绝这两个花花太岁的要求，并且让女儿躲进房间里，拒绝与他们见面。这样几次，这两个花花太岁总算知难而退。发生这样看似无意实则有策划的情况，茅盾心里十分揪心。不久，有一次盛世才请客，邀请茅盾夫妇一起参加，原来是周恩来夫妇去苏联，路过迪化，于是盛世才邀请茅盾夫妇作陪。茅盾夫人孔德沚建议请在苏联的杨之华帮忙，让女儿沈霞去苏联读书。所以孔德沚将信悄悄地给了邓颖超，邓颖超带到苏联，给了杨之华。后来杨之华回音，她没有办法办。本来想让女儿先离开新疆的想法，就落空了。

　　1939年下半年开始，新疆的各种谣言就四处传播，莫名其妙的事情也接二连三地发生。7月暑假时期，征得盛世才同意，杜重远带领一些学生到北疆去旅行，在伊犁时，当地行政长官姚雄出于热情，郊迎十里。结果传到盛世才那里，成为杜重远与姚雄勾结的证据。杜重远一切都不知情，蒙在鼓里。杜重远从北疆回来，恰巧赵丹他们从内地到新疆，杜重远后来知道他们演出缺少人手，便表示坚决支持，新疆学院的学生，要多少给多少。后来中秋节，杜重远又在学院的茶话会上，说了一些让人抓住话柄的话，这些，在盛世才那里早已谤书盈箧，对此，茅盾常常为杜重远捏一把汗。有一次盛世才专门向茅盾、张仲实打听杜重远的情况，说杜重远在外面说一些不适当的话。茅盾也及时做些解释。但是茅盾和张仲实心里明白，在盛世才心里，对杜重远恐怕是凶多吉少，茅盾和张仲实也劝杜重远沉住气，但是效果不明显。

　　后来杜重远凭着自己和盛世才是老朋友，而且是有恩于盛世才的朋友，很自信地给盛世才写了一封信，诉说自己的委屈，说自己来帮助建设新新疆，却遭到小人的暗算和嫉妒，对盛世才的那些心腹说了一些很冲动的话。并且说现在正好自己身体不好，就干脆请长假等等。结果，杜重远的信没有给茅盾、张仲实看就发出去了，杜重远心想，盛世才看到信以后，一定会请他去聊天沟通的。没有料到，信竟然石沉大海。打督办电话，都是"督办没有空"！这时杜重远也担心起来，知道事情不妙了。忙找张仲实商量。张仲实吃不准，又找茅盾商量。只好让杜重远再写一封信，用词委婉一些，承认自己的冲动、失检之处，请督办宽宥。同时请督办准许自己去苏联或者内地治病。盛世才收到杜重远的这封信，回电说，去苏联不行，去内地要考虑，以后再说，请长假可以。意思是免去杜重远新疆学院院长职务，不让杜重远离开新疆！

在茅盾后悔来新疆的时候，赵丹等一批艺术家给盛世才写信，表示要到新疆，为新新疆建设贡献自己的艺术力量。盛世才向茅盾打听，赵丹等是一些什么人，茅盾不想他们来，但是又不好当着盛世才的面说，便说，这些都是一些艺术家，到新疆来估计也发挥不了作用。盛世才一听，说，那就麻烦你拟个电报，让他们不要来了。没有想到，后来赵丹他们又直接给盛世才写信，表示不怕艰苦，盛世才就同意了。赵丹一来，茅盾将新疆的真相悄悄地告诉了赵丹，赵丹才恍然大悟！但是后悔已经来不及了。果然后来赵丹他们在戏剧工作中，常常出现意想不到的问题，让赵丹他们做也不是，不做也不是。

不久，与茅盾从香港一起出发的杜重远内弟侯立达被捕了，侯立达是新疆学院经济系的学生，被捕的罪名竟然是说侯立达在学校散布什么"六大政策"是他姐夫代写的等。紧接着，又逮捕了新疆学院的一些学生，再过几天，杜重远的秘书孙某也被逮捕，一张冤案的大网，正式拉开。这时，茅盾和张仲实的神经高度紧张起来，因为此时茅盾的儿子沈霜刚刚进了新疆学院读书，如果发生意外，盛世才将茅盾儿子做"人质"，后果不堪设想！茅盾夫人孔德沚埋怨茅盾将儿子送进新疆学院。此时茅盾真有些后怕，忙叫来儿子，关照儿子在学院要注意的事情。儿子沈霜却若无其事地说，他在学校里，跟谁都不要好，"他们说我是少爷，我就不理他们"。沈霜还说："在学校，我只跟赵普林一个人好。"赵普林，就是后来的赵明，当时是一个进步学生。

形势似乎越来越恐怖，茅盾离开新疆的机会几乎越来越少，恐怖的消息不时袭来。茅盾到新疆担任文化协会委员长，盛世才建议茅盾他们以文化协会名义出面，举办文化训练班，培养少数民族年轻干部，茅盾赞成盛世才的建议，开始举办文化训练班。茅盾也在训练班上讲解抗日战争等。但是在新疆学院的学生被捕不久，盛世才的大逮捕影响到了训练班，一些时常见面的少数民族干部突然不见了。茅盾回忆说：

> 十一月间，盛世才开始了又一次大逮捕，他先向少数民族干部开刀。这是我到新疆后第一次见到盛随便大批抓人。当时常见面的几个少数民族的头面人物突然不见了，如维吾尔族建设厅长阿布都大毛拉（他也是一位宗教领袖，原来是维族文化促进会会长），哈萨克族的迪化市公安局局长，归化族的文化促进会会长（他是大商人），回族文化促进会会长大阿訇马良骏等。后来从孟一鸣那里知道他们都被捕了。除了迪化，在其他地区也抓了不少人。也许因为这些被捕的人中有我的部下，盛世才不得不对我有个交代，或许他故作姿态，表示对我们的信任，在事情发生两周之后，他居然坦率地告诉我和仲实：我把阿布都大毛拉他们抓起来了，他们是个阴谋集团，企图发动政变！我个人得失无所谓，但新疆是抗战后方，被他们搞乱了很不利。他们在其他地区的同党很多，我们正在审讯。①

紧接着，文化训练班的两个学员也遭到逮捕，盛世才告诉茅盾、张仲实说这两个人是刺客！

---

① 茅盾：《我走过的道路》（下），人民文学出版社 1988 年 9 月版，第 169 页。

茅盾和张仲实感到形势越来越险恶，茅盾他们也摸不清盛世才话里有多少真实的东西。于是茅盾和张仲实去找孟一鸣商量。茅盾记得："杜重远十月被软禁，十一月又有大批少数民族干部被捕，而这些被捕者中间不少是各文化促进会的领导干部，我和张仲实感到形势越来越险恶了。我们和孟一鸣商量如何离开新疆。他要我们慢慢来，据他分析，我们二人名声大，平时言行又谨慎，盛世才还不至于对我们下手。要我们等待时机，不宜贸然提出辞职。"① 当时茅盾还和苏联驻迪化领事馆联系。希望通过领事馆，让茅盾全家去苏联。总领事表示，新疆去苏联，必须是盛世才同意，他们无能为力的。这样，茅盾想通过领事馆的途径逃离新疆的想法又落空了。大概在 11 月，新疆学院的院长调整，免去杜重远的院长职务，姜作周担任院长。茅盾和张仲实就辞去新疆学院的一切职务，专门做文化协会的工作。恰在这时，沈霜营养不良、贫血，于是茅盾让儿子沈霜回家养病。从此茅盾隔断与新疆学院的一切联系。同时茅盾开始放风，自己身体不好，不能写作等，在给孔罗苏信中说："1930年之白翳自两月以前，即复'卷土重来'，阅读 5 号字之书报已甚费力，写作尤以为苦。……兄等只观弟忽用八行笺，作核桃大字，便可知弟这护目，盖已尽其可能。"②

盛世才逮捕人的手法之一，是请人谈话。人到了督办府以后，没有人与他谈话，而是几个武装人员将他押走。有一天，张仲实在茅盾家里和茅盾聊天，突然接到督办公署电话，盛世才请张仲实去一趟督办公署。张仲实一听，恐怕要出事了！这时，张仲实和茅盾夫妇都紧张得不知所措，因为盛世才都是用这样的方式逮捕人的。张仲实此去凶多吉少，孔德沚急得要哭出来了，但是都没有办法。只好互道珍重！张仲实走了以后，茅盾在电话机边等候了三个多小时。直到暮色降临，张仲实终于回

---

① 茅盾：《我走过的道路》（下），人民文学出版社 1988 年 9 月版，第 174 页。
② 刊重庆《文学月报》第 1 卷，第 1 期，1940 年 2 月出版。

来了。这时茅盾夫妇围住他，问究竟怎么回事？

仲实摇摇头说："唉呀呀，这几个小时就像闯过了鬼门关！"原来仲实到了督办公署，并未见到盛世才，也未被引到盛通常会客的西花厅，却被副官带到了一间厢房，说督办请您等一等。这一等就两个多小时。"你们可以想见，这两个多小时我是怎样熬过来的！"最后，盛世才终于来了，手中拿着一份材料，说要仲实修改一下，并为仲实的久候表示歉意。说完，他又走了。仲实一看，是一份极普通的材料，用十几分钟就看了一遍，改了几个字，请副官送交盛世才。一会儿副官回来说，请张先生回去罢。仲实说：事情很明白，他要我修改材料，完全是借口，因为没有必要为这样一份材料让我等两个小时，他可以把材料送到我家。猜想起来，他本想把我抓起来，所以把我带到了厢房，后来又犹豫了，反复权衡了两个小时，才借口让我修改材料，把我放了。仲实的分析是合乎情理的，但是盛世才为什么要抓他呢？使人难以捉摸。[①]

这种度日如年的生活是茅盾没有想到的。现在唯一的办法，是找孟一鸣，希望中共方面能够给茅盾、张仲实他们提供脱离这个险境的办法。孟一鸣认为，张仲实现在确实面临危险。他给张仲实出一个主意，万一盛世才真的把你抓起来，你就说你是共产党员，那时候，我和周彬就可以出面，把你要出来，再送到延安。至于沈先生，估计盛世才顾虑到国内外的影响，还不会对沈先生下手。万一有什么情况，我们再商量。并说这也是和毛泽民等商量的意见。

而此时，国民党也在关注茅盾他们在新疆的行踪。12月27日，陕西省政府主席蒋鼎文给国民政府行政院去密电，提醒茅盾、张仲实在新

---

① 茅盾：《我走过的道路》（下），人民文学出版社1988年9月版，第176页。

疆成立文化协会，"故该省文化前途应予深切注意等情"①。这个密电同时分报有关机构。

此时茅盾一家在迪化的大房子里，生活十分无聊，茅盾的女儿沈霞只好在家里自学俄语，沈霜在家里养病，茅盾有时候去外边开会应酬，夫人孔德沚则在家也没有事情可做，公家的服务人员忙进忙出，生活上的事情，基本上是这些服务人员做了。这时，茅盾家里的两只小狗——"列那""吉地"，成为茅盾家里郁闷气氛的调节器，沈霞和沈霜，整天和这两只小狗玩，给家里生活增添不少乐趣。

在这样的环境里，茅盾依然不停地开会和工作。虽然新疆学院的教书任务没有了，但是新疆文化协会的工作，依然是茅盾在主要工作。和教育厅一起，认真抓民众教育的基础，编写教材。利用文化协会编译部的力量，编译了全套高级初级小学教材，用汉、维吾尔、哈萨克、蒙古四种文字出版，共二百余册，供全新疆小学使用。这是盛世才的反革命嘴脸暴露以后，茅盾在新疆不遗余力地为新疆民众服务的一项重要成果。为此，他常常一个人去开会，小狗"列那"也早早跳上马车，要跟着去。1940 年 1 月至 5 月，茅盾还为新疆的《反帝战线》写了 7 篇文章。

在茅盾他们无计可施的时候，发现比他们晚来半年的萨空了以及他的夫人孩子，却悄悄地走了。盛世才放萨空了回去的理由是，让他去重庆打听国民大会代表的事，并且告诉萨空了，如果开会，你萨空了是新疆一个代表，另外两位是茅盾和张仲实。这个信息传递给茅盾、张仲实不少信心。正在这时，张仲实收到老家来电报，说从小抚养他的伯母去世了。张仲实马上找孟一鸣商量，决定向盛世才报告，请假回去办理伯

---

① 蒋鼎文在密电中称："案据肤施县县长高仲谦本年十一月铣戌代电称：根据左翼文化人茅盾、沙公略、张仲实等，子本年八月间应新疆当局之约，纷往新疆工作，首成立新疆文化协会，茅盾任正主任，张仲实任副主任，沙公略任《新疆日报》总编辑，同时均担任新疆学院讲师，故该省文化前途应予深切注意等情。除分报中央执委会、军委会天水行营、第十战区司令长官部外，理合电请鉴察。"

母的丧事。不料，盛世才很快同意张仲实回去尽孝，说有了飞机，就可以走了。于是张仲实开始带着希望的等待，然而一个多月过去，依然说没有飞机。张仲实又跌入焦虑和恐惧之中。

度日如年的茅盾看到新疆险恶的形势，知道自己一不小心，就会有杀身之祸！所以本来谨小慎微的茅盾，更加小心翼翼了。1940年4月20日上午，茅盾突然收到二叔从上海发来的电报，得知母亲已于17日在乌镇去世，丧事已毕。看到这个电报，茅盾泪如雨下，捶胸顿足，悲痛不已。孔德沚看到电报，立刻放声大哭！因为在孔德沚生活里，婆婆比母亲还要亲！边哭边埋怨茅盾，到了这种地方，连奔丧都出不去！这时，妻子的埋怨，忽然让茅盾心里一动，出来一个念头，何不向盛世才请假，回去奔丧呢？况且盛世才一向以孝道示人。于是茅盾冷静下来后，给盛世才报告，自己母亲在乌镇去世，现在向督办请假回乡奔丧。果然盛世才马上同意茅盾请假，并且让茅盾在新疆迪化设帐遥祭，并指示费用由公家负担。于是，茅盾在家里遥祭母亲，而那些厅局头面人物都来祭拜。

茅盾办完遥祭母亲的仪式后，盛世才同意张仲实和茅盾一家一起回去。并且盛世才为茅盾、张仲实开了隆重的欢送会，盛世才和茅盾、张仲实等说了许多感谢的话。于是茅盾就开始等待回去的飞机，一边整理物品，一边将两只小狗送给别人。同时还要保持回来的姿态，所以有些物品就寄存在新疆的朋友家里。可是一个星期过去了，盛世才还是没有安排交通工具，说没有飞机，有飞机马上安排走。这时焦急的茅盾找苏联领事，希望他们帮忙，有了飞机就告诉他们。而张仲实每天去售票处问有没有飞机，张仲实回忆：当时他在欧亚航空售票处买到了从迪化到兰州的飞机票，连茅盾一家的飞机票也一起买了。于是，张仲实和茅盾再向盛世才报告，票已经买到了。盛世才也只好答应他们回去。[1] 茅盾

---

① 《张仲实文集》，中央编译出版社2016年6月版，第3卷，第215页。

第六章　奔波在烽火连天的日子里

353

记得，就在茅盾他们离开的前一天晚上，盛世才给茅盾打电话，问，你儿子不是在新疆学院吗？是不是他不去内地？茅盾吓出冷汗，忙说，督办弄错了我儿子去年就退学了，他有病，坚持不了这里的学习，这次我们正好带他去内地治病。盛世才在电话中沉默片刻，说道：那就去治病吧。明天我来给你们送行。茅盾回忆说："第二天，盛世才亲赴机场为我们送行。仍旧是两卡车警卫架着机关枪，护卫着盛世才的小卧车，与一年前在迪化郊外我们见到的情景一样。然而当年被奉为上宾的杜重远，曾几何时，已成了盛的阶下囚！"①

茅盾在新疆的一年多时间里，经历了暗藏的惊心动魄的刀光剑影，稍不谨慎，就有杀身之祸！茅盾凭借他的政治智慧和社会经验，躲过一劫！所以当他登上飞机离开迪化的那一刻，深深地刻在他的记忆里，他说：

> 九时，飞机离开跑道冲向了蓝天，我望着舷窗外起伏的天山山峦，一阵难以描述的轻松感充溢了全身！是呀，应该让我那绷紧的神经松弛松弛了，我们总算逃出了迪化！

但是，飞机飞到哈密，却在那里停留一个晚上，又让茅盾松弛的神经紧张起来。第二天一早，哈密的行政长官刘西屏催着赶快上飞机。原来，晚上盛世才给刘西屏打了三个电话，第一个电话是让刘西屏扣留茅盾他们，说他们没有办清新疆文化协会的交接手续，要他们结清手续再走。第二个电话，让刘西屏先不要动手，让他再想想。第三个电话已经是后半夜了，盛世才给刘西屏电话，说，算了，让他们走吧。刘西屏当时是共产党员，他知道盛世才的险恶，所以第二天一早，就去机场送茅盾他们，让他们赶快离开新疆哈密，怕盛世才反复。

① 茅盾：《我走过的道路》（下），人民文学出版社1988年9月版，第188页。

当茅盾他们离开新疆不久，赵丹那些满腔热情的艺术家，被盛世才逮捕入狱，而真心诚意为新疆发展教育事业的杜重远，也被自己宣传过的"好友"盛世才抓进监狱，最后死在那里。

三、从延安到重庆

茅盾和张仲实从新疆逃出来，经兰州、西安直接奔赴延安。

茅盾一家和张仲实是 1940 年 5 月 6 日下午 3 时到达兰州的。又住进原来住过的招待所。阔别一年多，物是人非，茅盾十分感慨。在茅盾胞弟沈泽民的兰州公路局的同学沈局长的帮助下，5 月 14 日茅盾一家和张仲实搭乘喜饶嘉措活佛的专车，经华家岭、静宁、平凉、咸阳到达西安。此时已经是 5 月 19 日下午了。20 日下午，茅盾和张仲实见到了周恩来和朱德总司令，茅盾与周恩来是在武汉第一次见过面以后，上一年周恩来去苏联路过迪化时也见过面。而朱德总司令是第一次见面。初次见面，茅盾感觉像"敦厚的长者"。茅盾和张仲实向周恩来提出去延安的想法，周恩来表示同意。并说，正好有个机会，朱德总司令要去延安，你们可以和他一起走，这样路上安全有个保证。就这样，茅盾一家和张仲实搭乘总司令的专车，从西安出发，经铜川，一路奔赴延安。路过黄帝陵时，茅盾陪同朱德总司令去黄帝陵拜谒，朱德总司令在黄帝陵联系抗日战争的话题做了演讲，给茅盾留下深刻印象。

5 月 26 日下午，茅盾一行到达向往已久的革命圣地延安。茅盾曾经回忆当时情景说：

> 五月二十六日午后，我们经过劳山，二时许抵达延安南郊的七里铺。我们这辆车比总司令的车迟到了二十分钟，我们到达时，总

司令的车以及到七里铺来欢迎的人群已进城去了，公路旁还停着两辆小轿车，周围站着五六个人。我爬下卡车，只见德沚正向一位穿灰军装、戴眼镜的高个子奔去，一面兴奋地喊："闻天，闻天！"我也看清楚了，原来是张闻天，七八年不见，还是老样子。我们紧紧握手，互相问候。这时，一位身材瘦小的同志走上前来，用上海口音问道：沈先生还记得我吗？我仔细端详，只觉得面熟，却记不起名字，就说，好像见过面。他哈哈笑道：我就是虹口分店的廖陈云。他一说，我也就认出来了。一九二五年商务印书馆大罢工时，我们常见面，那时他很年轻；后来他被派往苏联学习，就再未见过面，算起来已有十四年了。他们请我和仲实、德沚换乘小汽车进城。到了南门外，又有各机关学校的代表在路旁欢迎，其中有不少在上海就认识的熟面孔。在人群中我和德沚也见到了琴秋。

茅盾从新疆那种度日如年的生活里走来，看到延安的世界，看到延安的蓝天白云、山峦起伏的陕北风情，茅盾的心情是可想而知的。茅盾原来一起并肩战斗过的同志，现在不少在延安，而且不少是中共中央的领导了，大革命时在广州，住在一个屋子里的毛泽东，还有亲如兄弟的张闻天，还有在一起工作的博古、陈云等等。曾经的峥嵘岁月，在革命同志的身边，又让茅盾焕发青春活力。延安的岁月，是茅盾心情最舒畅的日子。

茅盾他们到达延安的当天晚上，延安军民举行热烈的晚宴，欢迎朱德总司令和著名文学家茅盾的到来。宴会后，又在南门操场上举行欢迎大会，朱德总司令和茅盾都在大会上讲话，延安各机关学校的群众都自发地赶来参加欢迎大会，唱着抗日歌曲，如《大刀进行曲》《游击队之歌》《八路军进行曲》等等，操场上一片热气腾腾喜气洋洋。在延安的高自立，代表延安各界致辞，称颂朱德总司令和文学家茅盾。第二天晚上，延安各界在中央大礼堂正式召开欢迎晚会。晚会上，茅盾见到了多年不见的毛泽东。当毛泽东走进大礼堂时，人们起立鼓掌，向毛主席致敬。晚会上，吴玉章致欢迎词，朱德、茅盾、张仲实都在晚会上作热情洋溢的讲话。欢迎仪式后，是鲁迅艺术学院二百多人的《黄河大合唱》，演出京剧《陆文龙》，气氛十分热烈。事后茅盾说："冼星海的《黄河大合唱》使我大开眼界，使我感动，使我这个音乐的门外汉老觉得有什么东西在心里抓，痒痒的又舒服又难受。它那伟大的气魄自然而然使人鄙吝全消，发生崇高的情感，就像灵魂洗过一次澡似的。"[①] 茅盾此时已经融入延安充满朝气蓬勃的氛围里了。与他在新疆时那种提心吊胆的日子，完全是两个天地。

第二天，张琴秋来看望茅盾一家。张琴秋是在西路军失败后被马家军俘房，送到南京反省院，是周恩来与国民党交涉后，派钱之光到南京反省院接到延安的。此时的张琴秋正在延安中国女子大学担任教育长。茅盾向张琴秋打听，女儿沈霞、儿子沈霜去哪个学校读书？张琴秋介绍了延安的教育情况，建议沈霞去女子大学读高级班，沈霜去泽东青干校。张琴秋认为泽东青干校，学生来源单纯一些，结果沈霞同意了，沈霜却不想去，他想去陕北公学读书。因为沈霜读过《西行漫记》，早知道延安有个陕北公学，先入为主，他认为这个学校好。茅盾看到儿子长大了，让他锻炼一下也好。于是，暑假以后，沈霞进了中国女子大学第六班读书，沈霜去了陕北公学。茅盾的一双儿女，终于可以继续他们的学业了，茅盾感到欣慰。

茅盾住在延安交际处的窑洞招待所，张闻天专门来看望茅盾这位兄长般的老友。张闻天回忆起茅盾母亲在上海时对他的照顾关心，回忆起和沈泽民的友谊，张闻天不胜唏嘘。张闻天还向茅盾了解上海三十年代文艺界的情况。茅盾向张闻天介绍自己在上海的情况，香港编《文艺阵地》的情况，以及如何去新疆，等等。张闻天问茅盾下一步的计划，

---

① 茅盾：《我走过的道路》（下），人民文学出版社 1988 年 9 月版，第 205 页。

茅盾表示想在延安住下去，有机会还想去抗战前线看看。张闻天表示欢迎。后来，茅盾夫妇去杨家岭拜访张闻天和毛主席。并向毛主席报告了杜重远、赵丹他们在新疆的危险处境，希望中央给以关注、营救。毛主席让茅盾找一下罗迈想想办法。后来茅盾去找罗迈，罗迈表示了解一下。过了几天，罗迈告诉茅盾，杜重远和赵丹他们，已经被盛世才逮捕关押起来了。有一天，毛主席到交际处看望华侨陈嘉庚，与陈嘉庚会见后，又到茅盾住的窑洞里，看望茅盾夫妇。茅盾清楚地记得：

六月初的一天，毛泽东同志到交际处看望刚到延安的陈嘉庚。（国民党不让陈嘉庚率领的华侨归国慰劳团到延安慰劳，交涉结果，只允许陈嘉庚本人和他的秘书来延安。）拜会过后，毛泽东又到我住的窑洞里来问候，并送给我一本刚出版的《新民主主义论》。我们交谈甚久，一起用了便饭。这一次他和我畅谈中国古典文学，对《红楼梦》发表了许多精辟的见解。他问到我今后的创作活动，建议我搬到鲁艺去。他说：鲁艺需要一面旗帜，你去当这面旗帜吧。我说，旗帜我不够资格，搬去住我乐意，因为我是搞文学的。在这之前，有人劝我搬到全国文协延安分会去，丁玲他们都在那里，现在我决定采纳毛主席的意见去鲁艺。毛主席烟抽得很厉害，一支接一支，甚至在饭桌上也不停，饭却吃得很少。德沚劝他戒烟。他幽默地说：戒不了啰，前几年医生命令我戒烟，我服从了，可是后来又抽上了。看来，在这个问题上，我是个顽固分子。[①]

茅盾和毛主席朋友式的交谈，让茅盾如沐春风！多年以后印象深刻。不久茅盾在周扬的安排下，搬到鲁迅艺术学院去。现在茅盾大妇与两个孩子分开住了，孩子分别住在女子大学和陕北公学，新疆一起到延

①　茅盾：《我走过的道路》（下），人民文学出版社 1988 年 9 月版，第 206 页。

安的张仲实，也已经到中央宣传部工作。① 并且经过批准重新回到党内。张仲实重新回到党内的消息，让茅盾心里漾起层层波澜。

周扬是"鲁艺"的副院长，对茅盾的到来，非常重视，在生活上给以无微不至的关怀和照顾，6月初至9月底，茅盾在"鲁艺"客居了4个月，在当时延安艰苦的条件下，周扬为茅盾安排了宽松而舒适的生活条件。茅盾说：

> 周扬在桥儿沟东山脚下为我准备两孔窑洞。这里离沟口鲁艺院部约一华里，原来是个小山嘴，将它削成陡壁，正好打两孔窑洞。窑洞距地面只有两米，我们进进出出只要爬十多个台阶。两孔窑洞一孔有门，一孔只有窗户，从带门的一孔进去，有一通道与另一孔相连，我们的卧室和书房就在里面一孔，外面一孔则作客厅兼饭厅。洞壁刷了白灰，洞口向阳，窗格上虽没有玻璃而是糊的白纸，光线却很充足。窑洞前有一小块平台，可以散步、乘凉、晒被子。平台下面是翠绿的菜圃，桥儿沟著名的西红柿已开始成熟；再往前走，能听到潺潺的流水声。周扬派来一个"小鬼"帮助我们打水、打饭。我们吃的是小灶，伙房就在附近。鲁艺对我的照顾很周到，我住在那里很安静也很舒适，有事进城，还给我派马。

茅盾到了"鲁艺"后，在学校的篮球场上，做了一次报告，专门谈自己的创作，后来，根据"鲁艺"文学系的要求，给文学系的师生讲中国市民文学。茅盾为此认真备课，写了详细的讲稿，为"鲁艺"文学系做了一个系列讲座。一共讲了五六次。茅盾讲了《水浒》，认为《水浒》是八百年前的中国"民族民主革命"文学的代表作；讲《西游记》，认为《西

---

① 茅盾在回忆录说："那时，张仲实已到中央政治研究室去工作。"据查，张仲实和茅盾到延安后，进了中央宣传部而不是中央政治研究室。"中央政治研究室"是1941年9月建立的，所以张仲实进中央政治研究室，是第二年9月的事。

游记》是幻想的寓言文学作品之中国民族形式的代表。茅盾还讲了《红楼梦》，认为《红楼梦》是中国文学的问题小说之民族形式的代表。茅盾的讲课"讲稿当时曾油印成一册"①。茅盾除了给"鲁艺"文学系讲课外，茅盾还参加延安的不少文化界的活动，当时延安文化界十分活跃，活动也很多，而茅盾的到来，自然是延安文化界的大事，所以一些文化界的活动，常常邀请茅盾参加。文协延安分会邀请茅盾去演讲，送会员的习作给茅盾，请茅盾指点。还有，1940年，延安大规模地纪念鲁迅诞辰60周年，逝世4周年。茅盾参加了纪念活动，写了纪念文章，还将随身带着的珍贵的鲁迅手迹，贡献给延安的鲁迅纪念活动，给延安的鲁迅纪念活动有力的支持。

茅盾在延安时，参加了定期召开的"中国历史问题讨论会"，这个讨论会由历史学家范文澜和吕振羽主持。地点在兰家坪，每周一次，茅盾坚持参加，但是因为是讨论历史问题，茅盾自己说，只是听，而没有发言。而艾思奇主持的"哲学座谈会"，也是茅盾在延安时参加的讨论会，这个座谈会每次都有二十多人参加，而且中央领导也常常到会，一起讨论。茅盾记得毛泽东、朱德、任弼时、张闻天、凯丰等，时常来参加座谈会。茅盾是张闻天让他去参加的。还有一个中宣部的定期报告会，专门学习苏联有关的党史和政治经济学，也是每周一次，地点在杨家岭小礼堂，听的人比较多，中央委员和各个部门的负责人，都挤时间来听报告。张闻天主持报告会，有四个人讲解，其中有茅盾当年在上海国民党左派市党部宣传部的同事博古，不过在上海那时，博古叫秦邦宪，是宣传部的干事。

此时，茅盾的女儿沈霞已经进中国女子大学学习。中国女子大学的校长是王明，因为王明当时是中央妇女运动委员会书记。副校长是柯庆施，张琴秋是教育长，孟庆树是政治处长。沈霞考进的六班，是高级班，

---

① 茅盾1978年9月6日致孙中田信。

同学中,有孟于、周文、周洁等,年纪参差不齐,同学宋介比沈霞大 13 岁。当时韩光、谢励、倪冰等分别担任过六班指导员。女子大学的条件十分艰苦,但是沈霞学习的积极性依然很高,茅盾夫妇十分放心。茅盾儿子沈霜进了陕北公学以后,也立刻融入陕北公学这个大家庭,所以茅盾到延安以后,一双儿女的读书,让茅盾心中的石头落地了。茅盾也发现,儿女都长大了。只是夫人孔德沚还心心念念地关心着儿女的学习和冷暖。

9 月下旬,一个意外,打破了茅盾想在延安长住下去的计划。本来茅盾想在延安住一段时间,然后去抗日前线看看,茅盾对这场伟大的抗日战争,计划观察思考以后,创作一部史诗性的长篇小说。在香港时,曾经开头过一些创作,但是因为匆忙,茅盾并不满意。所以现在有条件,可以找机会去抗战前线了解战况,然而这件事茅盾还没有提上日程呢。还有,茅盾一直藏在心中的回到党内的想法,还来不及向组织提出呢。

张闻天来看望茅盾,并拿出周恩来从重庆发来的电报,请茅盾去重庆,从事文化统战工作,张闻天专门来,也有征求茅盾意见的意思。茅盾记得:

> 九月下旬的一天,张闻天到桥儿沟来看我。他拿出一封电报。原来是周恩来从重庆打来的,大意是:郭沫若他们已退出第三厅,政治部另外组织了一个文化工作委员会,仍由郭老主持。为了加强国统区文化战线的力量,希望我能到重庆去工作,担任文化工作委员会的常务委员。他认为我在国统区工作,影响和作用会更大些。……前不久,蒋介石下手谕逼第三厅全体人员加入国民党,还策划把郭沫若调离第三厅,去当挂名的部务委员。郭沫若提出抗议,宣布辞职,三厅的绝大多数工作人员也纷纷辞职。……过了几天,蒋介石就召见郭沫若等人,表示挽留,说政治部要另外成立一个文化工作委员会,仍请郭沫若主持,第三厅的人都可以参加。……恩

来想请你去重庆，就是考虑到你在国内外的名声，在那种环境里活动比较方便，国民党对你也奈何不得。不过，这只是我们的建议，我们知道你全家都来延安了，你原来也不打算再出去的，如果你实在不愿意，也不必勉强。①

茅盾是一个从事地下党工作出身的知识分子，对党的安排，他从来都没有二话。所以当张闻天代表党中央征求茅盾是否去重庆的意见时，茅盾态度非常明确，说："不必商量了，既然那边工作需要，我听从分配。两个孩子就留在这里。"张闻天征求孔德沚意见，如果德沚姐不放心两个孩子，可以留在延安。孔德沚坚定地说，我同雁冰一起行动，孩子大了，托琴秋照顾就行了。张闻天一听，说：这样也好，你们两个人相互照顾。两个孩子在这里，你们放心，我也会照顾的。最后，茅盾问什么时候走？张闻天说，还没有最后定。可能很快就走。你们准备一下，先搬到交际处住几天。就这样，茅盾到延安几个月，马上又要离开了，茅盾心里五味杂陈，他在送张闻天回去的路上，茅盾向张闻天正式提出，希望党中央考虑一下自己的党籍问题。张闻天表示这个愿望很好，回去提交书记处研究之后再答复你。

此后的几天，"鲁艺"举行了欢送会，茅盾离开"鲁艺"桥儿沟时，"鲁艺"的师生列队欢送茅盾夫妇。"鲁艺"的同学记得："'鲁艺'的全体同学，顺桥儿沟西路山边，沿延河北岸列队送行。老人家携夫人步行而来，有周扬、宋侃夫同志陪同。身后一头毛驴，驮着简单的行李，一口书箱，一卷铺盖。我们本来是一支爱唱歌的艺术青年队伍，随时随地歌声嘹亮，而这时鸦静无声。那位老人家进入队列范围时，大家连续呼喊一句单纯的口号：'欢迎茅盾同志再来！欢迎茅盾同志再来！'口号里带着浓烈的师生眷恋之情，喊声中颤动着离愁和热切期望。两位老人

---

① 茅盾：《我走过的道路》（下），人民文学出版社1988年9月版，第226至227页。

没有演讲，没有语言，只是一边挥手，一边擦泪，一边点头告别。"① 就这样，茅盾离开"鲁艺"，搬到交际处去住了。

9月26日，张闻天专门设宴，为董必武、茅盾夫妇饯行，陈云同志作陪。在浓浓的友情里，茅盾心里无限感慨，也无限留恋。延安四个多月的记忆，对共产主义信仰坚定不移的茅盾来说，太深刻了，深刻到一生都无法抹去。张闻天告诉茅盾，中央书记处认真地研究了茅盾的要求，认为目前的情况下，茅盾留在党外，对今后的工作，对人民的事业，更为有利，希望茅盾能够理解。茅盾对党中央的决定，没有再说什么。后来茅盾去向毛主席辞行，毛主席风趣地对茅盾说：你现在把两个包袱扔在这里，可以轻装上阵了。

10月10日，董必武去重庆的车队从延安出发，这次去重庆，董必武和茅盾夫妇等共有19人，所以中央非常重视，中央组织部专门抽调有关人员，并集中开会，宣布了纪律，研究了应对国民党检查站的办法。从10月10日出发，10月12日就到了西安，刚到西安，董必武就接到中央通知，中央决定林伯渠回到延安，主持陕甘宁边区政府工作，董必武不必去重庆了，留在西安主持西安八路军办事处工作。当时，为了茅盾夫妇的安全，董必武仍旧用自己的专车送茅盾夫妇去重庆。董必武接到中央通知后，亲自去向茅盾夫妇说明原委，以不能与茅盾同去重庆而遗憾。同时董必武关照车队负责同志，一定要保证茅盾夫妇一路上的安全。董必武的关心，让茅盾夫妇十分感动。

尽管是董必武的车队，一路上还是受到国民党的百般刁难，困在宝鸡一个月。所以，从延安到重庆竟然走了一个半月！茅盾夫妇到重庆时，已经是11月下旬。

茅盾到重庆八路军办事处住下后，周恩来夫妇从城内来看望茅盾夫妇。周恩来给茅盾讲了当前的形势和任务，也讲了茅盾到重庆以后

---

① 胡征：《忆延安"鲁艺"生活》，刊《新文学史料》1992年第2期。

的工作，茅盾记得："恩来说：请你来担任文化工作委员会的常务委员，是给你穿上一件'官方'的外衣，委员会的实际工作自有别人在做，不会麻烦你的。你还是发挥你作家的作用，用笔来战斗。听说生活书店打算把《文艺阵地》迁到重庆出版，想请你继续担任主编，你可以考虑，大概徐伯昕会找你谈的。编刊物，扩大进步文艺的影响，团结和教育群众，这是十分重要的工作。压迫愈严重，我们愈加要针锋相对地斗争，同时也愈加要讲究斗争艺术。有一些情况，徐冰同志会向你介绍的。"①

周恩来和茅盾谈话以后，徐冰就向茅盾介绍重庆和整个大后方文化界斗争的大体情况，并且给茅盾一些材料，以便让茅盾了解形势。并且告诉茅盾，房子已经找好，和沈钧儒在一起。于是茅盾在生活书店的房子里过渡三天后，12月1日，就搬到枣子岚垭良庄。这栋小楼内，除了房东外，有沈钧儒、王炳南两家。所以茅盾住在这里，并不寂寞。而且一到重庆，茅盾就开始忙碌起来。第二天，茅盾和夫人孔德沚一起参加田汉的《戏剧春秋》组织的戏剧民族形式问题座谈会。在那里，大家见到茅盾，十分高兴，茅盾见到多年不见的陈望道、洪深、郑伯奇、杜国庠、安娥、胡风、姚蓬子等等。在这个座谈会上，茅盾告诉大家，赵丹已经被盛世才限制自由了。12月7日，茅盾到在中法比瑞文化协会举办的全国文协欢迎来渝作家茶话会。巴金、冰心、郭沫若、田汉、艾青等参加，周恩来百忙之中赶来出席。12月8日，茅盾到中苏文化协会参加中苏文化人联欢会，茅盾见到了沈钧儒、邹韬奋、陈铭枢以及苏联方面

---

① 茅盾：《我走过的道路》（下），人民文学出版社1988年9月版，第229至230页。茅盾记得是"担任文化工作委员会的常务委员"，其实是"文化工作委员会专任委员"。不叫"常务委员"。这个文化工作委员会隶属于军委政治部。文化工作委员会主任委员是郭沫若。副主任委员是阳翰笙、谢仁钊、李侠公。专任委员有十人：沈雁冰、沈志远、杜国庠、田汉、洪深、郑伯奇、尹柏林、翦伯赞、胡风、姚蓬子。还有老舍、陶行知、张志让、邓初民、王昆仑、侯外庐、卢于道、马宗融、黎东方、吕振羽等十位兼任委员。文化工作委员会下面设立三个组：国际问题研究、文艺研究、敌情研究。

的代表，茅盾在联欢会上讲了话，整理后以《抗战时期中国文艺运动的发展》为题，发表在《中苏文化》第8卷第3、4期。当天晚上，茅盾参加全国文协总会组织的关于小说创作的专题讨论会。茅盾讲了《关于小说中的人物》，发表在1941年3月20日《抗战文艺》第7卷第2、3期。[①]后来，12月28日，"文协"召开相当于后来的年度会议，总结一年来各个协会的工作，茅盾在这个会议上发言，茅盾的发言后来整理成一篇文章，就是《今后文艺界的两件事》。发表在1941年1月12日重庆《大公报》。所以，茅盾从新疆、延安到了重庆，以"文化工作委员会专任委员"的公开身份，开始忙碌在重庆的社交场合，用自己的语言，宣传共产党的文艺主张。

茅盾到重庆以后，文化工作委员会的直接领导张自忠约见茅盾，张自忠将军此时是军事委员会政治部主任，茅盾是第一次见到张自忠将军，以为见见面是官样文章。令茅盾没有想到的是，张自忠却和茅盾拉起家常，还和茅盾谈起茅盾的上半年去世的母亲，称赞茅盾母亲是一位"伟大的母亲"，也是一位了不起的女性。这让茅盾感慨万端！他说："从这件小事，使我对这位国民党大员有了新的看法——此非庸碌之辈，而是个有头脑有识见之人。"[②]

到重庆以后，还有一件事让茅盾日夜牵挂，这就是营救被盛世才关押的杜重远和赵丹他们。茅盾到重庆之前，重庆的一些要人如孙科、冯玉祥、黄炎培等等，都给新疆盛世才去电报，为杜重远辩白。但是，重庆听到的，也都是传说，所以盛世才搪塞这些要人很容易。而半年前从新疆出来的茅盾，就成为在重庆的主要知情人了。因此，茅盾一到重庆，关心杜重远命运的那些朋友就找到茅盾，希望了解杜重远、赵丹他们在新疆的真实情况，以及如何营救。这个过程，茅盾回忆说："杜重远的

---

① 重庆《新华日报》1940年12月8日。

② 茅盾：《我走过的道路》（下），人民文学出版社1988年9月版，第234页。

一些东北同乡及好友，记得其中有韩幽桐和阎宝航，专门请我吃饭，要我介绍杜重远事件发生的经过和盛世才其人。沈钧儒和邹韬奋则和我商量营救杜重远的办法。我们去征求周恩来同志的意见。恩来认为，目前可行的办法是以私人名义联名给盛世才去电，表示对杜案的关切，并愿意为杜重远作保，要求盛世才把杜重远送回重庆，由中央司法部门审理。他认为用这种方式也许盛世才能让步。于是大家推举我起草电报。我花了一天时间用文言文写了一千多字的电文，既婉转又严正地申辩杜重远绝对不可能'通汪精卫'，列举重远抗日爱国的言行以及为人之鲠直磊落等。同时又给盛世才留了退路，说新疆地处边陲，许多证人证据不易查找核实，难免有错断误判，希望能将杜案移来重庆复审，我们愿为杜重远作保。电报由沈钧儒、邹韬奋、郭沫若、沈志远、沈雁冰等七八个人署名，发了出去。一个星期后来了回电，只有一句话：'在新疆六大政策下没有冤狱。'我们看了都气得发抖。"[1]

后来著名记者龚澎联系了一些进步记者，请茅盾介绍新疆的情况，揭露盛世才的为人，以及杜重远、赵丹他们被无辜关押的经过。鉴于当时新疆复杂的政治情况，以及半年来新疆的变化，事关杜重远、赵丹的生命安全，所以茅盾的这些介绍，暂时还不能在媒体公开。

恢复出版《文艺阵地》工作，这是周恩来交代给茅盾的任务，也是生活书店的要求。《文艺阵地》在非常艰苦的环境下，楼适夷苦苦支撑，茅盾到延安不久，《文艺阵地》就无形中"休刊"。现在茅盾这个"挂名"主编，到了重庆，生活书店又重新计划出版《文艺阵地》。生活书店徐伯昕奔波申请准印证。很快，《文艺阵地》收到国民党有关部门批复的文件：

重庆图书杂志审查委员会审查证　二四九八号
兹据文艺阵地呈选杂志六卷一期（新一号）原稿 283 册业经本

---

① 茅盾：《我走过的道路》（下），人民文学出版社 1988 年 9 月版，第 234 页。

会审查完竣准予付印，此证，右俭文艺阵地社收执。

中华民国廿九年十二月十九日补发 ①

为《文艺阵地》在国民政府的陪都重庆能够出版发行，茅盾也是煞费苦心。特地将上面这个审查通知，影印在杂志上面，防止国民党的无理审查扣押。茅盾在第 6 卷第 1 期上，还刊登一个启事：

敬启者："文阵"现已成立编辑委员会，内部事务，略有分工，以后凡属投稿或对于"文阵"之意见等函件，封面上请书"文阵编辑委员会收"，希勿书鄙人名字，以免搁误。至于写给鄙人私函，请暂由重庆学田湾生活书店总管理处转交为荷。

茅盾在《文艺阵地》的重新出版之际，与叶以群建立了深厚的友谊。而且有意思的是，茅盾的《风景谈》，竟然在《文艺阵地》重新出版的这一期发表。

在重庆时，虽然时间不长，茅盾也接触了重庆社会方方面面，知道在国共合作的大背景下，国民党为了阻止共产党在重庆的活动，明里暗里，与共产党争夺年轻人，举办各种各样的培训班，让一些要求进步的青年，误入国民党的特务机构。但是当知道误入虎口以后，这些青年的心理就处于愤怒与忧郁交织在一起，十分痛苦。据说当时"一个少女找到了重庆《新华日报》，诉说了她经历的人世沧桑和走过的坎坷不平的道路，希望共产党对她伸出援助的手，把她从苦海中挽救出来"②。这样的故事，当时在重庆传说不少。邹韬奋后来也讲过一个自己的经历："有一天有两个青年偷偷摸摸到我办公处来看我，抽抽咽咽

① 见《文艺阵地》第 6 卷，第 2 期，1941 年 2 月出版。
② 哈华：《巨星的陨落——悼茅盾同志》，刊《萌芽》1981 年，第 5 期。

哭得像孩儿似的，原来他们是在中央某机关中被迫做特务，说以前系在上海某高中毕业，在报上看到某机关用某军事机关战时服务队的名义招生，以为是参加抗战的良好机会，踊跃应考，不料从此投入火坑，被迫做特务，现在如不做而脱离，即有被枪毙或被暗杀的危险，我说你们中途只须侦察真正妨碍抗战的汉奸，不做破坏团体的工作，于抗战也是有益的。他们垂泪而道，能这样安有不愿之理？最苦痛处就在被迫残害所谓'异党分子'，摧残无辜青年，苦苦求救于我，要脱离苦海。我说你们目前情形，除乘机远逃之外，想不出别法，远逃也须有相当充分准备，且须万分机密，否则反有生命之危。他们泪如泉涌而别，来时为证明起见还带了一本千余页的特务讲义。哀者无辜青年，不知何时能离此黑暗牢狱！"[1] 所以，茅盾在重庆的时间不长，但是，茅盾的军委政治部文化委员会的专任委员身份，让茅盾有机会听到不少内幕消息。

1941年1月7日，在皖南茂林地区，遵命北移的新四军及军部9000余人，突然遭到7万余国民党军队重重包围袭击，经过7昼夜的浴血奋战，终于寡不敌众，弹尽粮绝，军长叶挺被俘，大部壮烈牺牲，这就是"皖南事变"。"皖南事变"发生以后，国共关系空前紧张，也打乱了茅盾在重庆工作的节奏。本来茅盾从延安来到重庆，心里对当前的工作很有底气，因为他从延安开始，又直接在中共领导下工作，自己有什么想法、有什么困难，都能够得到中共的指示和安排。现在发生了"皖南事变"，茅盾知道形势又将发生变化。不久，叶以群专门到茅盾家里，告诉茅盾"皖南事变"发生以后，在重庆的周恩来这几天的活动和对这件事的态度。党中央的应对方针，还没有收到。估计这两天周恩来会及时向你传达的。又过了几天，周恩来约见民主党派和无党派人士，通报介绍"皖南事变"的前前后后以及中共中央的立场。

---

① 《韬奋文集》(3)，生活·读书·新知三联书店1955年11月版，第373至374页。

到 2 月下旬，鉴于重庆的形势，周恩来约见茅盾，说：我把你从延安请到重庆，现在局势发生这样大的变化，为了你的安全和工作，我又要请你离开重庆，这次我们建议你去香港，香港你去过，对那边的情况比较熟悉，香港的地位很重要，万一国内的形势发生剧变，香港将成为我们的一个重要的战斗堡垒。茅盾记得，周恩来还对茅盾如何去香港做了细致的安排。而孔德沚去香港还是去延安，由孔德沚自己决定。后来孔德沚决定去香港，认为茅盾一个人在香港不放心。对此，周恩来也同意了，但是茅盾和孔德沚必须分开出发，茅盾先离开枣子岚垭，去重庆郊区南温泉，隐蔽一段时间后再出发。而孔德沚在后面再安排时间出发，以免引起国民党特务注意。

在南温泉秘密住了二十多天，茅盾一口气写了 6 篇见闻录散文。随后由生活书店的程浩飞和新知书店的一个年轻人，一起陪同茅盾先秘密去桂林，然后飞香港。茅盾回忆说：

在南温泉住了二十多天，最后，行动的消息来了：乘长途汽车赴桂林，再转香港；护送我的有生活书店的程浩飞——他挂了职业教育社职员的证章，和新知书店的一位职员——他搞到了冯玉祥副官处的一纸证明，身份是冯的副官。这样昼行夜宿，一路很顺利，一周左右就到了桂林。

从桂林到香港，那时每天都有飞机，为防敌机的阻击，是在傍晚起飞，天亮前又回到桂林；主要不是载客而是运货——把内地的土特产运到香港，再从香港运回医药用品等。这是官办的航空公司，一般人去香港，要有广西省政府签发的通行证，才能买到飞机票。我到达桂林时，买机票的事已经布置好，由陈此生陪我去见了李任仁（李是广西元老，国民党左派，当时是广西省参议会的议长），李写了一封给民政厅长邱向伟的信，又由陈此生领我去找邱，才取得了通行证。

第二天傍晚五六点钟，我和程浩飞登上了飞机，新知书店那位假副官，留在桂林工作了。我们于子夜一点多钟平安抵达香港。[1]

　　茅盾从延安到重庆，现在又要去香港工作和战斗，这对茅盾来说，这一次到香港，和上一次不一样，上一次是自己逃难，奔波到香港的，而这一次是在中共中央周恩来的直接指挥下，踏上去香港的行程的。所以这一次到香港，对茅盾来说，心里是踏实的。在共产党身边，随时可以请示报告，而且能够得到指示。所以当时茅盾在重庆到桂林途中，口占一首："存亡关头逆流多，森严文网欲如何？驱车我走天南道，万里江山一放歌。"借以抒发自己此时的心情。

————————————

　① 茅盾：《我走过的道路》(下)，人民文学出版社 1988 年 9 月版，第 254 页。

四、香港二度：《腐蚀》的诞生，
　　《笔谈》新阵地

　　茅盾第二次客居香港，时间是 1941 年 3 月下旬至 1942 年 1 月上旬。住了 9 个多月。

　　茅盾这次到香港的心情，与上次来香港完全不同，这次是根据中共的要求，在香港开辟"第二战线"。茅盾自己说："1941 年来到香港，正值皖南事变和国内政治形势急剧恶化，使我有一种巨大的紧迫感——必须全力以赴地工作。"正因为茅盾有了这样的态度和决心，他一到香港，立刻投入工作，在香港的文化界宣传中共对形势的看法和对文艺工作的精神。到香港的第二天，消息传开，在香港的不少朋友都来看望茅盾，许地山、戴望舒、萧红、端木蕻良、林焕平等朋友，都到茅盾临时住的旅馆来看他。一批朋友走了，又一批朋友来了，夏衍和范长江也来看望茅盾。夏衍比茅盾早到香港，夏衍和范长江是根据周恩来的要求，到香港创办《华商报》的，所以见茅盾到了香港，便来看望茅盾，并且希望茅盾提供一个可以连载的长篇作品。茅盾答应将在重庆南温泉写的见闻录给夏衍、范长江的《华商报》连载。连载时茅盾给见闻录取名《如是我见我闻》。《华商报》创刊以后，茅盾的《如是我见我闻》连载就开始了。可是连载一个月不到，连载就停了。对此，茅盾说：

　　　我把《弁言》和《兰州杂碎》、《白杨礼赞》第五篇交给夏衍，又接着写了离开延安到重庆一路的"见闻",即《"战时景气"的宠儿——宝鸡》、《"拉拉车"》、《秦岭之夜》、《某镇》、《"天府之国"的意义》、《成都——"民族形式"的大都会》等六篇;后来又写了离开重庆到桂林旅途中的"见闻",即《最漂亮的生意》、《司机生活的片段》、《"如何优待征属"》、《贵阳巡礼》、《旅店小景》等五篇。这些文章长短不一,长的如《西京插曲》、《"雾重庆"拾零》约五千字左右,短的如《白杨礼赞》仅一千多字。《如是我见我闻》在《灯塔》上从第一期连载到二十九期,每期登一篇或半篇。原来还要继续写下去,譬如昆明见闻,新疆见闻,延安见闻等等,可是,五月中旬突然来了紧急任务,只得中断连载,并向夏衍表示歉意。①

4月8日,茅盾应香港业务联谊社的邀请,专门去讲文艺问题。

茅盾夫人孔德沚在生活书店徐伯昕夫人胡耐秋的陪同下,秘密离开重庆,来到香港。孔德沚知道茅盾还住在旅馆时,便奔波了一天,在香港半山的坚尼地道租到一间骑楼。茅盾回忆说:"这是一栋两层的小洋房,附有花园。房东七十多岁,原是香港某大银行广州分行的经理,广州沦陷后,回到香港,'息影家园'。原配夫人早已去世,现在当家的是二太太——一位五十多岁的胖女人,另外还有一个十七八岁的丫头。他们住在楼下,楼上全部出租。已经有两户房客,厢房住的是沈兹九和她的女儿,正房住的是《世界知识》的编辑张铁生。德沚带我去看的是装了玻璃窗的阳台,广东人叫骑楼。但这骑楼与张铁生住的那间房隔一玻璃门,出入需经过张的房间,我觉得不方便。沈兹九便说,她不久要去新加坡,她住的厢房就可以让给我们。

"下一天,我们就搬进了那间骑楼。房间狭窄,只能放一张床和一

---

① 茅盾:《我走过的道路》(下),人民文学出版社1988年9月版,第258页。

张桌子。我们把一些不用的书稿和杂物装了两藤篮，寄存在房东的地下室里。房东是旅美华侨，性格开朗，也健谈，可惜他不会讲普通话，我又听不懂广东话，我们交谈，只得用英语。我告诉他，我是写文章的，他见我不像歹徒，也就放心了。"①

邹韬奋到香港以后，知道茅盾也来香港了，他就来茅盾住的旅馆找到茅盾，和茅盾商量，他的生活书店准备在香港办一个综合性杂志，希望茅盾帮助生活书店再办一个文艺杂志。这样在香港的影响会更大一些。茅盾已经好久没有见到邹韬奋，两个人在香港见面，格外兴奋，对邹韬奋的新闻出版情怀，茅盾非常敬仰。邹韬奋出生在福建省永安，祖籍江西余江县横溪乡沙塘村。他比茅盾大一岁。而且邹韬奋的学问和爱国情怀，同样为读者、朋友所敬仰。所以邹韬奋提出办一个过去办过的《大众生活》时，茅盾非常赞成，办事效率很高的邹韬奋，立即成立《大众生活》编辑委员会，5月3日，《大众生活》编辑委员会召开会议，邹韬奋任主编，金仲华、茅盾、乔冠华、夏衍、胡绳、千家驹为编委。第一次编辑委员会的会议，就在香港湾仔凤凰台生活书店办公室召开。大家在编辑委员会的会议上，对尽快出版《大众生活》形成统一的意见，并且在会上提到，新的《大众生活》应该有长篇小说连载，以吸引香港和东南亚的读者，如果全部是政论文章，影响读者的兴趣。而邹韬奋认为，这个刊物，一定要在5月17日出版。所以，编辑委员会开始更加忙碌起来。5月5日，邹韬奋专门拜访茅盾，和茅盾商量，请茅盾写一部长篇小说，供《大众生活》连载。茅盾记得：

> 隔了一天，大概是"五四"的下一天，韬奋专程过海来看我。他说，那天会上当着你的面，大家不便说，会后都向我建议，《大众生活》上的连载小说，应该请你来写，你的名气大，下笔又快，承担这个

---

① 茅盾：《我走过的道路》（下），人民文学出版社 1988 年 9 月版，第 261 至 262 页。

任务是不成问题的。请你就作为紧急任务赶写一部吧。我为难道，长篇小说哪能说写就写得出来的。韬奋说，这也是万不得已，你就把平时积累的素材拿出来编个故事吧。你可以一边写一边登，大约每期只占四个页码，八千字左右。三八年你在《立报·言林》上不就边写边登过一个连载小说吗？我说，所以那部小说写失败了。韬奋道，我不这样认为，那是第一部写抗战的长篇小说，在帮助当时的青年认清持久抗战的道路来说，是起了很好的作用的。我沉吟片刻，咬咬牙说：好吧，我来写！你什么时候要第一批稿？韬奋扳了扳手指道：给你一个星期，十三号交稿。我给你留出四个页码，你给我四天印刷的时间。①

这就是茅盾在香港创作长篇小说《腐蚀》的起因。

但是茅盾答应了邹韬奋的要求，可是写什么题材的小说？是写抗日战争中的财经小说？香港和南洋的读者喜欢看什么样的小说？茅盾认真做了思考。茅盾早年秘密参加共产党以后，对秘密工作非常敏感，所以茅盾突然想到，在重庆这几个月，听到不少国民党特务的内幕，在抗日热潮中，一大批爱国热血青年纷纷走上抗日前线，杀敌报国。也有一些热血青年响应号召，参加国民党举办的各种各样的训练班，希望打好基础，报效国家。然而，国民党特务机构利用年轻人的爱国热情，一点一点将这些热血青年拉入特务的魔窟，然后让这些热血青年去从事见不得人的罪恶工作，使这些青年无法自拔。茅盾于是考虑："如果写这样一个故事：通过一个被骗而陷入罪恶深渊又不甘沉沦的青年特务的遭遇，暴露国民党特务组织的凶狠、奸险和残忍，他们对纯洁青年的残害，对民主运动和进步力量的血腥镇压，以及他们内部的尔虞我诈和荒淫无耻，也许还有点意思。故事的背景可以放到皖南事变前后，从而揭露蒋介石

---

① 茅盾：《我走过的道路》（下），人民文学出版社 1988 年 9 月版，第 259 至 260 页。

勾结日汪，一手制造这'千古奇冤'的真相。"①茅盾决心改变一下自己创作模式，适应香港和东南亚读者的口味，走通俗化反映严肃的政治主题的路子。如何结构？按照茅盾过去创作的经验，必须做比较长的时间的考虑，有详细的人物，每个人物的身份、经历、性格特点等等，都要专门写好提纲；对小说的情节设计，茅盾过去的做法，一定要详细的提纲提示，有张有弛，张弛有度，几条线索进展快慢有序，让读者能够沉浸在故事情节里面。但是茅盾现在面临着几天的时间准备，而且是边写边发表，所以无论如何是不能像过去那样充分准备以后再动手的。然而，茅盾毕竟是茅盾，很快茅盾找到了创作的突破口，找到了一种表达方式。茅盾说："于是决定采用日记体，因为日记体不需要严谨的结构，容易应付边写边发表的要求。我一向不喜欢用第一人称的写法，这时也不得不采用了。小说主人公即日记的主人，决定选一女性，因为女子的感情一般较男子丰富，便于在日记中作细腻的心理描写。我给这部小说取名《腐蚀》，以概括日记主人的遭遇。为了吸引读者，我在书前加了一段小序，假称这本日记是我在重庆某防空洞中发现的。"②茅盾的这个设计，显示了茅盾深厚的文化底蕴，在如此短的时间，梳理出如此契合香港和东南亚读者口味的要素，让邹韬奋他们欣喜不已。

茅盾动手创作《腐蚀》，竟然写得非常顺利！用茅盾的话来说是"一气呵成"。小说以1940年9月到1941年2月的重庆为背景，通过失足女青年赵惠明的日记，揭露国民党消极抗战，积极反共，血腥镇压民主运动和进步力量的罪行。小说既写失足当了特务而又不甘心沉沦的女青年赵惠明，又塑造小昭那样敢于与反动势力进行坚决斗争的青年形象，同时也揭露了相互勾结、狼狈为奸的蒋记、汪记特务的无耻嘴脸。而且茅盾在小说中将发生不久的"皖南事变"写入小说的背景，增强了小说

---

① 茅盾：《我走过的道路》（下），人民文学出版社1988年9月版，第260页。

② 同上，第260至261页。

的时代特色和鲜明的政治倾向，使小说的批判力量和社会效果得到明显增强。

小说《腐蚀》5月17日如期在《大众生活》上开始连载。小说一发表，竟然一片叫好！连茅盾自己都觉得很意外。他说："小说一发表，很受欢迎，虽然这是一部政治气息极浓厚的作品，却吸引了香港、南洋众多喜爱惊险小说的读者，反应如此强烈，是我始料所未及的。"①《大众生活》杂志发行量也迅速扩大到10万份。《大众生活》也收到大量的读者来信，这些读者希望作者茅盾能够给赵惠明一条自新的出路。邹韬奋也找到茅盾，希望茅盾考虑读者意见，给这个主人公一个自新的结尾。茅盾记得：那时，我已经在筹备文艺期刊《笔谈》的出版，原想结束《腐蚀》将大部精力投入《笔谈》的创刊，经韬奋这么一请求，只得把赵惠明的"日记"继续写下去。我在原来的结尾后面，加了一段女主人公被派到某大学区的邮局内当邮检员的故事。在那里她结识了一个刚刚陷入特务罗网的女学生，并帮助她从火坑中逃了出去。至于她自己的前途，我在书中写了革命者对她的期望："生活不像我们意想那样好，也不那么坏。只有自己去创造环境。……她一定能够创造新的生活。有无数友谊的手向她招引。"②

《腐蚀》的发表，受到读者的追捧，但是也引起国民党的注意，国民党曾下密令到书店查禁。但是，《腐蚀》后来流传到抗日民主根据地解放区，被解放区大量出版印行，如苏中出版社、大连大众书店、华北新华书店、太岳新华书店、东北书店等书店在艰苦的条件下出版《腐蚀》。有的地方为了认清国民党特务的黑暗，还把《腐蚀》作为内部学习材料。所以茅盾说："在我写的长篇小说中，《子夜》是国外版本最多的，而《腐蚀》是国内版本最多的。"这是事实。

---

① 茅盾：《我走过的道路》（下），人民文学出版社1988年9月版，第262页。

② 同上，第263页。

茅盾在创作《腐蚀》以后，便腾出手来筹备出版半月刊《笔谈》，这是茅盾到香港的任务之一。茅盾回忆说："到香港开辟'第二战线'，我所担负的任务是办一个文艺刊物。此事，原以为举手之劳，谁知竟几经周折，到七月底，才有了点眉目。问题仍旧出在要向香港政府办登记上。当然也有其他的原因，如我们先要把《大众生活》办好，我个人还有赶写《腐蚀》的任务。解决登记的问题，最后还是请出了曹克安先生，我们同样请他担任挂名的社长兼督印人。"① 一切准备好以后，茅盾给这个刊物取名《笔谈》——定位为小品文，茅盾在约稿中提出："一、这是个文艺性的综合刊物，半月出版一次，每期约四万字；经常供给的，是一些短小精悍的文字，庄谐并收，辛甘兼备，也谈天说地，也画龙画狗。也有创作，也有翻译。不敢自诩多么富于营养，但敢保证没有麻醉也没有毒。二、内容如果要分类，则第一，关于游记或地方印象；第二，人物志，以及遗闻轶事；第三，杂感随笔，上下古今，政治社会，各从所好；第四，读书札记，书报春秋；第五，文艺作品，诗歌，小说，戏曲，报告；第六，时论拔萃。以上六类，不一定期期都有，但总想做到有则必不是充数滥竽。"② 约稿信发出以后，凭茅盾的号召力、影响力，不少著名作家和名人纷纷给茅盾来稿，支持《笔谈》。其中柳亚子给《笔谈》写"羿楼日札"，介绍辛亥革命前后的历史掌故，给《笔谈》增添了不少历史色彩，茅盾自己则包揽了"编辑室""书报春秋"，写"客座杂忆"专栏，创刊号上还有胡风、以群、陈此生等作者的作品，在形式上，有杂感、随笔、掌故、佚闻，书与世界，印象与记，诗，书报春秋，时论拔萃，杂俎以及插图等，丰富多彩，实现茅盾在约稿中的设想。第二期还增添了日本文化的介绍，专门请日本文学研究者林焕平撰写战时日本的文化动态。据林焕平回忆说："我同茅盾同志很熟，所以他要我写稿。我对日本情况比较熟悉，当时香港有日本书店，容易买到日本书刊，材料又

---

①② 茅盾：《我走过的道路》（下），人民文学出版社1988年9月版，第268至269页。

较易收集,所以茅公叫我尽可能系统介绍日本情况。"①为此林焕平在《笔谈》上发表《战时日本的文化动态》《日本的青年运动》《洋书为患论》《记轿夫李七》《艺术浪费论——日本战时文化动态之四》《国学救国论》等文章。

《笔谈》于1941年9月1日创刊,至12月太平洋战争爆发,一共出版7期。事后茅盾回忆说:"《笔谈》共出了七期。第七期出版后的第七天,太平洋战争爆发了。综观七期刊物,虽然只有薄薄的一本,却浸透了作家们辛勤的汗水。柳亚子的支持前面已经讲过。郭沫若也远从重庆给刊物寄来了文章。当时在香港的文化界人士和作家,如陈此生、胡绳、于毅夫、张铁生、乔冠华、杨刚、叶以群、戈宝权、胡风、袁水拍、林焕平、骆宾基、凤子、柳无垢、高荒、孙源、胡考、丁聪等人都经常写稿、译稿或提供插图,上海的楼适夷等也寄来稿件。《笔谈》有如此广大的作家群为后盾,身为主编的我,只要做做补空填缺的工作就行了。实际上也如此,在《笔谈》上我除了写《客座杂忆》外,主要的'任务'是包写'书报春秋'栏和'杂俎'栏。这些都是补白文章,每篇不过三五百字,但每期的篇数却不少,统计起来,七期《笔谈》共写了四十三篇。此外我还包写了登在每一期首页的时论专栏《两周间》,纵谈两周内的国际形势。"茅盾是一位编辑大家,对《笔谈》这样的小品文杂志,虽然有许多作者支持,但是茅盾为编好这本《笔谈》,调动了他编辑刊物的经验,把这份杂志办得丰富多彩。而且,《笔谈》与《小说月报》《文艺阵地》一样,是茅盾一个人在编辑,用茅盾自己的话来说,是唱"独角戏"。《笔谈》是茅盾一个人编辑的最后的一份杂志。以后挂茅盾主编的杂志,茅盾并不亲自操刀,而是另有人在编辑。

在香港编辑《笔谈》时,茅盾记忆深刻的是,当时史沫特莱特地到茅盾家里看望茅盾,与茅盾叙旧。当时史沫特莱告诉茅盾,她在八路军、

---

① 林焕平1983年7月13日致笔者信。

新四军方面做了大量的调查研究，与共产党的不少领导人成为朋友，她准备写朱德传，不过她现在去美国治病。茅盾问她，为什么不在香港写朱德？史沫特莱说，香港也要发生战争，现在最多坚持两个月。你也应该离开香港，可以到新加坡去。茅盾说，我现在编《笔谈》，任务在这里，还不能离开香港。这时大约在10月，史沫特莱能够有这样的见解和眼光，让茅盾折服。

茅盾在9至12月期间，除了编辑《笔谈》，还在另外的报纸杂志上发表了25篇作品，其中写了小说《某一天》。这是抗战开始以来，茅盾写的第一个短篇小说。

1941年12月8日，太平洋战争爆发，日本偷袭珍珠港，同时日本开始进攻香港，毫无防守的香港，立刻沦陷，顿时香港陷入一片无序状态。此时，第一时间，中共中央致电周恩来、廖承志、潘汉年、刘少文（刘晓），指示与英美等国建立广泛的真诚的反法西斯统一战线，组织在香港的文化界人士和党的工作人员撤退。同日，周恩来按照中共中央的指示，两次急电廖承志、潘汉年、刘少文，布置撤退工作。并指示文化界的可以先到桂林；《新华日报》的人可以去重庆；戏剧界的人由夏衍组织一个旅行团，赴西南各地，不必去重庆；极少数的朋友可以去马来西亚；能够留香港的朋友，必须符合保密条件。[1] 周恩来的这些工作，在非常时期，并不是每个人都清楚，茅盾也一样，在匆忙混乱中，他和夫人孔德沚整理行装，又转移了几个地方，在炮火连天的日子里，东躲西藏一个月，茅盾经历了香港战争的混乱和血腥。

1942年1月9日，茅盾在中共的安排下，秘密离开香港，茅盾化名孙家禄，孔德沚化名孙陈氏，带着一部《新旧约全书》和简单的日用品，在共产党的组织下开始两个月的大转移。直到3月9日抵达广西桂林。一路上，茅盾夫妇和大批文化界的朋友一起，由香港党组织和东江

---

① 马仲扬、苏克尘：《邹韬奋传记》，重庆出版社1997年9月版，第454页。

游击队接力护送，昼伏夜行，茅盾经历了从未经历过的长途跋涉，其间，茅盾腹部肿胀，排便不畅，粪便硬积，药石不灵，茅盾痛苦不堪。而孔德沚在晚上摸黑赶路时，突然从桥上掉到干枯的河里，所幸没有大碍，否则后果不堪设想。当时东江游击队司令曾生在白石龙坐镇指挥。据说，茅盾、邹韬奋他们离开香港不久，"南支派遣军"特务机关"大东亚共荣圈事务所"在香港报纸上刊登启事"请邹韬奋、茅盾先生参加大东亚共荣圈的建设"[1]企图诱捕。其实此时茅盾他们已经在中共的安排下秘密离开香港，只是日本侵略者和特务们不知道而已。

从重庆到香港，茅盾经历了战争带来的苦难，也在中共周到的安排照顾之下，顺利地逃出香港。于1942年春暖花开时节，到达桂林。

① 《曾生回忆录》，解放军出版社1992年2月版，第222页。

五、桂林：春来冬去

茅盾到达桂林时，3月9日，天气已经暖和，但是桂林虽然是抗战大后方，但还是国民党统治的地方，和香港不一样。在香港，茅盾可以放开写《腐蚀》这样的连载小说，可以对国民党的抗战品头论足。但是桂林不一样，茅盾刚到桂林，对桂林的认识，还要观察，还要思考。茅盾说：

> 桂林在抗战中是有名的文化城。广西地方当局为确保自身利益和抗衡重庆政府的压力，在一段时间内曾对共产党采取了一定程度的合作态度，允许若干的进步活动。他们招揽了大批进步文化人到桂林工作，创办了好多进步刊物，使得桂林成为一个民主空气比较浓厚、文化生活比较活跃的城市。皖南事变后，形势有了变化，各种限制增加了，图书检查严厉了，但比之当时令人窒息的重庆，桂林仍旧算得是块"宝地"。因此，香港沦陷后，脱险回到内地的文化人投奔的第一个目标就是桂林。
>
> 我和德沚也投奔到桂林。这里起码是一个比较安全的落脚点，在这里我可以对太平洋战争以来国内政治形势的变化作一番估量，也可以观察重庆方面在我写了《腐蚀》等小说和杂文之后对我的态度，以便审时度势，决定我今后的行动方向。①

---

① 茅盾：《我走过的道路》（下），人民文学出版社 1988 年 9 月版，第 295 页。

茅盾此时非常敏感，他从茶房鄙夷的目光里，感觉到自己的衣衫褴褛，一个活脱脱的难民，他说：我们"两个人都穿一件又肮脏又肥大的蓝布棉袄（这还是东江游击队发的），我一手提个包袱一手拎只暖瓶，德沚也提个包袱，另一只手拎只小藤篮。我的包袱里是一条俄国毛毯，德沚的包袱里是几件换替衣服，藤篮里则放些梳洗等日常用品，包括我的那本《新旧约全书》，——这就是我们的全部家当。"① 然而，桂林的不一样，还在于桂林的房子的紧张，茅盾夫妇一到桂林，在一个旅馆住下以后，发现桂林的房子之紧张，出乎意料，孔德沚去找了一个星期，仍然没有找到房子。桂林的朋友知道后，有的曾经很客气地让茅盾住在自己家里。但是茅盾婉言相拒。茅盾不想做寄居客。后来，中共在桂林的负责人邵荃麟将自己租的一个厨房间让给茅盾夫妇住。对邵荃麟住的这个地方，茅盾回忆说：

> 邵荃麟住在西门外丽君路南一巷一座新盖的二层楼房内，楼房分前后两栋，前楼为上房，上下有八大间，后楼为下房，只有四小间，两楼中间是个天井。这楼是文化供应社的宿舍，楼内除了邵荃麟，还住着宋云彬、金仲华以及一个姓王的出版商。宋云彬一家和出版商及其外室占了前楼楼上的四大间，楼下四间为库房，堆满了纸张和书籍；金仲华兄妹和邵荃麟夫妇在后楼的楼上各住一间，楼下两间便是他们的厨房。现在邵荃麟把他的厨房让给了我，自己就与金仲华合用一间厨房。厨房很小，大约八九平米，只能放一张双人床和一张桌子。德沚买了点简单的竹制家具，我们便将就着住下了。

虽然只有八九个平方米，茅盾却在里面生活了将近9个月的时间，

---

① 茅盾：《我走过的道路》(下)，人民文学出版社 1988 年 9 月版，第 296 页。

其间茅盾观察桂林的政治形势之后，在桂林逐步参与进步文化活动，同时创作中篇报告文学《劫后拾遗》和长篇小说《霜叶红似二月花》等。虽然物质生活艰苦，居住条件简陋，却写出了传世之作！

茅盾刚到桂林，开始并没有写短文章，以便尽快改善生活条件，茅盾说："到达桂林后，我首先写的是长篇，而不是短文。这与以往不同，以往，每到一地，总是先应酬各报刊的约稿，赶写一些短论或杂文。然而在桂林我都婉辞了。我考虑，写短论和杂文是向敌人掷投枪，但目前的桂林不同于过去，更不同于香港，国民党的图书检查十分严厉，人身自由又无保障，如果我匆匆忙忙上阵，既不能使'投枪'通过图书检查老爷的关口，反倒授人口实。因此，我到桂林后对自己的告诫是：先不要急于发表文章，看清形势再动笔。"① 茅盾听说，邹韬奋已经被国民党秘密通缉，并要求就地法办。邹韬奋本来是和茅盾他们一起到桂林的，但是在3月间，邹韬奋还在半路上，中共华南工委接到中共中央南方局来电，说国民党当局已经秘密下令，通缉邹韬奋，并且命令各地特务机关，如果发现邹韬奋，"就地惩办，格杀勿论"。从东江到韶关、衡阳一些的国民党特务站，都放着邹韬奋的照片。从重庆来的刘百闵专门到广东督办。所以邹韬奋不能到桂林，而只能秘密隐居在梅县江头村。所以在这样的形势下，茅盾不写短文章，以免授人口实。

但是，茅盾到桂林后，写的第一部作品就是中篇报告文学《劫后拾遗》，主要写香港战争前后的形形色色和花花絮絮，真实地揭露了香港战争中日本侵略者的罪行。茅盾在那个厨房间的小房子里，在放着油盐酱醋的桌子上，写了一个多月，在5月1日脱稿。6月，《劫后拾遗》就由桂林的学艺出版社出版。接着茅盾在乱哄哄的环境里，开始考虑写作长篇小说《霜叶红似二月花》。关于这部长篇小说，茅盾回忆说：

---

① 茅盾：《我走过的道路》（下），人民文学出版社 1988 年 9 月版，第 299 页。

我计划写"五四"运动前到大革命失败后这一时期的政治、社会、思想的大变动。书中的主要人物是一些出身于剥削家庭的青年知识分子，他们有革故鼎新的志向，但认不清方向。当革命的浪涛袭来时，他们投身风浪之中，然而一旦革命退潮，他们又陷于迷茫，或走向了个人复仇，或消极沉沦。这也是我之所以把书名取作《霜叶红似二月花》的原因，书中的主人公大多是霜叶，不是红花。全书的规模比较大，预计分三部，第一部写"五四"前后，第二部写北伐战争，第三部写大革命失败以后。但是写了十五万字，只完成了第一部，还没有沾着大革命的边，我就离开桂林去了重庆，不料到了重庆，环境变化，竟未能继续写下去。从现在出版的《霜叶红似二月花》中只能看到"五四"前后江南城乡新旧势力错综复杂的斗争，还看不出我原来的写作意图，霜叶还没有红，围绕男主人公钱良材的故事刚刚展开，女主人公张婉卿的性格还有待发展，而另一位女主人公张今觉则尚未登场。

　　不过，我写《霜叶红似二月花》，是很用了一番心思的，我企图通过这本书的写作，亲自实践一下如何在小说中体现"中国作风和中国气派"。[1]

　　《霜叶红似二月花》是一部反映从辛亥革命到五四运动前夕社会生活的作品。小说以江南一带某县城为背景，以惠利轮船公司经理王伯申为发展航行事业所遇到的困难挫折为主线，展开了民族资产阶级与地主阶级、农民阶级之间的矛盾冲突，塑造了钱良材、张婉卿、张恂如、黄和光、许静英、王伯申等各色人等的形象。小说气派宏大，描写人物心理委婉曲折，借助自然环境烘托人物性格，全篇布局摇曳多姿，结构错综复杂，铺开张、王、钱、赵、冯、黄、朱七个家族的兴衰发展史，娓

---

① 茅盾：《我走过的道路》（下），人民文学出版社 1988 年 9 月版，第 300 至 301 页。

娓道来，文字典雅，具有中国气派、民族特色。这部小说虽然没有实现茅盾的宏伟设想，但是就这第一部，也是茅盾创作的长篇小说中的精品。

而且《霜叶红似二月花》是在环境非常繁杂的情况下创作的。茅盾戏称在"两部鼓吹"中诞生了一部长篇小说《霜叶红似二月花》。他说：

> 我的小房外边就是颇大的一个天井（院子）。每天在一定时候，天井里非常热闹。楼上经常是两三位太太，有时亦夹着个把先生，倚栏而纵谈赌经，楼下则是三四位女佣在洗衣弄菜的同时，交换着各家的新闻，杂以诟谇，楼上楼下，交相应和；因为楼上的是站着发议论，而楼下的是坐着骂山门，这就叫我想起了唐朝的坐部伎和立部伎，而戏称之为"两部鼓吹"。那时我的小房内没有电灯，晚上照明靠一盏"吸油如鲸"的桐油灯。我的眼睛又有病，晚上不能写作，只能在白天与德沚合用那张唯一的方桌：德沚在房门口烧饭，油盐酱醋的瓶瓶罐罐占了半张桌子，我就利用另一半桌子，歪坐在竹凳上，写我的小说。如今又加上了"两部鼓吹"，其热闹可想而知。需要说明一点，这"两部鼓吹"并非始于我创作《霜叶红似二月花》之时，而是远在我写《劫后拾遗》之前，只是到那时达到了顶点。直到有一回我发了火，这"两部鼓吹"才消歇。①

《霜叶红似二月花》共 14 章，1 至 9 章最初发表在 1942 年 8 至 11 月《文艺阵地》第 7 卷 1 至 4 期；10 至 14 章最初以《秋潦》为题，发表在 1943 年 1 至 6 月重庆《时事新报》副刊《晨光》1 至 29 期。全书在 1943 年 5 月由桂林华华书店出版。

茅盾在桂林的时间不长，但是当时桂林集聚了不少进步文化人，他

---

① 茅盾：《我走过的道路》（下），人民文学出版社 1988 年 9 月版，第 301 至 302 页。

们办出版社，举行各种各样的文化活动。这些朋友知道茅盾在桂林，就常常到这里看望茅盾，有一次，柳亚子到了桂林，就来看老朋友茅盾。一看到茅盾住得那么小，大叫"转不过身来！"所以后来，有事，都是茅盾到柳亚子家去。因为茅盾需要集中精力写小说，所以一些朋友办的培训班，邀请茅盾去讲座，茅盾也是能推则推，不过，对事关作家权益的事，茅盾还是努力去争取。那时候，桂林的排字工人排一千字的收入，比作家写一千字的收入还高，成为当时的一个笑话。所以大家推荐茅盾出面，主持一个提高作家稿费的座谈会。

茅盾在桂林的应酬，主要是广西官方的安排和桂林朋友的聚会，如广西的李济深的招待会、刘百闵的招待会等，都是官方的安排，茅盾不能不去。还有像宋云彬为柳亚子洗尘，茅盾作陪。中秋节时，柳亚子组织去牯牛岭赏月，茅盾同样参加。柳亚子组织大家夜游漓江，茅盾夫妇都参加。画家沈逸千来桂林画展，茅盾收到邀请，这位画家，茅盾在延安曾经有过交往，现在到桂林来了，茅盾见面以后，果然是在延安就认识的。沈逸千仿茅盾的散文《白杨礼赞》，画了一幅白杨图，让茅盾在上面题词。茅盾题了一首诗："北方的佳树，挺立揽斜晖。叶叶皆团结，枝枝争上游。羞挤楠枋死，甘居榆枣俦。丹青留风格，感此倍徘徊。"后来，茅盾夫妇要离开桂林去重庆了，柳亚子又专门组织一些朋友，在月牙山请茅盾夫妇吃桂林特产豆腐。叶圣陶比茅盾晚到桂林，茅盾夫妇与叶圣陶有过几次相聚。

当时，茅盾到桂林以后，国民党政府立即派了刘百闵到桂林游说茅盾这些文化人。说中央政府对他们的处境非常关心，重庆对他们想有所借重。结果，刘百闵从上半年游说到下半年，这些文化人没有一个同意去重庆的，这让刘百闵很没有面子。但是刘百闵屡败屡战，不依不饶地在文化人中间做工作。因为这是刘百闵的一个任务，没有完成，刘百闵无法向蒋介石交账。所以刘百闵很卖力。此时，茅盾的《霜叶红似二月花》创作已经告一段落，其他的文章，从 4 月到 11 月，不完全统计，也已

经发表了34篇。其中有短篇小说和报告文学作品7篇,文艺评论10多篇,
其余的是一些杂论。其中,小说创作中,让茅盾想念起在延安的一双儿
女,想起在新疆时养的两只小狗。茅盾夫妇和一双儿女分别已经有一年
多没有见面了,茅盾非常牵挂、思念在延安的儿女,到了桂林以后,茅
盾这种思念情绪日益浓烈。他在桂林写的一首诗中有"双双小儿女,驰
书诉契阔。梦晤如生平,欢笑复呜咽。感此倍怆神,但祝健且硕。"等
诗句,在梦中都在想念,都在牵挂。回忆在新疆度日如年的日子里,两
只小狗和一双儿女的种种,茅盾写了短篇小说《列那和吉地》,用生动
的语言,描写了"列那"和"吉地"的调皮和善解人意的神态,也刻画
了爸爸、妈妈和男孩、女孩四个人和两只小狗之间的感情,小说非常写
实,似乎完全是将"列那""吉地"当时在茅盾家里的成长过程写下来了,
所以具有真实的生活气息。小说发表在1942年10月15日出版的熊佛
西主编的《文学创作》第一卷第二期上。

茅盾这篇《列那和吉地》小说发表以后,传到延安,茅盾的女儿
沈霞看到了,她一看就明白,这是在写她和弟弟,知道父亲茅盾在想
念她和弟弟了。她在12月17日的日记中写道:"昨天看到了一篇爸爸
写的关于《列那和吉地》的短文章,从这文章中,我想起了当时家中
的一些情形,而爸爸又是那么充分地带着怀念的口吻。有一说,他不
是在写小狗,而是在写我和弟弟,我想是的。我从这文字中也能体味出,
一个悬念儿女的父亲的心。在他看来不正是一样吗?从小抚养大,这
中间有多少哀乐,而最后,不得已托付给别人,是不放心的,正像不
放心两个小狗寄在别人家里一样(不是寄,而从他种意义上说,是永
远的托付啊!)""不过,我想他们应该是放心的,因为我和弟弟不过是
离了小的家罢了,我们生活在一个更有照顾的大家庭中,也许是因为这
一点吧,使爸爸和妈妈能够丝毫不顾虑地走自己的路,做自己的事去。"[1]

---

[1]　沈霞:《延安四年(1942—1945)》(钟桂松整理),大象出版社2009年3月版,第35页。

茅盾知道，自己在桂林，想回到延安，似乎是不可能的。国民党不会让自己去延安和儿女团聚，到了重庆，更不可能去延安了。这一点，茅盾非常清楚。所以到了10月底，茅盾考虑再三，还是决定去重庆。因为现在蒋介石派刘百闵到广西桂林，邀请这些文化人去重庆，这是蒋介石想把茅盾这些文化人控制起来，置于蒋介石的特务监视之下。所以，目前还不至于向茅盾他们开刀。而到了重庆，茅盾可以以国民党军事委员会政治部文化工作委员会专任委员的身份开展工作，具体还可以随时向周恩来同志汇报请示。如果茅盾坚持在桂林，说不定哪一天，国民党采取绑架、暗杀等，对外却说因为不听委员长的劝告，以至于他们无法保证茅盾的人身安全。如果发生这样的情况，国民党可以大做文章，而不去重庆的人，却无法交代。因此茅盾决定去重庆。而此时，叶以群来信，请茅盾去重庆恢复和编辑《文艺阵地》。

刘百闵知道茅盾准备去重庆，非常高兴，认为这是他不断游说的功劳。

茅盾此时的估计是对的，国民党一方面笑脸相迎，另一方面笑里藏刀。因为茅盾决定去重庆以后，自己在桂林一年下来，并没有多少积蓄，所以决定去重庆后，刘百闵问茅盾，路上费用够不够？不够，政府可以帮助，茅盾婉拒了刘百闵的资助。茅盾除了《霜叶红似二月花》的预付稿费作为去重庆的路费外，还准备自己编几本书，"可以填补空腰包"。其中一本《见闻杂记》，交给文光书店出版；一本是《白杨礼赞》，是应柔草社而编的；一本是《茅盾自选短篇集》，这是应民范出版社之请而编的。但是这一部集子，国民党审查时没有通过。这让茅盾感到意外，他说："这本我以为最不可能'危害抗战'的集子却没有通过，审查处的理由是：'查该集《创造》与《陀螺》两篇查禁有案，应予扣存，其余各篇不适抗战要求，应予免印，原稿姑准发还。'"[1] 其实，当时茅盾还编了一部《茅盾随笔》，国民党在审查中依然严格审查茅盾的作品。

---

① 茅盾：《我走过的道路》（下），人民文学出版社1988年9月版，第317页。

从国民党图书杂志审查委员会的审查《茅盾随笔》的档案中，这部《茅盾随笔》是应文人出版社邀请而编的。当时文人出版社有一个姓王的人，叫王小涵。当时王小涵拿到茅盾的书稿《茅盾随笔》时，有11篇稿子，即《一九四三年试笔》《关于鲁迅先生》《回忆是辛酸的罢，然而只有激起我们的奋发之心！》《日记及其他》《雨天杂写》《关于报告文学》《关于"差不多"》《读〈北京人〉》《关于〈新水浒〉》《谈所谓可塑性》《谈人物描写》。王小涵拿到茅盾的稿子以后，就开始"走程序"，送广西省图书杂志审查委员会审查。据国民党中央图书杂志审查委员会档案，王小涵将茅盾的《茅盾随笔》报送到广西省图书杂志审查处，审查处初步审查以后，处长李支在1943年2月12日签发，报送中央图书杂志审查委员会。

广西省图书杂志审查处呈　元发字第一〇八号，民国三十二年二月十二日发

中央图书杂志审查委员会

案据桂林市王小涵呈审茅盾著之《茅盾随笔》一稿，核以该稿系以茅盾作品的散文杂感写作集订而成，内容多有暴露我游击队之弱点与强调异党组织进步之处，似不合抗战要求。理合备文连同该稿一并呈请复核，仍候指令祗遵。谨呈。

计呈《茅盾随笔》原稿一束。

广西省图书杂志审查处处长　李支 [1]

广西省的图书杂志审查处长李支的情况不明，但是审查报告说明文人出版社的负责人是王小涵。茅盾的《茅盾随笔》经过广西省的图书杂志审查处的审查以后，2月12日上报国民党中央图书杂志审查委员会，

---

[1]　见中国第二历史档案馆编《中华民国档案资料汇编》第5辑。

第二科在 3 月 6 日写出审查意见：

> 国民党中央图书杂志审查委员会第二科签呈（3 月 6 日）
>
> 该稿经核，虽多语中带刺之处，但尚不十分显著。准关于《新水浒》一篇，对谷斯范短篇小说集描写青年徒步往延安求学一篇，备致推许，殊有不妥。至其鼓吹新文字，并在游击队伍中，强分所谓进步势力与阶级属性，亦有不合。《谈人物描写》一篇，强调统治阶级利用教育为工具一段，亦有不妥，均应饬令删改，方可出版。此外，如《谈所谓可塑性》一篇，借题发挥，意有所指，有诋毁政府之嫌，应不准采用。拟将原稿发还，并指复桂处遵办。
>
> 亦彰兼代　三·六 ①

　　审查意见中提到的《关于〈新水浒〉》，是茅盾在延安时写的一篇评论，发表在 1940 年 6 月 25 日《中国文化》第一卷第四期。《新水浒》就是青年作家谷斯范的长篇小说《太湖游击队》，谷斯范（1916—1999）是浙江上虞人，12 岁春晖中学毕业以后就任小学教师，20 岁开始创作反映学生爱国运动的报告文学。抗战开始后任新闻记者和中学教师。"皖南事变"以后任《浙江日报》《福建导报》编辑，抗战胜利后有长篇历史小说《桃花扇底送南朝》，新中国成立后，先在上海《新闻日报》工作，后调入华东文联任专业作家，不久调杭州浙江作家协会。茅盾当时对年轻的谷斯范的创作十分关注，其中对写一个青年徒步投奔延安求学的短篇小说印象深刻，所以在《关于〈新水浒〉》再次肯定这个短篇小说，说："现在我还记得有一篇写青年徒步往延安求学的，虽系'想象之作'，但热情而富有诗意，充分闪烁着才能的光芒，给我很大的感动。"大概是这一句吧，刺激了国民党的审查官，认为茅盾对此"备致推许，殊有不妥"。

---

① 见中国第二历史档案馆编《中华民国档案资料汇编》第 5 辑。

其实茅盾在这里连小说的题目都未提及，竟然审查官如此敏感？至于文章中讲到大众化问题，也为审查官所忌。

《谈人物描写》是茅盾在 1942 年发表于桂林《青年文艺》上的一篇谈创作的文章。审查官认为有一段谈教育的文字"强调统治阶级利用教育为工具一段，亦有不妥，均应饬令删改，方可出版"。那么，这一段是怎样写的呢？原来这一段是这样写的：

> 从前的时代，奴隶的经济地位形成了奴隶意识，另一方面贵族的意识也在"教育"奴隶，当奴隶们不能摆脱贵族们的思想意识的时候，奴隶们是服服帖帖的，一旦，奴隶们不再受贵族的思想意识所笼罩了摆布了，这是奴隶惊醒的时候，于是奴隶反抗了。历史上，凡统治阶级一定要对被统治阶级施行其"教育"，使被统治阶级的所思所信，都合于统治阶级的利益和需要。被压迫阶级受长期"教育"的结果，其思想意识当然有统治阶级思想意识的成分，文艺作品力量大的地方就是在于把统治阶级的意识在被压迫阶级中的影响，逐渐减少下去。①

这段话，被审查官敏感地认为"不妥"，而要求"删改"。

《谈所谓可塑性》是茅盾 1941 年 5 月发表在《大众生活》新八号上的一篇杂文，这篇杂文很短，但是很锐利。文章抨击国民党当局的愚民政策，"不许他们用脑"，"千方百计，总想把奴隶们的思想纳于'正规'，——使得他们不作有利于自己的思想，而以主子们所需要的'思想'为依归"。"即凡已成形者，仍可打碎而照我的意思再塑再捏之。"茅盾认为"这是希特勒心传"。而"集中营""劳动营"，就是这种理论的实施。自然，茅盾的这样的一篇杂文随笔，国民党审查官知道茅盾是"借题发挥，

---

① 刊 1942 年 10 月 10 日桂林《青年文艺》第 1 卷，第 1 期。

意有所指，有诋毁政府之嫌"。所以是"应不准采用"。其实，茅盾这一篇杂文在《大众生活》发表时，最后一句就开了"天窗"的。

中央图书杂志审查委员会第二科的审查意见出来以后，立即上报给中央图书杂志审查委员会，过了 40 天，即 4 月 16 日，中央图书杂志审查委员会正式下达指令。

国民党中央图书杂志审查委员会指令（4 月 16 日）

指令

　　令广西省图书杂志审查处

　　卅二年二月十二日元发字第一〇八号呈一件：为呈送《茅盾随笔》原稿一册请核示由。

　　呈件均悉。查该稿《关于新水浒》、《谈所谓可塑性》、《谈人物描写》等三篇，内容欠妥，应予扣存。余无大碍，准予发还，仰即知照。此令。

　　附发还《一九四三年试笔》原稿九份。

　　　　　　　　　　　　　　　　　　　　主任委员　潘××①

这三份国民党图书杂志审查委员会的审查文件，保存在国民党中央图书杂志审查委员会档案里。经过广西省和中央图书杂志审查委员会的层层审查，扣存了三篇文章以后，茅盾的《茅盾随笔》于 1943 年 7 月，由桂林文人出版社出版。此时茅盾早已到达重庆，其中经过恐怕茅盾也不大清楚，但是从《茅盾随笔》被层层严格审查这件事上看，当年茅盾在桂林对国民党的感觉还是对的。在解放后，萨空了告诉茅盾，当时中统局长徐恩曾托人传话给萨空了，说："人有幸有不幸，最不幸的是杜重远，他已在迪化被盛世才杀掉了。最幸的是茅盾，他因为应蒋委员长

_____

① 见中国第二历史档案馆编《中华民国档案资料汇编》第 5 辑。"××"原文如此。

之召到了重庆，所以不好意思再把他关起来。你在这里是幸与不幸之间。"① 茅盾时隔几年，听到特务头子的话，依然毛骨悚然！

　　茅盾是在 1942 年 12 月 3 日，茅盾夫妇和田海男同行，还有一个国民党的特务一路"陪同"，在 12 月 23 日到达重庆。

---

① 茅盾：《我走过的道路》（下），人民文学出版社 1988 年 9 月版，第 322 页。

六、重庆的雾

茅盾于 12 月 23 日到达重庆，这是茅盾在抗日战争期间第二次踏进重庆，茅盾在国共合作时期担任的国民党军事委员会政治部文化工作委员会专任委员的身份，此时还是没有变，依然是用这个名义从事国共合作方面的工作。但是，茅盾这次到重庆，先在生活书店的楼上暂时住下，后来生活书店帮助在长江边的唐家沱天津路 1 号找到一所房子。它距离重庆市中心有三十华里，每天有两班轮船来往于重庆和唐家沱，进城可以当天来回，交通很方便。茅盾在此开始他的三年雾重庆生活。

茅盾这次到重庆，国共双方都很重视，只不过国民党方面，对茅盾的到来，在茅盾住的附近，增加了监视的力度，在唐家沱天津路 1 号附近，增加了一个小杂货店，专门负责监视茅盾。而共产党方面，茅盾到重庆的当天，郭沫若出面，在郭沫若自己家里为茅盾接风洗尘，欢迎茅盾的到来。周恩来、林彪、阳翰笙等参加。因为茅盾表面上是国民党请来的，刚刚到重庆，周恩来不便出面欢迎，便以朋友聚会的方式，欢迎茅盾。30 日，茅盾出席洪深五十岁寿辰茶话会，300 多人参加，茅盾见到了沈钧儒、夏衍、老舍、曹靖华等不少老朋友。第二天，周恩来出面举办洪深祝寿宴会，茅盾应邀出席，并在会上讲话。1943 年 1 月 1 日，茅盾参加重庆郭沫若、老舍、田汉、夏衍、姚蓬子等文化界人士组织的为沈钧儒七十寿辰祝寿。作《沈衡山先生七十寿辰》，发表在 1 月 3 日《新华日报》。1 月 8 日，为庆祝《新华日报》五周年，茅盾写了《谈副刊——

并祝新华日报发刊五周年纪念》，后来又为《新华日报》五周年题词：
"加强团结，争取进步"。同时，茅盾参加国民党中宣部召开的庆祝英美
取消不平等条约而举行的文化界茶话会，在这个茶话会上，茅盾第一次
见到国民党中宣部长张道藩。2月初，刘百闵到生活书店茅盾临时住处，
送来张道藩举行家宴的请柬。茅盾心想，既然请吃饭，想必还有其他事
情，不妨去一下，况且张道藩是"顶头上司"，不去也没有道理。于是，
茅盾去赴了一次张道藩家里的宴会，陪客就是茅盾认识的刘百闵。在张
道藩的家里，茅盾和张道藩的聊天过程中，茅盾曾经向张道藩提出《文
艺阵地》的出版发行问题，张道藩打哈哈。但是张道藩希望茅盾到重庆后，
为文化运动委员会下面杂志《文艺先锋》提供稿子以及长篇小说。茅盾
表示，长篇小说他手头没有现成的。需要重新创作，文章稿子，只要有
利于抗战的事情，他会努力的。张道藩对茅盾的态度，十分高兴。张道
藩还希望茅盾到文化运动委员会来讲课，茅盾觉得，向张道藩的部下讲
点进步文艺思想，或许有利于统一战线。于是茅盾也同意了。所以茅盾
和张道藩的接触，是有分寸的客客气气，茅盾始终牢记周恩来的指示，
多做有利于共产党的抗战统一战线的工作。

后来茅盾给《文艺先锋》一篇《文艺杂谈》的文章。这是只谈文艺
不谈政治的文章，编辑王进珊非常高兴，立即发表在最近的一期《文艺
先锋》上，即第2卷第2期。3月18日，茅盾应邀到文化运动委员会做
了一次演讲。茅盾记得：

> 三月十八日，我又践约到中央文化会堂对张道藩的部下做了讲
> 演。我选了一个与创作方法有关系的问题：如何向生活学习，作为
> 讲演的内容。我想，对这样的听众既然不便正面讲大道理，那就从
> 谈论创作方法的ＡＢＣ中给他们灌输一点对待生活的辩证法吧。我
> 在讲演中说，"我们向生活学习，便是要理解生活；理解生活又可以
> 归纳为理解人与人的关系，人与历史的关系，生活环境对个人的影

响及人怎样改造生活这四方面。"而理解生活的深刻与否，又决定于对生活的认识，"如果你对生活有认识，你自然可能理解得深刻。对生活认识也有几个具体条件：第一，我们要明白怎样的生活才是合理的生活。第二，不合理的生活怎样造成，根源何在？第三，怎样能使个个人都过合理的生活。所谓合理的生活与时代的关系：在前一时代大家认为合理的事，也许现在一般观念中以为不合理，我们要真正认识生活，势不能不把人类生活自有历史以来，作一个全盘的系统的研究，然后，所有的认识才能正确和具体，才不致于空洞浮泛。"这篇讲演，后来也登在《文艺先锋》上，题目是《认识与学习》。①

茅盾答应给张道藩的《文艺先锋》写文章，答应给张道藩的部下演讲一次，这些都是容易的。而且茅盾这次的演讲，整理以后，也发表在《文艺先锋》第 2 卷第 4 期上。但是，茅盾答应给《文艺先锋》一部长篇小说，却让茅盾颇费心思，写什么？在陪都重庆，茅盾能写什么？可是茅盾又不能不写，不能像在香港那样放开来写。所以茅盾考虑以后，决定写在桂林酝酿的抗日财经题材，主要写抗战初期上海某爱国资本家在工人的支持下，把工厂迁往内地的故事。茅盾酝酿几个月后，开始写这部小说。小说名字，就是《走上岗位》。茅盾写这部小说，非常谨慎，他写一章，过几天，再写一章，没有像在香港写《腐蚀》那样，一口气写下来。前前后后，写了整整一年。如第一章是 1943 年 7 月 8 日开始写，写到 11日，3 天时间，写好第一章。第二章是 8 月 10 日开始写，写到 13 日，用 4 天时间写好。而最后一章，即第 12 章，是 1944 年 7 月 21 日开始写，写到 29 日，用了 9 天时间。②

① 茅盾：《我走过的道路》(下)，人民文学出版社 1988 年 9 月版，第 329 页。

② 笔者撰写本书时，查阅茅盾《走上岗位》手稿，发现茅盾每一章都记录写作时间。第一章写于 7 月 8 日至 11 日；第二章写于 8 月 10 日至 13 日，等等。可见茅盾写作《走上岗位》时，鉴于重庆社会环境，十分慎重。

茅盾在酝酿过程中，《文艺先锋》的编辑王进珊不断地来催促，问茅盾的长篇小说是否动笔，并告诉茅盾，张道藩和他说，你已经答应给《文艺先锋》一部长篇小说，供杂志连载。茅盾见无法不写，便在几个月以后的7月8日动笔，开始创作《走上岗位》。小说描写抗战初期民族资本家阮仲平在"八一三战争"以后，在工人们的支持下，决心把工厂迁往武汉。在迁工厂过程中，朱竞甫采取卑劣手段，阻扰迁厂，但由于工人周阿梅、石全生的抵制，工厂仍按计划迁离上海。小说告诉读者，民族资本家只有参加抗日斗争，才是出路，才有光明前景。小说在表现形式上，力求通俗化，通过人物对话和行动来表现人物性格。故事情节展开有序，语言流畅生动，写出了抗日战争时期上海民族资本家和工人的爱国热情。《走上岗位》在1943年8月至1944年12月的《文艺先锋》上连载，分别在《文艺先锋》第3卷第2期至第6期，第4卷第1、3、5期，第5卷第1、3、4、5、6期。但是在小说第一次开始连载，就出现差错，编辑将小说题目弄错，所以，《文艺先锋》第3卷第3期上，即第二次连载时，编者刊登两个"启事"，其中一个就是和连载茅盾的长篇小说《走上岗位》的书名有关。"启事"的文字如下："茅盾先生之长篇创作，题为《走上岗位》，上期误为《在岗位上》，抱歉之至。谨此更正。并希作者谅之，幸甚。"① 为此，不少人认为，茅盾这个小说原来是《在岗位上》，后来才改为《走上岗位》。其实当时编辑的错误，误导了读者、研究者几十年。

但是从当时连载小说的内容看，小说似乎还没有结束，连载结束了，茅盾当时就搁笔不写下去了。茅盾回忆："我原来想写中国的民族资产阶级在抗战中的辛酸史，但写完迁厂的故事我就搁笔了，因为再往下写势必要触及官僚资本的罪恶，揭露其在抗战中借政治军事特权而迅速膨胀，垄断战时经济，掠夺人民财富，以及对民族工业摧残和扼杀的

---

① 钟桂松：《〈在岗位上〉不是茅盾拟的书名》，刊《文汇读书周报》2018年11月26日。

种种罪行。而这样的内容在一九四三—四四年的重庆是不可能发表的。那时国民党正借口共产国际已经解散，叫嚷中国共产党不合国情也应解散，与此同时蒋介石抛出了《中国之命运》，并陈重兵于陕甘宁边区周围，企图发动内战。就连在《文艺先锋》上已经连载的那一部分，我也是不得不避开对国民党在抗战初期所作所为的正面揭露，而全部采用了侧笔或暗示。"①

《文艺先锋》发表茅盾的《走上岗位》时，编辑已经不是王进珊，而是丁伯骝。当时主编是李辰冬，发行人是张道藩。《文艺先锋》杂志社地址是在重庆会府街曹家庵 16 号。杂志是在重庆民生路 101 号的"文化建设印刷公司"印刷的。总销售是华中图书公司。抗战时期不少进步作家在《文艺先锋》上发表作品。

因为茅盾在《文艺先锋》上发表文章，提供长篇小说连载，张道藩对茅盾表现得很客气，但是因此引起重庆其他一些进步刊物和进步作家的不满，认为茅盾与张道藩走得太近了，颇有微词。而茅盾自己心里是有一个准则的，他和张道藩的交往，是有底线的。因为当初周恩来请茅盾从延安到重庆，周恩来是有交代的。所以茅盾第二次到重庆，和国民党的大员交往，包括提供作品，给他们写文章，都有原则和底线的。但是其他进步作家看到张道藩对茅盾客客气气，就不是味道了。茅盾说："也许是我对张道藩采取了上述'合作'的态度,张道藩一直对我很客气，即使一九四三年秋他不当宣传部长之后，仍然如此。这也影响到唐家沱的那些小特务，他们见到我都点头哈腰。然而，在我们自己的朋友中，却有了微词，似乎我与张道藩的关系非同一般。叶以群曾好心地将这些闲言碎语透露给我。我对他说：为什么我们的工作方式只能是剑拔弩张呢？我们不是还在和国民党搞统一战线吗？只凭热情去革命是容易的，但革命不是为了去牺牲，而是为了改造世界。要我与张道藩翻脸，这很

———————————

① 茅盾：《我走过的道路》（下），人民文学出版社 1988 年 9 月版，第 330 页。

容易，然而我的工作就不好做了。想当初让我到重庆来，不是要我来拼命，而是要我以公开合法的身份，尽可能多做些工作。"①茅盾讲的是实话。而且当时《文艺先锋》还没有像后来那样反动。

茅盾第二次到重庆，在 1943 年至 1944 年之间，创作并不丰富，除了《走上岗位》外，发表了《委屈》《报施》《船上》《小圈圈里的人物》《过年》等短篇小说，茅盾自己说："为了避开重庆的图书杂志审查，我把其中的四篇寄给了熊佛西，在桂林发表。短论和杂文，我仍旧遵循在桂林所定的原则——少写。两年写了不到十篇。写得最多的还是文艺评论，有三十几篇。"②1943 年 10 月，茅盾在桂林创作的长篇小说《霜叶红似二月花》由桂林华华书店出版，出版后反应强烈。10 月 20 日，在桂林的文化界人士召开座谈会，庆祝《霜叶红似二月花》的出版。巴金、艾芜、田汉、安娥、孟超、林焕平、周钢鸣、洪道、胡仲持、胡明树、孙怀琛、黄药眠、韩北屏、灵株、司马文森、端木蕻良等出席座谈会。会后，大家联名给在重庆的茅盾发贺电：

> 茅盾先生：《霜叶红似二月花》第一部在桂出版，同人等特于 10 月 20 日举行座谈，共认先生此作，为抗战以来，文艺上巨大之收获，除将记录及摘记分别刊载《自学》杂志及广西日报《读书俱乐部》外，先电驰贺：并盼早竟全功。此祝笔健。③

1943 年到 1944 年，茅盾虽然创作并不丰富，但是茅盾的翻译，却取得丰硕成果。特别是翻译介绍苏联卫国战争的小说也不少，到 1944年年底共译了两个长篇，十几个短篇。其中如巴甫连科的长篇小说《复仇的火焰》，格罗斯曼的长篇小说《人民是不朽的》，而茅盾翻译的短篇

---

① 茅盾：《我走过的道路》（下），人民文学出版社 1988 年 9 月版，第 330 页。
② 同上，第 331 页。
③ 原载《自学》第 2 卷，第 1 期，1944 年 2 月 1 日。

小说，后来都收入《苏联爱国战争短篇小说译丛》。除了翻译苏联卫国战争的小说，茅盾当时还选编了一部《现代翻译小说选》，并且写了一个很长的序。茅盾说："我在一九四五年初还编了一本三十万字的《现代翻译小说选》，写了一篇一万四千字的长序。在序言中我详细介绍了抗战以来我国翻译界译介的世界古典名著的概况，苏联战前文学名著的概况，苏联战时文学的概况，英美反法西斯战争文学的概况，以及德、法及其他各国的反法西斯战争文学的概况。为了写这篇序，我阅读了大量的译文和资料，付出巨大的劳动，这件事至今仍深深地留在我的记忆中。"① 当时的环境下，茅盾对苏联文学的钟情，体现了一个革命文学家的情怀。

同时，茅盾在此时还写了不少文艺评论。这是茅盾在重庆工作的重要内容之一。他曾经说："写文学评论是我在雾都重庆的主要工作，1943—1944 年，我写了三十几篇。这些文章大致可分为四类，一类是纪念文章，如为老舍和叶圣陶祝寿，为文协成立几周年写纪念文，为抗战几周年或某个纪念日写感想。在这一类文章中，有时我也发表议论，对当前的某些文艺问题进行探讨。这样的文章也可以归入第二类，即关于文艺问题的讨论和对文坛现象的剖析。第二类文章我写得最多。第三类是泛论文艺创作和写作技巧的文章，这类文章的对象多半是中学生和初学写作者。"② 这同样是茅盾在重庆这样的环境下所做的努力。

茅盾在重庆的岁月里，在扶持青年作家方面，无私地花了大量心血，取得丰硕成果。穗青是个青年作家，他的《一匹脱了缰绳的马》，茅盾发现后，亲自作序，推荐发表。钱玉如是《文艺阵地》杂志的办事员，她写了一部小说《遥远的爱》，钱玉如是第一次写小说，没有想到为茅盾所赞赏，茅盾读了她的小说以后，给小说取名《遥远的爱》，而且给钱玉如取个笔名"郁茹"，后来"郁茹"这个笔名，成为她一生中最为人知的名字。茅盾在唐家沱的三年时间里，茅盾为重庆的一些文学青年

---

①② 茅盾：《我走过的道路》（下），人民文学出版社 1988 年 9 月版，第 335 页。

的成长，亲力亲为，并且和这些年轻人建立了深厚的友谊，如当时还是高中生的胡锡培等，当时他们一批高中生经常到茅盾唐家沱的家里，听茅盾谈文学创作，大家一起讨论文学创作问题。这些青年学生办了一个杂志，茅盾为他们题写刊头，还为他们写了文章。1944年，茅盾帮助胡子婴修改好一部小说《滩》。所有这些，茅盾在抗战时期的重庆留下了革命现实主义文学种子。

七、刻骨铭心的 1945 年

茅盾在重庆的三年，世界发生了许多变化，全世界反法西斯的浪潮，一浪高过一浪，成为人类共同担当的使命。反法西斯战争节节胜利，抗日战争在全民族的共同努力下，也取得卓越成绩，但是日本侵略军依然在做疯狂挣扎，国民党军队在河南、湖南、广西战场上的溃败，成为蒋家王朝覆没的一个重要节点。茅盾在 1944 年下半年开始，频繁地参加中共秘密组织的各种政治集会，响应中共的号召，抗议国民党对进步力量的摧残。1945 年 2 月 22 日，重庆文化界 312 人联名发表《文化界时局进言》，为此，国民党中宣部长梁寒操以及文化运动委员会的主任张道藩被蒋介石叫去训斥一番，并把文化运动委员会解散了。

当时为了争民主，争自由，在周恩来的计划下，重庆曾经举办过不少文化名人的生日祝寿活动，借以宣传我们党的政治主张。1945 年，茅盾虚岁 50 岁，在重庆的中共党组织和进步文艺界举行隆重的茅盾五十大寿和创作 25 周年活动。起初，茅盾对祝寿这件事并不赞成，因为茅盾家里，从来没有做寿过生日的习惯，久而久之，茅盾自己对自己的生日的具体时间，也模糊了，只能记个大概。而且做生日，大家都很忙，劳动大家，这也是茅盾所不愿意的。所以茅盾一开始就不愿意为他做生日。但是，6 月初，周恩来和茅盾的联络人廖承志、徐冰专门到唐家沱，看望茅盾，并且和茅盾谈如何做生日的庆祝活动。徐冰告诉茅盾，为沈先生做寿活动，是周恩来同志的意见，认为沈先生从事革命文艺工作已经 25 年，今年又逢 50 寿辰，这是双喜临门，应该庆贺一下。并说：祝寿之事早有先例，1941 年为郭沫若做寿，1943 年为沈钧儒先生做寿，所以沈先生不要推辞。还说，祝寿并不只是个人的事，这是进步文艺界的一件大事，是文艺界朋友聚在一起向国民党的一次示威，对当前的民主运动也是一个推动。茅盾是一个对共产党忠心耿耿的作家，此时茅盾虽然是一个党外人士，但是，党决定的事情，他完全是无条件执行。所以茅盾说："我明白了徐冰的意思。共产党是不主张为个人祝寿的，但此时此刻的祝寿是为了通过这一活动扩大民主力量的影响，宣扬正气，打击反民主的势力。于是我不再坚持自己的意见，并选择了六月二十四日作为我的生日，因为初夏又是二十四日，只有六月份比较合适。"[1]

茅盾同意祝寿后，重庆的媒体开始营造气氛，6 月 6 日，重庆的《新华日报》刊登一条消息："本年 6 月是名作家茅盾先生的五十初度，文艺界由郭沫若、叶圣陶、老舍发起，正积极筹备庆祝他的五十诞辰和创作生活二十五年纪念。"[2] 6 月 21 日，《新华日报》发表通启：对这次为茅盾祝寿的发起经过、宗旨、目的做了详细的说明：

（本报讯）本月 24 日是名作家沈雁冰（茅盾）先生五十初度的日子，文化文艺界由郭沫若、老舍、叶圣陶、洪深、陈白尘、巴金等 24 人发起，当天在白象街 15 号附 1 号西南实业大厅举行庆祝茶会，通启如下："今年沈雁冰先生五十岁了。五十岁正在壮年，祝寿的事又是俗套，我们不愿意从俗，为他做什么寿。可是，二十七八年以来，他倡导新文艺，始终没有懈怠过，而且越来越精健。

---

[1] 茅盾：《我走过的道路》（下），人民文学出版社 1988 年 9 月版，第 367 页。茅盾生于 1896 年 7 月 4 日。所以茅盾的生日，是农历 5 月 25 日，公历 7 月 4 日。因为茅盾从来不过生日，也不知道自己的生日，因此临时确定 6 月 24 日这个日子，作为茅盾的生日。所以重庆祝寿的时间，并不是茅盾的生日。

[2] 重庆《新华日报》1945 年 6 月 6 日。

对于他的劳绩，我们永远忘不了，他有所为，有所不为；他经历了好些艰难困苦，只因中有所主，常能适然自得。对于他的操守，我们永远忘不了。现在他五十岁，我们虽说不愿从俗，却真个乐意和他叙一叙，一方面对他表示慰劳的意思，一方面彼此互相共勉，加倍的振足起精神，一同走以后的路。……"①

6月23日开始，《新华日报》刊登茅盾著作特价发售的广告，从23日至25日，发售茅盾著作特价七折三天。报纸上还刊登了茅盾作品47种的目录，以扩大茅盾作品的影响力。6月24日下午3时，庆祝会在重庆西南实业大厅举行，茅盾夫妇吃过中饭后从唐家沱赶往重庆城内，那天来宾有七八百人，非常热闹，柳亚子、邵力子、沈钧儒、常任侠、邓初民、马寅初、王若飞、张道藩、刘清扬、胡子婴等，还有新疆回来的赵丹、徐韬、王为一、朱今明以及十几位苏联、美国、英国的朋友，济济一堂。庆祝会由沈钧儒主持。那天茅盾夫妇一走进大厅，立刻被热烈的友情包围，大家拉着孔德沚，让她也坐在主席台中间，孔德沚哪里肯坐？正在推让间，邵力子来了，孔德沚正好让位给邵力子。沈钧儒首先致辞，接着柳亚子、邵力子、王若飞、费德林、窦爱士、张道藩、刘清扬、白薇、邓初民、常任侠、冯雪峰、傅彬然纷纷起来发言讲话，白薇以妇女的身份，讲话中起立，向孔德沚鞠躬致敬，称赞她是茅盾的"内务部长"。张道藩在讲话中说：昨天我女儿问我，茅盾是不是充满矛盾？我说，不，茅盾一点儿也不矛盾。张道藩的幽默，让茅盾记忆深刻。茅盾还记得：在人们讲话之后，于立群朗诵了中华全国文协的祝词，全文如下："严肃的态度，细密的文字，无尽的篇帙，不屈的操守，您的这些工作特点与处世精神，使您成为我们的灯塔，我们的表率，我们的模范。敬祝您的健康与努力。"白杨、赵蕴如、臧云远以及育才学校的女生朗诵了贺

---

① 重庆《新华日报》1945年6月21日。

电和贺诗；赵丹和金山、张瑞芳则朗诵了《子夜》中吴荪甫和赵伯韬在酒吧间谈判的一节，他们绘声绘影的对白，赢得了满堂的掌声。

在欢声笑语中，满墙的贺幛更增添了喜庆的气氛，冯玉祥将军的贺词是："黑桃、白桃和红桃，各桃皆可作寿桃，文化战士当大衍，祝君寿过旗颐高。"老舍的贺词："鸡鸣茅屋听风雨，戈盾文章起斗争。"郭沫若的贺词是："人民将以夫子为木铎。"靳以的贺词是："走在血和泪的路上，写出千古不朽文章。"巴金的贺词："我喜欢你的文章，我佩服你的工作态度，我觉得你并没有老，而且我相信你永远不会老，你是我们大家敬爱的先生。"南浔人徐迟的贺词是："离开我的家乡以后，许多年来，只从你的作品中看到我们的家乡，以及家乡的人，听到乡音，被唤起乡愁。"胡风的贺词："子夜如虹，霜叶如花。"据不完全统计，还有葛琴、冯乃超、孙伏园、洪深、叶圣陶、阳翰笙、吴祖光、吴祖缃、冯雪峰、臧克家、艾芜、梅林、陈白尘、邵荃麟、黄炎培、杨卫玉、俞颂华等都送了贺词贺联，祝贺茅盾五十初度，创作25周年。

在庆祝会上，重庆正大纺织染厂陈均委托沈钧儒和沙千里送一张十万元支票给茅盾，指定作为茅盾文艺奖金。这是中共正在重庆主持工作的董必武授意的。茅盾后来将这笔钱交给重庆文协，用来奖励青年作家。

茅盾在庆祝会上，也做了热情洋溢的答谢，茅盾说：

> 为了我的生日，惊动了大家，我感到很不安。我作了几十年的文艺工作，回过头来看看，贡献太小，错误却多，现在大家给我光荣，为我做寿，我十分惭愧。刚才邓初民先生说这不是做寿，而是向我加鞭，使我放心了一点，不过又增添了惶恐。张道藩先生说我没有矛盾，事实上不可能，中国知识分子的脊背上不可免的都有历史的负担。譬如今天，我就有了新的矛盾。我自幼体弱，家里向来以为我不会长命，父亲只活了三十多岁，我已经超过许多了。萧伯纳曾说：

四十岁以前如果写不出什么伟大作品来的作家，将来也无多大希望了。我是相信他这话的。我自以为要作的事已作得差不多了，所以我一向对于疾病少找医生，对于死也一点不怕。然而今天朋友们的鼓励和鞭策，使我产生了战胜体弱多病再活二十年的勇气，我要再做一点事，再写几部作品。五十年来，我看到了多少中国优秀的儿女牺牲了，我自己也是从血泊中走过来的，而现在，新一代的青年又担负了比我们这一代更重的担子，他们经历着许多不是他们那样年龄所需经历的事，看到这一切又想到这一切，我觉得我更有责任继续活下去，继续写下去。抗战的胜利已在望了，然而一个民主的中国还有待我们去争取，道路还很艰险。我准备再活二十年，为神圣的解放事业做一点贡献，我一定要看见民主的中国的实现，否则我就是死也不会瞑目的！ ①

庆祝会在热烈的气氛中，到五点多结束。第二天，宋庆龄、沈钧儒、史良、王若飞、陶行知、邓初民、沙千里宴请茅盾夫妇，表示庆贺。

6月24日，《新华日报》发表社论《中国文艺工作者的路程》，祝贺茅盾五十初度和创作25年。王若飞代表中共在《新华日报》上发表《中国文化界的光荣、中国知识分子的光荣——祝茅盾先生五十寿日》，指出茅盾"他所走的方向，为中国民族解放与中国人民大众解放服务的方向，是一切中国优秀知识分子应走的方向"。认为茅盾先生是"中国民族与中国人民中最优秀的知识分子"，还认为"茅盾先生为中国的新文艺探索出一条现实主义的道路"。"茅盾先生的最大成功之处，正是他的创作反映了中国大时代的动态，而且更重要的是他创作的中心内容，与中国人民解放运动是相联系着的。"还说："茅盾先生在中国新文艺的'大众化'工作和'中国化'工作上，一直是站在先驱者行列，而且是认认

---

① 茅盾：《我走过的道路》（下），人民文学出版社1988年9月版，第371至373页。

真真在实践中探索着前进的道路的。"^① 这是中国共产党对茅盾的高度褒奖和充分肯定，是茅盾生前得到的最高的荣耀。

重庆为茅盾举行庆祝会的时候，成都的朋友也在同一天庆祝茅盾五十岁生日和创作 25 年，在成都的叶圣陶、黄药眠、应卫云、沈志远、丁易、邹荻帆等等在庆祝会上讲话，据说，向来温文尔雅的叶圣陶在庆祝会上，十分激动，竟然站到凳子上去大声讲话。茅盾听说后，说："这在圣陶是少有的。"而昆明是记错了一天，所以昆明的庆祝会是在 6 月 25 日举行的。正在昆明的朱自清、闻一多、闻家泗、田汉、李广田、宋云彬、刘思慕、李公朴、何林、白澄、吕剑、韩北屏等等都在庆祝会上讲话，朱自清在会上回忆说，他走上写作的道路，是因为茅盾的鼓励。尤其是在昆明的光未然，在祝寿会上朗诵了不久前听到茅盾被暗杀的消息而写的"我的哀辞"，彰显友谊的珍贵。后来光未然还把这首"哀辞"抄给茅盾。显然，当时各地根据中共的安排，对茅盾五十寿辰和创作 25 年的庆祝活动，非常热烈。同时也可见茅盾在文艺界、文化界朋友心目中的位置。

为茅盾的祝寿活动，成为 1945 年茅盾生涯中一件重要的亮点。祝寿活动结束以后，茅盾又回到唐家沱的家里，开始写话剧《清明前后》。这是茅盾换一种文艺样式来揭露蒋介石集团对民族资产阶级的排挤压迫，揭示"政治不民主，工业没有出路"的时代主题。抗战时期，茅盾对工业状况给予了充分的关注，发现工业在抗战中担负着重要的作用，对抗战有重要的影响，而且工人、资本家和政府官僚以及社会的方方面面，对工业遭遇战争所带来的影响，反应不一。如何用文学的形式反映抗战时期的工业命运，是茅盾一直关注的重点。抗战开始时创作的《你往那里跑》，在《文艺先锋》上写《走上岗位》，都是反映抗战开始以后

---

① 王若飞：《中国文化界的光荣、中国知识分子的光荣——祝茅盾先生五十寿日》，刊重庆《新华日报》1945 年 6 月 24 日。

工业方面的酸甜苦辣，不久前茅盾还为胡子婴修改中篇小说《滩》，内容也是民族工业方面的。对民族工业前途深思熟虑的茅盾认为，"抗战以来，民族工业不但得不到政府的扶植与支持，相反却在官僚资本的排挤下，在通货膨胀、统制统管、官价反常、成本太高、高利贷盘剥的种种重压下，被抽干了血，不得不减产、停工、关厂，或者被迫把资金转移到做囤积、投机生意，以苟延残喘。这一幅幅民族工业悲惨命运的图景，如果用艺术的形式表现出来，并指出厄运的根源和出路，无疑将是掷向国民党反动统治的一颗炸弹，也必将激起民族资产阶级的愤懑和广大群众的同情"①。在此前的清明前后，重庆发生的黄金舞弊案，国民政府财政部将黄金提价的消息泄露出去，有关要员立即抢购，致使中国银行、中央银行出售的黄金数量陡增，全国舆论一片哗然。为了搪塞舆论，监察院出面追查，结果只是查了几个银行的小职员了事。于是茅盾选择1945年清明节前后的黄金舞弊案为题材，揭示官僚资本及其爪牙的卑劣与无耻，民族资本家的挣扎与幻灭，以及安分守己的小职员又是如何成为替罪羊的，展示出抗战胜利前夕陪都重庆的一幅社会缩影，从而写出了抗战时期中国民族工业的辛酸。

茅盾为了写《清明前后》剧本，花了很多心血，用写《子夜》的办法，有了素材后还认真地写了创作大纲，没有写剧本经验的茅盾，还专门向曹禺、吴祖光等剧作家请教。经过两个月的创作，茅盾第一部话剧剧本《清明前后》大功告成。剧本《清明前后》有5幕，三条线索：一条是民族资本家林永清在官僚资本的压迫下奋斗、挣扎而终于觉醒，决心联合实业家人士共同抗争；一条是小职员李维勤因为买黄金不幸下狱，以及李妻唐文君由救亡青年而被逼疯；一条是极力摆脱自己成为社会玩物地位、富有正义感的交际花黄梦英挽救乔张的活动。通过这三条线索反映了抗战胜利前后的社会现实，画出了反动统治阶级的群魔乱舞。

---

① 茅盾：《我走过的道路》（下），人民文学出版社1988年9月版，第380页。

　　但是，当时的环境里，能不能演出？谁来排这个戏？还是一个未知数。这时，赵丹来找茅盾，说他们刚刚组织一个"中国艺术剧社"，他们排的第一个戏，准备用《清明前后》这个剧本。赵丹告诉茅盾，他已经读过剧本，对这个戏，很有信心。赵丹导演，现在只是希望茅盾允许他改动剧本。茅盾自然信任同意。于是，茅盾又听了赵丹的想法，茅盾催赵丹他们尽快排戏。"赵丹大喜道：沈先生这样信赖我，使我信心倍增。等我把脚本改好，就送来请您过目。我说：不必了，你们要抓紧时间排练，争取早日公演，要趁现在毛主席在重庆的机会，把戏推出去。老蒋囿于目前国共谈判的形势，大概不好意思下禁演令。你已看过脚本，总有一个修改的想法，你现在就可以谈一谈，只谈大的方面。于是赵丹告诉我，大的改动只想到一点，就是把全剧的高潮移到最后一幕，现在的高潮在第四幕，第五幕又低落下来了，所以想把四、五两幕颠倒一下，或者把两幕合并为一幕。另外一点比较大的改动是金澹庵这个官僚资本的化身，打算一直不让他出场，却又随处使观众感到有他在幕后，直到最后一幕全剧达到高潮时，才让他出场亮相。我同意了赵丹的修改方案。"① 茅盾和赵丹是在9月初谈话，到了9月23日，《新华日报》就登出了广告：中国艺术剧社不日公演茅盾第一部剧作《清明前后》，导演赵丹，舞台监督朱今明，演员王为一、顾而已、秦怡、赵蕴如、孙坚白等。当天，茅盾夫妇进城去看了彩排。

　　1945年9月26日茅盾的《清明前后》正式公演，开始有人就担心，演不长，要赔本。谁料从第四天起观众愈来愈多，售票处排起了双行长队。场场爆满，每逢星期日不得不加演一场。演出的气氛十分热烈，剧场内掌声不绝。不少工厂来包场。原来这些工厂的老板看了《清明前后》的演出，大受感动，便慷慨解囊，包了场，招待本厂的工人和职员。有的企业老板专门给茅盾写信，要求授权，他们企业准备演出《清明前

---

　　① 茅盾：《我走过的道路》（下），人民文学出版社1988年9月版，第382页。

后》，茅盾欣然同意，而且免费提供剧本，不收费用。《清明前后》在重庆演出一个月左右，国民党发现茅盾这部《清明前后》如此受欢迎，不便明目张胆禁止，便在广播里说这个《清明前后》有毒素，要看过的人，反省一下，不要受愚弄；没有看过的人，不要去看。结果，国民党的这个广播，反而替《清明前后》做广告，去看的人更多了，剧场爆满。后来张道藩下一道密令：要求各地"暗中设法制止"。茅盾在《清明前后》的演出中，得到40多万元演出税，相当于抗战前的四百多元！茅盾拿出一半慰劳赵丹他们演出人员。据说，后来周恩来有一次见到茅盾，向他祝贺《清明前后》的成功，茅盾表示自己是第一次写剧本，贻笑大方。周恩来说："你的笔是犀利的投枪，方向很准呀！什么样式都可以试试，都可以发挥应有的力量啊！"①

正当茅盾在重庆夜以继日地为《清明前后》的创作和演出忙碌的时候，一个天大的灾难正在悄悄地逼近茅盾夫妇，1945年8月20日，茅盾在延安的女儿沈霞因为人工流产而突然去世！年仅24岁！

沈霞自幼聪颖，抗战前在上海读小学、中学时，各科成绩一直名列前茅，尤其是文学写作方面的天赋，常常得到老师的高度评价，让茅盾感到十分欣慰。茅盾夫人孔德沚常常自豪地说女儿遗传了茅盾的文学基因。抗战全面爆发后，沈霞随父母去长沙周南女中、香港等地继续高中学业，去新疆后开始自学俄语，1940年5月随父母去延安，先后进中国女子大学和延安大学读书，沈霞的聪明和上进，深得周恩来夫妇、张闻天、张仲实以及张琴秋的喜爱，1942年沈霞参加中国共产党，1944年10月，沈霞与萧逸结婚，而此时的茅盾在重庆，不能参加女儿的婚礼，茅盾夫妇准备的礼物也没有办法送到延安，1945年抗战胜利前夕，中共中央根据形势和任务，陆续派出大批干部奔赴东北，抢占东北这个战略高地。此时，沈霞发现自己怀孕了，个性有些较强的沈霞不顾张琴秋和丈夫的

---

① 张颖：《怀念尊敬的茅盾同志》，刊《剧本》1981年第7期。

劝说，坚持要去做人流，于是张琴秋帮助找好延安国际和平医院，并让有经验的医生鲁子俊为沈霞手术。张琴秋则准备好红糖等食品，等沈霞手术后，在自己身边休息时，补补身体。不料，祸从天降，沈霞 16 日入院，17 日下午手术，8 月 20 日上午 10 时 45 分因抢救无效在医院去世，年仅 24 岁。[1]沈霞在延安的意外去世，张琴秋立刻向周恩来汇报了情况，周恩来指示要查清原因严肃处理，否则我们没法向沈先生交代！

8 月 22 日，延安《解放日报》发一条消息："本报讯，革命作家茅盾先生之爱女沈霞同志，不幸于本月 20 日殁于和平医院，编译局全体同志 21 日举行追悼。"

张琴秋是沈霞叔父沈泽民的妻子，沈泽民在鄂豫皖苏区牺牲后，张琴秋随红四方面军西去，担任红四方面军总政治部主任，后来在川陕革命根据地时期，担任过红四方面军总医院政治部主任，不久参加红四方面军长征，两次过草地，身经百战，在西路军时期，张琴秋担任组织部部长，与马家军浴血奋战，在西路军失败后，张琴秋隐名埋姓，后来被敌人识破，被送往南京反省院，周恩来知道后及时营救，张琴秋终于回到延安，在延安抗大学习一段时间后，先去安吴堡青年训练班当生活指导处处长。后回到延安担任中国女子大学教务处长，"女大"撤销后，张琴秋在中央妇女运动委员会工作。沈霞突然去世，张琴秋悲痛不已，她同时给在重庆的茅盾夫妇写信，报告事故的经过，痛责自己没有坚持，说："我对不起霞，也对不起你们！因为我没有尽最大的力量去照顾她！"[2]然而，当时重庆正是国共谈判的紧张时刻，周恩来知道沈霞突然去世的消息后，十分悲痛，他是在延安看着沈霞长大的，所以他想把这个不幸的消息亲自告诉茅盾，没有将收到的电报一转了事。但是周恩来实在抽不出时间，他想国共谈判结束后再告诉茅盾。而茅盾此时正

---

① 茅盾女儿沈霞的去世时间，是沈霞丈夫萧逸写在沈霞在延安的日记本上的。沈霞日记由韦韬先生提供笔者整理的，后来由大象出版社 2009 年 3 月出版。

② 张琴秋 1945 年 8 月 24 日致茅盾夫妇信。韦韬先生提供。

在全力创作《清明前后》，对女儿在延安去世的消息全然不知，9月2日茅盾还在给女儿写信，还在絮絮叨叨关照女儿！因为前几天茅盾夫妇还收到女儿来信，她告诉茅盾："日本鬼子投降了。我们这里大家高兴得很，想你们那里也是罢？！我们很快就可以见面了，愿你们好好保健身体，战后可以做一些事情。"[①] 这是沈霞进医院前给茅盾夫妇的信，也是沈霞给父母的最后一封信。

沈霞去世一个月以后，茅盾进城时偶然听到自己女儿已经去世，顿时如五雷轰顶！当他缓过神来知道女儿确实已经去世时，这位饱经风霜的文学巨匠禁不住潸然泪下！当他从叶以群那里得到证实并看到延安来的电报、信函后，整个人像生一场大病一样，他永远见不到娇憨而聪慧的女儿了！当时他在文协宿舍休息，忽然听到夫人孔德沚上楼的脚步声，他立刻反应过来，示意边上人，此时现在还不能让夫人孔德沚知道，在场的叶以群、刘岘等立刻安静下来，茅盾暂时将女儿去世的消息瞒着夫人，让这个痛苦暂时由自己一个人扛着。后来不知情的孔德沚见茅盾身体虚弱，便扶着茅盾坐船回到唐家沱。当天晚上，茅盾痛哭抽泣，孔德沚早上问茅盾，昨天晚上你好像在哭？茅盾编了一个由头，说昨天晚上梦见妈妈了。

第二天一早，茅盾又进城，去周公馆找徐冰，问自己的女儿到底是怎么回事。徐冰十分同情地对茅盾说："这件事发生得太意外太突然了，责任完全在我们，是那医生玩忽职守，洛甫同志来电说，已将那医生处分，这件事所以迟迟没有告诉您，除了怕对你们打击太大，影响你们的健康，还因为恩来同志想亲自将这不幸的事情告诉你们，向你们道歉。你们把孩子托付给我们，我们却没有照管好，可是他最近实在太忙了……"徐冰的一番话，让茅盾心生感动。就说："请转告周恩来同志，我完全能料理好这件事，倘若为我私人的事而分了他的心，那就使我不

---

① 见沈霞 1945 年 8 月 13 日给茅盾夫人的信。韦韬先生提供。

安了。"茅盾深明大义，也让徐冰感动，当徐冰问候茅盾夫人时，茅盾说，她还不知道，所以今天来，就是想听听你们的意见。徐冰问茅盾有什么想法？茅盾说，想让儿子沈霜来重庆和他母亲见面时，再告诉她，这样可以减轻她一些痛苦。徐冰一听说，好的，我马上向恩来同志汇报。

10月8日，徐冰告诉茅盾，重庆会谈即将结束，恩来同志已给延安去电，请他们让您儿子到重庆来，很可能搭乘毛主席回延安的那架回程飞机。同时徐冰又把张琴秋给周恩来和茅盾的信，一起交给茅盾。10月11日毛泽东回到延安，张治中将军、钱之光、王若飞陪同去延安。10月12日下午，八路军办事处主任钱之光的夫人刘昂到茅盾家里，告诉说，沈霜已经在"山上"，接茅盾夫妇去"山上"见儿子。在见到儿子后，茅盾夫人孔德沚得知女儿已经去世，撕心裂肺，号啕恸哭！茅盾记得：

> 我们到了"山上"，钱之光夫妇陪我们走进一间小客厅，只见里面搭了一张行军床，阿桑和衣躺在上面。见我们进去，他急忙站起来叫"爸爸"、"妈妈"。德沚喜冲冲地奔过去，抱着儿子边端详边叫道："长高了，也长壮了。"同时向周围搜寻，一面问："亚男呢？亚男呢？"又回头问阿桑："阿姐在哪儿？"儿子着慌了，他没有想到妈妈还不知道姐姐去世的消息，讷讷地竟不知怎样回答。德沚扫了我们一眼，发现我们一个个都阴沉着脸，就叫道："出了什么事？你们不要瞒我！"这时儿子说话了："姐姐已经死了。""死了！怎么会死的！这不可能！""这是真的，妈妈，姐姐真的死了，所以让我来重庆。"德沚愣了几秒钟就号啕恸哭起来。我们几个人只好轮番劝她。我说："亚男是没有了，可是还有阿桑，他就在你身边呢。"德沚突然抬起泪眼盯着我："怪不得好几次夜里发现你在哭，原来你早就知道了，为什么你要瞒着我呀！"说着又痛哭起来。但毕竟有儿子在身边起了缓和作用，渐渐地停止了哭泣。钱之光夫妇

又安慰了几句就离开了。①

茅盾儿子沈霜在重庆父母身边生活了三个月以后，茅盾夫妇还是将儿子送到解放区，孔德沚认为，儿子还是在解放区安全，留在重庆自己身边，担心被国民党绑架，所以茅盾夫妇毅然决然，根据周恩来的安排，送儿子到共产党领导的解放区工作。茅盾在送儿子到周公馆时，茅盾见到周恩来，茅盾回忆说：

> 等安顿好了儿子，恩来请我到他的办公室坐坐。他说："这几个月忙得不可开交，现在停战协定刚刚签字，政协会议又开幕了。所以你的女儿不幸逝世，我一直没顾得上向你们致哀。"我说："为了孩子的事已经多次打扰您了，我和德沚都深感不安。"恩来说："发生这样的事我们有责任，是我们平时对那个医生教育不够。孔大姐心情好些了吗？"我告诉他好多了，儿子回来，分散了她的注意力。"那么现在儿子又走了，她能放心吗？""这次儿子回解放区是得到她赞同的，她认为儿子在解放区比在重庆更使她放心。"恩来笑道："好，这样就好。"接着转了话题说："你的剧本《清明前后》的演出很成功，影响很大，是文艺战线配合政治战线的一次成功的斗争。现在文艺界在争论《清明前后》和《芳草天涯》两个剧本的是非，什么政治标准、艺术标准，我看，凡是文艺作品都既要讲政治标准又要讲艺术标准，只是两者的关系要摆正确，我以为应该把政治标准放在第一位。衡量政治标准，不是根据作品中口号喊的多少，而是看作品是否为群众所欢迎，是否说出了人民群众心里的话，是否吸引了他们又推动了他们前进。"我默默地听着。②

---

① 茅盾：《我走过的道路》（下），人民文学出版社 1988 年 9 月版，第 391 至 392 页。

② 同上，第 395 至 396 页。

但是，茅盾对女儿的意外去世，一辈子都无法释怀。他曾在一篇文章中说："二十多年来，我也颇经历了一些人生的甜酸苦辣，如果有使我愤怒也不是，悲痛也不是，沉甸甸地老压在心上，因而愿意忘却，但又不忍轻易忘却的，莫过于太早的死和寂寞的死。为了追求真理而牺牲了童年的欢乐，为了要把自己造成一个对民族对社会有用的人而甘愿苦苦地学习，可是正当学习完成的时候却忽然死了，像一颗未出膛的枪弹，这比在战斗中倒下，给人以不知如何的感慨，似乎不是单纯的悲痛或惋惜所可形容的。这种太早的死，曾经成为我的感情上的一种沉重的负担，我愿意忘却，但又不能且不忍轻易忘却，因此我这次第三回到了香港想去再看一看蝴蝶谷这意念，也是无聊的；可资怀念的地方岂止这一处，即使去了，未必就能在那边埋葬了悲哀。"[①] 茅盾后来将女儿在延安的日记、中学时代的作文本、照片等，都精心收藏在自己身边，晚年还一个人在书房里高声朗诵女儿的作文，寄托自己的思念。

1945 年，是茅盾最刻骨铭心的一年！中共中央给以茅盾最高规格的评价，茅盾尝试了话剧创作，得到了群众观众的欢迎，然而那么优秀的聪慧的女儿的去世，是茅盾最无法释怀的。自从茅盾女儿意外去世，茅盾不再创作话剧，他不想重复 1945 年的创作！

抗战胜利了，茅盾聪明活泼的女儿却没有了，长眠在她为之奋斗的革命圣地！茅盾在抗战奔波中，母亲在乌镇一个人孤零零地去世了！抗战结束了，茅盾想回到上海，八年的奔波，让文学巨匠茅盾身心俱疲，但是，强烈的使命感，又让茅盾在新的征途上跋涉。

---

① 茅盾：《〈呼兰河传〉序》，刊上海《文汇报》1946 年 10 月 17 日。

第七章 曙光在前

　　抗战胜利以后，茅盾离开居住三年的重庆，先到广州，在广州停留一个多月，后又到香港，从香港再回到阔别八年半的上海！往事不堪回首，回途中，茅盾的心时不时被女儿生前的记忆所唤起，心如刀绞！但是革命的代价，投身民族解放事业的茅盾，早已领教，茅盾的胞弟沈泽民作为红军的共产党省委书记，牺牲在鄂豫皖大别山里，年仅34岁！而茅盾的女儿沈霞，充满革命理想，一身正气，品学兼优，为了民族解放事业，为了自己奋斗的理想信念，不幸长眠在延安！年仅24岁！茅盾路过香港，想起女儿在香港的种种，回到上海，三十年代一家人其乐融融的情景不再了，茅盾只有把自己内心的苦楚，深深地埋在心底。

　　离开重庆，茅盾是带着个人的痛苦和时代的使命，在中国的文坛上奋力向前的。在这光明与黑暗、进步与落后、民主与独裁的时代大较量里，茅盾坚定地站在光明、进步、民主这一边，与中国共产党一起，为迎接新时代的到来，为中国文化事业献出自己的聪明才智。

　　茅盾在抗战胜利以后，接受苏联邀请，第一次到苏联访问，更加坚定对革命前景的向往，体会到马克思主义在世界上的力量！在筚路蓝缕迎接胜利的时候，茅盾的女婿萧逸同志，作为新华社战地记者，1949年春天参加解放太原的战斗，在敌人的诈降中，牺牲在国民党的枪弹下，年仅34岁！茅盾欲哭无泪，只有把悲痛埋在心里！

为了新中国的诞生，为了民主的新中国，茅盾一家奋斗了几十年，茅盾和他胞弟沈泽民在中共"一大"前就参加共产党组织，到1925年，茅盾家里已经有四位共产党员，到1945年，茅盾的儿女也都是共产党员！在为共产主义奋斗中，茅盾家里的三位亲人，献出了年轻的生命！

一、访问苏联前后

　　抗战胜利后，聚积在重庆的大量的人员，需要复员，回到原来的地方和机关，所以从重庆出来，一票难求，茅盾打算回到上海，但是去上海的飞机票根本买不到，周恩来让茅盾去找邵力子，邵让茅盾去找张治中，说他一定能够买到。果然，茅盾找了张治中，立刻买到后天的飞机票。茅盾终于可以离开生活了三年多的重庆了！茅盾在离开重庆前，专门去周公馆向周恩来辞行，周恩来向茅盾交代了下一步的工作要求：多宣传共产党对形势的看法和主张。茅盾此后的行动方针，都是按照周恩来的要求进行。

　　1946年3月16日，茅盾夫妇从重庆飞抵广州，本来想在广州待上三天，然后去香港，再回上海。但是，广州的朋友周钢鸣、于逢、司马文森、陈残云、易巩等，几年不见茅盾，一致希望茅盾在广州多住几天，给他们讲讲当前的政治形势和文艺界的动向。于是茅盾在广州向1500多人做演讲，介绍中共对形势的分析，当前文艺界的任务等等。后来将这个演讲整理成《和平、民主建设阶段的文艺工作》一文。茅盾夫妇在广州住了二十多天，4月13日，茅盾夫妇到达香港，茅盾又马不停蹄地在香港参加座谈会、演讲等等，由于香港到上海的船票难买，茅盾在澳门的亲戚柯麟来信，知道他们在香港，便邀请他们夫妇俩去澳门散散心。茅盾在澳门亲戚家里，一边休息，一边翻译从香港带过来的苏联卡达耶夫的中篇小说《团的儿子》，后来在汉口《大刚报》上连载。在香港、澳门住了两个多月后，茅盾在 1946 年 5 月 26 日与夫人乘"新生轮"到达上海。傅彬然、孔另境夫妇以及欧阳翠一起在码头迎接茅盾。茅盾住进欧阳翠让出来的山阴路大陆新村 6 号 2 楼。茅盾在整理行装时，拿出女儿沈霞的照片，放在桌子上，呆呆地凝视，坐在椅子里一动不动！

茅盾在上海，因为茅盾在上海的朋友，抗战结束以后，都陆续回到上海，所以茅盾很忙，但是，茅盾依然牢记周恩来在茅盾离开重庆时的嘱咐，包括参加朋友应酬、聚会、座谈会等等，茅盾都从政治形势方面介绍共产党的主张，推动文艺界的团结，抗议国民党的独裁统治等等，茅盾仍然像一个冲锋在前的战士，对国民党的倒行逆施、特务统治表达强烈抗议。

大概在 1946 年 8 月初，苏联驻中国大使馆一等秘书费德林从南京到上海，专程送来一封苏联对外文化协会（VOKS）邀请茅盾夫妇去苏联观光的正式请帖。茅盾很高兴地接受了邀请。抗战胜利以后，美国和苏联分别邀请中国一些文化名人去讲学，或者访问观光。美国邀请了曹禺、老舍、冯友兰、华罗庚等，苏联邀请茅盾。于是，茅盾开始去南京办理护照，茅盾这是第二次出国，但是第一次出国时，去日本，不用办护照。所以第二次出国的茅盾，对如何办理护照，还摸不着头脑，茅盾向沈钧儒请教，沈钧儒告诉茅盾，你直接去找外交部长王世杰。因为这些人茅盾都是认识的。不料，茅盾到了南京，王世杰不在南京，而是去庐山避暑了。外交部的办事员很客气地让茅盾填好表格，回去上海等待通知。到了 9 月底，茅盾访问苏联的护照，还是一点消息没有。然而，茅盾不知道苏联方面给南京官方的邀请信函，是在 9 月 11 日给南京外交部的，外交部 9 月 17 日转请教育部核办。然而教育部后来回复，认为："茅盾既非学校教员，亦非部属学术文化及社教机关职员。"所以"对其出国一节，本部依法无能为力相应函请"[①]。当时茅盾请沈钧儒再催一下

---

① 杨扬：《台湾所见"国民党特种档案"中有关茅盾的材料》，刊《新文学史料》2012 年第 3 期。

南京，沈钧儒给邵力子写一封信，在邵力子的推动下，外交部马上催茅盾去南京办理护照。

在去南京办理护照前，茅盾夫妇和赵清阁、凤子、阳翰笙、洪深、陈白尘、葛一虹等八个人去杭州游玩几天，散散心。杭州是茅盾中学时代最后一年半求学的地方，已经多年没有去了。从杭州回到上海，正准备去南京时，见到周恩来，周恩来知道茅盾要去南京办理护照，便让茅盾与他同行。茅盾到了南京，外交部长王世杰见了茅盾，十分客气。回到上海，茅盾开始准备做访问苏联的准备工作。其实，当时茅盾访问苏联，也是中共对国内形势主张宣传的一种方式，除了苏联通讯社塔斯社要求茅盾提供一些个人资料介绍外，在上海的进步文艺界的同人，对茅盾访问苏联，都抱着十分的热情，邀请茅盾谈感想，举行欢送会，让茅盾忙得不亦乐乎。11月23日，中苏文化协会为茅盾夫妇饯行，24日下午，上海的十个民间文艺团体在八仙桥青年会举行欢送会。茅盾记得当时的热烈气氛：

> 24日下午，中华全国文协、剧协、音协、木协、漫协、诗音协、学术联谊会、杂志界联谊会、新出版业联谊会等十个民间文艺团体，在八仙桥青年会举行欢送会。郭沫若、马寅初、叶圣陶、熊佛西、潘梓年、侯外庐、许广平、阳翰笙等都来了，共有二百余人。叶圣陶担任主席。许多人讲了亲切而热情的话，要求我代表中国人民到苏联去，把苏联蓬勃的人民艺术带回来。有的朋友还向我开出了"货单"，指定要苏联的哪些"好货"，譬如木刻家要我了解苏联的木刻，戏剧家希望得到苏联戏剧的资料，音乐家想知道苏联是怎样对待民间音乐的，等等。也就是说，他们希望我把带去的十五只箱子，装满了东西仍旧带回来。我在会上说："谢谢你们的临别赠言，去苏联观光是我二十年来的宿望。朋友们收集的丰富的艺术作品和材料，我一定完全带去，我也一定把能带回的宝贵的东西都带回来。

我们现在去是冬天，回来应该是春天了，但那时中国是否已经是春
天尚不能预料，我相信苏联人民会给我们很多热，帮助我们度过冬
天，我就是要去把这'热'带回来，让寒冬早点过去。"①

25日，苏联驻上海的总领事哈林夫妇在外白渡桥头的总领事馆为
茅盾夫妇饯行，一批朋友为茅盾访问苏联，纷纷作诗赋词，表达自己对
茅盾夫妇访问苏联的祝贺。

茅盾此时的心情是激动的，去苏联访问，多少冲淡失去女儿的哀痛。

1946年12月5日，茅盾夫妇在戈宝权陪同下搭乘苏联总领事馆的
汽车，直奔江海关码头，茅盾清楚地记得："十二月五日晨八时四十分，
我、德沚和戈宝权一起搭乘苏联领事馆的汽车来到江海关码头。送行的
人已在等候，有郭沫若夫妇、叶圣陶、叶以群、臧克家、葛一虹、任钧
等人，还有总领事夫妇、罗果夫等苏联朋友。郭沫若夫妇送给我们一花
篮康乃馨。我们在码头上拍照留影，大家又乘登陆艇登上了停泊在黄浦
江中的'斯摩尔纳号'轮船。在船上，郭沫若写了一首《送别诗》赠给
我：'乘风万里廓心胸，祖国灵魂待铸中；明年鸿雁来宾日，预卜九州
已大同。'……我也给朋友们写了几句临别赠言：'离开了这么多的敬爱
的师友，虽然我是到温暖自由的天地去，我的心情是难过的，我依依不舍，
因为你们将在祖国度过阴暗的季候。谢谢我的敬爱的师友，为了你们给
我的友爱和鼓励。'"②

茅盾经过海参崴，穿越西伯利亚平原，从上海出发到莫斯科，用了
20天时间。茅盾是在1946年12月25日到达莫斯科的，苏联对外文化
协会副会长卡拉加诺夫和对外文化协会东方部叶洛菲也夫到车站迎接。
苏联方面对茅盾这一次访问，非常重视，茅盾到达的这一天，莫斯科电

---

① 茅盾：《我走过的道路》（下），人民文学出版社1988年9月版，第422页。

② 同上，第423至424页。

台就发了消息。第二天，苏联《真理报》就茅盾到苏联访问发了消息。茅盾一到莫斯科，就开始马不停蹄紧张的访问日程，27 日，茅盾就参观列宁博物馆、红军博物馆。28 日拜访中国驻苏联大使傅秉常。晚上参观《真理报》，同时茅盾几乎每天都有各种各样的应酬，这对茅盾了解苏联情况是提供了方便，但是对不善于应酬的茅盾来说，也是非常劳累，因为茅盾对外交礼仪比较了解，而且苏联的安排，也是尽量满足茅盾了解情况的要求。所以茅盾坚持尽量多了解一些苏联的情况。在莫斯科，茅盾提出见见自己的侄女儿玛娅。玛娅是沈泽民和张琴秋在莫斯科出生的女儿，生于 1926 年 5 月，后来父母离开莫斯科时，将 5 岁的女儿留在莫斯科的国际儿童院，此后，一直在苏联生活，现在已经 20 岁了。1 月 2 日那一天，叶洛菲也夫带着玛娅来见茅盾夫妇。据说当时孔德沚见到玛娅，就抱住玛娅痛哭！孔德沚想起玛娅的父亲沈泽民，想起和玛娅通信的自己的女儿沈霞！茅盾说："我第一次见到她，想起泽民，想起母亲，又想起亚男，很伤心。"[1]茅盾夫妇是玛娅懂事以来见到的最近的亲人，可惜因为玛娅不会讲中文，而茅盾又不懂俄语，所以见面以后只是觉得亲切，而无法进行语言交流。第二天早上，玛娅带了张太雷的儿子和刘少奇的儿子一起来，有他们当翻译，茅盾才清楚地了解到，玛娅现在已经是大学生了，[2]还没有男朋友等等。在莫斯科期间，茅盾和玛娅还见过面。

在莫斯科的访问参观结束后，茅盾夫妇到格鲁吉亚首都第比利斯访问参观，在那里，茅盾参观访问了整整一个星期，看演出，访问座谈之外，

---

① 茅盾《游苏日记》手稿，浙江大学出版社 2007 年 11 月版，第 53 至 54 页。

② 玛娅，俄文名字是格拉西莫娃·玛娅，1926 年 5 月出生于莫斯科。1944 年至 1946 年在莫斯科航空学院飞机发动机系读书，后来又进入莫斯科通信学院无线电系读书。1950 年毕业。毕业后回国。先后在通信部、清华大学工作和学习，1955 年至 1964 年在哈尔滨军事工程学院任教员。1964 年至 1976 年在航天部二院 23 所工作。1976 年因"天安门事件"迫害致死。1977 年平反昭雪。

参观了博物馆、电影制片厂、儿童宫、格鲁吉亚国立大学、斯大林革命
遗迹——第比利斯地下印刷所。1月29日，茅盾夫妇离开格鲁吉亚首都
第比利斯，去亚美利亚首都埃里温。在亚美利亚，茅盾夫妇又访问参观
了4天。在那里，茅盾又忙碌于与当地文化界人士座谈，拜访有关名人、
教育部长等等。2月2日，茅盾访问亚美利亚结束后，开始返回莫斯科。
玛娅知道茅盾夫妇回到莫斯科后，约了陈昌浩的儿子一起来，茅盾夫妇
陪她去外面拍了照。在莫斯科逗留期间，茅盾按照计划，拜访了几位苏
联文学界的知名人物，如茅盾翻译过《团的儿子》的作者卡达耶夫、儿
童文学作家马尔夏克、西蒙诺夫、洪吉诺夫等，茅盾后来专门写了专访。
完成莫斯科的访问后，茅盾夫妇又去列宁格勒访问，[①] 在列宁格勒访问参
观介绍后，茅盾夫妇还是回到莫斯科，这时，茅盾已经在苏联访问两个
多月，本来可以回国，但是，当时正好有机会去其他加盟共和国访问，
于是茅盾夫妇在苏联对外文化协会的安排下，去了乌兹别克加盟共和国
的塔什干、阿塞拜疆首都巴库访问参观。一直到3月22日回到莫斯科。

茅盾开始在莫斯科休整，等待海参崴开往上海的轮船。海参崴开往
上海的轮船是每个月一班，现在茅盾要等待4月20日的那一班，所以，
茅盾有时间在莫斯科开始写访问苏联的散文和整理日记，记录自己梦寐
以求访问苏联的心得和见闻。其间，茅盾夫妇还去看了几场演出，茅盾
去莫斯科东方大学做了一次演讲。1947年4月5日，茅盾夫妇告别苏
联的朋友，踏上穿越西伯利亚的列车，经海参崴，仍旧坐"斯摩尔纳号"
回上海。一路风光，无论是西伯利亚，还是海上，茅盾以舒畅的心情，
不断地记录自己的观感。茅盾一路上，想得最多的是，中国的民主革命
胜利以后，应该以苏联为榜样，走社会主义的道路。而作为文学家的茅盾，
更多地看到苏联在文化方面的建设和重视，所以茅盾特别注意搜集文化
方面的经验和资料，博物馆、报纸、图书馆、戏剧；同时茅盾也注意搜

---

① 列宁格勒，即圣彼得堡。

集苏联的法律资料、苏联的收入与支出、五年计划、企业管理苏联的电力建设、苏联的铁路建设、苏联的煤矿开发、苏联的资源的开发和利用、苏联的城市的过去和现在、苏联的高等教育、职业教育、保健事业、出版事业、体育事业、电影事业、音乐事业以及苏联人民的民生问题等等，茅盾全方位地搜集整理，回到上海以后，出版了《苏联见闻录》《杂谈苏联》两部著作。

正当茅盾一路上整理资料和日记的时候，"斯摩尔纳号"正在慢慢地经过日本海、朝鲜海峡，驶向东海，上海已经隐约可见，茅盾心跳加快，望着一点一点清晰起来的上海，心情十分激动！回到自己国家的茅盾，自言自语说："我回来了！"茅盾在回忆录中说：

> 船行五天，没有遇到大风浪。二十五日下午二时船通过吴淞口，五时驶抵江海关码头的江面，远远望去，只见码头上一大群朋友已在迎候，我激动得呼吸急促起来，又高兴，又惆怅。啊，我回来了，又回来了！ ①

1947 年 4 月 25 日，茅盾结束苏联的访问，回到上海。此时上海的朋友们都已经早早地在码头等候，茅盾夫妇下了舷梯，便被朋友们簇拥着回到大陆新村。

---

① 茅盾：《我走过的道路》（下），人民文学出版社 1988 年 9 月版，第 443 页。

二、在民主运动中——新中国诞生前的忙碌

茅盾从苏联回国，发现离开国内三个多月，国统区的经济形势更加糟糕，大量发行票子，使法币猛烈贬值，物价疯狂上涨，茅盾清楚地记得："上海的米价，在我访苏的四个月中，已从原来的五万元一担涨到了五十万元一担。工商企业大批倒闭，民族工业日益破产，美国货充斥市场。"① 一些地方的农村，饥饿的农民出现"抢米"的风潮，他们抢了政府的粮仓、军粮和公私米店，国民党政府对农民的抗暴行、反饥饿的斗争，采取暴力镇压的手段。所以茅盾回国的时候，国内正在掀起抗暴行、反饥饿、反迫害运动，不少大中城市的学生举行了罢课游行示威活动。一些进步刊物被查禁，作家的人身安全没有保障。5 月 18 日国民党政府颁布了所谓"维持社会秩序临时办法"，7 月 4 日又下达了"戡乱动员令"，凡反对内战的言论，他们都能冠以破坏"戡乱"、扰乱社会秩序的罪名，将刊物没收、查禁，甚至封闭出版机构。上海有影响的进步报纸《文汇报》《联合晚报》《新民晚报》就先后横遭封闭。

人心思变！蒋介石统治集团，已经失去人心，已经日薄西山。

茅盾从苏联回到上海，立刻投入宣传苏联的活动，茅盾马不停蹄地到处宣传苏联的各个方面的情况，他在家里，接受记者采访，在聚会时，介绍苏联的文化事业情况，同时茅盾还写文章，详细介绍苏联的方

---

① 茅盾：《我走过的道路》（下），人民文学出版社 1988 年 9 月版，第 444 页。

方面面，半年之内，茅盾写介绍苏联的文章竟然有 22 篇！茅盾游苏日记，在《时代日报》上连载。茅盾刚到上海，记者蜂拥而至，第二天。上海《时代日报》26 日就发表记者顾征南采写的《茅盾归来谈苏联》；同一天的《文汇报》上，发表了记者陈霞飞的专访《茅盾夫妇答问》；后来上海的《国讯周刊》在 5 月 4 日发表陈曦的《茅盾先生访问记》；5 月 5 日，《华商报》发表陈霞飞的《茅盾夫妇回来了》；同一天的《现代妇女》发表《茅盾夫妇谈：苏联怎么会没有妇女问题》；5 月 20 日，上海《人世间》复刊第三期刊登风子的《茅盾先生的苏游观感》。所以茅盾自己说，1947 年，"我成了苏联问题专家"[①]。后来，茅盾出版了《苏联见闻录》《杂谈苏联》两部全面介绍苏联的著作。当时茅盾写这两部书的出发点，茅盾认为是：当时"蒋介石政权二十多年来的反苏宣传，在一般人的脑海中蒙上了一层对苏联的阴影，总觉得苏联张着一张'铁幕'，其真相不可得知；即使是进步人士，有的也流露出不理解和神秘感。对苏联的不了解，甚至恐惧，也折射出相当一部分人对将要诞生的新中国的疑虑和不安，因为在他们看来，将来的中国也就是现在的苏联。因此，把苏联的真相介绍给广大的读者，也许能在某种程度上解除这些疑虑而为新中国的到来作些思想上的准备"[②]。茅盾抱着"释疑解惑"的动机来写作这两部书，应该说，这样的写作起点，很高的。可惜后来新中国来临，人们的兴趣转移，关注点不在这里了，所以，这两部介绍苏联的著作，很快成为"明日黄花"。但是茅盾当年辛苦搜集的史料，同样弥足珍贵。

就在茅盾热情宣传苏联时，国统区的形势出现越来越严重的白色恐怖，1947 年 10 月 26 日，浙江大学学生自治会主席于子三等三位同学突然被捕，旋即被杀害于狱中。10 月下旬，国民党政府以"民盟参加匪方叛乱组织"的罪名，悍然宣布民主同盟为"非法团体"，下令解散。

---

① 茅盾：《我走过的道路》（下），人民文学出版社 1988 年 9 月版，第 448 页。

② 同上，第 456 页。

10 月 27 日，民盟总部被迫发表"辞职"和"解散总部"的声明以及"停止盟员活动"的命令。民盟中以沈钧儒为代表的左派，决定出走香港，继续斗争。面对日益严峻的形势，鉴于形势的险恶，茅盾这些著名人士，随时都有生命危险，所以中共安排茅盾等著名人士，秘密远走香港，然后到解放区去，这样能够保证这些知名人士的人身安全。中共指定叶以群负责茅盾的秘密撤退。1947 年 12 月初，茅盾在叶以群的陪同下到达香港。而夫人孔德沚在上海放出风声，说茅盾回到乌镇去了。半个月后，孔德沚和郭沫若夫人于立群以及她的孩子一起，秘密到香港与茅盾会合。

茅盾夫妇在香港度过 1948 年的元旦，茅盾在香港发表《祝福所有站在人民这一边的！》，兴奋地提出："新年见面，例应祝福；我祝福所有站在人民这一边的人士：更坚决，更团结，把反帝反封建的革命事业进行到底，让我们的儿孙辈不再流血而只是流汗来从事新中华民国的伟大建设！"[①]

茅盾这次在香港，政治环境相对宽松，这些革命作家，在上海过着胆战心惊的生活，小心翼翼地写作，还不能保证自己人身的安全。而到了香港以后，一下子仿佛自己可以畅所欲言了，可以表达自己的感想和要求了。这是难得的一个时空。茅盾回忆说：

> 一九四八年的香港，在我们这些政治流亡客的眼里，又是个小小的自由天地。在报刊上，只要不反对港英当局，不干涉香港事务，你什么都能讲，包括骂蒋介石和美帝国主义。经历了第二次世界大战的大英帝国，元气大损，自顾不暇，对中国的内战采取了中立的不介入的态度。因此，我们可以在《华商报》上、《文汇报》上大登新华社的电讯，可以大张旗鼓地报道解放军在各个战场上的胜利，可以把"国军"直呼为蒋家军队或国民党军队。这样便利的条件，

① 茅盾：《我走过的道路》（下），人民文学出版社 1988 年 9 月版，第 451 页。

对于我们这些握了半辈子笔杆却始终不能想写什么就写什么的人来说，真像升入了"天堂"。①

所以，茅盾在香港的一年时间里，能够尽心尽力地宣传中共文艺政策，能够公开批评蒋介石集团，这使茅盾等寓居香港的作家们感到十分兴奋！他们对时局提出看法，发表联合声明，十分踊跃。4月，茅盾和香港的民主人士100多人联合发表《慰问平津教授学生电》，5月，与郭沫若等60多人联合发表《纪念"五四"致国内文化界同人书》，响应中共中央关于建立联合政府的号召，呼吁广大知识分子团结起来，为建设新中国而奋斗。6月4日，茅盾与香港125人联名发表声明，响应中共中央的"五一"号召，促成新政协早日召开，成立联合政府，以争取民主和和平的实现。茅盾此时将在上海和访问苏联时就写成的一些介绍苏联的文章，陆陆续续在报刊上发表。6月5日，茅盾与香港部分文学工作者联合发表宣言，抗议荷兰政府对中国进步人士的迫害。7月2日，茅盾和郭沫若等人联名发表声明，反对美国扶持日本军国主义等等，茅盾因为刚刚访问苏联回来，所以苏联的一些活动如莫斯科艺术剧院五十周年、十月革命节日等等，茅盾和郭沫若等一起，致电表达祝贺之情。

1948年，茅盾小说创作仍然取得不俗的成绩，在香港宽松的环境里，茅盾在编辑《文汇报》副刊《文艺周刊》外，茅盾创作了《惊蛰》《一个理想碰了壁》《春天》三个短篇小说，同时茅盾开始创作长篇小说《锻炼》，并且在9月9日至12月19日在《文汇报》连载。茅盾对伟大的抗日战争，总想留下一点文学记录，而且对中国民族工业在抗日战争中的表现和遭遇，茅盾已经观察研究多时，如果写下来，将是比《子夜》还要宏大的一部史诗！茅盾从写《你往哪里跑？》到《走上岗位》，都是同一个主题，但都是在匆忙中开头，在匆忙中结束，而且受到政治环

---

① 茅盾：《我走过的道路》（下），人民文学出版社1988年9月版，第451页。

境的影响，茅盾无法敞开来写。所以现在在香港这样宽松的环境里，茅盾又开始写抗战史诗的长篇小说，《锻炼》重新回到抗战开始，通过国华机器厂内迁、《团结》刊物的遭遇等事件的文学描述，真实再现抗日战争初期时代上海现实，表现了工人和进步知识分子以及年轻人的抗日救国的决心和热情，同时也揭露了国民党那些假抗日、反人民的真面目。茅盾计划写五部，一个大长篇。他说：

　　我计划写一部连贯五卷的长篇，各卷的人物大致相同，稍有增添。第一卷《锻炼》，写上海战争至大军西撤，包含工业迁移之第一期，抗战初期对民主运动的压迫……等等。在这一卷中主要人物都露了面。第二卷拟题《敌乎？友乎？》，写保卫大武汉至皖南事变发生。包含保卫大武汉时期民主与反民主的斗争，武汉撤退，汪精卫落水，工业迁川后短期的繁荣，重庆大轰炸，重庆之反动气焰渐渐露骨，摩擦，国民党"防范奸党、异党条例"之密布，妥协投降之阴谋，等等。这一卷的背景为：上海、武汉、重庆、延安、兰州、西安、宝鸡等地，篇幅预计会长些。第三卷为皖南事变后至太平洋战争爆发，直至中原战争，湘桂战争。主要背景为桂林、重庆、昆明、延安等地，此卷从桂林写起，包含工业破产，物价高涨，贪污受贿盛行，社会风气败坏，特工活动加强，书报检查加紧，军事腐败之暴露，国际风云对中国战局的影响，等等。第四卷写湘桂战后至"惨胜"。包含经济恐慌加深，蒋日的勾搭，民主运动高涨，进攻陕甘宁边区之尝试，国际反动派的日渐嚣张，等等。第五卷为"惨胜"后至闻一多、李公朴被暗杀。背景为重庆、上海、昆明、延安等地。这五卷连贯的小说，预计一百五十万字，如果时间有保证，大约三年能完成。①

---

① 茅盾：《我走过的道路》（下），人民文学出版社1988年9月版，第458页。

但是茅盾没有想到，这次写《锻炼》，依然仅仅是开个头，因为革命形势发展，出乎在香港的文化人的意料，茅盾原来计划用三年时间写抗战系列小说的想法，因为革命胜利的到来，不得不放下创作，迎接新中国的到来。而《锻炼》成为茅盾二十多年长篇小说创作的最后的一部长篇小说。

而短篇小说的创作，茅盾的《春天》创作，同样成为茅盾短篇小说创作中的最后的一个短篇小说。这个预言式的小说，借用张天翼的小说《华威先生》里的"华威先生"这个典型人物，在全国解放以后，改变策略，窥视风向，以"民主人士"自居，拉拢"失意者"，组织第三方，但是没有博得"毒虫"高层人物的欢心，致使华威先生惶惶然不知所从。小说还以预言的方式，向读者展示了新中国集体化农场的情景，反映了新中国成立以后的国家团结繁荣的局面。发表以后，和《锻炼》一样，国内没有多少反应，因为所有的进步知识分子，都在关注国内形势的发展，所以对《春天》同样没有人评论关注，但是当时在日本却引起读者的注意，日本把《春天》称为茅盾的"幻想小说"，茅盾后来说，这不是我的幻想小说，"而是我的'预言'"。

茅盾此时的兴趣点，同样在关心时代的发展，关心自己几十年梦寐以求的新中国的来临！所以，茅盾在1948年12月下旬，放下创作，整理行装，随时准备北上，去解放区迎接新中国。12月31日，根据中共党组织的安排，茅盾和李济深、章乃器、邓初民、朱蕴山、卢绪章、洪深、彭泽民、梅龚彬、施复亮、吴茂荪、孙起孟等20多名民主人士一起，秘密登上苏联的轮船，离开住了一年之久的香港，直接奔向大连，奔向东北解放区！

1949年，是一个翻天覆地的一年，是永载史册的一年，是茅盾日夜操劳，党和国家委以重任的开始之年！

此时，1949年元旦，茅盾在台湾海峡的洋面上，碧波万顷，阳光灿烂，茅盾取出笔记本，请在一边的李济深题词，李济深欣然在茅盾递过来的笔记本上写道："同舟共济，一心一意，为了一件大事，一件为着参与建立一个独立、民主、和平、统一、康乐的新中国的大事……前进前进，努力努力。"茅盾的心情一直在激动，憧憬着新中国的诞生，实现自己的理想，他在离开香港前最后一篇文章中说：

> 新民主主义的新中国将是一个独立，自主，和平的大国，将是一个平等，自由，繁荣康乐的大家庭。在世界上，中国人将不再受人轻侮排挤。人人有发展的机会，人人有将其能力服务于祖国的机会。
>
> ……
>
> 中国人民渴望这样一个新中国，差不多有百年之久了，中国人民为了新中国的诞生，曾经牺牲了无数宝贵的生命；中华民族优秀的儿女们为了实现这崇高的理想而抛弃安逸的生活，不惜冒犯艰险的，以千万计，而为敌人所谋杀、监禁或迫害，或在战场上流了最后一滴血的，也当以百万计！人民所付的代价是这样大，人民必不许反动集团勾结帝国主义再玩"偷天换日"，"移花接木"的阴谋！①

此时中共中央对香港秘密归来的三批民主人士非常重视，党中央和东北局委托张闻天专程到码头迎接，其中茅盾他们是第三批归来的民主人士，也是张闻天到大连码头去迎接的。茅盾在回忆录最后几行文字，显示出到茅盾晚年，回忆此情此景，依然心潮澎湃，激情飞扬：

> 1949年元月7日，轮船驶进了大连港。大家蜂拥到甲板上贪婪地眺望这片神圣的自由的土地。啊，我们来到了！我们终于胜利

---

① 茅盾：《迎接新年，迎接新中国》，刊《华商报》1949年1月1日。

地来到了!

　　在码头上欢迎的人群中，我看见了张闻天顾长的身影，他正挥舞着双手在向我们致意！ ①

　　茅盾到达东北以后，开始为新中国的诞生操劳，而茅盾自己的文学创作，则让位于政治的需要。新中国的诞生，对茅盾来说，是自己参加共产党革命所追求的一个梦想，一个为实现全中国人民翻身解放穷人能够当家作主的理想！所以，此时的茅盾，心潮澎湃是自然的。

---

① 茅盾：《我走过的道路》（下），人民文学出版社 1988 年 9 月版，第 462 页。

第八章 部长生涯：为国操劳

1948 年 10 月 19 日至 1965 年 1 月 4 日，茅盾担任中央人民政府文化部部长。其间他还兼任中华全国文学工作者联合会主席（中国作家协会前身），而担任中国作家协会主席，一直到茅盾去世。其间，至于其他的兼职挂职更是不可胜数。所以茅盾在新中国的岁月里，经历了新中国从 1949 年到 1980 年所有的运动，或深或浅地影响到茅盾的生活。作为世界闻名的作家，茅盾的影响力，在新中国依然是不可比拟的。作为中国作家协会主席，茅盾丰富的创作经验，给许多新中国成长起来的作家带来文学营养，滋养着一代又一代作家。

茅盾在为世界文化的交流，来回奔波，为新中国的文化形象，贡献一个文化部部长的聪明才智。茅盾在长长的行政领导岗位上，有做成事的喜悦，也有委屈和无奈！新中国的艰难前行中，有茅盾的身影，有一个为理想信念付出一生心血的沈雁冰。

一、开国大典前的忙碌

茅盾到大连以后，中国人民的解放战争，正以势如破竹的态势，迅猛发展。解放全中国，成为中国人民的共同心愿！茅盾踏上东北这块土地，立刻被来自平山的民主人士周建人、翦伯赞、田汉、胡愈之等人的电报所激动，电报呼吁："在中共的领导下，各民主党派和民主人士一致行动，通力合作，完成人民革命之大业。"茅盾虽然不是民主党派中人，但是当时茅盾还是以无党派身份出现在各种社交政治场合的。2月1日，已经到达沈阳的茅盾、郭沫若、沈钧儒、李济深等6人联名致电毛泽东主席和朱德总司令，祝贺人民解放战争取得伟大胜利。次日，茅盾他们收到毛泽东与朱德的回电，表示收到他们的致电"极感盛意"。对他们到达解放区"敬表欢迎"。

2月25日茅盾、郭沫若、李济深、沈钧儒等35人，在中午12时从沈阳抵达北平，受到林彪、罗荣桓、聂荣臻、董必武、薄一波、叶剑英、彭真的热烈欢迎。中共中央对这些民主人士格外关照，已经安排他们暂时住在北平最好的饭店——北京饭店。从此，茅盾开始他长达数十年的从政生涯。

茅盾刚到北平，知道当前文艺界的主要任务是团结来自全国各地的文艺工作者，而团结文艺界的主要载体就是要把全国的文艺工作者组织起来，同时，茅盾作为著名作家，还要参加全国政协的筹备工作，所以，一到北平，茅盾就没有自己的时间了。

到达北平的第二天，即 2 月 26 日，茅盾就被邀请到中南海怀仁堂参加人民解放军平津前线司令部、北平市军管会、北平市人民政府、中共北平市委联合举行的欢迎各方民主人士大会，会后又去北平饭店出席宴会。这是茅盾到北平以后参加的第一个会议，也是他到北平以后参加的第一个宴会！3 月 3 日，茅盾应邀出席华北人民政府文化艺术委员会、华北文艺协会为欢迎近期来北平的文艺界人士而举办的茶会，茅盾在会上讲话。3 月 14 日，在北平的民主人士就北平解放以后的大学教育管理问题举行座谈会，茅盾也在被邀请之列。同时参加这个座谈会的，还有洪深、许广平、钱俊瑞、马叙伦等等。3 月 16 日，茅盾出席北平文物机构改革问题座谈会，为北平的文物管理工作建言献策。

此时，茅盾刚到北平，就见到儿子沈霜和女婿萧逸，儿子沈霜已经在《东北日报》当编辑，此时知道父母到北平了，便来看望父母。此时的萧逸，已经是新华社战地记者，1949 年 2 月下旬，随部队到了北平的萧逸，终于见茅盾夫妇了。茅盾看到萧逸是一个有为的青年，也很高兴，孔德沚看见女婿，想起女儿，又哭了起来。交谈中，茅盾知道萧逸准备创作，就建议他经历过解放战争全过程再创作，萧逸接受岳父茅盾的建议。据茅盾儿子沈霜回忆：

> 姐姐去世后，萧逸离开延安来到张家口任《晋察冀日报》记者。解放战争开始后，又调任新华社华北分社前线记者，随军转战华北，及时报道华北各战场的战况。
>
> 北平和平解放后，姐夫随部队进入北平，与早就想见的岳父岳母见面，双方都很激动。姐夫说到了自己的创作计划，打算留下从事创作。父亲为他有理想有抱负而感到欣慰，但认为他如能参加并了解解放战争的全过程，而后再从事创作将会更好。在父亲的启迪

和鼓励下，姐夫愉快地奔赴了太原前线。①

2月26日，萧逸接到部队通知，准备开拔前线，开拔前，即2月28日，萧逸专门给岳父母写了一封信，报告平安和工作安排。信中说："前天我临走时，妈妈说还要和我说句话，后来又说明天再说，昨天我又忘了问，不知究竟是什么话？另外，爸爸如果要军队里的材料的话，请写一份目录来，我可以代为搜集。"

茅盾夫妇收到这封信后，又在等萧逸的第二封来信，然而整个1949年的3月，没有收到萧逸来信，让茅盾夫妇天天盼着。直到4月3日，茅盾再也等不及了，就给萧逸写信：

> 逸儿：二月廿八日来信早已收到，老盼你的第二封信，至今未见，那就先写这封信罢。我们不知道你在何处，但猜想你的身体是好的。我最近常患感冒，这是抵抗力薄弱之故了，已打了针，略觉好些；然会客多了，看书久了，便仍感倦不可支。此次巴黎和平大会，我因身体不好，恐途中生病，故而谢辞了推举；另一方面，全国文艺界代表大会筹备工作，我在北平也要担任一部分工作，此会恐须在五月初旬举行，筹备工作以后渐渐要紧张起来了。霜儿来信，谓仍任新闻工作，将来也要南下，地点也许是武汉或广州，说不定你们会在南方会合的，关于部队生活，我想要知道的太多了，信里是写不完的，将来再说。我很羡慕你能在部队中工作，可惜我们条件不够。妈妈身体尚好，前几天开妇女大会，她天天去。我们仍住北京饭店。盼来信。即祝健康。
>
> 雁冰　　四月三日
> 那天你临走时，妈妈说有话问你，其实她也并无特别要说的；

---

① 韦韬、陈小曼：《我的父亲茅盾》，辽宁人民出版社 2004 年 2 月版，第 214 页。

接到你来信提及此语，她倒记不起来要说的是什么话了。①

萧逸在茅盾写这封信十二天后，即 4 月 15 日在解放太原战斗中，他在阵地上新占领的水泥碉堡里用扩音话筒向对面工事里的敌人喊话，敦促他们放下武器，向解放军投降。不料，敌人诈降，一梭冷枪打来，萧逸牺牲在阵地上！年仅 34 岁！

茅盾在信中热切盼望他的第二封信，告诉他"我们仍住北京饭店。盼来信"的殷切之情，成为永远无法实现的缺憾！

茅盾女婿萧逸是新华社牺牲的第一个战地记者！他的英名永远镌刻在新华社历史上，刻在解放太原的纪念碑上。当时华北野战军某兵团政治部主任胡耀邦同志得知萧逸同志的事迹后，嘱咐新华社同志要把萧逸同志安葬好，要化悲痛为力量。萧逸的战友将萧逸的遗物整理后，辗转托人带给在北平的茅盾！战友张帆专门附了一封信，向茅盾详细报告萧逸牺牲的经过。

茅盾女儿牺牲在抗战胜利之时，而女婿又牺牲在全国即将胜利之时，茅盾夫妇的悲痛是可想而知的。

3 月 22 日，茅盾出席中华全国文艺协会在北平的理事和华北文艺协会理事联席会议，商讨召开全国文学艺术工作者代表大会的筹备工作，在这次会上，茅盾与郭沫若、周扬、叶圣陶、郑振铎等四十二人组成筹备委员会，茅盾被推选为筹备委员会副主任，据康濯回忆，当时他和茅盾谈到解放区来的作家，大部分文化水平不高，读书也少时，茅盾当即说，以后文代会可以讨论这个问题，可以让解放区来的作家，着重安排他们学习读书，提高他们的文化水平；对国统区来的作家，可以安排他们深入生活，让他们感受工农兵的生活，提高他们的思想水平。显然，新中国作家的水平提高问题，已经在茅盾的考虑之内了。

---

① 《茅盾全集》，黄山书社 2014 年 3 月版，第 37 卷，第 302 至 303 页。

4月30日，茅盾参加全国第一次文代会筹委会第一次临时常务委员会会议，在这次会上，茅盾分工负责起草国统区文艺工作报告。具体由康濯联系。就在茅盾夜以继日地为新中国的文艺描绘美好蓝图的时候，茅盾得到女婿萧逸在解放太原的前线阵地上英雄牺牲的噩耗，茅盾在5月2日给萧逸的战友张帆的信中说：萧逸牺牲"我们的悲痛是双重的：为国家想，失一有为青年，为他私人想，一番壮志，许多写作计划，都没有实现"。还说："我已经多年来'学会'了把眼泪化为愤怒，但萧逸之死却使我几次落泪。"①

5月13日晚上，日理万机的周恩来专门召集茅盾、周扬、夏衍、钱杏邨、沙可夫、胡愈之、许涤新、萨空了、郑振铎、袁牧之等等，会上，周恩来进一步介绍了党的统一战线政策以及文艺方面的具体政策方针，并对即将召开的全国文代会、新闻工作和上海解放后的文化工作等问题征求了与会者的意见。也是在这个月，茅盾连续两次主持《文艺报》召开的座谈会，为繁荣新中国的文艺，提供健康繁荣的平台。

此时，文代会还没有召开，新政协的筹备工作在毛泽东的亲自指挥下紧锣密鼓地进行着，于是，茅盾又要分身投入新政协的筹备工作中去了。6月11日晚上，毛泽东在北京西郊香山的双清别墅召见茅盾、李济深、黄培炎、沈钧儒等民主人士，与周恩来、朱德等一起共商国是，研究新政协的筹备情况。

15日晚上，茅盾出席在中南海勤政殿旁室召开的新政协第一次全体会议，会上，毛泽东主席做报告。第二天下午，在新政协筹备会上，茅盾被通过为新政协筹备会常务委员。晚上接着开会，在中南海勤政殿出席新政协筹备会常务委员会第一次会议，由周恩来主持，茅盾任"拟定国旗国徽国歌方案"的第六小组副组长。茅盾在新政协筹备会上有个发言，文字不多，但是也可以看出茅盾此时对即将到来的新中国表示了

---

① 《茅盾全集》，黄山书社2014年3月版，第37卷，第304页。

真诚的期待，他说："这次会议充满了民主与团结的精神。在去年中国共产党发出了五一号召以后，那时流亡在香港的文化界人士都认为，开这样民主团结的新政协，产生人民民主的联合政府，是完全符合于人民的要求和利益，可以建设新民主主义的新中国。毛主席在这次会议上的演说，每句话都是老百姓的心里话，他最后告诉我们说，中国民主联合政府成立以后的工作重点，第一是肃清反动派的残余，镇压反动派的捣乱；第二是尽一切可能用极大力量从事人民经济事业的恢复和发展，同时恢复和发展人民的文化教育事业。文化界人士有足够的信心，在新民主主义政权下，文化事业一定会得到很大的发展，因为人民政府是扶持进步文化的，而且翻了身的工人农民，他们需要文化，他们能够自由地创作和享受文化，他们会是文化界最有希望的新生力量。"① 茅盾这个言简意赅的发言，是发自肺腑的。这篇短文，当时发表在 1949 年 6 月 20日《人民日报》上。就在文章发表的第二天晚上，茅盾又接到通知，让他去中南海勤政殿，参加新政协筹备会常务委员会第二次会议。

所以茅盾在 1949 年 2 月到了北平，几乎是马不停蹄，和共和国的领袖们一起，描绘新中国的政治蓝图的同时，还要为新中国的文艺大厦的构建殚精竭虑，都是非常具体的事务。

经过几个月的筹备，6 月 30 日在中南海怀仁堂召开中华全国文学艺术工作者代表大会的预备会，会上，郭沫若为会议总主席，周扬、茅盾为会议副总主席。7 月 2 日全国第一次文代会召开，朱德代表党中央在全国第一次文代会上致辞。茅盾在大会上报告了大会筹备经过。4 日，茅盾在大会上做《在反动派压迫下斗争和发展的革命文艺——十年来国统区革命文艺运动报告提纲》的报告，这个报告是茅盾对国统区文艺工作全面思考之后的集中反映，也是新中国成立之前茅盾写的分量比较重的一篇文章，报告分四个部分：一、绪论："在种种不利条件下，我们

---

① 茅盾：《在新政协筹备会议上的发言》，刊《人民日报》1949 年 6 月 20 日。

打了胜仗！"二、创作方面的各种倾向。三、文艺思想理论的发展。四、结语。总结了十年来国统区革命文艺运动的成就、不足和经验教训。报告形成文字刊登时，茅盾专门写了一个说明，其中讲到，当初起草这个报告时，曾经请胡风参加起草这个报告，但是"胡风先生坚辞"。

当时，党中央也非常重视这次全国文代会，7月6日，文代会已经开了五天了，这天下午，周恩来副主席到大会做政治报告，一直讲到晚上7点多，在周恩来快要结束报告的时候，毛泽东主席突然来到文代会会场，顿时大会会场上一片沸腾！欢呼声此起彼伏！毛泽东在这样热烈的场面里作了简短的讲话，他说："今天我来欢迎你们。你们开的这样的大会是很好的大会，是革命需要的大会，是全国人民所希望的大会。因为你们都是人民所需要的人，你们是人民的文学家、人民的艺术家，或者是人民的文学艺术工作的组织者。你们对于革命有好处，对于人民有好处。因为人民需要你们，我们就有理由欢迎你们。再讲一声，我们欢迎你们。"[1] 毛主席话声刚落，会场上掌声雷动！就这样，当年轰轰烈烈的第一次全国文代会开了20天，成为新中国成立之前文艺界的一次大聚会！会上，茅盾当选为全国文联委员。在7月23日召开的中华全国文学工作者大会（中国作家协会前身）被选为会议主席；下午召开的中国文联委员大会上，茅盾被选为全国文联常委和副主席。

24日，中华全国文学工作者协会正式成立，茅盾当选为主席，丁玲、柯仲平为副主席。据说当时茅盾在夜以继日处理这些事关国家福祉的大事时，也关心作家深入生活吸取创作营养的具体事。青年作家艾明之想回上海深入生活，专门去北京饭店向茅盾辞行，茅盾给以充分肯定，鼓励他去上海作长期深入生活的思想准备。并且还让艾明之带一封信给上海华东局统战部副部长周而复，请周而复给予关心。茅盾的这种关心，让青年作家艾明之非常感动！

———————————

① 见《文艺报创刊50周年纪念图集》，作家出版社1999年10月版，扉页。

　　刚刚结束全国文代会的工作，茅盾又投入紧张的新政协的筹备工作中去了，他负责的政协筹备会第六组，8月5日召开第二次会议，具体研究国徽等等事项，决定聘请徐悲鸿、梁思成、艾青为国旗国徽图案的初选委员会顾问；聘请马思聪、贺绿汀、吕骥、姚锦新为国歌词谱初选委员会顾问。与此同时，茅盾还郭沫若、马叙伦联名写信给毛泽东主席，建议文字改革，一是主张走拼音文字的道路；二是建议成立专门的文字改革机构。8月28日，孙中山夫人宋庆龄北上参加全国新政协会议来了，中共中央非常重视，下午，毛泽东、朱德、周恩来等中共的领袖们和茅盾、郭沫若等民主人士到前门火车站欢迎宋庆龄，场面十分热烈。

　　进入9月，新政协的筹备工作更加紧张地进行着，17日下午，茅盾出席新政协筹备会常委会第七次会议，通过了新政协第一届全体会议的主席团名单，3点钟，与会人员又到中南海勤政殿参加新政协筹备会第二次全体会议，会议正式决定将新政协会议定名为"中国人民政治协商会议"。从此政协的历史翻开了新的一页。

　　25日到27日三天时间里，茅盾和中共的领袖一起，为国旗、国徽、国歌等等连续开了几天的会议。25日，毛泽东主席召开"国旗、国徽、国歌、纪年、国都"协商座谈会；26日对"国旗、国徽、国歌、国都、纪年"各个方案进行最后的审定。

　　27日，政协召开第一届全体会议，会议通过了中华人民共和国定都北平，即日起将北平改为北京；采用公元纪年；以《义勇军进行曲》为代国歌；国旗为五星红旗等议案。茅盾在新中国成立前夕，在这些事关江山社稷长治久安的大事问题上做出了自己的特殊贡献！

　　1949年9月，茅盾还有两件事情值得一说，一件是茅盾代表新创刊的《人民文学》向毛泽东写信，请毛主席为《人民文学》杂志写刊名。日理万机的毛泽东收到茅盾的信以后，在9月23日复信给茅盾："雁冰兄：示悉。写了一句话，作为题词，未知可用否？封面宜由兄写，或请沫若兄写，不宜要我写。"同信还附来一条写在宣纸上的题词："希望有更多

的好作品出世   毛泽东"。在新中国成立之前的毛泽东的题词和来信，给当时的文艺工作者是一个莫大的鼓舞！另外一件事，是茅盾当年商务印书馆领导张元济来参加第一届全国政协会议，当时张元济正在为商务印书馆的振兴和发展，寻求人才，他想到当年从自己手里进商务的沈雁冰，召开商务印书馆董事会，决定聘请沈雁冰回商务印书馆出任出版部长，总管出版业务。当时的茅盾虽然有心但已经身不由己，知道自己即将担任国家公职，只好将聘书奉还给商务印书馆。张元济在北京开会期间，茅盾执晚辈礼，多次与张元济见面畅叙，彼此都非常理解，也进一步加深了友谊。

在开国大典之前，周恩来找到茅盾谈话，请茅盾出任新中国的文化部长。茅盾婉言推辞，表示自己是一个作家，不会做行政工作。还和周恩来讲了夫人孔德沚想去杭州西湖边买房写作的事。周恩来觉得茅盾的话不无道理，但当前正是国家用人之时，茅盾当文化部长是最合适的人选，希望茅盾考虑。

后来毛泽东又亲自找茅盾谈话，做茅盾的思想工作，毛泽东告诉茅盾：说文化部长这把交椅有许多人想坐的，只是我们不放心，所以想请你出来。茅盾问：为何不请郭沫若担任？毛泽东说：郭老是可以的，但他已经担任了两个职务，一个是文化教育委员会主任，一个是中国科学院院长。再要他担任文化部长，别人就更有意见了。停了一下，毛泽东又说，听说你不愿意做官，这好解决，你可以挂个名，我们给你配个得力的助手，实际工作由他们去做。就这样，一代文学大师茅盾担任了新中国的第一任文化部长！而且一当就当了15年！

茅盾在1949年开国大典之前的忙碌，都已经是国家的事、文化上的事了，而自己在创作上，基本上没有时间去写作了。作为献身理想的茅盾，眼看着一个新生的人民共和国即将诞生，兴奋和激动，体现一个革命者的基本情怀。

二、部长的革命情怀和作家本色

　　1949 年 10 月 1 日上午，茅盾与宋庆龄、刘少奇、周恩来、郭沫若等到火车站，欢迎以法捷耶夫为团长、西蒙诺夫为副团长的苏联文化艺术科学工作者代表团。下午三时，中华人民共和国在天安门城楼举行隆重的开国大典，天安门广场上人山人海，红旗招展，毛泽东主席在城楼上庄严地向全世界宣布："中华人民共和国中央人民政府成立了！"人们的欢呼声响彻云霄。从此，苦难的中华民族的历史翻开了新的一页！

　　茅盾也是被邀请上天安门城楼见证这伟大的时刻，在开国大典的影像资料里，茅盾在天安门城楼上，扶着栏杆，望着人山人海的天安门广场，百感交集，和所有参加开国大典的人一样，心潮澎湃，自己一生的奋斗和追求，终于实现了！胞弟沈泽民、女儿沈霞、女婿萧逸用生命换来的人民当家作主、穷人翻身得解放的新中国，终于成立了！现在可以告慰像沈泽民这样的千千万万的革命先烈了！

　　开国大典以后，茅盾仍然忙碌着，2 日，茅盾出席中国保卫世界和平大会，当选主席团成员；3 日，出席中国保卫世界和平大会委员会成立大会，茅盾当选为这个委员会的副主席。5 日，茅盾出席中苏友好协会总会成立大会，茅盾被推举为理事。6 日茅盾出席在华北大学召开的中国文字改革协会发起人会议。因为此前茅盾和郭沫若等人给毛泽东写信，对文字改革，提出意见和建议。

　　10 月 10 日，茅盾、周扬、丁玲、郑振铎、俞平伯、赵树理、冯雪峰、曹靖华、黄药眠、萧三、沙可夫、巴金、周立波、田间、艾青、冯至、何其芳等，就《青年近卫军》以及文学创作问题，与来华参加中苏友好协会成立大会的苏联作家法捷耶夫等座谈。

此后的日子里，开会和迎来送往，成为茅盾政治生活的常态。

10月19日，中央人民政府委员会召开第三次会议，茅盾被正式任命为中央文化教育委员会副主任委员、中华人民共和国中央人民政府文化部部长。任命书是毛泽东主席在10月19日亲自签发的。茅盾成为中华人民共和国的开国部长之一。

就在茅盾刚刚担任文化部长以后，即1949年10月20日，北京召开体育大会，茅盾为北京的体育大会题词："在旧时代，体育为少数人所专有，只是一种奢侈性的娱乐。在人民民主的时代，体育将成为锻炼体魄的、群众性的集体主义而非锦标主义的。第一届的北京市人民体育大会就是这样的人民体育运动的第一步。——茅盾"。[①]像这样的题词，在茅盾的政治生涯中是不多见的。

10月25日，《人民文学》创刊，茅盾为主编。茅盾依然和过去一样，亲力亲为，他动手写了发刊词，提出要善于组织来稿；要善于有计划地约作家们写稿……尽可能地把本刊编得活泼、多方面，而又不至于漫无重心。10月29日，茅盾和刘少奇、吴玉章、董必武、郭沫若等百余人到火车站，欢送苏联文化艺术科学工作者代表团回国。

11月2日，茅盾在东四头条主持文化部成立大会。

新中国成立两个月以后，在北京饭店住了大半年的茅盾夫妇，即在1950年1月迁往东四头条5号文化部宿舍。这里原来是美国修女华文学校。院内大礼堂西有三个被砖砌矮花墙围起来的小楼，各有两个通向大院和互通圆洞门，茅盾夫妇住在一号楼，是个假三层的小楼。一楼是一大一小两个厅，还有一个厨房。厨房边上是一个很窄的楼梯，二楼有一

---

① 《茅盾全集》，黄山书社2014年3月版，第17卷，第335页。

个小客厅，一些老朋友就在这个二楼小客厅相聚聊天。二楼阳台封好以后，放一张写字台，当作茅盾的写字间。二楼还有两间卧室，茅盾一间通卫生间，夫人孔德沚一间通过道。三楼也有三个房间，一间是秘书住，另外的房间是儿子韦韬一家回来时住。

茅盾住进这个小楼时，就这么简单！当时和茅盾他们差不多时间搬进去的，2号楼是阳翰笙夫妇，3号楼是周扬夫妇。然而让人没有想到的是，茅盾在这里一住，就住了24年，在这里开始了他的文化部长生涯，在这里和来自全国各地的作家朋友聊天相聚，在这里经受"文革"初期的那种动乱，也在这里送走夫人孔德沚。

1949年，茅盾在生活安定下来后，虽然日理万机，但是当亲戚朋友有困难时，茅盾时不时施以援手。天津一家亲戚，孩子大了，解放以后没有工作，1949年8月，茅盾便写信托阿英帮忙。后来阿英帮助找份工作。这些虽然是小事，但是茅盾依然记着，他专门写信向阿英表示感谢，后来与夫人一起，专门到天津看望这家亲戚，对年轻人寄以厚望，认为新中国即将诞生，你们年轻人应该多为革命、为社会主义建设贡献力量。

新中国成立后，举国上下，同心同德，不计名利，人们以忘我的奋斗精神投身祖国的建设事业。这种热情，深深地感染了茅盾夫人孔德沚，这位1925年就参加共产党的部长夫人，看到当年的姐妹们，都斗志昂扬地在各条战线做贡献。有一次，孔德沚见到周恩来总理，要求总理给她安排工作。并说了自己20年前，为了照顾茅盾而离开党组织的错误。据说当时周总理听了孔德沚的要求，认真地对孔德沚说："孔大姐，你那个决心下得对，中国能有茅盾这样的大作家，你孔大姐功不可没呀！现在我分配给你一个工作，还是那句话:继续努力照顾好沈部长！"[1]孔德沚听了总理一番话以后，从此全心全意照顾好丈夫茅盾，不再提要求工作的事。从此，孔德沚担当起茅盾的"后勤部长"的职责，照顾茅盾。

---

[1] 韦韬、陈小曼：《我的父亲茅盾》，辽宁人民出版社2004年2月版，第191页。

新中国刚刚成立，百废待兴，文化工作也一样。文化部上上下下的干部，只有奋发努力，来创造一个新的文化世界。但是，在当时的实际情况是，要什么，没有什么！旧中国给新时代留下一个一穷二白的摊子。1950 年 3 月，雕塑家刘开渠受邀到华沙参加造型美术会议，当时无论是文化部，还是文联，都无力支付专家出国开会的经费。于是，茅盾、周扬、丁燮林三个人联名给政务院打报告，要求支持。周恩来在 3 月 21 日做出两点批示："一、同意以文联名义出国。二、经费一千五百元照拨。但必须发一部分卢布，方能在苏过境。"① 这大概是文化部成立以后的第一次派人出国文化交流。

1950 年 3 月 3 日上午，上任不久的文化部长的茅盾专门去北京团城承光殿参加青铜器文物"虢季子白盘"的特展。这个虢季子白盘是我国古代极为名贵的青铜器，由安徽刘肃公捐赠。这一天，茅盾和董必武、郭沫若、马叙伦、陈叔通、范文澜、唐兰、马衡等等一起去团城，郑振铎和王冶秋早已在团城等待了。团城位于北海南门外西侧，原来是太液池中的一个小屿。元代建仪天殿，明代重修，改名承光殿，1900 年八国联军侵占北京时，团城遭洗劫，文物被劫，建筑遭损毁。现在的团城是解放以后政府进行多次修缮，古建筑群中已经古树参天，被誉为"世界上最小的城堡"，已经有八百多年的历史了。茅盾作为新中国的文化部长，代表国家在团城向捐献者刘先生颁发了奖状。这可能是茅盾担任文化部长之后颁发的第一张奖状！

当时茅盾对文化部的行政管理工作，还在探索摸索之中，而周恩来对茅盾的工作总是格外支持，乃至亲自指导。从周恩来的言传身教中，茅盾感受到总理的暖意。就在刘开渠出国事批示不久，有一部反映内蒙古风光片《内蒙春光》拍摄制作完成。周恩来在 5 月 7 日专门约了郭沫若、茅盾、陆定一、周扬、袁牧之以及电影界的人一起审片，周恩来对

---

① 《建国以来周恩来文稿》，中央文献出版社 2008 年 2 月版，第 199 页。

片子中政策给以具体指点，让茅盾受益匪浅。

1951年春天，茅盾在与捷克斯洛伐克驻华大使魏斯科普夫在对外联络局局长萧三的介绍下相互相识，并且成为终生的朋友。这位大使先生也是一位作家，和萧三是多年的朋友。他有一部小说《天亮了》（*Dawn Breaks*）英译本，茅盾已经读过了，所以对这位大使先生产生了很大的兴趣，随着交往的增多，两个人的友谊也日益加深。有一次，魏斯科普夫大使对茅盾说："我写过小说《天亮了》，你写过小说《子夜》，看书名好像是伙伴；可惜我不能从汉文去读它。"接着他又问："《子夜》有没有外文译本？"茅盾告诉他："1937年莫斯科就出版过俄文译本，但是我现在手头没有这个书，但是我有一本1938年德国德累斯顿（Dres-den）出版的德文版《子夜》。"大使听说后非常惊讶和高兴，并且向茅盾借了这本德国出版的《子夜》。后来，大使认真读过以后，还非常深刻地和茅盾交流心得，让茅盾十分感动。1951年的春天，有一次茅盾和魏斯科普夫大使见面时，大使很认真地告诉文化部长茅盾，说他知道北京西郊有个古庙，大殿里的壁画很好，他认为是明朝的，可是现在这个古庙里面有一个学校，所以大殿里的壁画就有被破坏的危险，希望人民政府保护。他还对茅盾说："中国的明朝在年代上，约略相当于欧洲的文艺复兴时期；在欧洲，文艺复兴时期的东西就是很宝贵的古董了。中国历史长，明朝的遗物，北京城里几乎到处全是，可是，那样的壁画，如果在我们那里，我们一定会搬到博物馆里。"最后，魏斯科普夫大使笑着对茅盾这个文化部长说："中国文化遗产是世界文化的很重要很宝贵的一部分，你们这样对待明朝的东西，我要抗议！"茅盾知道这位国际友人的真心，表示认真接受大使的"抗议"。魏斯科普夫大使又笑了笑说："我这抗议，不是用大使身份提的，而是用一个热爱中国的外国人的身份提的。"茅盾也笑了，说："您不说这话，我也完全了解。不过，我却不得不以中华人民共和国文化部长的身份来郑重地考虑您的抗议啊！"说毕，两位都笑了起来。后来，北京的这个古庙里的学校很快就迁出去，里面的壁画得到有效的保护。所以，后来茅盾在文物保护方面的会议上，常常举这个例子，说明我们自己要把文物保护放上议事日程，保护好优秀的文化遗产。据说，这位大使在北京任职期间，专门去购买一些中国的古董，但是当他卸任时，却把这些自己购买来的中国古董全部捐献给故宫博物院。当时茅盾代表国家感谢他时，他说："我在买它们的时候，就已经预定要在我离开中国时赠送给你们的。因为，这是中国的东西，我不应当据为私有。"大使的高尚境界让茅盾他们为之感动！后来大使回到国内不久又到民主德国作家协会担任对外联络部部长，写文章和演讲，宣传中国的伟大成就。大约在1958年，魏斯科普夫先生去世，茅盾还专门写了纪念文章，回忆和他共同保护北京的文物古迹的往事，纪念这位为北京的文物保护做出贡献的国际友人。[①] 类似的部长情怀和作家本色，在茅盾的从政生涯中是一条红线，贯穿始终。

茅盾毕竟是作家，他即使在文化部长的岗位上，心心念念的，还是中国的文化，还是中国的文学发展问题，而文化的发展，还是文学创作，关键是人。所以，新中国成立以后，茅盾和以前一样，把培养、鼓励青年作家，作为自己的分内工作，满腔热情地鼓励支持作家们的创作。新中国成立以后，茅盾评论过作家数以百计，扶持过的作家也不在少数，这是茅盾在新中国文化部长的位置上最值得称道的地方之一。以前的不说，光是在新中国成立前后成长起来的作家当中，就有不少是被茅盾提携评论过的，如王安友、峻青、林斤澜、杜鹏程、李准、王愿坚、丁仁堂、茹志鹃、管桦、王汶石、权宽浮、肖木以及申蔚、勤耕、绿岗、乐天、穆寿昌、田军、麦云、张弓、范乃坤、车如平、傅绍棠、吴华夺、李魂、欧琳、刘克、杨旭、邓洪、费礼文、胡万春、万国儒、申跃中、韩文洲、

---

① 见《中国人民的亲热的朋友》，刊《茅盾全集》，黄山书社2014年3月版，第12卷，第520页。茅盾这篇纪念魏斯科普夫的文章，过去没有发表过，《茅盾全集》人文版、黄山版都按照手稿发表。

玛拉沁夫、冯骥才等，许许多多的作家，或多或少得到茅盾的关心和帮助，鼓励和评论。所以在新中国的文坛上，茅盾有"文坛保姆"之称。尽管这么多作家当中，不少的作家是昙花一现，现在的人们早已忘记其中一些作家和他们的作品，但是对当年新中国文坛来说，依然是无法忽略的。有一些作家因为茅盾的评论和提携，改变了人生命运，从而为新中国的文学事业做出了很大贡献。比如作家茹志鹃，茅盾在评论《百合花》之前并不认识茹志鹃，在茅盾认识的人中，也没有人告诉茅盾，茹志鹃是谁？茅盾只是读了 1958 年 3 月《延河》文艺杂志上的小说《百合花》后，才知道有个作家叫茹志鹃。茅盾也只是觉得人才难得，这篇小说风格清新俊逸，才写评论，才充分肯定这篇小说的。据说，当时茅盾读到《延河》文艺杂志 1958 年 3 月号上茹志鹃的小说《百合花》时，眼睛一亮，有着丰富创作经验和审美经验的文化部长茅盾，像在沙漠里突然发现了绿洲，非常欣喜！当他在 5 月 12 日读完茹志鹃的《百合花》后，十分欣喜地说：《百合花》"是我最近读过的几十个短篇中间最使我满意，也最使我感动的一篇。它是结构谨严，没有闲笔的短篇小说，但同时它又富于抒情诗的风味"[1]。茅盾在《谈最近的短篇小说》一文中，用相当的篇幅分析肯定和高度赞扬《百合花》，认为《百合花》在"结构上最细致严密，同时也最富于节奏感的"[2]。连用两个"最"字来肯定《百合花》的结构和节奏感！至于人物形象，茅盾也给予高度评价：《百合花》里的"人物形象是由淡而浓，好比一个人迎面而来，越近越看得清，最后，不但让我们看清了他的外形，也看到了他的内心"[3]。同时，还以他丰富的审美经验，充分肯定茹志鹃《百合花》"清新、俊逸"的创作风格。高度肯定她的创作手法，称赞《百合花》中"善于用前后呼应的手法布置作品地方细节描写，其效果是

---

[1] 茅盾：《谈最近的短篇小说》，作家出版社 1958 年 7 月版，第 15 页。

[2][3] 同上，第 10 页。

通篇一气贯串，首尾灵活"①。认为，茹志鹃写《百合花》时在"展开故事"和"塑造人物"两个方面结合得非常好，"尽量让读者通过故事发展的细节描写获得人物的印象；这些细节描写，安排得这样的自然和巧妙，初看时不一定感觉到它的分量，可是后来他就嵌在我的脑子里，成为人物形象的有机部分，不但描出了人物风貌，也描出了人物的精神世界"②。1962 年 5、6 月间，茅盾集中时间将全国 1959 年、1960 年发表的上百篇小说读了一遍，以札记的形式写下了几万字的《读书杂记》，其中，茹志鹃又是十分幸运，她的《春暖时节》《澄河边上》《如愿》《三走严庄》《阿舒》《同志之间》六篇短篇小说进入文学巨匠茅盾的视野，茅盾对茹志鹃的这六篇小说每篇都有精辟的点评。③茅盾读过《春暖时节》，认为她"写静兰（女主角）思想发展的过程很细致"。"特点在于细腻地刻画了女主角的思想发展而不借助于先使矛盾尖锐化，然后讲道理，说服、打通思想等等通常惯用的手法。"肯定茹志鹃突破公式化的写作痼疾，已经有了自己的清新的写作特色。对小说《澄河边上》，茅盾还充分肯定"《澄河边上》写自然环境、故事发展，都紧密相扣，前后呼应，既写戎马仓皇，也写宜人风物；全篇节奏有起有伏；而这一切只用了七千余字，笔墨之精炼即此可知"。对《如愿》，茅盾认为其中的主人公刻画得非常成功，出场时"有挺胸向前的气概"，所以在写作上有"爽朗凌厉"的感觉。对《三走严庄》，茅盾写了近千字的评论，认为"这篇小说的女主角是作者所写的女性中间最可爱也最可敬的一个"。以她清俊的笔墨"活画出一个娴静温柔但看得清、把得稳，时机到来时会破樊而出的一位青年妇女——收黎子"。而且这篇小说的结构是"整齐而又有变化"。而小说《阿舒》，茅盾认为作者用第一人称写法，显得"文笔轻俏"，但因又注重形象的细节描写，把主人公的"面目和思想写得十分鲜明而活泼"。

---

① 茅盾：《谈最近的短篇小说》，作家出版社 1958 年 7 月版，第 14 页。

② 同上，第 10 至 11 页。

③ 以下这些点评均见《读书杂记》，作家出版社 1963 年 11 月版。

《同志之间》是茹志鹃1961年发表在3月号《上海文学》上的一篇小说，茅盾认为，这篇小说的"引人入胜之处在于巧妙地安排的生活小故事，既渲染了战胜行军的气氛，也刻画了这三个人物，并且描写了经常闹意见的这三个人实质上是极其相互爱护的"。所以，茅盾说："从塑造人物这个角度看来"，茹志鹃"取材于解放战争的作品更胜于取材于'大跃进'时期的作品。"因为一代文学大师茅盾的评论，已经蔫倒的百合花又焕发青春，让处在人生低谷的茹志鹃又振作起来，成为新中国的著名作家。

茅盾在读过各地文艺杂志上发表的大量作品之后，在《谈最近的短篇小说》一文中，详细分析了丁仁堂的《嫩江风雪》、申蔚的《洼地青春》、王愿坚的《七根火柴》、勤耕的《进山》、绿岗的《忆》、管桦的《暴风雨之夜》等短篇小说，给新中国的作家们巨大的鼓舞。王愿坚后来回忆说，当时他看到茅盾的评论惊呆了，"使我惊奇的是，文章分析得那么仔细，连我在构思时曾经打算用第一人称的写法，后来又把'我'改成了另一个人物这样一点最初的意念都看出来了，指出来了。他对那样一篇不满二千字的小说，竟用了四五百字去谈论它，而且给了那么热情的称道和鼓励。我被深深地激动了"①。玛拉沁夫的《花的草原》出版后，茅盾在公务之余认真阅读，并且写了意见。玛拉沁夫读到这篇文章时，"愧不自容地哭了"！这样的感情，在当年的许多作家心里都曾经有过。敖德斯尔是蒙古族作家，在他成长过程中，茅盾同样倾注极大的心血，当年茅盾在读到敖德斯尔的小说时，同样还不认识他，只是觉得这样的少数民族作家需要国家大力培养，需要精心呵护。所以当时茅盾写评论，肯定敖德斯尔发表在《人民文学》上的小说《欢乐的除夕》，认为"整篇是有风趣的，这是别有风味地描写了新人新事，有地方色彩"。敖德斯尔后来回忆说，当时看到茅盾对他的小说的评论，感到："这对我是个多么大的鼓舞，又是多么大的动力啊！"敖德斯尔还记得："1962年冬天，

---

① 王愿坚：《他，灌溉着……》，刊1981年4月9日《中国青年报》。

先生读了我的中短篇小说集《遥远的戈壁》之后，全面分析了我的创作道路的时候写道：'敖德斯尔于1952年开始业余写作，用蒙古文，最近二三年也用汉文写。……'当时我读到先生的这些文字，不禁感动得热泪盈眶！"①北京作家林斤澜，但是在1958年当初还没有出名时，他投给杂志的小说稿子一直被《人民文学》杂志社压着，杂志编辑部的编辑对林斤澜的写法吃不准，是否可以发表林斤澜的作品也有争议。于是他们向茅盾请教，茅盾看过林斤澜的近20篇作品稿子以后，建议人民文学杂志社召开座谈会，后来，根据茅盾的提议，人民文学杂志社召开了座谈会，在会上，茅盾给以林斤澜的写法给以充分肯定，认为"林斤澜有他自己的风格。这风格表现在练字、造句上，也表现在篇章的结构上"。从此，一个文坛新星冉冉升起，林斤澜成为北京新中国以后成长起来的著名作家之一。直到茅盾晚年，对文学新人的培养依然不遗余力，竹林的长篇小说《生活的路》给出版社后，出版社吃不准，也是由茅盾给以肯定之后才出版的。出版以后，果然引起社会广泛好评。在五十年代的岁月里，作为文化部长、作家协会主席，政治运动当中，虽然对一些作家也有批评批判，尤其是青年作家，茅盾开始的支持肯定却是真诚的。当年北京的青年作家刘绍棠刚刚冒出来时，茅盾马上给以肯定鼓励。1956年9月，茅盾曾经说过："中国地大物博，大有人才在，通县不出了个刘绍棠？他的《山楂村的歌声》，我看不见得比苏联那个差？"②当然，五十年代的环境里，茅盾对青年作家，既有肯定和表扬，但是对作品的要求，茅盾凭自己的创作和审美经验，对作品进行点评，留下不少可贵的"夜读抄"文字。如读过冯德英的《苦菜花》，茅盾认为："结构：稍嫌凌乱，缺少剪裁；有些场面尚可紧缩。""文学语言：无特色，不够精炼。"对《迎春花》，茅盾认为比《苦菜花》有进步，"故事的安排穿

---

① 敖德斯尔：《关怀——深切悼念茅盾同志》，刊1981年第5期《民族团结》。
② 刘绍棠：《感怀茅公》，刊《北京政协》1996年第2期。

插很用一番心，但仍有可以精简的章节。有些细节描写是多余的，而且有自然主义倾向。——即细节的描写仅为'吸引'读者，不服务于主题，且亦无助于人物性格的发展。"① 而对茅盾充分肯定的《青春之歌》，茅盾认为有些描写和刻画，也还有可议之处，而且在比较中更加能够看出薄弱的地方，所以茅盾说："《青春之歌》描写人物不如《红旗谱》。因为《红旗谱》几笔就可以勾勒出一个人物的面貌，而《青春之歌》则着墨虽多，时嫌臃肿。例如第一章写了那么多，而林道静在我们眼中还是只有个外形，——白衣，大眼睛，如此而已。《青春之歌》人物的对话——没有个性，不能从对话中听得出这是林道静，那是王晓燕……"②

然而，六十年代有一位青年作家的情况却不一样，茅盾陆陆续续花了大量的时间，读过他的小说以后，几乎没有什么不满意的，给以充分肯定。这就是苏州陆文夫。从 1964 年 1 月开始，断断续续用几个月时间阅读陆文夫的作品。这些情况，茅盾在 1964 年的日记中都有记载。1月 2 日，"上午阅陆文夫小说，处理杂公务"。1 月 4 日，"下午阅陆文夫小说，并作札记。晚六时赴北京饭店出席缅大使之缅国招待会"。1 月 5日，"上午阅陆文夫小说，兼作札记"。1 月 7 日，"上午处理杂公务事，阅报、《参资》、阅陆文夫小说"。1 月 8 日，"下午阅陆文夫小说，处理杂公务事"。1 月 9 日，"下午处理杂公务事，阅陆文夫小说"。1 月 10 日，"下午阅陆文夫小说，处理杂公务事"。1 月 11 日，"下午处理杂公务事，阅陆文夫小说"。这时，茅盾基本上读完陆文夫已发表的小说，所以茅盾在 1 月 22 日的日记中说："下午阅陆文夫小说。至此共阅陆作品(小说)二十篇（最近之作为发表于《雨花》之《棋高一着》，去年四月号），作札记数万字，凡此皆为应《文艺报》之请，写一论文也。但近来精神不佳，不知何时可动手写此一论文也。尚有评论陆文夫文章数篇，也须一读。"

---

① 《茅盾全集》，黄山书社 2014 年 3 月版，第 25 卷，第 185 至 187 页。

② 同上，第 183 至 184 页。

1964 年农历春节以后，茅盾开始动手写《读陆文夫的作品》。但是日理万机的文化部长茅盾，没有整块的时间去写，只能今天写一点，明天写一点，从 3 月 20 日起，前前后后将近用了 20 天的时间，才写好《读陆文夫的作品》这篇长文。在 3 月 20 日日记中，茅盾写道："上午写《读陆文夫的作品》约五百字。" 3 月 25 日上午，"写论文（续前已写关于陆文夫作品者）二小时。中午小睡一小时。下午继续写论文二小时。今日共写二千字许"。3 月 26 日，"上午写论文（续昨），处理杂公务事。……下午续写论文。今日共写二千余字，觉得很疲劳"。3 月 27 日，"午后甚倦，不能续写论文"。3 月 30 日，"上午续写论文，约五六百字"。这一天，茅盾感到"甚倦"。4 月 2 日，"上午处理杂公务事，续写论文约千字"。4 月 3 日上午，"续写论文五百字"。4 月 6 号那天茅盾本想写论文，但"精神甚为倦怠，不能续写论文"。一直到 4 月 9 日，茅盾才完成《读陆文夫的作品》一篇长文。这一天的日记中，茅盾写道："上午续写论文（约千字）完。此文断断续续写了二十多天，今始完成，共万余言。"第二天，即 4 月 10 日，茅盾重新通读和修改一遍，并送《文艺报》编辑部。他在日记中写道："上午通读已写之论文一遍，核正笔误，即连同《文艺报》前送来之资料送交《文艺报》编辑部。十个月之公案至此结束，顿有无债一身轻之感。然而尚欠《萌芽》及《鸭绿江》各一篇，只好过了五月再说了。"茅盾花了这么多的精力用心写出了《读陆文夫的作品》一文，《文艺报》立即发排，很快就在 1964 年 6 月号的《文艺报》上发表。

　　这篇评论陆文夫小说的论文，首先全面回顾总结了 1964 年之前陆文夫的生活与创作，对陆文夫当过新闻记者，当过专业作家，当过工厂学徒，再从事业余创作的曲折生活创作道路，茅盾认为"在我国的当代的青年作家中，还很少见"。"这样的生活经历，也必然地要在陆文夫的创作道路上留下痕迹。"紧接着，茅盾对陆文夫小说创作的阶段以及代表作品给以梳理和评价，凭着茅盾丰富的创作经验和渊博的知识，为陆文夫小说定调，写出了陆文夫的成功和茅盾的希望，茅盾认为，陆文夫在 1956 年 3 月出版的"短篇集《荣誉》标志着陆文夫创作道路的第一阶段"。在这个短篇小说集里,陆文夫的"创作态度是严肃的"。尤其是《荣誉》这篇小说,"作者的笔墨做到淋漓尽致,读者也如餍甘腴,十分满足"。《葛师傅》小说的发表,茅盾认为是陆文夫创作的第二阶段的开始。在陆文夫创作道路上"是一次跃进,也是一个里程碑",《葛师傅》"惊雷致电的笔墨"使读者"拍案叫绝"。字里行间,洋溢着茅盾对青年作家陆文夫的激赏!对陆文夫的其他的小说,茅盾也多有褒扬。《没有想到》,三千来字的短篇,"可是波澜壮阔,人物鲜明,结构严密,笔墨轻灵而闪闪发光,在短篇小说中,此为难得的精品"[①]。茅盾在论文结束时说,陆文夫在 1961 年以后的作品,更加追求独创性。

茅盾这篇万言评论,展示了五四运动中成长起来的文坛前辈的风范,有激赏,有期望,有分析,有指点,相信当年陆文夫看到以后,内心是激动的。

至于其他的这些想写的文章,情况发生变化,茅盾没有兑现。但是,陆文夫却因为茅盾的高度评价和肯定,被下放苏州苏纶纱厂劳动改造。而北京的茅盾却浑然不知。

茅盾在文化部部长和中国作家协会主席的任上,《夜读抄》《读书杂记》《谈最近的短篇小说》等陆陆续续记录下来的文字,成为我们了解茅盾丰富创作经验、审美经验的一种重要文本,从中看到一个文化部部长和中国作家协会主席的文学情怀。

---

① 这里有关评论陆文夫的文字,均见茅盾写的《读陆文夫的作品》一文,刊《文艺报》第 6 期,1964 年 6 月 11 日。

三、顾全大局的冷静

新中国成立以后，茅盾作为中央人民政府文化部部长、中国作家协会主席，开始时，茅盾对行政管理事必躬亲，有不少讲话稿，都是茅盾自己亲自动手写的，有些公务上的事，也亲力亲为。

五十年代初，有一次，茅盾作为全国人民慰问中国人民解放军代表团总团副团长兼华东地区代表团团长，当时虽然是部长，条件还是艰苦的，所以和一位军队首长住一套房间，茅盾一进房间，就自己打开箱子，开始整理日用东西，衣服、鞋子、毛巾牙刷牙膏取出来放好。等到茅盾全部整理好，发现那位军队首长还坐在那里，一会儿一位战士进来，手脚麻利地打开箱子，取出日用品，挤好牙膏，杯子里倒好水，请首长进去洗脸刷牙。茅盾当时见到这个情景，十分感慨，心想，这位首长估计也是穷苦人家出身，参加革命几十年，革命胜利了，为什么有这样的作风？ ①

据说，茅盾虽然是文化部部长、中国作家协会主席，但是他出国访问、出差，一般都不带秘书，自己生活上的事不依赖警卫员和秘书。即使当十多年文化部部长的茅盾，依然能够保持远离特权，保持一个国家高级干部应有的谦虚谨慎，1960年，茅盾为了陪同外宾，需要他去杭州陪同。

---

① 茅盾的这个经历，参见韦韬、陈小曼《我的父亲茅盾》辽宁人民出版社2004年2月版，第296页。

于是茅盾亲自给上海的巴金写信，请巴金代为安排接机，代为订招待所，买火车票等等，这些细小的事务，茅盾两次给巴金写信，本来应该是文化部办公厅的事务，茅盾却事必躬亲。有一次出国，大家都已经上飞机了，却不见代表团团长茅盾，后来才发现，茅盾在飞机上清点代表团的行李，检查行李有没有全部装上飞机。让代表团的人员十分感动。

全国第一次出版工作会议，是新中国成立后召开的一次事关出版方向、方针的重要会议。

新中国成立后，出版总署立刻进行大规模的调查研究，经过三四个月的筹备之后，出版总署决定于 1950 年 9 月 15 日在北京隆重召开第一届全国出版会议。据史料介绍，这个第一届全国出版会议的正式代表 277 人，列席代表 44 人。其中政府机关和人民团体的代表 44 人，占 32.2%，公营、公私合营出版业代表占 20.2%，私营出版业代表占 11.2%，特邀代表占 4.4%，工会代表占 11.2%，上海当时是全国的出版高地，所以代表也最多，有 103 人，几乎占了会议总数的三分之一。

当时会议开得十分隆重，朱德同志到会作报告，郭沫若、吴玉章、沈雁冰、李德全、韦悫、郑振铎等领导讲话，叶圣陶致开幕词，胡愈之作报告并致闭幕词。11 天的会议里开了 8 次大会，分组会议达 100 多次。会议最后通过了关于发展人民出版事业的基本方针的决议和关于改进和发展出版工作，改进和发展书刊发行工作，改进期刊、书刊印刷业五项决议。所以，正如胡愈之所说，这个出版会议是个协商性质的会议，"好像出版业的政协协商会议" ①。

而茅盾在新中国第一次全国出版工作会议上的讲话稿，竟然是茅盾自己写的。茅盾在讲话中说："今天是第一届全国出版会议，这个会不

---

① 中国出版科学研究所、中央档案馆编：《胡愈之在全国新华书店第二届工作会议闭幕式上的讲话》，刊《中华人民共和国出版史料》，中国书籍出版社 1996 年 6 月版，第 2 卷，第 498 页。当时，新华书店工作会议以后，紧接着就召开出版会议，所以胡愈之在新华书店工作会议闭幕式上有这样的比喻。

但是中央人民政府成立以来全国性的大规模的会议之一，也是中国自有出版事业以来全国出版工作者第一次的大会师，在历史上，将来是要大书特书的。"①一篇一千字左右的讲话稿，讲问题、讲经验、讲认识、讲希望，有内容有风格，也符合文化部部长的身份。比如现在的出版体制问题，茅盾用史沫特莱的说法，他说："20年前，我在上海碰到一位外国朋友（她现在已经死了），一个很关心中国的女作家，史沫特莱，她就很奇怪中国一方面出版事业赶不上群众需要，另一方面又有大'托拉斯'出版业，就是说：出版、印刷、发行都混在一起。有的出版业，有二三百位编辑先生，有全国范围的发行网，有规模很大的印刷厂。这种机构在外国不存在。在外国的出版业不会有很大的编辑部，从教科书到考古学都编，不会自己有大发行网和自己印刷。这就是说在外国是分工的，而中国不分工。我们不分工就落后。因为这样的规模就不得不有三套资本，不能专业。什么书都出，大家都抢着销路好的书出，就必然造成一方面出书重复，一方面感到书缺乏。"②茅盾的70年前的观点，依然光彩照人！茅盾还认为，连环画的出版很困难，主要是连环画的脚本和绘画的人太少而且画连环画，不懂得小孩子的欣赏习惯，他说："中央文化部也作了编连环画的工作，但困难的是找画家难，我们有很多其他方面的画家对连环画不感兴趣，当作任务来作，画出来的东西，对于小孩子的欣赏也不合适。中国古画家也画不了。现在看来已出版的连环画也不少，但如以新内容来要求时，就有些问题。现在出版界有了这方面的联合组织，在现有条件下要想法帮助画家，很好合作，做好这方面的出版工作。这件事想一定为代表先生们注意的。稿子问题我们曾给连联的小人书提过意见——注意出新内容的书，他们就向我们要新稿子，文化部预备在今年年前供给100部稿子，是否能编绘出来，现在还很担

①②　中国出版科学研究所、中央档案馆编：《沈雁冰副主任在第一届全国出版会议开幕式上的讲话》，刊《中华人民共和国出版史料》，中国书籍出版社1996年6月版，第2卷，第512至514页。

心。"① 这样隆重的新中国第一次出版会议，茅盾自己亲力亲为写讲话稿，内行人说短话，其作风、其情怀，显而易见。

茅盾在五十年代初，茅盾虽然在文化部部长和中国作家协会主席的岗位上，对文学创作的关心，应该是分内事，但是，有些事也让茅盾感到无奈。作家白刃1949年开始创作长篇小说，是一位非常勤奋高产的部队作家。《战斗到明天》是白刃在战争中间酝酿创作的以知识分子为题材的长篇小说，塑造和刻画了大学教授女儿林侠、东北流亡学生沙飞、出身地主家庭的少爷孟家驹、大学教师焦思宁、富裕家庭出身的中学生辛为群等等一批青年知识分子形象，描写了他们在参加革命队伍后的成长变化，写出了当时知识分子投身革命的真实的心路历程，有的在艰苦环境中成长，有的在复杂形势下变化，也有的动摇和向右转，成了被历史淘汰的人物。据白刃自己回忆，当时他将写好的初稿寄给文化部部长茅盾。其实此时的白刃并不认识茅盾，因为白刃自己在少年时代在南洋谋生时读过茅盾的小说，喜欢茅盾的小说，所以当自己写出一部长篇小说后，他就大胆地给茅盾寄去小说初稿，希望茅盾指点并请茅盾给他的小说写序。

当时新中国刚刚成立，百废待兴，新组建的共和国文化部工作也千头万绪，作为文化部长的茅盾也真正过上日理万机的生活，而对自己的创作早已无暇顾及。但是，作为文化部长，对从战争中成长起来的作家，尤其是部队作家写以知识分子为主题的长篇小说的作品，茅盾还是以一个老作家的身份和一个新生的共和国文化部长的责任，对素昧平生的作家白刃的长篇小说《战斗到明天》抱着积极的兴趣，认真阅读起来。

1950年9月，北京召开全国战斗英雄和劳动模范大会，10月2日，中国文联举行茶话会，茅盾等文艺界知名人士与邀请参加会议的战斗英

---

① 中国出版科学研究所、中央档案馆编：《沈雁冰副主任在第一届全国出版会议开幕式上的讲话》，刊《中华人民共和国出版史料》，中国书籍出版社1996年6月版，第2卷，第512至514页。

雄和劳动模范欢聚一堂，部队作家白刃在这次茶话会上见到自己崇拜的仰慕已久的作家茅盾先生，茅盾也非常高兴，并约白刃第二天到文化部部长办公室谈谈。白刃回忆说，"次日，我如约前去，茅盾先生平易近人，没有一点部长和大作家的架子，俨然是一位温和的，对后辈谆谆教导的老师。他问我小说素材的来源，有没有模特儿？我一一如实回答。"① 当时，茅盾还对白刃说，"五四"运动后，写知识分子的小说不少，但写敌后游击战争还不多见。所以茅盾肯定了白刃的写作，认为这样的题材对知识分子有教育意义，表示自己读完小说初稿后再给他意见。茅盾的当面肯定，对白刃这位三十余岁的部队作家是莫大的鼓舞。

不久，白刃就收到茅盾寄回来的《战斗到明天》的小说初稿及茅盾的修改意见。1950 年 12 月 23 日，茅盾还专门为《战斗到明天》写了序，这是茅盾担任新中国文化部长以后，写的第一篇序！白刃收到茅盾写的序后十分兴奋，立即按照茅盾的意见稍作修改后，于 1951 年 1 月中南军区政治部以"文艺丛书"名义出版。据说，当时《战斗到明天》这部长篇小说出版后，一片好评，政治部就将小说下发到基层部队，受到刚刚参军的知识分子的热烈欢迎，作家白刃也每天都接到大量的读者来信。茅盾在"序"中首先肯定"这部小说对于知识分子，是有一定的教育意义的"。认为自己读了"很受感动"，接着就扼要介绍这部小说的成功之处：

> 这部小说描写的范围虽然相当广泛，而且主要的是写抗日战争时期的敌后游击战争，小说的人物不仅有知识分子，而且也有工农出身的军事干部，但是书中的几个主要角色却是知识分子。作者有计划地写他们如何通过各种考验，在战争中改造了自己，其中有一个如何落伍了，甚至变为叛徒；知识分子的小资产阶级意识、优越感、自由主义，都是前进路上的绊脚石，作者是以这一点作为主眼

---

① 白刃：《文学七十年》，作家出版社 2015 年 6 月版，第 109 页。

来写这部小说的，他获得了成功，我说这部小说对于知识分子有一定的教育意义，其理由即在于此。①

但是在序言中，茅盾也直言不讳地指出了这部小说的不足，如有的人物形象"比较模糊"，有些人物"交代不够清楚"，有些人物转变过程的描写"不够具体"。总之，小说的形象性"似嫌不足"。平心而论，当时茅盾写的这篇序言，政治色彩还是浓厚的，这大概是为军队作者作品写序，作为文化部长要把握分寸的缘故，因为其中的艺术方面的分量并不厚重，在茅盾笔下算不得是精辟的文章。

然而，后来白刃受到围攻批判，有读者也写信到报社，说茅盾为什么给他写序？后来，报社将来信转给文化部茅盾。茅盾很重视读者来信，所以专门写个说明给报社。结果，报社以"关于为《战斗到明天》一书作序的检讨"为题，刊登茅盾给报社的说明。这让茅盾大吃一惊！"说明"怎么变"检讨"了？但是茅盾没有再去信说明。这是茅盾在当文化部部长遇到的一件尴尬的事。

茅盾是人不是神，有些事情，茅盾能够看得很清楚，有些事情，茅盾也会有激情满怀的时候，但很快茅盾就发现事实情况的不一样。茅盾在新中国成立后的历史时期，能够冷静，是因为他能够顾全大局，让文艺界少些弯路！当时有些事情还是直接和茅盾自己有关。1950 年，柯灵将茅盾在香港写的小说《腐蚀》改编为电影剧本，由黄佐临导演，文华影片公司拍摄制作。拍摄制作完成后，在 1950 年 12 月上旬举行小型的"看片会"，茅盾在"看片会"上作了《由衷的感谢》发言，向改编者、导演和男女演员表示由衷的感谢。"看片会"以后，《腐蚀》在 1951 年的春节期间在北京、上海等地公映。1951 年春节《腐蚀》放映后，北京市文艺处专门召开一次座谈会，市团委、市工会、妇联、电影局、文化宫等单

---

① 《茅盾全集》，黄山书社 2014 年 3 月版，第 24 卷，第 208 至 209 页。

位的代表都发了言，肯定这部影片。市文联副主席李伯钊，文化部王淑明也参与座谈。当时都是一致好评。但是，到4月，形势变化，开始批判电影《腐蚀》，认为电影同情特务。电影《腐蚀》被停映了。什么理由，没有人告诉原作者，也没有人告诉改编者和导演。但从媒体上的批判文章看，茅盾知道，他们认为是同情了特务赵惠明。对此，茅盾不置一词。柯灵后来回忆说："还有一件不大为人所知的事，那就是《腐蚀》的遭遇。这部小说在抗战期间，国民党特务横行，反共高潮猖獗的时候，起过极大的战斗作用，在革命根据地也有广泛的影响。1950年搬上了银幕，我是电影剧本的编者。观众是欢迎这部影片的，但忽然无缘无故地停映了。一打听，出了问题：据说特务是应该憎恨的，《腐蚀》的女主角却使人同情。这理由当然无可訾议，而且牵涉到危险的立场问题：同情特务，还得了吗？结果是不声不响地把影片'封闭'，或曰'入库'，……关于这件事，在茅盾生前，我从来没有向他提过；他也始终不置一词，若无其事。"① 后来茅盾在出版社重新出版《腐蚀》的时候，出版社问茅盾，要不要修改？茅盾说，一个字不改！茅盾有想法，但是在文化部部长的岗位上，茅盾顾全大局，不置一词。但在小说文本重新出版时，茅盾的态度是明朗的。

后来对电影《武训传》的批判，对《〈红楼梦〉研究》的批判，对胡适、俞平伯的批判，文艺界是无法回避，作为文化部部长、中国作家协会主席，是不能"若无其事"的。所以，茅盾例行公事，应该参加的会议，茅盾去参加，应该表示态度时，自然也要表示态度。而且在出版茅盾自己的作品时，时不时地给自己扣上"没有把自己改造好的"帽子，公开自责。

1956年和1958年，茅盾在不断的政治运动中，对自己的创作计划，无法去实现，感到十分无奈。他两次写信给自己的下属，表达自己的无奈。第一次是1956年3月作家协会创作委员会，信如下：

① 柯灵：《心向往之——悼念茅盾同志》，刊《上海文学》1981年第6期。

创作委员会：

我现在有困难。自去年四月后，我有过大、小两计划，大的计划是写长篇，小的计划是写短篇及短文，两者拟同时进行。（本来是只有一个大的计划，可是后来鉴于有些短文是非写不可，逃不了的，故又加上一个小的计划。）不料至今将一年，自己一检查，大小计划都未贯彻。原因不在我懒——而是临时杂差（这些杂差包括计划以外的写作）打乱了我的计划。这些杂差少则三五天可毕，多则须要半个月一个月。我每天伏案（或看公文，或看书，或写作，或开会——全都伏案）在十小时以上，星期天也从不出去游山玩水，从不逛公园，然而还是忙乱，真是天晓得！这是我的困难所在，我自己无法克服，不知你们有无办法帮助我克服它？如能帮助，不胜感激。

沈雁冰三月廿四日 ①

茅盾是一个大局意识非常强的人，而且言行也非常谨慎，现在向自己的部下诉苦，一方面，茅盾没有时间创作的苦恼，没有地方诉说，正好作家协会创作委员会有这样的通知要求，茅盾用写信的方式，表达自己的无奈。另一方面，茅盾在去年1955年1月6日，曾经给总理写信，希望不要安排自己出国去参加中国人民保卫世界和平理事会，因为茅盾在新中国成立以后，就担任中国人民保卫世界和平理事会常务委员，所以一年之中需要出国几次，参加世界和平理事会。同时向总理请创作假，他在信中说："五年来，我不曾写作。这是由于自己文思迟钝，政策水平思想水平低，不敢妄动，但一小部分也由于事杂，不善于挤时间，并且以'事杂'来自解嘲。总理号召加强艺术实践，文艺界同志积极响应，我则既不做研究工作，也不写作，而我在作家协会又居于负责者的地位，既不能以身作则，而每当开会，我这个自己没有艺术实践的人却又不得

---

① 《茅盾全集》，黄山书社2014年3月版，第37卷，第307至309页。

不鼓励人家去实践，精神上实在既惭愧且又痛苦。虽然自己也知道，自己能力不强，精力就衰，写出来的未必能用，但如果写了，总可以略略减轻内疚吧？年来工作余暇，也常常以此为念，亦稍稍有点计划，陆续记下了些。如果总理以为还值得让我一试，我打算在最近将来请一个短时期的写作假，先把过去陆续记下来的整理出来，写成大纲，先拿出来请领导上审查。如果大纲可用，那时再请给假（这就需要较多的日子），以便专心写作。"① 当时总理在 1 月 10 日在茅盾的信上批示："拟给沈部长一个假期专心创作。"② 但是，后来的假期根本没有时间安排，创作自然谈不上了。现在一年过去，作家协会创作委员会又通知茅盾，询问定的创作计划完成情况如何？茅盾正好向自己的部下诉苦。

到 1958 年，茅盾在热火朝天的气氛里，对创作上的屡次计划落空，依然感到无奈。所以他在回答作家协会办公室的催问创作计划，茅盾不得不用另一种方式来回答办公室的催问，他说：

作家协会办公室：

收到三月十五日的通知了。现在写一点我个人的规划，可是，规划是订下来了，能不能完成，要看有没有时间。这就希望领导上的帮助。帮助我什么呢？

一、帮助我解除文化部部长的兼职，政协常委的兼职。

二、帮助我解除《中国文学》和《译文》两个兼职。

三、帮助我今年没有出国任务。

要有点说明：上面一、二两条，是我不眠症的原因，因为，几年来我对于文化部、政协常委、《中国文学》和《译文》主编，实在荒弃职守，挂名不办事，夜里一想到，就很难过，就睡不着觉。

---

① 《茅盾全集》，黄山书社 2014 年 3 月版，第 37 卷，第 364 至 365 页。

② 同上，第 365 页。

我几次请求解除，尚未蒙批准。而且，尽管挂名不办事，会议还总得出席，外交宴会也不能不去，结果，人家看来我荒废职守，而我在三种"会"上花的时间，平均占每星期时间的五分之二。我从来不去公园，很少出门（除了开会、看病），只看了要我去看的戏、电影的三分之一，每天晚上看书到十一时，可是总觉得时间不够，有许多要看的书都没有看。我自己也不明白到底是怎么回事（最近请了一个月病假，倒看了不少书）。

如果照上面所说，一面挂名兼职这样多，一面又不得不把每星期（七天算，我向来没有星期）的五分之二时间用在三种"会"上（三种即会议、酒会、晚会），那末，我只能作下列的计划：（一九五八年的。）

A. 不写小说了，只写论文，篇数、长短、性质不一定，但字数可以约计为五万到七万（从四月份算起到年底）。

这也要有点说明：为什么不能写小说呢？因为在上述挂名兼职，三"会"多的情况下，时间都被切得零零碎碎，写论文尚可，写小说则我这人太笨，实在办不到。

B. 整理旧作（即所谓《茅盾文集》），共计一二百万字罢。这是人民文学出版社催着办的。

这也要有点说明：我本来不同意把旧作全部重印，出什么"文集"，我认为这是浪费；可是，人民文学出版社楼适夷同志再三来说，重印是使读者看到一个作家的发展；于是我想，我若再不同意出"文集"就成为有意隐藏过去写得很坏的东西，在人面〔前〕充好汉了，因此勉强答应。现在整理，并不是要将旧稿修改，而是校改排印上的错误，及编排次序（此指短篇小说及散文而言），这就要花时间。

以上是我今年（一九五八年）的计划。

长期计划，我不敢订，因为怕开空头支票；因为我不知道明后年我还能不能拿笔。这不是我瞎想，因为最近病后医生（中医、西医）都已明白告诉我："你衰老了，年龄到了，药石不能奏功，只能养，慢慢地养罢！"换言之,这就是说,"你这人可以报废了,而且也只能报废了！"对不起,我说了许多废话,而且是怪话！但是实际情况如此,我觉得不说便是欺骗你们,所以还是直说罢！

　　请将此信交书记处同志传阅。

此颂

健康

茅盾三月十八日 [①]

　　茅盾此时的心情十分复杂,一方面他收到一些年轻人的来信,请教茅盾关于创作的问题,茅盾对这些青年包括学生的来信,总是循循善诱,指出创作中的一些问题,也建议他们多读古今中外名著,从生活中观察生活,积累素材,然而进行创作,而且创作应该从短篇小说开始,从而掌握创作的方法和规律。但是日理万机的茅盾,所有的时间,都是碎片化了,虽然茅盾读书非常勤奋,每天都是手不释卷,晚上读书都是到11点左右,常年不辍。所以惜时如金的茅盾,希望从繁忙的行政事务中解脱出来。可是,身在其中,国家利益为重,大局为重,茅盾是深深懂得个中道理。

　　有一次,茅盾收到来自家乡的来信,但是这封信不是与茅盾套近乎,而是给茅盾的二十年前的小说谈想法,读者童焕华是当时桐乡濮院的镇长,他读了茅盾的《秋收》,发现里面的南瓜、芋头在季节上混淆了。所以茅盾看了以后,觉得读者来信提出的问题,有道理。于是茅盾5月19日给童焕华回信。信是这样写的:

焕华同志:

　　来信读悉,您对于《秋收》所提的意见很好,我很感谢。吃南瓜、芋头事,是失于细考,曾有人来信提过,将来小说再版时当改正。

---

① 《茅盾全集》,黄山书社2014年3月版,第37卷,第500至502页。

至于篇中所说老通宝种的，是晚稻。那时，一般都以晚稻为主。但您所指出的时节问题仍然值得考虑。我将在再版时修改。总之，我很感谢您的意见，生活细节的描写，最易弄错。以上等等，足见我在这方面是不够熟悉的。匆此奉复，顺颂

健康

茅盾　五月十九日　①

因为小说描写了吃南瓜，吃芋头，桐乡人一看，仔细推敲，原来这些农村作物生长的时间不对，所以童焕华给茅盾写信，谈自己的想法。茅盾认为来信讲得有道理，是自己"失于细考"。此时，茅盾正在深入学习延安文艺座谈会上的讲话，因为"讲话"发表十五周年了，作为文化部部长，茅盾在纪念大会上作了发言。这个学习讲话的发言，后来刊登在 1957 年 5 月 23 日《人民日报》上。1956 年春天，百花齐放的季节，《人民日报》的有关部门，分别向茅盾约稿，请茅盾谈谈百花齐放问题。《人民日报》副刊编辑袁鹰当时年轻，他 7 月初给茅盾写信，希望茅盾给《人民日报》副刊写文章。没有想到，袁鹰的信发出没有几天，就收到茅盾回信：

　　钟洛同志：惠函敬悉，日来稍忙，未能执笔为憾。人民日报学术文化部曾有函约作"百家争鸣"的笔谈，日前又来电督促。兹写一点小意见，随函附奉。我不知道学术文化部是否即您主管的，如果是的，则此篇即以报命；如果不是，则请转交，而您这方面的嘱咐，缓日当以效劳。匆此，顺颂健康。附稿二页。

沈雁冰　七月十日　②

---

① 《茅盾全集》，黄山书社 2014 年 3 月版，第 37 卷，第 467 页。茅盾的信是寄到当时桐乡县人民委员会的。当时的县人民委员会，即后来的县人民政府。

② 袁鹰：《茅盾的"小意见"》，刊《解放日报》2000 年 7 月 10 日。

据说当时袁鹰收到日理万机的文化部部长茅盾的信，看到茅盾谦虚的态度和商量的口气，十分感奋！但是对《人民日报》两个部门同时向一个老作家前辈约稿，让作者为难，感到实在对不起老作家。其实，茅盾在这段时间里，各种各样的学习和会议，让茅盾不堪重负，

1956年8月，上海准备创办音乐出版社，贺绿汀在主持这项工作，贺绿汀想把在北京的音乐出版人钱君匋调回上海，帮助他办音乐出版社。但是北京的音乐出版社知道钱君匋是个音乐出版人才，不肯轻易放钱君匋回上海。但是钱君匋自己却非常想回上海，因为他夫人一直没有到北京，而且北京的气候也不适应。因此钱君匋想到了老乡文化部部长沈雁冰，钱君匋专门找到茅盾，希望茅盾同意他回到上海，去办音乐出版社。后来茅盾协调后，同意钱君匋借调去上海音乐出版社。[①] 钱君匋为桐乡人，早年在上海与茅盾、鲁迅等有来往。所以茅盾对钱君匋的情况是了解的。因此百忙之中的茅盾，同意了钱君匋的要求。

作为曾经是中共早期党员的民主人士，茅盾对共产主义理想追求，一直没有停止过。他对共产党的领导，从来都是尊重和服从的，他对新中国以来的文化事业的发展，有理想有追求，也有自己的体会和看法。因为解放以来的文化管理工作中，作为文化部部长、中国作家协会主席的茅盾，体会不是一般人的感受，他为国操劳，殚精竭虑，放弃自己的创作，全心全意为全国的文化建设，贡献自己的一切。所以在1957年的特殊年代里，茅盾也曾经充满激情地提意见，希望在今后的文化工作中能够把工作做得更好。而后来事情

---

① 《钱君匋纪念文集》，中国福利出版社2007年4月版，第369页。钱君匋在自撰"年表"中说："贺绿汀在沪倡议筹建上海音乐出版社，约余辞去音乐出版社之职，改任上海新职，余辞职未准，改为借调，后经中央文化部沈雁冰部长批准，10月首途赴沪，就任上海音乐出版社副总编辑，另钱仁康亦为副总编辑，丁善德为总编辑。"

的变化，也让茅盾猝不及防，没有心理准备的茅盾开始重新思考形势的变化，茅盾作为人民政府的高级干部，与上面保持高度一致，是天经地义的事情；然而，对一些自己明白的人和事，茅盾常常心有余而力不足，所以茅盾以身体原因，给中国作家协会党组的领导报告。他写信说：

  荃麟同志：

    最近的几次丁、陈问题扩大会我都没有参加，原因是"脑子病"。（西医这样说，因其和一般神经衰弱病不同。）病情是：用脑（开会、看书、写作——包括写信）过了半小时，就头晕目眩，额角两穴胀痛；于是至少要休息半小时多，然后再能用脑。但这次却只能用半小时的一半或多些就不能再用了。如此递减，因此，一篇长文（万言以上），我非分两次看不可。不然，尽管看完了，脑中毫无印象。这样的病状，表面看来能吃，能起来，不发烧，和健康人一样，就是不能用脑——倒可以体力劳动，如擦皮鞋、扫地等。我家有一周间没有女工了，我自己房间就归我扫、抹等等。我今天向你诉苦，就是要请你转告《人民日报》八版和《中国青年》编辑部，我现在不能为他们写文章。他们几乎天天来电话催，我告以病了，他们好像不相信（当然，也难怪，一般说来，不住医院是不能称为病的；但我这病，住医院不能解决问题，徒然占了床位，所以我不进医院）。可否请您便中转告：不要来催了。一旦我脑病好了，能写，自然会写；像现在这样，只能用脑半小时（即只能写一百字就必须搁笔，过一小时再写一百字），实在不是写文，而是榨脑子，榨时固然苦，榨出来的东西也不会像样（我试验过，至多写一百字就写不下去了，头晕，额角穴道胀，跳，痛）。

    好了，不多写了，因为这封信也是分两次写的，中间休息（实

际是偃卧）了半小时。匆此，

　　顺颂

健康

茅盾　八月廿八日 [1]

　　当时，中国作家协会领导确实也给有关媒体打招呼，不要去催茅盾写文章，但是在当时的形势下，媒体还是让茅盾写了几篇文章，茅盾无法将自己置身事外。所以在那个时期，茅盾一方面想创作却没有时间，另一方面不想写那些文章，却催着他下笔。茅盾的无奈，不是经过的人，是无法理解的。1957年10月，经中共中央、全国人大常委会、国务院决定，茅盾作为中国代表团成员访问苏联。

　　在五十年代前期，茅盾接到不少作者来信，要求改编茅盾的小说《子夜》为电影剧本，有的甚至还改编好了寄来剧本，对此，茅盾一概谢绝，不同意改编《子夜》。这是其中一种政治智慧的体现。

　　1958年，从1月11日开始，茅盾在《文艺报》连续发表论文《夜读偶记》，这是茅盾在五十年代的一部重要的著作，虽然篇幅不长，但是都是茅盾经过自己思考以后撰写的文艺思想的著作。同时，茅盾对当时看法不一的《青春之歌》《红旗谱》等等新中国时期创作的长篇小说给以充分肯定，1958年6月，茅盾带着文化部的几个同志，深入到东北调查研究，了解东北的业余文艺活动开展情况。整整在东北调查了解了一个月时间，在东北，茅盾深入工厂车间，和当地的文学兴趣小组座谈，在文化宫做文学讲座，马不停蹄。对基层的情况做了一些了解以后，在7月初回到北京。后来在文化部的内部会议上，茅盾还把这次调查研究，作为一项内容，向文化部领导班子作了汇报。

　　还在1957年，夏衍和茅盾商量，他准备将《林家铺子》搬上银幕，为新中国成立十周年献礼。茅盾知道夏衍的计划，也知道夏衍的水平，

---

① 《茅盾全集》，黄山书社2014年3月版，第37卷，第481至482页。

所以欣然同意。后来夏衍改编，水华导演，北京电影制片厂出品。1958年4月16日，茅盾和夏衍等看了《林家铺子》样片，看了以后，茅盾表示满意，对具体场景提出一点建议，如茅盾认为，"茶馆里的茶碗陈列得太整齐了，橘子糖果也太丰富。划一了一些。"这些意见，都是茅盾从生活出发，对影片的画面真实性的建议。谢添扮演林老板。1959年国庆期间，电影《林家铺子》在全国各地上映。得到广泛的好评。这是夏衍第二次改编茅盾小说，第一次是改编《春蚕》，这一次是改编《林家铺子》，都取得了极大的成功。

五十年代，茅盾没有写小说，偶尔写一些评论，写一些读书笔记，有时候也响应号召，写一些文章，也没有写大部头著作，除了一些旧作品重新出版外，茅盾在五十年代只是新出版了《夜读偶记》和《鼓吹集》以及《谈最近的短篇小说》，而且都是小册子。六十年代，茅盾出版了《反映社会主义跃进的时代，推动社会主义时代的跃进》《鼓吹续集》《关于历史和历史剧》《读书杂记》等。从1958年3月开始出版《茅盾文集》，原来计划有11卷，结果是出版10卷。由于当时技术条件的限制，出版时间也拉得很长，1至10卷《茅盾文集》，陆陆续续到1961年11月才全部出版问世。而《茅盾选集》在五十年代的出版，茅盾和陈伯达有过一次交锋，最后以陈伯达道歉收场。① 所以茅盾在文化部部长的职位上，是全身心地投入工作，筚路蓝缕，不忘初心，不负重托。

---

① 五十年代初，人民文学出版社出版了"新文学选集"，陆续出版《郭沫若文集》以及茅盾、瞿秋白、巴金、叶圣陶、郑振铎等人的文集，有一次，陈伯达当面对茅盾说，这些新文学选集，有"失当之处"，5月18日，茅盾给陈伯达写了一封信，信中说，周扬同志鉴于坊间出版文学选集太多太乱，提议我们编辑出版《新文学选集》，经文化部部务会议讨论通过，由茅盾主编，编委有叶圣陶、丁玲等，人民文学出版社出版。茅盾在信中还说："深盼各方对此选集多提意见，以谋'补牢'，使其较为完备。"信中自己还表示只宜做"小范围内的一点小事"，不宜兼职太多，一再要陈伯达"代我陈情，减少我的兼职，让我做一颗小小的螺丝钉"。陈伯达将信转送给陆定一、胡乔木、周扬，说自己对"选集""并没有认真研究，对茅盾先生乱发议论，实在有些僭妄。""特别是茅盾先生来信说到他的职务问题。令我感到惶恐。"见《新文化史料》1991年第2期。

四、和平使者的角色

　　茅盾在文化部部长的岗位上，出国访问似乎是茅盾的日常工作似的。当时国际上不少国家对新生的中华人民共和国，进行经济、军事封锁，企图将新生的中华人民共和国扼杀在摇篮里。但是新中国在中国共产党的领导下，积极开展文化外交，在世界的舞台上展示新中国的形象。茅盾在文化部部长的任上，承担了对外文化交流的和平使者角色。据不完全统计，茅盾从1951年10月25日出席在维也纳召开的世界和平理事会第二届会议开始，到1962年7月参加争取普遍裁军与和平世界大会为止，共出国16次，主要任务都是争取世界和平和开展文化交流。在他的文化部部长任上，为此付出了大量宝贵的时间，尽管都是上面交给自己的任务，茅盾都能成功完成任务，让世界人民更多地了解新中国，了解新中国的文化和发展，为新中国的文化外交做出了巨大的贡献。

　　在新中国刚刚开始，国家百废待兴的工作稍有头绪后，新生的人民政府就立即参与世界国际事务，为世界和平事业尽一个大国的责任和使命。1950年3月8日，中国保卫世界和平委员会召开会议，茅盾当选这个委员会的副主席，从此茅盾开始在国际舞台上发挥和平使者作用。1951年1月，茅盾当选为世界和平理事会理事；3月，中国保卫世界和平委员会又决定茅盾担任理事。10月，茅盾担任第二届世界和平理事会中国代表团理事，并于10月25日早晨6点从北京乘飞机，转道莫斯科到维也纳参加世界和平理事第二届会议，茅盾是代表团团长，这是茅盾第一次以新中国代表的名义出席国际会议，会议是 27 日开幕的。茅盾在会议上，作《巩固和发展各国人民间的文化交流》的讲话，呼吁各国从文化交流入手，增进各国人民间的友谊和推动世界和平事业。

当时茅盾出国任务，都是外交部和外联部等安排的。因为茅盾是一个有国际影响力的作家，因此常常把临时性任务安排给茅盾，所以有时刚刚回来，马上又要整理行装出发。如 1953 年 2 月 3 日飞布拉格，因为维也纳的会议延期，在布拉格住了八天，回国以后，茅盾写了书面报告。说：

我于正月廿八晚从华沙到达莫斯科，旋于二月三日飞赴布拉格，七日知维也纳之会（向五大国请愿委员会的会议）确定延期至三月十日（其后又改为九日），即请示暂先返国，同时办理签证手续；二月九日得回电获准，但因苏驻捷使馆签证手续甚慢（通常要一星期，此次经我使馆派人催促，总算办了四天），直到十二日始飞返莫斯科。总计在布拉格共八天，对于各种情况，获得初步了解，兹分别报告如下：

一、关于"向五大国请愿委员会"之召开及延期的原因

本年一月二十三日，居里从巴黎发出一信（此信是发给十六位委员的，此十六人并非委员会全体委员，而是在发信之时据居里所知都在欧洲的，因此，该信并未发给马寅初），略谓："维也纳大会所推选之'向五大国请愿委员会'，尚未开始工作，兹查委员会委员中下列各位（附有十六人之名单）或原居欧洲或尚未离欧，亟应趁此时机，召开委员会；因此，建议于二月八日在维也纳召开会议，讨论起草请愿书及其他应采取之步骤；请迅速将尊见告知。又，开会日期及地点如有困难而必须变更时，当再函告。"此信为居里署名，直接从巴黎发出，同时通知辣裴德，要"世和"秘书处布置开会之准备工作。（附注：此信原件不知寄往何处去了，我这里是根据我

到了布拉格以后所得的抄件而译述其大意。）……

二、关于"美洲文化界代表大会"的议程及我方派代表时应注意事件

因为我和阿玛多同居于一旅馆（阿于二月十日飞返巴西），所以我就约他谈话两次，询问"美洲文化界代表大会"筹备情况。阿玛多是该大会筹备人之一，他飞返巴西后，即赴智利京城布置工作。据云：

A、会期定于四月下旬，共开八天的会；除美洲各国代表外，并邀请美洲以外各国的代表，人数不拘。

B、阿玛多谓：特别希望苏、中两国有代表出席。据他说，苏方将派法捷耶夫、爱伦堡、西蒙诺夫、斐定、李森科、萧斯塔科维奇……等富有名望的代表。阿玛多希望中国的代表团也是阵容盛大的。

C、大会将讨论三个问题：（一）保卫民族文化传统的问题；（二）美洲各国之文化交流及与美洲以外各国文化交流的问题；（三）文化工作者精神上与物质上之保障，工作条件之改善等问题。（以上三问题，表面上与和平运动无关，但均可联系到和平。）

D、八天的大会，每天只开会三—四小时，其余时间为"文化联欢"节目；此项"文化联欢"大概为各国代表之联合表演，放映电影，展览各国艺术品等等。阿玛多谓，"文化联欢"节目极为重要，其重要性甚至超过正式会议，因为"文化联欢"可以吸引大会代表以外的群众来参观，扩大大会之影响。

E、中国代表除在大会发言外（阿谓一次也够了），最好能在"文化联欢"中有表演节目。我代表团并须带电影片（纪录片为主，须表面上与政治无关的，如新中国之建设等），及其他艺术品（如木刻、剪纸、年画、敦煌画集、湘绣、织锦等等）。阿玛多谓：他们要在巴西京城开一个中国艺术展览会，在巴西开过后，且在拉丁美

洲各国展出，所以盼望多多供给材料。他又说：不管中国代表能不能出席大会，巴西的中国艺术展览会是一定要举行的，材料除他和到过中国的拉丁美洲朋友所有者外，极望我们供给；并且，为了预防万一中国代表不能到会起见，他希望此种材料早期（在三月上旬）送交布拉格"世和"理事会中的巴西书记设法转运到巴西。（我在布拉格时，已向我大使馆借了几种艺术品，如年画、齐白石画集等等，送给阿玛多了，但数量太少，故仍须由国内再补寄给他。）

F、我代表签证问题。大会筹备处对我方之邀请书，约可于二月尾发出，我方将代表姓名通知筹备处后，筹备处即将向智利政府交涉要求签证。据阿说，智利朋友认为有十分把握，但巴西朋友估计有八分，一切要看做得如何。我方代表去时，须经过苏黎支（签证无大问题），阿根廷；阿玛多谓通常有了智利签证的，一定可以得到阿根廷的签证，但即使没有，也不要紧，因为是过境。

G、大会及苏、中代表出席之政治意义：阿玛多强调此点。他说：美洲（尤其是拉丁美洲）文化界人士对于参加和平运动，颇为踌躇，但参加以保卫民族文化传统……等等为题的文化会议，则顾虑较少，因此，大会可为展开和平运动之桥梁，而苏、中代表的参加，更将大大鼓舞了美洲（尤其拉丁美洲）进步的知识分子斗争的情绪。

三、我的建议

关于"美洲文化界代表大会"，我建议我代表团人数须有四、五人，其中要有能表演者，并须及早准备，——如发言稿，影片之外文说明，展览用之艺术品（拉丁美洲的艺术家极重视我国之木刻，但我们所有的原拓木刻仅只一套，即曾作为中国艺术展览会之一部分赴苏展出，而最近又拟赴印度展览者；我建议即从此项原拓本的木刻中遴选若干，交代表团带往），等等。而对于阿玛多要求供给的中国艺术展览会的材料，亦盼我和大会秘书处及早准备，及早寄往布拉格。

以上所陈，乞予指示。①

这份写于 1953 年 2 月 20 日的报告建议，都是文化外交事务，十分
具体。具有明显的国家利益的考量，又有文化外交的特点，比较注意国
外文化受众的影响力。外事无小事，在这个汇报中，可以看出茅盾对待
外事活动还是非常认真的。但是，茅盾当时的建议，后来是否采纳，不
得而知。

1953 年 4 月 30 日，茅盾刚刚去瑞典斯德哥尔摩参加世界和平理事
会常务委员会会议，5 月 14 日回到北京。在国外开了半个月左右的会
议，6 月 9 日茅盾又接到任务，要求他和郭沫若一起，去匈牙利布达佩
斯参加世界和平理事会。一个月的布达佩斯的会议结束不久，11 月 7 日，
茅盾又率团去奥地利维也纳参加世界和平理事会会议。所以在 1953 年，
茅盾一直在外面奔波，为维护世界和平和繁荣，为新中国的文化外交而
辛勤工作，其辛劳程度是可想而知的。

有时候，茅盾在国外开会时间长达一个半月，而文化部的工作，还
是需要等待茅盾回来开会商量，所以茅盾出国开会回来，几乎是接着文
化部的事情，马不停蹄地工作。而且马上又是接到出国任务。1954 年 5
月，茅盾出国一个半月，回国以后，时差还没有倒过来，又接到出国开
会的任务。6 月去斯德哥尔摩参加缓和局势国际会议。1955 年 6 月 15 日，
茅盾率团去芬兰赫尔斯基参加世界和平大会。1956 年 12 月，茅盾与周扬、
老舍等率团出席印度新德里召开的亚洲作家会议。当时出国成为茅盾日
常工作的一部分，这让茅盾感到十分困惑，他实在太需要时间来读书和
写作了，还有一大堆文件需要研究，没有时间，都无从说起。

1956 年 9 月，世界和平理事会国际和平奖仪式在北京举行，授予
齐白石国际和平奖，茅盾亲自给齐白石老人挂奖章。

----

① 《茅盾全集》，黄山书社 2014 年 3 月版，第 17 卷，第 432 至 437 页。

1956 年 12 月初，在印度新德里召开"亚洲作家会议"①，中国派出一个由著名作家组成的代表团，团长是茅盾，副团长是老舍、周扬，秘书长是叶君健、杨朔，团员有萧三、叶圣陶、王任叔、白朗、孜牙·赛买提、余冠英、韩北屏。为了开好这个会，代表团还配了五个译员。茅盾他们中国作家代表团住在新德里的"国家宾馆"，而当时印度大使馆的文化参赞是诗人翻译家林林。所以会议空隙，中国作家们常常在林林的官邸座谈聚会，十分热闹。当时的工作人员记得，茅盾在代表团里说，要尽量给年轻翻译实践的机会。有一位译员在六十多年以后，依然感怀茅盾的这种温暖，说："我们的代表基本上都谙英语，完全可以直接用英语交谈，但当时外事规定代表在会议场合必须通过译员翻译，想是为了给代表多一个考虑的时间以免应对间出现纰漏。代表团翻译组的其他四位译员都是出国参加过不少外事活动的资深译员，他们遵循茅盾的教导给年轻人多些实践锻炼的机会，为此，我得到更多的翻译机会，并得到他们的现场指导。"在这次亚洲作家会议上，工作人员记忆中，"茅盾是谦谦君子，没有架子。他时任文化部长……代表团团长，当然代表团的团员个个都是文坛翘楚，如茅盾、叶圣陶、老舍、萧三等早在二十世纪二三十年代就已成名，在 1956 年出席亚洲作家会议时也不过是刚过六十，而其余作家都未到五十。茅盾很谦虚，他总是站在边上，大家都相互推让，常常是推到最后，几位老作家以'女士第一'为由，不是将白朗就是将我推到中间。……虽是琐碎小事却也显示出一个人的品格修养。"

1957 年 11 月，毛泽东主席组织庞大的中国代表团，去苏联参加十月革命 40 周年的一系列活动，11 月 2 日，茅盾和宋庆龄、郭沫若等随毛泽东主席赴苏联。在苏联期间，茅盾随毛主席等拜会苏联党政领导人。谒列宁墓并敬献花圈，出席庆祝大会，参加阅兵仪式、宴会以及声势浩

---

① 见《华章》第 53 期（2020 年 3 月 27 日）刘惠琴文章，追忆 1956 年印度新德里"亚洲作家会议"。

大的群众大会。同时在莫斯科，茅盾又和代表团成员一起，观看了著名的芭蕾舞《天鹅湖》，茅盾十年前专门看过《天鹅湖》，现在重新坐在这里观看，心情感慨不已。

1958年10月7日，在乌兹别克的塔什干召开第一次"亚非作家会议"，中国派出阵容强大的代表团，茅盾为团长，周扬、巴金为副团长，团员有萧三、许广平、谢冰心、赵树理、张庚、季羡林、祖农·哈迪尔、杨朔、戈宝权、杨沫、叶君健、纳·赛音朝克图、袁水拍、刘白羽、郭小川、曲波、库尔班阿里、玛拉沁夫、高莽等20多人。这次亚非作家会议，主题是反对殖民主义统治，控诉殖民主义对民主文化的危害，保卫民族文化传统，加强平等互利的文化交流，等。当时大会做出关于成立亚非作家常设委员会的决议。设立常设局，参加的每个国家设联络委员会。中国当时设立联络委员会，茅盾为联络委员会主席。茅盾为国际文化交流付出了大量心血。

1960年8月，茅盾应波兰政府的邀请，率领中国文化代表团到波兰访问，茅盾的到来，受到波兰人民的热烈欢迎，在肖邦故里，波兰音乐学院的美丽的高才生为茅盾等贵宾演奏了肖邦名曲。在凯纳尔工艺美术中学，茅盾参观后欣然赋诗："源泉艺术在民间，吸取精华先着鞭。古拙非缘哗世俗，诡奇最怕坠魔关。创新毕竟开潜力，摹效由来毁异材。卓见奠基凯纳尔，独标一帜更无前。"茅盾在波兰访问期间，一改过去出国不写诗词的习惯，开始写诗词记录自己的感受。在波兰，茅盾写了《听波兰少女弹奏肖邦曲》，在访问波兰农场时，茅盾还写了《无题》，甚至波兰的餐厅，茅盾也写诗一首："波莱尼茨好风光，美女餐厅进一觞。多谢主人亲切意，红玫耀眼白玫香。"还在波兰写了听肖邦名曲的诗词二首。在波兰访问"玛佐夫舍歌舞团"演出的《小杜鹃者》以后，茅盾夜不能寐，在清晨四点钟起来，在华沙宾馆写了一首诗。这种情况，在茅盾出访史上是不多见的。

茅盾在访问波兰的过程中，波兰作家协会副主席、党组书记普特拉门特一直陪同，而且在茅盾回国途中，正好普特拉门特到中国访问，于是又与茅盾等一路同行。普忒拉曼特，通译普特拉门特，波兰作家，主要作品有《战争与春天》《前夫之子》《不忠实的人们》等。在旅途中，茅盾向普特拉门特表示，如果他到杭州去访问，茅盾将去杭州陪同他参观。后来普特拉门特去广州访问，将去杭州继续他的访问日程。于是茅盾准备启程去杭州，当时，北京到杭州，估计没有直接的航班，先飞到上海，再火车到杭州。于是茅盾10月12日给在上海的巴金写信，托巴金帮助买火车票、订旅馆等，茅盾在信中说："巴金同志：此次国庆期间，作协接待之外宾，以波兰作协副主席、党组第一书记普忒托曼特最为重要，普又是波候补中委，在波兰为对我最友好者之一。我和普夫妇同机自华沙而莫斯科而北京，路上曾相约：如果他们参观广州之后在杭州休息浏览几天，我将奉陪。现在他们决定要到杭州，因而我也要到杭州一趟。我回国后精神一直不好（仍为失眠、不能用脑等等老病），也打算休养一下，我定于本月十九日乘班机飞沪，当天（如果可能）转车赴杭，待廿六日普夫妇到杭后再和他们同到上海。请为代购上海到杭州的火车票壹张（十九日的）。但如果当天转车赴杭不可能，则只好在上海过一夜了，那就要请代定旅馆。如果十九日因气候关系不能起飞，那当然要顺延一天。日来北京天天晴，不知上海如何？穿什么衣服？夹衣乎棉衣？乞便中见示。沈雁冰十月十二日上午八时。"[①] 茅盾此次从北京转道上海赴杭州，虽然是公务活动，但事必躬亲的茅盾，连买火车票、订旅馆、穿什么衣服、如果飞机延误又如何等等都亲自过问，没有一点文化部长、一个大作家的架子，更看不出一点官气。后来飞机票买好后，茅盾又致函巴金，"巴金同志，十日函计已达览，现因十九日班机系下午起飞，到沪时已为傍晚（下午六点半或七点），不便当天转车赴杭，我决定在沪

---

① 《茅盾全集》，黄山书社2014年3月版，第38卷，第41至42页。普忒拉曼特，通译普特拉门特。

停留一宿，二十日赴杭。因此，将自己要麻烦你们代定旅馆。"① 而茅盾接连给巴金写信，托巴金买票等等，其实巴金此时不在上海，而在四川成都。所以茅盾托办的事情，包括到机场接机，都是巴金夫人萧珊在办。直到茅盾到上海，才知道巴金不在上海。

茅盾到杭州以后，客人还没有到，于是茅盾在杭州开始考察杭州的文化工作，观看婺剧《卧薪尝胆》，25日还到杭州大学中文系和部分师生座谈，从历史题材的戏剧到文艺理论，从如何继承十九世纪资产阶级文学到民族化群众化，十分热烈。当时浙江省文化宣传部门对茅盾到杭州陪同外宾十分重视，外宾到达杭州时，以茅盾的名义宴请外宾，省委宣传部部长金韬、省文化局副局长王顾明、许钦文、浙江美院党委书记陈陇，以及杭州市文联副主席、青年作家沈虎根、剧作家胡小孩等陪同。后来省宣传部部长出面宴请外宾。但是，茅盾在陪同外宾考察杭州时，和沈虎根、胡小孩两个年轻人交谈，茅盾平等的态度，让这两个年轻人感到温暖。②

后来茅盾又陪同外宾到上海参观访问之后，才回到北京。

1962年2月，又率代表团参加在埃及开罗召开的第二次亚非作家会议。在那里，茅盾参观了埃及有名的金字塔，游览了亚历山大港，感受历史的伟大。茅盾在一首《开罗杂感》诗中说："举世争传七景奇，斜阳三塔影迷离。英雄几辈斗蜗角，流水汤汤逝者斯。"③ 在亚历山大港，茅盾怀古，写诗对过往英雄的凭吊："断垣蔓草吊英雄，无限烟波天视梦。为问当年纳尔逊，雄图讵料付东风。"据说，当时副团长是夏衍，他们在2月16日从开罗上飞机时，忽然发现沈部长不见了，夏衍让几个年

---

① 《茅盾全集》，黄山书社2014年3月版，第38卷，第43至44页。普忒拉曼特，通译普特拉门特。

② 沈虎根：《短暂的相处 终身受益——记与茅盾先生在杭州的幸遇》，刊《桐乡文艺》2016年第3期。

③ 茅盾在波兰和埃及写的诗，见《茅盾诗词集》，上海古籍出版社1985年4月版，第48至74页。

轻人去寻找，结果发现沈部长正在飞机的行李舱里清点行李是不是同机启运。一个66岁的国家文化部部长，这么平易，让代表团的同志十分感动。所以过了几十年，当时代表团的同志回忆起来，依然感人。

从开罗回到国内不久，茅盾十分劳累，但是他又接到出国的任务，而且这次出国，非常诡异，让文化部部长去莫斯科参加争取普遍裁军与和平世界大会，并且由茅盾为代表团团长，金仲华为副团长，区棠亮为秘书长。茅盾出席会议的讲话稿，已经写好，并且领导审查通过。茅盾对这次出国，感到无奈，曾经提出"不能担负此任务"。但是已经这样定了。茅盾只好匆匆出国，在苏联莫斯科参加会议期间，国际斗争十分复杂，而茅盾他们事事向国内请示汇报，但是代表团同志在接受记者采访谈话，报纸发表时被篡改。而茅盾代表中国在会议上的发言，后来被认为调子太低，受到批评。所以这次会议，是茅盾新中国成立以后，历次公务出国中最让茅盾伤心的一次。茅盾自己对这次出国公务活动，悄悄地写下一个"追记"，^①留给历史。茅盾的出国，从此画上一个句号。

----

① "追记"现在收入《茅盾全集》，黄山书社2014年3月版，第17卷，第573页。

五、风波：从大连会议到《林家铺子》的批判

1962 年，对茅盾来说，似乎流年不利，从莫斯科回国，茅盾是带着一身疲惫，心力憔悴，虽然是履行公事，但是不满意和批评，对茅盾来说，压力是大的。不过他并不想去为此辩白什么，只是默默地承受压力。茅盾 19 日回到北京，公务活动一切都照常，回到北京的第二天，即 20 日，就出席波兰 18 周年国庆活动，还在劳动人民文化宫举行的晚会上，茅盾出席并讲话。21 日，茅盾出席波兰驻华大使馆的招待会。依然忙碌在公务中。但是身心俱疲的茅盾，有关对外文化工作交代给邵荃麟、严文井后，就请假准备去大连休息一段时间。

当时中国作家协会计划召开一系列的座谈会，就古典文学、农村小说等等，分别以小规模的形式召开，其中古典文学座谈会已经在北京召开，效果很好。农村题材小说座谈会，计划在北方召开一个座谈会，再到南方召开一个座谈会，广泛听听作家、专家的意见。所以当邵荃麟他们知道茅盾到大连去休假，便临时起意，决定将农村题材小说座谈会放在大连举行。据茅盾回忆说，"大连会议是邵荃麟同志知道我打算到大连度暑假，因而就我的方便，把会议地址定在大连。"①

三天后，茅盾就开始整理去大连休息的生活用品，茅盾在 7 月 23 日日记中有"下午整理带往大连的衣物（初步整理）"的记载。但

---

① 茅盾：《沉痛哀悼邵荃麟同志》，刊《人民文学》1979 年第 9 期。

也有学者认为，当初中国作协将农村题材短篇小说创作座谈会定在大连召开，所以茅盾将休养地选择在大连，在休养时不耽误工作，但从茅盾回忆和其他一些忆及大连会议的史料看，应该是茅盾选择休养地在先，作协选择大连开座谈会在后，还有，当时邵荃麟等还计划先在北方开一个农村题材短篇小说座谈会，然后再到南方开一个类似的座谈会。可惜，大连会议之后，形势变化，南方会议就夭折了，再也没有开成。

1962 年 7 月 30 日，茅盾一清早起床，率全家赴大连。对此，茅盾在 7 月 30、31 日的日记中记载得很清楚："三十日（晴，赴大连途中，午后有雨）今晨五时许醒来，即起身，煮牛奶。早餐后即换衣，六时五十分赴车站，程浩飞送行，机关事务管理局亦有人来车站送行。七时卅分开车。九时卅到天津西站，有天津市人委交际处及天津作协方纪等在站迎候，即至天津招待所休息并进午餐。天津阴，多云、闷热。十一时赴码头，上民主十五号，船长等在船下（码头上）迎候，并将船上大副等住房让给我们住，一共三间，盛情至可感谢。十一时卅分启碇，下午六时许出海。此时细雨迷蒙。在船上晚餐后于九时许服药三枚如例，半小时后入睡。"[1]"三十一日（晴，卅度，在大连）今晨一时、四时各醒一次，四时醒后不能复睡。六时早餐，知船抵大连须在下午一时。餐后倦甚，竟又小睡一小时。十一时半午餐，休息，朦胧半小时，一时抵大连，则见邵荃麟，马加及大连市人委秘书长杜、办公厅主任等在码头欢迎。邵等均寓大连宾馆。旋即至枫林街招待所，即去年所寓者也。去年此时客满，今年则仅我们一家与施存统一家而已。收拾东西后，洗浴，六时晚餐，六时卅分赴文化宫，旅大市庆祝八一节于此举行，讲话者三人，一为市长，一为驻旅部队代表，一为军烈属代表。会后演京剧《满江红》。未完场，我们即归，因小宁欲睡而我亦觉困倦也。时已十时，服药三枚

---

[1] 《茅盾全集》，黄山书社 2014 年 3 月版，第 40 卷，第 369 至 370 页。

如例。于十一时许入睡。"①

可以说，茅盾赴大连休养，一路上马不停蹄，名义上是休养，但依然公务缠身，当然，身为中华人民共和国的文化部长，如此这般的公务也是情理之中。邵荃麟是在茅盾到达大连的次日，与侯金镜、马加等七八个人到枫林街招待所向茅盾具体汇报农村创作座谈会的开法，一直商谈汇报到 11：30 才离开。

这次会议的代表共有 16 人，来自 8 个省市，代表中有写农村题材的高手，也有关注农村题材作品的评论家，他们是邵荃麟、赵树理、周立波、康濯、侯金镜、西戎、李束为、李准、李满天、刘澍德、韶华、方冰、陈笑雨、马加、胡采、葛琴等，还有当地列席会议的同志，北京去的工作人员唐达成、涂光群等。会议的规格应该是新中国文学界顶级的，作协党组书记亲自张罗、主持，作协主席、文化部长、文坛前辈茅盾亲自与会。这里，不妨重新编排一下在大连会议期间茅盾与会及会议的主要日程：

> 8月2日9时，茅盾赴大连宾馆参加创作会议，12时返招待所。
>
> 8月3日，下午3时，茅盾到大连宾馆听取座谈发言，上午是赵树理发言，下午是康濯、李准、西戎三人发言。
>
> 8月4日，大连组织与会者及周扬、茅盾等坐船出海观拖网捕鱼，上午出发，下午3时返回。
>
> 8月5日，8时半去大连宾馆会见泰国作家市巴立。9时半参加座谈会，周立波、赵树理、李准等发言。
>
> 8月6日，上午9时，茅盾冒雨去大连宾馆参加会议，李束为、韶华两人发言，休息后茅盾讲了十多分钟，侯金镜、邵荃麟就会议发言如何集中讨论创作中的几个问题提了要求。

---

① 《茅盾全集》，黄山书社 2014 年 3 月版，第 40 卷，第 369 至 370 页。

8月7日,上午9时茅盾去大连宾馆参加会议,上午主要有马加、李束为、方冰、陈笑雨、赵树理作了发言,邵荃麟对后面几天会议如何进行提了意见。

8月8日,上午9时茅盾赴大连宾馆参加会议,上午发言的同志有康濯、胡采、李准、李束为。

8月9日,上午休会,茅盾下午3时赴大连宾馆开会,会议主要内容是周扬讲话。

8月10日,休会,茅盾与与会者一起去夏家河子海边海浴。辽宁省的安波部长以及当地杂志《鸭绿江》编辑赵郁秀带着孩子,也一起陪同茅盾夫妇游泳。

8月11日,茅盾在招待所准备次日的讲话稿。

8月12日,上午9时茅盾赴大连宾馆开会,并在会上作了二个小时的讲话。

8月13日,上午9时茅盾赴大连宾馆开会。

8月14日,上午9时茅盾赴大连宾馆开会,上午主要由邵荃麟讲话。

8月15日,休会一天,作家代表去旅顺观光。

8月16日,上午9时茅盾赴大连宾馆开会,会议上午结束。

8月17日,茅盾率全家坐海轮经天津回京。

从这个粗略的会议日程表可以看出,大连农村题材短篇小说创作座谈会的召开,茅盾名义上是休养,实际上凡开会时,他每天都是亲自去参加半天会议,直接听取作家们的发言,还作了两个小时的长篇讲话,据统计,茅盾十一次到会,两次发言。现在,8月6日茅盾即兴发言的内容已无从知晓,殊为可惜。但茅盾8月12日的讲话,在茅盾生前一直没有发表,直到1996年才收进人文版《茅盾全集》26卷,这篇讲话稿是当时作协唐达成与涂光群原始记录上整理出来供上报和内部参考用

的,内部铅印,以"没经本人看过"的形式内部材料留存。这份材料不长,现抄录在这里:

在大连创作座谈会上的讲话

听到同志们和周扬同志内容丰富的发言,我感到有很多启发,才有胆量来讲几句。讲一讲关于题材问题,创造人物问题,也说点形式方面的问题。我看作品是走马看花,记性很坏,一个星期后就模糊了。在这个会上得到很多宝贵的知识,我陆陆续续地记下了,看了三篇小说:《老坚决外传》、《赖大嫂》、《四年不改》。

一 关于题材的问题

周扬同志讲得很好,我也没有新的意见。他说题材还不够广泛,农村技术人员写得还比较少,有的题材现在还不能写,我同意,过一个时候可以写。有的题材确实不好写,但可以用侧面的方法,使它不会产生副作用,即不是写了缺点,而是有人与之斗争,不是单纯地暴露,而是巩固社会制度,不是挖墙脚,在短篇中处理较难,至少需要中篇才能展开。

二 人物创作的问题

典型人物与题材创造当然有些关系,我现在就讲一讲最近短篇小说中所创造的人物。最近几年,短篇小说不少,创造的人物比过去进步得多。首先这些人物不但有个性,而且从说话中也表现了个性,人物开场到以后,说话调子是一样的,表现出了个性,这是几年来很显著的成绩。如我们古典小说《水浒》中的人物便是如此。鲁迅先生的小说写的是绍兴人,却要用兰青官话,所以写知识分子很好,农民就差些,有时也不免用几句绍兴话,如《离婚》。当然这是个方言问题。我们的作品干部写得不少，但大部分一律用干部腔，从动作到语言，都是这样。描写知识分子很少，写青年知识分子还有些，老年的就很少了。写年老的多半是戴眼镜，穿一件破旧的洋装，舞台上常常就是这样，其实也不一定，只是表面地写，通过内心深刻的表现就比较少。

工人、农民写得很多，是过去所没有的。工人农民也是写两头的多，但中间状态的少，写中间状态的也有，但不是作为典型。既不是作为学习榜样，又不能作为批判对象的就不写。其实还是可以作为典型的。比如马烽的《三年早知道》，是中间状态的人物，既幽默而不油滑，我们写两头的典型。写得非常生动鲜明，但还是太简单些。事实上精神状态还要复杂些，我这里想顺便讲讲，一个时代都有它的典型，如屠格涅夫的罗亭、巴扎洛夫；高尔基的《母亲》；鲁迅的阿 Q；《红旗谱》里的朱老忠；赵树理的小说等等。鲁迅时代不会产生朱老忠，阿 Q 也要革命，但不会是朱老忠那样，阿 Q 之所以以悲剧结束，是合乎那个时代的。

在古典文学作品中，戏曲中，帝王写得很多，封建社会加以歌颂的帝王如李世民且不论，写亡国之君的多半概念化，过去属于统治阶级的文人，写皇帝都没有写得好。司马迁的《本纪》没有《列传》写得好。至于民间创作写皇帝就比统治阶级的文人写得好。但写坏皇帝都差不多，其实历史上的亡国之君，面貌也是很不同的。如崇祯在大势已去时，骂臣子说：我不是亡国之君，你们是亡国之臣！崇祯当时倒是励精图治、自奉甚俭的，但他认不清自己的缺点，做了十五年皇帝，用了五十个宰相，世界史上少有。他用人太稠，今天觉得此人好，封大官，没几天，又觉得不好，赶出去。所以他其实是刚愎自用。隋炀帝是亡国之君，与崇祯又不同。崇祯换了五十个宰相，用得最久的，却是一个最坏的；崇祯很容易听别人的话，不能识人，却自诩聪明，实则自己没有主见。要写人物的典型性格，他有他的复杂性。

又如林则徐。最近看了林则徐的日记，有许多手稿，是嘉庆到道光二十几年，最初的是一八一二年，最晚的是一八四五年，包括鸦片战争在内，距现在一二五年。我们看看那时林则徐是怎么想的。他是有爱国主义思想的。是进步的，这是没疑问的，他很注意欧洲的文明的，但同时有不少唯心主义的迷信思想。他是被专门派到广州的钦差大臣，当时巡抚是邓廷桢。这之前林则徐做过两湖总督，江苏抚台，浙江巡抚。两江总督。去做江苏巡抚时，搞了许多水利工程，应该说也很有科学观点；可是每逢天旱，总是清早非常虔诚地去求雨，到下多了，又去求晴，好几次在日记上记着，去的时候晴天，求了就下雨。可见是相信的。对每年主考官是谁，每场试题是什么，从江苏抚台一直到两广总督任上，每次考试多少人，都详加记载。一方面对于外国政治经济学很注意，一方面对封建文化制度还是那么认真，这方面他也有两面性。还有一点很妙，林则徐不像戊戌政变的那些人，他以钦差大臣身份去广州时，沿路大小官员迎送，到新疆流放时，也仍然大小官员迎送，可见是得人心的。到兰州时，陕甘总督立刻去拜会他，由此可见，大部分官僚也还是有爱国心的，他受人尊敬也是因为禁烟。他写了不少对联、册页。皇帝的上谕，认为他在广州办外务多有不妥处，也没有具体指明他的罪状。琦善到广州后，也还是经常拜会他，找他商量的。（周扬同志插话："电影写得简单。"）后来北京受到了压力，琦善献策，道光就相信了琦善。当时命令是要林则徐交了两广总督，进京听候处分，不几天，又要他留在广州等琦善，琦善到了之后，也没听他的意见。琦善向英国投降，描写甚详。琦善结果是抄家、革职、押解北京。林则徐后来去新疆，不久又命他到南疆去搞水利，到黄河决口，又钦命他为钦差大臣。到南疆又搞水利，以后告老还家。最后，又命他为统率兵马的元帅，去打太平天国，走到广州死在中途。估计他不死还是会去打的，因为他有很大的正统思想。复杂性相当多，相当复杂，不能只看他一面，他还有落后的一面。那时候有一个名为钱江的人，是个举人，他召集许多义勇军打英国人，到新疆与林谈过几次，有个材料说他后来到了太平天国，另一个材料说又投到了清朝，作饷官。

所以林则徐这个人也是复杂的。我们现在写农民，我们相信他觉悟确实是提高的，但究竟是小生产者，有些尾巴是不能硬割的。我们写农民有时简单化些。农民思想是进步的，但由于文化水平，思想修养的关系，是不是对社会主义看得那么清楚？人是不同的，多样的，农民也是复杂的。我们的作品有了很大进步，但典型人物也还不够多样化，还有点简单。

三　谈谈形式方面

从短篇小说来说，有一个时期，对环境描写比较少，最近写得比较充分。近来看了近三年来的短篇小说，用第一人称的特别多。孙峻青的两个集子，几乎全部是第一人称，我看准备入选的，也大部分是第一人称的。赵树理、周立波、康濯第一人称的不多，马烽、茹志鹃第一人称多。你可以看出，这个"我"不是人物，没有性格，只是串连情节的线索而已。这不能不说是差一点的。《光辉的里程》（杜鹏程作）的"我"，是一个人物，其他的就少。

结构问题。是指情节安排，怎么开始故事、结束故事，如何展开矛盾，结束矛盾。从结构上讲，也是不够多样化，很少奇峰突起。技巧如弄得好，感动人的力量更加深，有的作品我们大致上可以猜到它怎样结束。这是技巧问题，表现得好，主题是可以更突出表现的。这与作家生活的广深度有密切关系。

作家生活的广度与深度，周扬同志说的所见、所感、所信，所信是与作家的广度深度有关，如果广度有，深度不够，看人不会很透彻。我一向相信，下去要有根据地，但老呆在一个地方，不到别的地方去，所见会狭隘。因此了解全面与深入一点，是有关系的。如农村，你只在大队，而不到别处跑跑，所见不广，对你的深入了解是有损害的，专门写农村的，也应该对工业有所了解，住南方的作家也应该看看北方的农村，深入生活，我觉得应该这样。

从生活出发，但不了解政策，是不行的。领导上出题目当然是不行的，但要请教领导，因为领导掌握得全面，如果领导的话与自己所见不同，也可以比较，省委第一书记以及各方面分工的书记，你们找他们，他们会欢迎的。当然题目还是要自己出的。

关于丰富我们的知识，我觉得历史知识很重要，中国历史很丰富，中国的历史书籍，《左传》、《战国策》，非常形象化，新编的通史不是用这个方法。

我们要看看那些写人物的历史。从前是写人的，现在完全是结论。

李希凡同志写过一篇讲人物的提高与拔高问题的。我没看过，我们所谓提高是指概括。即高尔基所说的小商人要综合概括许多小商人，这种概括是我们生活中出现的，不过把它概括在一起，使之典型化。拔高是把人物没有达到的，你把它搞在身上，就不是那真实。林则徐、曹操、勾践还有下边的人都有些拔高，那个时代都没有。

四　讲几篇小说

关于《老坚决外传》，大家有些意见，我都同意的。

这篇小说是篇好的小说，但还不能过瘾，还没有挖到更深的地方，可能有些顾虑。他所讲的问题，也不是内部矛盾的主要问题。"老坚决"写得深一点，王大炮就差一些，更加简单化。在这个小说中，作者已指点出王大炮主观，我想王大炮他的缺点，还不仅仅是主观，主观这是思想根源，王大炮的性格应该还要复杂一些，没有挖得很深。所以我想生活中的老坚决与这篇的老坚决不一样。写了老坚决以后，我们还有其他老坚决。大家谈到顶风是各式各样，还有文章可做。写了有没有副作用，从理论上讲很简单，实际上就不一定了。要写这样的题材，不只是写那样一些事，不是给人消极的印象，不是挖墙脚，而是为了巩固基础。

可以讲一讲"投鼠忌器"的问题。有时是投了鼠伤了器，鼠如王大炮，器是指集体化。投鼠不中反而伤了器，那是不好的，所以投鼠不伤其器，而要使器巩固起来，优越性就更能看得清楚起来，这就是好作品。一方面是投鼠忌器，一方面有些事物也可以写，只在于怎样写，怎样有分寸，分寸不对，你不想伤器，那么也可能伤器。

作家看看、等等的问题，我赞成作家没有看清的时候，可以再看看。当然有宣传作用的东西，也可以宣传一下，但写作品。没看清，可以等等。刊物要不要等等，刊物如果要求每篇都有分量，也太高。有一两篇有分量也就可以了。在目前人力下，有一两篇生命力长的也可以了。这几年实际也是如此。如果我们再把题材范围扩充一下，那么刊物还可以编的，如果非全部要登内部矛盾，那就困难了。写技术人员少，我想是因为很少接触内部矛盾。《耕耘记》是写到了的，如果这方面也注意一下，可写的也不少。还有，我们现在有中央级、大区级、省级三种刊物。如果这些刊物都要有一两篇有分量的，是力所不及的。前一阵、县、工厂都有刊物，现在已经精简了。人力、纸张既然这样困难，省级刊物是不是也可以精简一点。《东海》那样编，何不就放到《上海文学》呢。或者调剂一下，在报上搞个副刊，恢复大区刊物，省报文艺刊加强。编辑能搞创作的，下去三年。

《赖大嫂》也是篇很好的小说，是侧面来反映的，是现在的新面貌，养猪是严重的问题，却写得很轻松，这篇小说很有意义。赖大嫂这个人物不必拔高，有的读者认为要拔高。这个人物是对养猪的好处有怀疑，这种人物事实上会得到教训，最初怀疑后来相信了，这也有教育意义。这类事农村会很多，但都写这些也没有意思。从这篇中可以得到一种启发，这类事对中间状态的农民是有积极意义的，也还是可以写。

《四年不改》是一九五六年的作品，批评的是官僚主义，记者客里空，结尾很有讽刺意味，又提倡植树。官僚主义、不那么实事求是、形式主义，要扫清这些也是相当长时期的。这篇小说现在看来仍有意义。仍有教育作用。作品是写得夸张一点，作为讽刺小说是允许的，写报导是不行的。我们有几年，是把小说看成实际生活中的人了。因此搞得很紧张，其实小说还是小说。讽刺可以夸张，态度还是要严肃的。形式上，这篇小说开始不是第一人称，后来变成第一人称，写得还活泼。斗争的复杂性、艰苦性，这篇小说写得不够深刻。《老坚决外传》也有这么一点不够，写顶风也还简单。斗争有思想方面的，内部矛盾和各方面的，写简单了就失真，感人力量就差了。

"大跃进"中有许多也是有好东西可以写的。我不知道农村中的工厂如何。（赵树理插话：服务于农业的还保留，多数停了。肥料厂造的大都不是肥料，小农具工厂、也下放到队里了。）

一九六二年八月十二日 [1]

当时茅盾用乌镇官话做的这个讲话，与会者反映普遍叫好，认为听了以后收获很多启发很大。当时参加会议的河北作家李满天回忆："一九六二年八月，在大连召开的农村题材短篇小说座谈会上，我再一次亲聆茅盾同志讲授文学创作的问题。他用具体的作品，现成的事例，讲了诸如题材的广泛与社会效果的关系，作品中反映生活的深度与广度的关系，人物典型的多样化与复杂化的问题，语言的生动与个性化问题

---

[1] 《茅盾全集》，黄山书社 2014 年 3 月版，第 26 卷，第 578 至 587 页。

等等。加上其他同志的讲话，使我在文学创作上了解到不少的问题。"①
后来，康濯在《热泪盈盈的哀悼》一文中，对茅盾8月12日那次讲话
也记忆犹新：

> 特别是一九六二年八月十二日在大连会议上，茅盾同志谈到关
> 于"农村题材"、"人物创造"和"短篇形式"三个问题的讲话，对
> 我更记忆犹新。三个问题他都具体总结了当时创作上的成就和不足，
> 从"短篇形式"来看，不足之处是认为一些作品的结构缺少奇峰突起，
> 起承转合，新意不多而使人看了开头就知道结尾；不注意环境描写，
> 艺术上深和广结合不够。关于"人物创造"，则认为主要是对性格
> 描写过于简单，其实各种人物的性格都是丰富、复杂的，典型也往
> 往是丰富、复杂、多彩的统一。②

所以茅盾1962年8月12日上午那次讲话，在作家、评论家中产生
了良好的反响，他道出了文学创作的真谛，深刻地揭示了作家创作把握
社会主流的辩证法。

当时的大连会议开得十分轻松愉快的，当时参加会议的黎之回忆"大
连会议"其乐融融的情景，几十年后仍历历在目，说会议安排比较宽松。
上午开会，下午休息、参观游览、游泳。……晚上大都有舞会。市委书
记是个舞会支持者，经常光临。

会议结束了，茅盾的休养也结束了。茅盾16日上午去大连宾馆参
加会议，第二天，17日上午八时，大连市人委办公厅主任、交际处长、
文化局长等到枫林街招待所来为茅盾送行，到了码头后，茅盾发现葛琴、
马加、侯金镜等在码头为他送行，康濯、李满天与茅盾同船回天津。18

---

① 李满天：《痛悔的悼念》，刊《河北文学》1981年第6期。
② 康濯：《热泪盈盈的哀悼》，刊《芙蓉》1981年第3期。

日下午五时半回到北京。至此，茅盾在大连的休养结束，大连那个农村题材小说创作会议也开过了，茅盾又投入新的繁忙的行政事务中，每天是开会，参加各种各样的活动，包括宴会、晚会等等。但是茅盾的每天读书的习惯，即使再晚回家，茅盾一直坚持读书，这个习惯，茅盾到晚年依然每日不辍。在茅盾有限的日记里，每天都可以看到"阅书至十时""阅书至十二时"等等。

然而，本来轻松而充满民主气氛的业务专题会议，在文艺界并没引起太大的反响，普遍觉得会议上提出的创作中把握人物的特点，可以写各种各样的人物，可以写正面人物，也可以写反面人物，同样可以写中间人物，写人物性格的多样性、多面性，这本来是小说创作中应有之义。所以《文艺报》没有大张旗鼓发表社论，也没有发表各个会议代表在会上的发言，只是发表一篇文艺杂论。还是很低调的。

但是，在当时的社会背景里，文艺界的政治运动往往比农业战线、工业战线更敏感、更激动、更残酷。两年以后，到1964年，曾经其乐融融的"大连会议"，突然成为中国作协的一件"大案"，辛辛苦苦操办、主持会议的中国作家协会党组书记邵荃麟首当其冲，中国作协主席茅盾，便成为不点名的攻击对象。又过没有多少时间，一场声势浩大的批判邵荃麟、批判"大连会议"的悲剧，终于在距开会两年之后在中国作协拉开序幕。

批判"大连会议"的文章铺天盖地，同年12月，《人民日报》《光明日报》《解放日报》等国内一流大报也发表文章，批判写"中间人物"的观点和"大连会议"，其中姚文元在《解放日报》上发表了《使社会主义文艺蜕化变质的理论》一文，批判"中间人物论"，气势汹汹，咄咄逼人！据说，当时《文艺报》将指名道姓批判中国作家协会党组书记邵荃麟的《写中间人物是资产阶级的文学主张》一文，还专门送邵荃麟过目，人们记得："荃麟默默地看了一遍，说：'我没有什么意见，这些话都是我讲过的。'默默地全部承受了下来。"

邵荃麟为"大连会议"付出生命的代价，茅盾后来回忆说："要不要写中间人物？我与荃麟同志意见一样。但我却不知道他因此惹下了'杀身大祸'。我不知道他曾因此与张春桥、姚文元发生争论。怪不得文化大革命时一些红卫兵几次向我探询：'中间人物论是谁提出来的？'我答以'记不起来了'。他们还要问我有没有记录（指开会时我自己作的记录），意欲查看。我答以'没有'。这也是实情，我向来不会当场自作记录，因为手慢，记了这句，就掉了那句，还不如不记。"其实，1964年的茅盾，已经没有招架、还架之力了，他不去辩解，不去解释，他默默地上班，安排他开会时，他去开会，他也随中央领导出席宴会，接见外宾。但是，是非曲直，茅盾心里是非常清楚和明白的。

"大连会议"的轻松和愉快，却给茅盾这位文学巨匠带来意想不到的困惑！然而，更大的困惑还在等着茅盾，1963年12月9日，中共中央宣传部文艺处编印了一份《文艺情况汇报》，上面登载了上海市委第一书记、上海市市长柯庆施如何抓好曲艺工作的材料，这份介绍上海市委抓好群众文艺活动的材料，分别送给周恩来的秘书许明和江青，江青又送给毛泽东，12月12日，毛泽东在这份材料的空白处批示：

彭真、刘仁同志：

此件可一看。各种艺术形式——戏剧、曲艺、音乐、美术、舞蹈、电影、诗和文学等等，问题不少，人数很多，社会主义改造在许多部门中，至今收效甚微。许多部门至今还是"死人"统治着。不能低估电影、新诗、民歌、美术、小说的成绩，但其中的问题也不少。至于戏剧等部门，问题就更大了。社会主义经济基础已经改变了，为经济基础服务的上层建筑之一的艺术部门，至今还是大问题……

毛泽东 十二月十二日①

---

① 《建国以来毛泽东文稿》，中央文献出版社1996年8月版，第10册，第436至437页。

许多共产党人热心提倡封建主义和资本主义的艺术，却不热心提倡社会主义的艺术，岂非咄咄怪事。

　　毛泽东在这个材料上的批示，虽然批示给北京市的彭真和刘仁的，彭真当时担任中共中央政治局委员、中央书记处书记、北京市委第一书记兼任北京市市长，刘仁当时担任北京市委第二书记。因为材料介绍的是上海的经验，所以毛泽东就批示给北京市。同时，说明毛泽东对文化艺术部门的工作不满意，而作为文化部部长，茅盾在会上听了这个批示，如坐针毡，如临深渊，他感到担心、惧怕，更感到委屈。十多年来，为新生的共和国文化事业，茅盾呕心沥血，殚精竭虑，放弃自己的创作，全身心地投入新中国的文化建设，为中外文化交流，为培养新中国的作家，为指导群众文化工作，为保护祖国文化遗产，几乎都是不遗余力的，现在竟然成了"死人"？茅盾内心陷入极度的矛盾和痛苦之中！但是，茅盾在会议上没有表现出来，他表情冷冷地坐在那里，静静地听林默涵副部长传达。传达完了，散会了，茅盾默默地走出会场，临别，和周扬、林默涵、邵荃麟握了握手，上了汽车，一言不发，就回家去了。

　　过了几天，1964年元旦到了，刘少奇、邓小平、彭真等以中央的名义召开文艺界座谈会，茅盾也去了，坐在那里，静静地听这几位中央领导讲话，要求文艺界对照批示认真开展整风、检查。于是，文艺界又开始无休止的会议学习、检查、揭发、批判。

　　1964年6月，中宣部根据揭发出来的问题，整理了一份向党中央报告的材料。6月27日，毛泽东看了这份题为《中央宣传部关于全国文联和所属各协会整风情况报告》的材料后，又作了第二个批示。周扬、林默涵又非常郑重地召开会议传达这个批示：

　　这些协会和他们所掌握的刊物大多数（据说有少数几个好的），十五年来，基本上（不是一切人）不执行党的政策，做官当老爷，不去接近工农兵，不去反映社会主义的革命和建设。最近几年，竟然跌到了修正主义的边缘。如不认真改造，势必在将来的某一天，要变成像匈牙利裴多菲俱乐部那样的团体。

毛泽东

1964 年 6 月 27 日 ①

这个批示连同去年 12 月的那个批示，后来史称"两个批示"。这"两个批示"，对共和国文化部长来说，不啻为一记闷棍！从这以后，茅盾悄悄做着挨整的准备，谢绝一切约稿，开始长达 12 年的沉默！

茅盾当时的感觉没有错，大概也是这个时候，宣传口已经开始组织人员在罗织茅盾新中国成立以来在文化艺术方面的罪行，笔者见到两份 1964 年 8 月中宣部办公室编印的内部材料，一份是《关于沈雁冰政治历史、思想情况》，对茅盾在新中国成立以来的言行进行梳理，认为"从沈雁冰一贯的表现看，每当国内外阶级斗争尖锐化的时候，他就明显地暴露出他的顽固的资产阶级立场"。后来，"1959 年到 1962 年，国内经济生活困难时期，他放出了大量反党反社会主义的言论，更进一步暴露了他资产阶级反动的世界观"。还说："沈雁冰的文艺思想也和他政治上的资产阶级立场观点是一致的。"接着列举茅盾在解放以后的文艺思想，认为茅盾的文艺思想"在文艺界特别是青年作家中，发生了很大的影响"。说"沈近几年写了大量文章评论青年作家的作品，同许多工人作家、少数民族作家及其他青年作家通信。不少青年作家有'一登龙门，身价十倍'之感，无形中成为他的思想俘虏。在党员评论家和青年评论家中，也有些人受到他的资产阶级文艺思想的影响"。

另外一份《关于茅盾的一些文艺观点》的内部材料，中宣部办公室编印的，这份材料的整理者，对茅盾在新中国成立以后发表的文章、讲

---

① 《建国以来毛泽东文稿》，中央文献出版社 1996 年 8 月版，第 11 册，第 91 页。

话专门作了研究，认为茅盾在解放以来有关谈创作问题和评论作品的文章有168篇，还出版了有关文集和小册子，所以"中国当代著名、活跃的短篇小说作家，尤其年轻作家的作品，几乎全部受过他的'检阅'和评价"。"从这情况，可以看出他通行无阻，广泛占领文学阵地，抓住创作评论，不但左右文学创作倾向，更严重地是同党争夺青年作家。"然后整理者分几个方面"揭露"茅盾的文艺思想，比如："茅盾的资产阶级文艺观点，首先暴露在他对'二百'方针、文艺与政治的关系这些根本问题的片面曲解上。他借口贯彻'百花齐放'、'百家争鸣'，借口提倡题材、风格的多样化，反对所谓公式化、概念化，攻击和贬低为社会主义、为工农兵服务的革命文学，宣扬资产阶级的自由化。"再比如："茅盾的全部文章，几乎没有从正面提倡或者阐发过写先进人物、英雄人物的重要意义。却在提倡'创造典型人物'、'典型性格'的口号下，不断鼓吹写中间人物。"① 等等罗列了五个方面的所谓"罪行"，上纲上线，似乎随时可以公开批判茅盾这位文学大师！

大概也是在这个时候，有一次，茅盾参加周恩来主持的国务院全体会议，会议结束，茅盾刚要离开，周恩来走过来，把茅盾留下，和茅盾作了一次谈话。周恩来说：

"文化部的工作这些年来一直没有搞好，这责任不在你，在我们给你配备的助手没有选好，一个热衷于封建主义文化，一个推崇资本主义文化。我知道你一开始就不愿意当这个部长，后来又提出过辞职，当时我们没有同意，因为找不到接替你的合适人选。现在打算满足你的要求，让你卸下这副担子，轻松轻松，请你出任政协副主席，你有什么意见吗？"说完，周总理用炯炯有神的目光，看着茅盾。

"好啊，我拥护总理意见。"茅盾早有思想准备，不假思索地回答。

周总理点点头，又说："新的文化部长很难找，目前尚无合适对象，

---

① 有关这两份内部材料，未曾公开。此处只是引用小部分观点。

只好暂时让陆定一兼任，另外打算从军队调几个人来，不过完全由当兵的人来管文化工作怕也不行，所以准备从上海调石西民来，石西民你认识吗？这人过去也犯过错误，不过这几年在上海干得不错。"

茅盾笑笑，没有正面回答，却又向总理提出："我这个作家协会主席也已经当了十多年了，工作没有做好，可不可以这次也一起调换调换？"

周总理笑了笑，敛起笑容，说："那就不必了，作协的问题主要也不是你的责任，你不当作协主席还有谁能当？"①

茅盾和周恩来两人谈话以后，茅盾默默地走出国务院的会议室。回家后，也没有说一句话。

隔了个把星期，周扬专门到茅盾住的小楼里来一次，向茅盾介绍文艺界学习和贯彻毛主席的两个批示的情况，也谈了其他人所犯的错误。又说："主席对文化部和各个协会的批评，主要责任在党员领导干部，是他们马列主义水平不高，犯了错误。听说您要离开文化部，这样也好，以后您可以用更多的精力来领导作协和文联各协会的工作了。"茅盾听后，笑笑，没有再说什么。

1964年12月，茅盾以山东省人民代表的身份出席第三届全国人民代表大会。会上，茅盾被免去文化部长。国家主席1965年第二号主席令，任命陆定一为文化部长。②茅盾被同时召开的第四届中国人民政治协商会议选为全国政协副主席。从此，茅盾在文艺界的活动逐渐少了，应酬活动也少了，除了国庆节、五一节等国务活动外，在媒体上已经很少看到茅盾的身影。69岁的茅盾在北京的那座小楼里开始在家打扫打扫卫生，陪夫人说说话，为孙女小钢煮牛奶，看管家里的那只蜂窝煤炉。

然而茅盾虽然离开文化部，但是风波依然不可避免，1965年春夏

---

① 有关茅盾卸任文化部部长的内容，见韦韬、陈小曼《我的父亲茅盾》辽宁人民出版社
2004年2月版，第56页。

② 《人民日报》1965年1月5日。

之交铺天盖地的批判电影《林家铺子》的浪潮，让 70 岁的茅盾除了沉默，还是沉默。1965 年 5 月下旬开始对电影《林家铺子》的铺天盖地的批判，矛头十分明显。茅盾心里也十分清楚，但情绪上非常冷静，没有流露出任何惊慌。据茅盾儿子韦韬夫妇回忆："我们周末看爸爸，希望能谈谈这件事。我们发现爸爸仍旧像往日那样平静地躺在床上看书，看不出有什么情绪上的变化，也不谈外面闹得沸沸扬扬的批判电影《林家铺子》的事，就好像这件事从未发生过一样。我们心里纳闷，只好悄悄地问妈妈，妈妈显得忧心忡忡，小声说：'我觉得大祸临头了，可是你们爸爸不让我乱说，他说他还要观察。'"① 的确，在对电影《林家铺子》甚嚣尘上的大批判形势下，作为原小说作者的茅盾，冷眼向洋，置之不理，表现出少有的冷静，这是经过大风大浪的而且有信仰的人才能达到的境界！

① 韦韬、陈小曼：《父亲茅盾的晚年》，文化艺术出版社 2008 年 6 月版，第 9 页。

六、沉默无语的日子

茅盾一生经历的风浪，都是中国现代史上波澜壮阔的事件。他中学时代经历了清朝的覆灭，青年时代经历了五四运动，参与中国共产党的创建，亲身经历了第一次国共合作到国共分裂，大革命的兴起到失败。抗战开始，茅盾就在文艺抗战的第一线，他去过新疆，到过延安，几次进出香港，在重庆三年，茅盾在共产党的身边积极从事文化工作。抗战胜利后，茅盾去过苏联，后来，茅盾夜以继日为新中国的诞生贡献聪明才智，新中国的诞生，中国的历史翻开了新的一页。新中国成立后，茅盾的经历自不待言。但是，茅盾毕竟是一个有真信仰的人，他在年轻时代确立马克思主义信仰，始终没有变。他在亲身经历的风风雨雨中，对共产党的理想的追求，同样没有变。茅盾的胞弟沈泽民、女婿萧逸、女儿沈霞等都是把生命贡献给了共产党领导的民族解放事业。新中国社会主义的建设中，茅盾有过充满激情的时候，也有困惑的时光；有过心情舒畅的日子，也有心烦意乱的时候，但是因为茅盾是有理想信仰的人，信念的坚定，所以他在风风雨雨中能够保持自己的政治操守。

还在五十年代，不少民主人士，纷纷加入共产党，包括郭沫若等，当时茅盾的弟媳妇张琴秋和瞿秋白夫人杨之华都劝茅盾，向党中央提出入党的要求，以实现茅盾当年的夙愿。当时，茅盾对家人说："在共产党打天下的时候我不是党员，不过我一直是以一个共产主义者的标准要求自己的。现在共产党得了天下，我不想再来分享共产党的荣誉。入党不是为了做官，思想上入党更重要。"①这样的政治操守，无论在当时还是后来，都让人景仰！

在 1966 年到 1976 年的 10 年间，茅盾除了全国政协通知参加的会议之外，基本上只是读书和沉默。过去读者来信，茅盾都会及时处理，在这个年代里，茅盾收到不熟悉的读者来信，常常交给服务员老白，送给组织处理，不再直接回复。即使这样，在运动的开始时期，茅盾还是受到冲击，1966 年 8 月 30 日，一批年轻人冲进文化部的宿舍，敲开了1 号小楼的门。在一片混乱中，茅盾在一边看着这些中学生撕掉《红楼梦》《西游记》两部书的封面，还恶狠狠地指着书架上的书说，这些书都是大毒草，统统烧掉！一个学生指着墙上萧逸烈士的照片，问茅盾："这个穿国民党军服的家伙是谁？"这时茅盾不禁怒火中烧，冷冷地反问道："你知道国民党是什么样子吗？"转身看了看墙上萧逸的照片，告诉他们："他穿的是八路军军服，他是新华社战地记者，是我的女婿，他是老八路，他在前线牺牲了！是国民党打死的！"茅盾板着脸，一字一句地说。那些人被镇住了，嚣张的气焰被噎回去，只好悻悻而去。茅盾在日记中，非常简略地写了这么几句："今日上午九时半，有红卫兵来检查，十一时许始去。箱子都细看，抽斗都细看，但独不要检查书籍，只说书太多了无用，只要有《毛选》就够了。有一樟木箱久锁未开，锁生锈，不能开，乃用槌破锁。"②

茅盾家里被冲击的消息传到统战部，传到周总理那里。周总理开列一张包括国家副主席、全国人大副委员长、常委、政协副主席、副总理、部长、副部长、各民主党派负责人以及最高人民法院院长、最高人民检察院检察长在内的保护名单，茅盾也在被保护名单之内。所以，从 1966 年 9 月起，茅盾家才免遭横扫和冲击。这一年，茅盾还要经常去政协参

---

① 《茅盾的晚年生活》（九），刊《新文学史料》1997 年第 1 期。

② 《茅盾全集》，黄山书社 2014 年 3 月版，第 41 卷，第 173 页。

加各种各样的学习和会议。如 6 月 17 日上午 9 时，茅盾去人民大会堂河北厅参加统战部召开的会议，听徐冰传达彭真、陆定一、罗瑞卿、杨尚昆四人所犯的"罪行"。同时统战部组织他们学习有关文件。第二天茅盾上午、下午都到人民大会堂学习文件。19 日是星期天，学习休息一天。20 日开始又是每天赴全国政协学习。他在日记中写道："上午 9 时赴政协出席讨论会（座谈阅了中央几个文件后的感想），全组 16 人，仅 1 人未到。因本组成员都是高年，每日上午下午都开会，恐怕累了，当由全组同意，每日上午开会，下午休会，以便复习两个月来报上所发表的重要文章。今天上午有 5 人发言，情况热烈。12 时散会。"[①] 此后，茅盾每天上午 9 时准时到全国政协参加座谈会。一直持续到 7 月初。然而，相对平静的日子很快没有了。茅盾从 1966 年 9 月中旬起，陆续有陌生人来到茅盾的小楼，叩开茅盾家的门，没完没了地向茅盾"外调"。

据茅盾儿子韦韬回忆，当时，1969 年前两年间，茅盾接待了 130 多批外调人员，写了近百份证明材料[②]。从现在留下来的茅盾日记看，似乎最早到茅盾家里外调的，是山东大学的学生，时间是 1966 年 9 月 19 日。茅盾在这一天的日记中写道："十一时，山东大学学生来访，询成仿吾曾说有纪念鲁迅文（写于延安，一九三六年）寄与在上海的我（此事早有山大学生来信询问，我已作复，事在七月尾），等等，我告以我在三七年十一月举家离沪以前，未收到成文。此次来访之山大学生乃山大革命学生来京作革命串联者，中无七月中写信给我的学生，且亦不知已有同学先来询及此事也。他们明天将回山东。"[③] 这大概是到茅盾家里外调的开始。27 日，山东大学的两位学生又到茅盾家里，询问成仿吾和鲁迅的关系。但是真正让茅盾不胜其烦的，是 1967 年开始的，动不动门铃响了，全国各地到北京外调的人，找到茅盾，提出各种各样稀奇古

---

① 《茅盾全集》，黄山书社 2014 年 3 月版，第 41 卷，第 150 页。

② 韦韬、陈小曼：《父亲茅盾的晚年》，文化艺术出版社 2008 年 6 月版，第 41 页。

③ 《茅盾全集》，黄山书社 2014 年 3 月版，第 41 卷，第 180 页。

怪的问题，让茅盾回答。7月5日开始，几乎每天有来访者，有时候甚至有两批同时找到茅盾家里。如5日："天津大学三位同学来了解情况（关于'左联'当时的活动及其上级领导），一小时又半后去。"6日："十一时有中央音乐学院同学三人来访，了解三十年代'左联'活动情况。"7日："三时，政法学院政法公社革委会同学八人来访，了解瞿秋白生前情况，他们是《讨瞿战报》的编辑者，《战报》我曾看过三期，中间（二期）未曾买到，蒙他们赠我全份，至为感谢。谈至五时许辞去。"9日："下午三时，南开大学同学八人来访（政协介绍），也要了解'左联'经过等等，乃以已写成的书面给他们抄一份，后又谈至五时辞去。"10日："三时许，上次来访过之天津大学同学来取我提供之书面情况，又谈了些情况，约一小时辞去。"11日："九时许，作协杨子敏、孙琪璋来访，亦是了解一九三六年两个口号之论争。十时五十分辞去。"12日："九时半，南开大学'八·一八红色造反团'的同学四人来访（即上次来过的），他们仍在搜集关于'左联'的材料，我将过去（解放后，据说是文学研究所唐弢所搜集整理）收到的一份油印材料给了他们。他们说：文联或作协召开过一次关于'左联'的座谈会，此座谈会记录亦有油印或铅印的，分送参加座谈的人，而且他们还了解，在会上阳翰笙与夏衍发言最多。我不记得曾有此记录否，当时查了下，未见，允以后再查，如查得可给他们。此时有统战部三人来了解梅电龙情况。十一时许两批来访者都去了。"15日："八时三刻，'作协革命联络总站'关、孙两同志来访，了解一九三五年周扬在上海活动及反对鲁迅情况。上次杨、孙二人曾来访，了解过，今日盖继上次所了解欲进一步了解也。十时半辞去。"17日："九时半有红代会斗争陶铸筹备处吕兴武等三位来了解一九三二年后夏衍在上海情况。至十一时辞去。中午未能小睡，因闷热。只偃卧至二时而已。下午四时，天津南开大学卫东、高文生等二位同志来了解四九年香港文化界人士情况。五时许辞去。"18日："九时许，文化部联络站两位同志来了解夏衍在上海（一九三五年左右）对鲁迅情况，同时，南开大学'八·一八'的两位同学又来了，他们归还上次借去的油印'左联'资料，又谈了些情况。他们约半小时即去。文化部联络站的两位于十一时许辞去。"19日："五时许政法公社《讨瞿战报》二同志（上次曾来访）来谈半小时而去。蒙赠最近一期（新出，第七期）四份，谓可转赠别人。"20日："九时，北航（北航，指北京航空学院）'红旗'刘俊生等五同志来访（此为昨日政协来电话约定的），了解一九二七年刘少奇在庐山情况，并询同时我在庐山又遇见谁。在牯岭时我曾路遇刘，他坐轿，我让在路旁，见是他，向他招呼，他掉头而去，彼时化妆为阔商人。谈至十时半，辞去。并嘱扼要写一书面材料，下次来取。"21日："八时许，河北文联李大振两同志（即昨日政协电话约定的）来了解开罗会议（亚非作家会议）时田间的表现。但九时许，斗陶筹备处的同志（前曾来过，专找夏衍三五年材料）也来了。两面交谈，河北文联同志不得不等待。至十一时许辞去。"24日："上午八时半，河北文联李大振两同志来取关于田间在开罗会议时表现之书面简述，又谈至九时半辞去。"25日："九时许，北航'红旗'两同志来取上次约好提供之书面材料（关于一九二七年八月间我曾在庐山看过刘少奇坐轿而过等等），又谈了一小时辞去。"27日："十时，有中央音乐学院'红岩兵团'、'毛泽东思想战斗团'、'北京公社'之周扬问题专案小组王安妮等五同志来访，谈卅年代有关周扬之事情，至十二时许辞去。"31日："下午政法公社《讨瞿战报》吴起灼等两位同志来了解瞿秋白与胡适关系（他们新近发现了一九二三年上海大学开办之年瞿给胡适的信）。谈约一小时辞去。并借去《红楼梦问题讨论集》四册。"[1]

对这些不速之客，茅盾始终不给他们有机可乘，茅盾听他们讲完后，简单说几句，并且表示可以给他们一个书面的材料，供他们参考。其实这是茅盾的细心之处，他担心这些人将茅盾的话各取所需，乃至颠倒黑白。所以自己反复推敲花时间写成一个书面的材料，这就是茅盾了解的

---

[1]　以上引用的茅盾日记，均见日记，刊《茅盾全集》黄山书社2014年3月版，第41卷。

情况。白纸黑字，外调人员想篡改都难。还有茅盾抱着知之为知之、不知为不知的态度，绝不按照来访人的要求写证明。1967 年 8 月 1 日下午，天津公安局军管会来人，要茅盾证明 1951 年北京电影制片厂将废片卖给王光英一事，茅盾表示"事隔 16 年，且是事务性事情，我已记不得了"。让来人想从茅盾那里挖点材料的想法落空。1967 年 9 月 27 日，有人来找到茅盾，调查梅电龙在日本的情况，说梅电龙在日本被捕曾自首等等。对此茅盾明确告诉来人，自己在日本时不知道他在日本，也没有见过梅电龙。他在 28 日日记中写道："昨日下午三时半，有政协秘书处夏从本（持政协秘书处介绍信）来访，了解梅电龙情形。据云，梅于一九二九年春奉中共中央派遣至日本东京，任务为与日共取得联系，且与在日之中共党员联系，但到后不久即被捕，在狱中自首，因此有多人被捕，约一年后始释放回国。其后日本报纸曾报导此事，指梅为第三国际派赴日本间谍，并登有梅之照片，据云此项报纸现亦找到云云。但我赴日本在一九二八年七月、八月，在东京二、三月即迁居京都，三〇年三月尾归国。在日本时未遇见梅电龙，亦不知他在日本或曾来日本。四时许辞去，时已飘雨点，半小时转大。"[1] 态度十分明确。1967 年 11 月 22 日，文化部的人找到茅盾，让茅盾说夏衍在抗战时期到过上海。对此茅盾在这一天的日记中写道："七时半，有自称文化部人（共四人，无介绍信，亦未自通姓名，我亦未问其姓名，只说你们是文化部的？他们说，就在前面大楼）。来询夏衍历史情况，据云夏在抗战时期去过上海，且不止一次，现在有人揭发，并谓我知此事。然而我实不知有此事，他们似不信，九时许辞去。"[2] 让别有用心的人落空。

鲁子俊是当年为茅盾女儿做人流的医生，因为他的疏忽，沈霞因感染而去世。年仅 24 岁，给茅盾夫妇造成一生不可弥补的创伤！到那个

---

[1] 《茅盾全集》，黄山书社 2014 年 3 月版，第 41 卷，第 300 至 301 页。

[2] 同上，第 317 页。

年代，鲁子俊已经是一个医院的院长，此时这位反动学术权威被打倒了。这时这个医院的人找到茅盾，要茅盾证明，沈霞去世，是鲁子俊故意加害。茅盾一听来人的说法，立刻表示不同意，他说："女儿沈霞的死鲁某人有责任，是他玩忽职守不负责任的结果，是严重的医疗事故，但鲁某人当时已经受到严厉的处分，事情早已了结。绝不是故意害人。"① 让来人空手而回。

又有一次，某外调人员要茅盾证明，当时曹靖华在重庆和苏联大使馆"过从甚密"，因而有苏修特务的嫌疑。茅盾对此坚决拒绝，"我不知道，我没有看见，我不能证明！"来人恼羞成怒，竟拍着桌子，威胁茅盾。茅盾也站起来，义正词严地对来人说："毛主席说'要实事求是'，你是怎样理解的？我对一切调查所抱定的态度就是，'知之为知之，不知为不知'，这条原则我决不会改变！"② 那人无奈，只好悻悻而去。

1968 年 4 月 22 日，茅盾的弟媳妇张琴秋被迫害致死，但是在那个年份，茅盾十分悲痛又十分无奈，但他始终不相信这位曾经九死一生的纺织工业部副部长、红军女将张琴秋会自杀！茅盾后来对此留下怀疑的文字，认为张琴秋是被人"弄到男厕所推她坠楼致死"。③ 1969 年 9 月 3 日，胡志明逝世，6 日茅盾接到通知，到越南大使馆参加吊唁活动。没有想到的是，这是茅盾在那个时候最后一次露面。1969 年的国庆节，茅盾没有接到上天安门城楼观礼的通知，为此茅盾夫人孔德沚让警卫员打电话问一下，结果对方回答说，不知道。不久，警卫员取消了，专车取消了，连每天两本的《参考资料》也取消了！没有理由，没有解释，也没有通知，一切都莫名其妙！而此时非常敏感的夫人孔德沚，却受不了这种莫名其妙的迫害，高血压、糖尿病等并发，孔德沚开始人消瘦，下肢却浮肿起来，不久手也浮肿。茅盾陪她去医院看了几次病，服中药西药，仍不见

---

① ② 韦韬、陈小曼：《父亲茅盾的晚年》，文化艺术出版社 2008 年 6 月版，第 43 页。

③ 据手稿。1979 年有关部门征求茅盾对张琴秋悼词意见时，茅盾专门写了几页意见，提出自己的看法。

效。医院里也在闹革命，医生都是问了问以后，见这两个七十多岁的老人，便给些常用药，打发了。1970 年 1 月 24 日孔德沚忽然觉得昏昏欲睡，吃不进东西。茅盾听别人说，"这是酸中毒的现象！"急忙送妻子进医院，但为时已晚。孔德沚神志昏迷，医生诊断酸中毒、尿中毒、慢性肾炎并发。1970 年 1 月 29 日凌晨 2 时 47 分，与茅盾相伴五十多年的爱妻孔德沚，离开了这混乱的人世间！

茅盾赶到医院时，已是人去室空，孔德沚的遗体已经移到太平间，茅盾双手颤抖着，亲手替老伴揩身换衣。此时，经历风风雨雨的茅盾，望着夫人紧闭的双眼，熟悉而又满是皱纹的脸庞，悲从中来，老泪潸然，禁不住放声痛哭起来！

1 月 31 日下午，风，刺骨地在刮，太阳淡淡的冷冷的，没有一些暖气，茅盾在家人的搀扶下，迈着蹒跚的步子，在老友叶圣陶和在京的几个至亲陪伴下，为夫人孔德沚送灵。

悲痛，劳累，茅盾在 2 月 7 日也病倒了，住进了医院。

茅盾在经历爱妻撒手西去的痛苦后，心情十分沉重，情绪十分忧伤。此时此刻，七十多岁的茅盾非常想念自己最敬最爱的母亲，如果母亲仍在，一定会给他许多指点。可是，母亲已经离开他 30 年了！1970 年初夏的一天，他思念的母亲走进茅盾的梦里，茅盾又梦见了母亲！第二天，他从梦境里走出来，满怀深情地写了当时第一首旧体诗《七律》，怀念至亲至爱的母亲：

> 乡党群称女丈夫，含辛茹苦抚双雏。
>
> 力排众议遵遗嘱，敢犯家规走险途。
>
> 午夜短檠忧国是，秋风落叶哭黄垆。
>
> 平生意气多自许，不教儿曹作陋儒。

自此，茅盾常常以诗词来寄托自己的喜怒哀乐。

　　1971 年 9 月以后，茅盾依然被边缘化，完全冷落在那个破落的小楼里，自从孔德沚逝世后，茅盾大病一场，后来才慢慢恢复。此时，叶圣陶是第一个到茅盾家里慰问茅盾的老朋友。杭州的表弟陈瑜清是当时第一个与茅盾恢复通信联系的亲戚。有一天，胡愈之来看望茅盾，说起这几年的经历，胡愈之告诉茅盾，说有人检举茅盾是叛徒，是 1928 年去日本途中叛变自首的。得知这几年自己莫名其妙地被边缘化、被冷落的真相后，七十多岁的茅盾被激怒了！据茅盾儿子韦韬回忆：当时"听到这话，从不疾言厉色的父亲被激怒了：'胡说，完全是胡说！大家都知道，我是从上海乘轮船去日本的，在船上怎么叛变？我也从来没有被捕过，哪来的自首！'略一思索又说：'既然有这样的问题，为什么不来问问我。也好让我这个当事人辩白几句呀！'胡老劝慰道：'想必是查无实据，可是又做不了结论，只好挂起来了。'父亲稍平静了些说：'只是那个诬告我的人，不知是何居心，竟要置我于死地？'胡老说：'告发不是年轻人，恐怕还是我们同辈的人。''那就奇怪了。'父亲陷入沉思。"①

　　其实，那个揭发者，茅盾心里已猜出八九分。

　　从来不计较个人利益的茅盾在原则问题上坚决不含糊。当他听到这种传言后，决定亲自向周总理写信申诉，并且接连写了两封信，请邓颖超转呈。不久，茅盾的全国人大代表资格恢复了，国务活动也逐渐多起来了，老朋友的来往也开始有了，茅盾的名字，也开始陆续出现在报纸上了。

　　这三年多所受到的冷落，竟然是同辈人诬告造成的，这是茅盾没有想到的。

　　此时，中共中央正在筹备四届人大。内部传来消息在已选出代表的基础上，再增补宋庆龄、胡愈之、沈雁冰等 20 多位知名人士为四届人

---

　　① 韦韬、陈小曼：《我的父亲茅盾》，辽宁人民出版社 2004 年 2 月版，第 62 页。

大代表，茅盾由第三届人大时的山东代表，变为第四届人大的上海代表。

1973年9月，全国政协李金德副秘书长来看茅盾了。寒暄后，李金德说：“告诉您一个好消息，四届人大将在年底召开，组织上让我来正式通知您，您已经当选为四届人大的代表了。”茅盾不觉一愣，马上联想到给总理的信，就问道：“那么我的问题是怎样解决的？据说我还有一个‘叛徒’问题。”李金德一听，“这个我也不清楚，我刚刚调到政协，许多情况还不了解。不过，既然您已经当选为人大代表，说明那些问题已经不存在，解决了。”茅盾没有再问下去。

1974年4月的一天，北京春暖花开，风和日丽。胡愈之约了一些老友相聚，茅盾、叶圣陶、楚图南、唐强、沈兹九、臧克家等都来了。席间，老朋友相见，茅盾显得特别高兴，神采奕奕。沈兹九悄悄地告诉臧克家：茅公今天特别高兴，是因为组织上已通知他四届人大有他，就要见报。沈兹九的话尽管是迟到的消息，却是对的。

1974年，姚雪垠在艰苦条件下完成了《李自成》第二卷初稿，在困境重重的情况下，寄给茅盾审阅，茅盾尽管自己右目0.3视力，左目几乎失明的情况下，仍仔细辨认了姚雪垠的初稿，并记下要点和修改意见然后给姚雪垠写信，从艺术构思、人物描写，都提得切中肯綮。

1974年12月12日，茅盾离开住了25年的文化部小楼，迁到交道口南大街后圆恩寺胡同13号。茅盾离开小楼时，把夫人孔德沚的骨灰也迁到新居；仍和往常一样，放在自己的卧室里，朝夕相伴。所谓“新居”，这是一个不大的五百多平方米四合院，原来是杨明轩的旧居。它不是北京标准的四合院，只有一进半的院子，没有影壁，也没有回廊，进大门右手有一间六七平方米的小屋，左手也有一间，两间屋门相对。站在大门口向院内看，就能把前院看得一览无余。三间正房，一大二小，坐北朝南，房前有一米宽的廊沿，中间堂屋约二十平方米，左右耳房有十个多平方米。东西厢房和南房各有三间，都不大，大的有十二三平方米，小的不到十平方米。所有的房间都是花砖地。后院院子很小，不过五米见方，三间正房是地板。东西厢房很小，只能放杂物。经过整修，1974年12月12日茅盾迁居于此。当时这个地方叫"大跃进路七条胡同十三号"，后来又叫"交道口南三条十三号"，再后来，恢复原来的地名，即"后圆恩寺胡同13号"。茅盾在这里度过了他的晚年岁月。

1975年1月5日至11日，茅盾作为上海代表，参加了第四届全国人大会议预备会议，13日至17日，第四届全国人民代表大会第一次会议召开。开幕式是在13日晚上举行，会议上，周恩来总理代表国务院作政府工作报告，提出"在本世纪内把我国建设成社会主义现代化强国"。会后，周恩来生病期间由邓小平主持工作。

而此时的茅盾，已经迎来虚岁80岁，他觉得时间对他来说，已经是非常宝贵了。他想到要做的事情很多，但是有一件事，他必须放在第一位。

七、岁月重光，回忆录的诞生

"夕阳无限好，只是近黄昏。"茅盾参加完第四届全国人民代表大会以后，感觉自己的身体已经大不如前，去医院的次数多了，看书时间不能长了。在此之前，茅盾开始在家里秘密续写《霜叶红似二月花》，但是毕竟年龄不饶人，茅盾已经无法找到当年写作时的感觉了。

但是，茅盾一生跌宕起伏，经历的事件，几乎包括了 20 世纪所有重大事件。辛亥革命时，茅盾是中学生，但也已经有革命思想。"五四运动"时，茅盾已进商务印书馆工作，在上海亲身感受"五四"氛围。中国共产党的诞生、创建，茅盾直接参与，他是 1920 年 10 月在上海参加共产党小组，是中共最早的党员之一。中共"一大"以后，茅盾利用商务印书馆编辑身份，担任中共中央联络员，这项使命光荣、责任重大的秘密工作，一直担任到 1925 年年底。第一次国共合作时期，茅盾是亲身参与者，1926 年 1 月，茅盾去广州参加国民党"二大"，会后留在国民党中央宣传部给代理部长毛泽东当秘书，"中山舰事件"发生后，奉命回到上海。北伐战争中，茅盾先到武汉军校当教官，后又执掌《汉口民国日报》主笔，在大革命的政治漩涡中心，目睹了大革命的兴起与失败。从武汉潜回上海后，遭到蒋介石政府的通缉，他开始闭门写作《蚀》三部曲，之后流亡日本。1930 年回国后，创作了《子夜》《林家铺子》《春蚕》等小说。抗日战争中，第二次国共合作，茅盾在经历了新疆惊心动魄度日如年的日子后，去过延安，到过重庆，与中共领袖和国民党中央的大员都有交往和接触。新中国成立后，茅盾担任文化部部长、中国作协主席、全国政协副主席等，新中国的政治运动，都亲身经历，有的亲自参与。所以，在茅盾的一生，经历了20世纪历史的风风雨雨，见证了20世纪历史的曲折和发展。

在茅盾的一生中，交往的人物无数，中共创始人陈独秀、毛泽东、周恩来、董必武、李达、恽代英、李汉俊、瞿秋白、张闻天等等，陈云在商务印书馆时，茅盾是商务印书馆中共党组织的负责人，博古在上海宣传部当干事时，茅盾是宣传部负责人。在广州召开的国民党二大上，茅盾又认识了一大批国民党及中共精英。由于茅盾在商务印书馆工作，后来又主编《小说月报》，参与发起成立文学研究会，倡导现实主义文学，与新旧文人的论争和斗争，客观上扩大了茅盾他们这些年轻人的影响。三十年代参加"左联"的活动与斗争。所以，20世纪文化战线上的事件，茅盾都是亲历者或参与者，鲁迅、郭沫若、郁达夫、叶圣陶、郑振铎、徐志摩等等"五四"进步文化的中坚力量，茅盾和他们，都有深厚友谊和并肩战斗的经历。所以茅盾的这些亲身经历，都是当代中国的历史，如果写下个人的回忆，都是值得留下的珍贵史料。对此，茅盾思考了很久，想了很久，1975年的某一天，茅盾突然把儿子韦韬、儿媳妇陈小曼叫在一起，对他们说："现在，我打算开始写回忆录了！"① 于是，茅盾儿子他们开始为茅盾的回忆录做准备。

从1976年3月24日开始，茅盾关起门来，在儿子、儿媳和孙女的协助下，在自己家里，用秘密口述录音的方法，回忆自己的一生经历。当时，茅盾身边早已没有秘书，更没有助手，所以录音时，儿子韦韬在一边操作录音机，儿媳、大孙女在一旁记录，茅盾在一边讲述自己的经历，回忆自己的经历的往事。韦韬曾经回忆说："1976年3月24日，我们开始了第一次录音，爸爸手持话筒，靠在卧榻上，韦韬站在三屉桌前

---

① 韦韬、陈小曼：《父亲茅盾的晚年》，文化艺术出版社2008年6月版，第275页。

操纵录音机，小曼和小钢在一旁做记录。爸爸的口述是这样开始的：'大概是 1919 年下半年，陈独秀从北京来到上海……'" ①

由于时间紧迫，当时社会大环境不允许茅盾从容回忆，所以茅盾口述回忆录，先讲紧要的阶段，即先从 1919 年讲起，讲到大革命失败。讲了四次。茅盾的文章写得很流畅，故事也跌宕起伏，但茅盾的乌镇口音和不善于表达的口才，加上对着录音机讲话的不习惯，所以开始口述时，茅盾很不习惯。而且乌镇口音确实很重，"那末，那末……"，比较啰唆。后来，经过调整，茅盾坚持每天录音两个小时，整整用了二十天时间，讲完三十年代，抗日战争。再用两天时间，讲述解放战争，讲全国解放。然后再回过头来讲自己的童年和学生时代。可见，当初茅盾口述录音，留下自己的回忆录有一股强烈的紧迫感。至于解放以后，茅盾主要回忆讲述自己怎样当上文化部长，讲述自己 1957 年随毛泽东主席为团长的中国代表团去苏联参加十月革命 40 周年的事情。

当时，茅盾口述录音由儿子韦韬、儿媳陈小曼整理出来之后，茅盾一看，不满意，觉得自己没有讲清楚，尤其一些历史事件，有些很生动的往事，通过口述，变得干巴巴，"只有骨头，没有血肉"，不生动；一些该讲到的，讲时却忘记讲了，一些表述也嫌啰唆。因此，80 岁的茅盾决心自己动手，在儿子、儿媳录音整理的材料基础上重起炉灶，动手写自己走过的路。茅盾有关回忆录的口述和写作，仍然都是在严格保密状态下进行的。

1976 年，周恩来、朱德、毛泽东三位党和国家领导人先后去世。紧接着，党中央粉碎"四人帮"，让全国人民从深深的忧虑中振奋起来，茅盾也从忧国忧民中看到了中国的希望。但是，茅盾是谨慎的，茅盾儿子韦韬说："从粉碎'四人帮'到 1979 年秋季，爸爸经历了从观望等待到逐步投入文艺界的'拨乱反正'的全过程。他以一个老兵的身份呼唤

①　韦韬、陈小曼：《父亲茅盾的晚年》，文化艺术出版社 2008 年 6 月版，第 276 页。

着文艺春天的早日来临。"① 所以茅盾的回忆录写作，依然在保密状态中进行。

1976 年是茅盾诞辰 80 周年，当有友人臧克家等向他提出为他祝八十大寿时，茅盾回信表示"杯酒话旧，于今不宜"，所以茅盾的八十大寿没有鲜花没有掌声，更没有不绝于耳的恭维声。后来和家里人和在北京的几个亲戚一起吃碗面条，拍张照片，就这样匆匆过去了。但是，人非草木孰能无情？茅盾在八十岁时，更加怀念抚育自己成长的母亲，八十年来，茅盾心里的母亲一直是非常高大的，于是，茅盾悄悄地写了一首《八十自述》的诗，怀念自己的母亲：

> 忽然已八十，始愿所未及。
>
> 俯仰愧平生，虚名不副实。
>
> 昔我少也孤，慈母兼父职。
>
> 管教虽从严，母心常戚戚。
>
> 儿幼偶游戏，何忍便扑责。
>
> 旁人冷言语，谓此仍姑息。
>
> 众口可铄金，母心也稍惑。
>
> 沉思忽展颜，我自有准则。
>
> 大节贵不亏，小德许出入。
>
> 课儿攻诗史，岁终勤考绩。

1978 年春节前夕，胡乔木同志在北京医院见到茅盾，高兴地对茅盾说："太巧了，茅公，我正有一件事要给你写信呢。现在就当面谈吧。"于是，就在医院的休息室坐定后，胡乔木向茅盾转达了中央的要求，希望他能够将自己回忆录写出来。胡乔木告诉茅盾：陈云同志在中央的有

---

① 韦韬、陈小曼：《父亲茅盾的晚年》，文化艺术出版社 2008 年 6 月版，第 250 页。

关会议上专门提到您，说，建党初期的历史，除了您，恐怕没有几个人知道了，他希望您把这段历史写出来。要我给您写信，提出这个请求。现在我就当面向您转达陈云同志的意见。胡乔木还希望茅盾将自己的六十年文学生涯写出来。并且希望茅盾在回忆录的写作中有什么困难，也可以向中央提出来。茅盾听到胡乔木转达中央的要求，立刻爽快地答应了。

春节以后，人民文学出版社根据中央的精神，决定创办《新文学史料》杂志，社长韦君宜带着两位编辑登门拜访茅盾，请茅盾为即将创刊的《新文学史料》写刊名，还希望茅盾提供回忆文章。不料，茅盾不仅答应为韦君宜提出的刊物写刊名，还愿意提供长篇回忆录连载，这让社长韦君宜和两位编辑喜出望外，这是意想不到的收获！因为大家都不知道茅盾早已悄悄地在写回忆录了。后来，韦君宜非常重视茅盾回忆录的写作和发表，特地安排在人民文学出版社工作的茅盾儿媳妇陈小曼回家给茅盾当助手，协助茅盾处理一些日常工作，让茅盾集中精力进行回忆录的写作。此时已经是1977年春末，而国内外文艺界、文学界等来拜访茅盾的人逐渐多起来，来信来访，刊物报纸约稿，让陈小曼应接不暇，于是茅盾想到自己的儿子韦韬，当时韦韬在解放军政治学院训练部思想战线编辑室当编辑，茅盾分别给全国政协副秘书长周而复、总政文化部部长刘白羽，还有中央军委秘书长罗瑞卿写信，借调韦韬到自己身边，协助写回忆录。1977年9月，韦韬回家，协助寻找茅盾写回忆录所需要的资料，韦韬在北京、上海的图书馆寻找当年的杂志报纸，帮助茅盾核实当时的人和事。为此，韦韬还请上海的亲戚孔海珠帮助在上海寻找茅盾写作回忆录所需要的资料。因为有儿子儿媳妇的协助，茅盾的回忆录写作走上轨道。此时，茅盾写作回忆录的事才正式公开。

1978年出版的《新文学史料》第一辑上，茅盾回忆录正式与读者见面。第一篇是《商务印书馆编译所生活之一——回忆录（一）》，当时这份横空出世的刊物，还是内部发行，而且只是发行到地市一级。然

第八章　部长生涯：为国操劳

x

519

而因为内容的精彩，洛阳纸贵，成为读者追捧的热点刊物之一。工程浩大的回忆录，茅盾一点都没有懈怠，越来越多的社会活动，门庭若市的来人，让茅盾的回忆录写作进展不快。八十多岁的老人，只能每天写几百个字，一点一点累积，细沙成塔，滴水成河，而且有些人和事，年代久远，所以茅盾只能边写边查资料，甚至找人询问，核实时间，核实人等。所以，他让儿子、儿媳他们去上海、北京查旧书报杂志，去图书馆借旧杂志，托上海的亲戚孔海珠就近在上海借书。有了这些二十年代、三四十年代的旧杂志，就能够帮助茅盾准确回忆往事的来龙去脉。他曾托唐弢先生借阅《文学周报》，他在一封给唐弢的信中写道："顷拟找175期以前的《文学周报》，查一点材料，此间不可得，不知上海方面能借得否？如果有，敢请费神借寄，用后即当奉赵。"① 有时，茅盾还写信请朋友帮助回忆，1979 年，茅盾向罗章龙写信，请他帮助回忆 20 年代上海共产党活动的一些事情，核实自己的一些记忆。其中写道：

> 一、一九二三年七月八日，中央第二号通知，召开上海党员全体大会，会上由出席中央第三次全国代表大会的上海代表报告第三次全会通过的各项决议，其中一条为成立上海地方兼区执行委员会，当场选出执行委员五人：徐梅坤、邓中夏、甄南山、王振一、沈雁冰；候补委员三人：张特立、顾作之、郭景仁。现在请教的是：出席中共第三次全国代表大会的上海代表是谁？委员中的甄南山、王振一，当时在上海担任什么工作，他们是不是上海人？候补委员的张特立，有人说是张国焘，确否？
>
> 因为您是代表中央出席这次会的，想来您也许记得。
>
> 二、在七月八日这次会议以前，上海是否已有上海地方兼区

---

① 钟桂松：《新发现的有关茅盾的几则史料》，刊《新文学史料》2016 年第 3 期。

执行委员会？据十多年前徐梅坤回忆，最初只有上海地方委员会（不兼区，即不兼管江苏、浙江两省的党务），第一任主任委员是陈望道，后来陈望道辞职并退党，由徐梅坤继任。故七月八日选出之上海地方兼区执行委员会是第一任，此说确否？

　　三、李达在一九二三至二五年担任什么工作？他是一大代表，一大后他在党担任什么职务，却查不明白。李达的夫人王会悟是我的表姑母（年纪比我小），现在年老，记不起来了，您记得么？ ①

　　1979 年他在写作过程中，也曾经向二十年代同事吴文祺了解武汉大革命时期的人和事。他在 12 月 29 日给吴文祺写信，请教：“两湖书院乃武汉政府时代中央军事政治学校之校址。当时人物亦几经沧桑，我写的回忆录将写到这些事，但有些事记忆不准，例如当时任政治教官，除兄而外，记得有梅思平、陶希圣，还有何人？有范仲云否？陶后在××军为军法官，兄记得此××军是什么军，第几军，属何人指挥？梅思平后来投蒋做何事，依稀记得是县长，确否？恽代英是总教官。兄何时回沪，当时的《汉口民国日报》（我任主编）在汉口何街？又，我赴武汉前，曾接武汉来电，在沪招生（军政学校），当时借什么学校作考场，阅卷人是否即兄、陶、梅、范等人？凡此种种，盼能赐教。” ② 后来茅盾还向黄慕兰了解当年自己在武汉的一些细节，信中说：“我有些事（一九二七年在汉口的）要请教，因为我连《民国日报》是在什么马路也记不起来了。” ③1980 年 1 月 7 日茅盾还专门向周红兴先生了解《热血日报》的一些情况。1980 年 2 月 8 日，茅盾向赵丹写信，请赵丹帮助回忆在新疆的往事：“请你回忆，你们共几个人到新疆，何年何时到的，坐什么交通工具，你们到新疆后演的戏是什么戏（话剧，名字我记不得了），后来又演过

---

①　《茅盾全集》，黄山书社 2014 年 3 月版，第 39 卷，第 411 至 413 页。

②　同上，第 427 页。

③　同上，第 430 页。

什么话剧。你们是暂时住在汉族文化协会院子里,是否有个打球的空地,打何种类的球?有个姓王(?)的空军人员常来和你们玩球,熟了后说了一些不满于盛世才的话,因为你们警惕性高,就由徐韬到我家里研究此人,我与徐韬决定不管如何,先写信给盛世才报告此事(因为很可能此人是盛世才派来试探你们的)。盛世才得信极称赞你们做的对。后来我从孟一鸣(教育厅长,延安派去的)那里知道空军中有人被抓了,猜度起来,因其确是盛世才所派,而嫌其太蠢,故仍逮捕。此事何时发生,能记得起大概的时间么?"①

除了写信询问核实,茅盾还向来访的老友求证。有一次,阳翰笙去北京交道口看望茅盾,刚开始聊天,茅盾就向他打听 1926 年汉口的往事,问:"那时是不是有一个人叫陈启修?"阳翰笙说:"是,是《民国日报》主编。"茅盾接着又问:"他的另一个名字是不是叫陈豹隐?"在得到阳翰笙的肯定的回答后,茅盾才又和他聊起近况。事后,阳翰笙才知道茅盾在核对自己记忆中的人和事。直到 1981 年 2 月 15 日,茅盾修改在日本的一节回忆录时,还在给罗荪渔写信:"现在记得武汉时期《中央日报》主编陈启修是四川人,但又不能确定。因此函请为弟决之。"②进一步核实陈启修是不是四川人问题。

茅盾回忆录在 1978 年第一辑《新文学史料》上开始连载以后,茅盾还在听取读者意见,有机会时及时纠正。开始,第一篇回忆录里将商务印书馆的茶房名字写成"来宝",发表后有人告诉茅盾,不叫来宝,叫通宝。因此,后来结集出版时,茅盾及时将名字改过来。二是回忆历史事件时,茅盾做到"谨言",只讲自己与之相关的事情经过。比如中共"一大",茅盾没有去绘声绘色讲"一大"怎么召开等。虽然他是"一大"前参加共产党组织的中共党员,但他没有参加"一大",不能凭空想象。

---

① 《茅盾全集》,黄山书社 2014 年 3 月版,第 39 卷,第 440 页。

② 同上,第 462 页。

所以他在回忆录里只讲自己在建党前后所做的工作，所参加的一些活动。1926年参加国民党二大时，茅盾目睹了中国革命的轰轰烈烈，茅盾同样只讲自己在广州的所见所闻和自己亲身经历的往事，没有在回忆录里描述整个国民党第二次全国代表大会的全过程。在武汉大革命时期的回忆也这样，我们只看到茅盾在武汉的身影。但是，我们又能从茅盾个人的活动中，能够想象到武汉大革命的轰轰烈烈。这个度，茅盾把握得很好。三是茅盾不仅对事件能够做到"谨言"，而且对人对事也同样做到"谨言"，回忆中尽量只作过程叙述，尽量不作政治定论。茅盾一生，认识的人无数，比如在第一次国共合作时，革命青年们的一些革命偶像，茅盾能够客观地介绍，并没有因为一些人后来的变化而回忆成一开始就是反面人物。在回忆到旧时人物时，茅盾没有直接指名道姓，有时茅盾在手稿写出了此人，但是茅盾修改时依然删了，或者以一个姓替代，体现茅盾笔下的文德，回忆三四十年代涉及文坛人事纠葛时，茅盾也是限制在文艺活动，因为当年文坛错综复杂，每一个人都在时代的动态中变化。所以，从这方面看茅盾回忆录，茅盾是厚道的。

茅盾儿子韦韬、儿媳妇陈小曼回忆："爸爸晚年因肺气肿引起的气喘日益加剧，伏案时间稍长就会引起气喘，所以每次写作不能超过两个小时。一般每天从9时至11时写作2小时，精神好时下午再加写两小时。不过，从1979年夏季开始，他仅在上午写作了，下午用来看资料。"[1] 晚年的茅盾因为身体原因，习惯躺在床上看资料，那些资料就放在床边的一张条几上，不看资料时，他躺在床上构思，打腹稿，想好一段，便起身坐到三屉桌前，把腹稿写下来。现在写回忆录，茅盾不再用毛笔，而是用钢笔。就这样，茅盾一点一点地写了真实、充实而丰富的回忆录。

岁月重光，茅盾晚年的最大的贡献之一，就是茅盾克服许多想象不

---

① 韦韬、陈小曼：《父亲茅盾的晚年》，文化艺术出版社2008年6月版，第284页。

到的困难，写出了一部回忆录——《我走过的道路》，成为文学家写回忆录先驱者之一。在茅盾之前，现代文学作家写文学回忆录寥寥无几，而茅盾之后，现代文学作家的回忆录，如雨后春笋，这是要归功于茅盾解放思想开先河的功劳。

八、晚霞满天，回归"五四"：最后的心愿

    茅盾虽然身体一天不如一天，但是，在十一届三中全会前后，心情是前所未有的舒畅的。特别是一批多年不见的老朋友又见面了。1977年3月，广东的周鸣钢来了，带来阳太阳的问候，周鸣钢刚走没有几天，杜宣、严文井、周而复三个人来了，茅盾从里屋迎出来，杜宣记得那天茅盾"兴致极好，说辞极健"，一直聊到傍晚，大家才告辞。茹志鹃、赵燕翼来了，广东的刘思慕来了，广西的李乔来了，浙江的陈学昭来了。这些都是几十年乃至半个世纪的朋友！巴金是茅盾几十年的老朋友，1976年以后，他每次到北京开会，都要去看望茅盾。巴金尊茅盾为老师，两个人有聊不完的话题。巴金和茅盾说起当年《子夜》出版时的盛况，茅盾把自己目前的状况告诉巴金，说自己晚上摔了一跤，爬都爬不起来。赵清阁来了，她是来参加田汉追悼会的，她是茅盾夫妇在重庆就熟悉的朋友，赵清阁见到茅盾，两个人回忆起在重庆的峥嵘岁月，感慨万千。1979年5月，丁玲来看望茅盾，茅盾是丁玲的老师，在上海读书时，茅盾兄弟都曾经教过她。新中国成立后，茅盾和丁玲曾经一起共事，后来丁玲落难，身为文化部部长、作家协会主席的茅盾，作了耐人寻味的批判发言后，茅盾开始称病，尽量不参加批丁、陈的会议。茅盾的处境和态度，当事人丁玲是清楚的。所以丁玲平反以后，立刻到茅盾家里看望茅盾，丁玲怕聊得时间长，影响茅盾休息，想告辞，茅盾一再挽留丁玲再坐坐。

    一些外国的文学研究者、作家也时不时来到后圆恩寺胡同13号，

叩开白杨树下那扇红漆小门，见一见这位文学巨匠。其中美国学者陈幼石是比较早拜访茅盾的一个学者，茅盾回答了她提出的关于二三十年代茅盾小说创作和中国革命形势的关系问题。而法国作家苏珊娜·贝尔纳和茅盾谈话访问的时间最长，恐怕是茅盾晚年接待外国朋友谈话时间最长的一个。泰国的知名人士访华团来北京，也专门拜访茅盾，就中国文学创作和儿童文学创作等问题双方进行了亲切的交谈。美国华盛顿大学时钟雯教授就中国古典文学的研究来访，和茅盾交流。茅盾十分赞赏时教授的研究工作，并作一首七绝《赠钟雯教授》。日本的东京都大学教授松井博光来访，送给茅盾一本自己写的茅盾研究著作——《黎明时期的文学》。这是茅盾在1976年10月以后看到的国外出版的第一部茅盾研究著作。松井博光在茅盾病重期间还专门到医院看望茅盾。日本早稻田大学的安藤阳子夫妇来访，谈茅盾作品的翻译问题，并希望茅盾去日本走走。茅盾很高兴地说，"我很想去"。还有法国研究中国文学的于伯儒，也专程到医院看望茅盾，并且告诉茅盾，法国巴黎第三大学准备授予茅盾名誉博士学位，茅盾听了很高兴，说自己感到很荣幸。但因为身体原因，不能去巴黎接受这个荣誉，表示歉意。

此时的交道口南三条13号，虽然没有车龙马水，但已经不复是门庭冷落车马稀的状况了。所以茅盾在十一届三中全会前后的几年时间，心情是舒畅的。虽然到了人生的晚年，耄耋之年的茅盾仿佛回到年轻时代，在实践是检验真理的唯一标准的启发下，茅盾回到"五四"，重新焕发出追求真理的热情，敢于直面现实，敢于冲破多年形成的条条框框，为了党和国家的利益，茅盾又像年轻时一样，走在时代前列。

当时，我们国家的文化事业已经受到空前的摧残，也给文艺界的创作思想造成极大混乱。1976年以后的一段时间里，文艺界依然心有余悸，对文艺界纷繁复杂的局面，文艺界同志普遍存在着等待观望的态度。作为从大风大浪中过来的茅盾，依然能够保持着五四的风范，解放思想，先人一步。1977年10月，他就率先解放思想，针对文艺界人们思想中存在的疑虑，一向谨言慎行的茅盾就在公开场合表达自己的思考和观点。

当时，《人民文学》在北京召开短篇小说创作座谈会，茅盾应邀出席并对小说创作以及"文革"前的文艺工作作实事求是的评价。他在即席讲话中，除了批判"四人帮"的公式化、概念化的所谓文艺作品外，还第一次公开肯定一些过去被打倒和否定的作品，认为："延安时期就出现了长篇叙事诗《王桂与李香香》《漳河水》，长篇小说《吕梁英雄传》，刘白羽、康濯的短篇小说，还有秧歌剧、新歌剧《白毛女》等等。此后，新人新作品，陆续出现，风起云涌，蔚为巨观，是中国文学史上从来没有过的。例如《暴风骤雨》、《创业史》、《青春之歌》，王汶石、王愿坚、李准、茹志鹃的短篇小说。从延安时期到'四人帮'霸占文坛以前，所有的好作品，都是万人传诵，将记载在中国文学史上，永远保持其生命力。这个成就，'四人帮'是否定不了的。"① 这是在当时人们的思想还没有完全从思想禁锢下解放出来的情况下，这些作品还没有完全解禁的情况下，茅盾在公开场合表明的态度！北京图书馆最早开放一批禁书，还是在 1978 年 1 月的事。就在这次座谈会上，老作家马烽在会上提了一个当时还非常敏感的问题："文革"前十七年文艺界究竟是红线占统治地位，还是黑线占统治地位？后来主持会议的同志将这个问题提给茅盾，茅盾一听，立刻回答说：十七年文艺创作成绩是巨大的，当然是红线占统治地位了。这在当时，茅盾的回答，振聋发聩，让与会的作家精神为之一振，受到极大的鼓舞。马烽后来回忆说："经过十年浩劫，我第一次看到他，是在 1977 年秋末，那时《人民文学》在京召开短篇小说座谈会，我也参加了。会上我提了个问题：十七年文艺界究竟是红线占统治地位，还是黑线占统治地位？现在看来，这是个非常简单明白的问题。可是在当时的情况下，尽管大家心里都清楚，私下也有所议论，谁也不

---

① 《茅盾近作》，四川人民出版社 1980 年 5 月版，第 44 页。

敢在公开场合回答这样的问题。谁都知道，在'文化大革命'前夕《部队文艺工作座谈会纪要》宣判了'十七年'的死刑，这个《纪要》是林彪委托江青炮制的，可它又是以中央文件的形式下发的，虽然林彪'四人帮'已经垮台了，但那时中央对此还没有表态。大家在那种惊魂未定的情况下，还没那样的勇气，我所以提这个问题，也就说明自己心有余悸，希望领导上说话。在座谈会临结束前，茅盾同志来了，主持会议的同志把这个问题向他提了出来。他毫不犹豫地说：十七年文艺创作的成绩是巨大的，当然是红线占统治地位了。很显然，这样的大是大非问题，他早已深思熟虑过了。他面对的是事实，而不是考虑个人得失。就这么简简单单两句话，却给了与会同志极大鼓舞，大家痛痛快快舒了一口气。"①这在当时是需要极大的勇气和思想，才能作出如此肯定的回答的。

　　1977 年，茅盾已经是 81 岁高龄，但他始终在思考如何繁荣我们国家的文艺，始终在考虑如何在文艺界通过拨乱反正来推动文艺的发展。他认为，粉碎"四人帮"以后，为作家们"大显身手"打下了新的基础，相信今后"可以真正做到'百花齐放、百家争鸣'、'推陈出新'了"②。所以他"希望评论方面真正做到'百家争鸣'"。认为"过去，'四人帮'的评论一出来，就是定论了，如有不同意见，就得挨整。文学评论只是'一言堂'。读者习以为常。这种习惯势力现在还是有，至少有些读者身上有"③。繁荣文艺，评论是不可或缺的一个方面，茅盾丰富的生活经历和创作经验，对百家争鸣才能百花齐放的真谛的理解，可谓切中肯綮！对"百花齐放"的理解，在茅盾看来，就要求做到两个"多样化"，即"题材的多样化"和体裁和风格的"多样化"，多样化并不排斥重大题材，同样，也不能排斥重大题材以外的生活的文艺作品，这些文艺作品就是"与大潮流俱生与大潮流共进的小浪花"，在粉碎"四人帮"一年以后，

---

① 马烽：《怀念茅盾同志》，载《汾水》1981 年第 5 期。《部队文艺工作座谈会纪要》是1979 年 5 月由中共中央正式下文撤销的。

②③ 《茅盾近作》，四川人民出版社 1980 年 5 月版，第 45 页。

就在公开场合呼吁文艺创作回归到创作规律上去，这是需要何等的情怀？他说："题材的多种多样，会引发多种多样的体裁，也会引发多种多样的风格。"① 由于十多年来，茅盾的这些多年没有讲的但是常识性的观点，在当时文艺界却是引起广泛的共鸣的。所以茅盾这位耄耋老人，常常以自己在文艺界的崇高威望，一改过去谨言慎行的为人处世，旗帜鲜明地表达自己对文艺界拨乱反正的观点。1977 年 11 月 21 日，《人民日报》召开批判"四人帮"文艺黑线座谈会，茅盾在孙女的陪同下，专门去参加座谈会并且在会上作了书面发言《贯彻双百方针，砸碎精神枷锁》，批判了"四人帮"的文艺方针，正本清源，重新提出百花齐放百家争鸣以及文艺创作多样化的问题。同时，他在座谈会上就砸烂精神枷锁解放思想、世界观的决定性作用、生活的深度和广度、创作方法、关于技巧问题、百花齐放百家争鸣等问题发表看法，让文艺界同志耳目一新。

1977 年的下半年，茅盾对恢复文艺界的组织机构问题，就已经在公开场合呼吁，这一年的 12 月 31 日，茅盾到东城区海运仓总参第一招待所的礼堂，出席《人民文学》召开的在京文学工作者座谈会，在座谈会上，茅盾激动地说："刚才主持会议的张光年同志要我以作家协会主席的身份来讲几句话。作家协会主席是曾经担任过，中央也没有命令撤销过。'四人帮'却不承认我们，连文联也不承认。不承认我们，我们也不承认他们的反革命决定。所以今天我还是要以作家协会的主席的身份来讲几句话。"② 然后，茅盾在座谈会上公开呼吁恢复全国文联，恢复中国作家协会，要恢复《文艺报》等等刊物。茅盾说："第一次文代大会，是 1949 年开的，在那个会上毛主席讲了话，周总理也讲了话。我记得在这会上选出了文联主席和副主席，主席是郭老，两个

---

① 《茅盾近作》，四川人民出版社 1980 年 5 月版，第 40 页。

② 周明：《想起了茅盾先生》，载 2011 年 10 月 24 日《人民日报》。

副主席，一个是周扬同志，一个是我。后来我们就一直没有动过，直到'四人帮'上台那个时候……现在各方面都在关心文联和各个协会是不是应该恢复了，这件事情，不光是恢复一些机构的问题，而是标志着党的文艺事业重新向前迈进；这对文艺工作的发展，对贯彻'百花齐放、百家争鸣'方针是有利的，对于广大专业文艺工作者的相互交流是有利的；对于我们如何辅导广大的业余文艺工作者也是有利的。"茅盾还说："《文艺报》还没有恢复，应该恢复！"①老人的话，正义凛然，掷地有声！茅盾提到的《文艺报》此时已经停刊十多年，从 1966 年 6 月停刊以后，一直没有复刊，茅盾的这些话，今天的人们看来，已经微不足道，似乎没有什么意义和分量了，但是在当时，正如在现场听到茅盾讲话的周明同志所言，"可在当时，这是在放'炮'呵！在场的同志无不敬佩茅盾同志的勇气和力量。他的讲话不断被掌声打断，顿时会场的气氛活跃和热烈起来。他说出了大家的心里话啊！"②几个月以后，5 月 27 日至 6 月 5 日，中国文学艺术联合会召开第三届全国委员会第三次扩大会议，恢复了全国文联和中国作家协会，同时恢复中国戏剧家协会、中国音乐家协会、中国电影工作者协会和中国舞蹈工作者协会等。1978 年 6 月，《文艺报》复刊。

粉碎"四人帮"以后，老舍夫人希望茅盾出面为老舍的平反呼吁。为此，茅盾给王昆仑写信，希望两人署名向时任统战部长乌兰夫写信，为老舍平反。信中说："日前胡絜清同志谈到老舍未有结论，影响孙儿女及外孙儿女入团等等问题，她写了个书面，要求转交统战部，并谓您也帮过忙，历年她奔走请求等情况，您都知道，因此我想，您和我写个信给乌兰夫部长，并将胡絜清的书面附呈。如果您同意，请起草给乌兰夫部长的信签名掷下，我即连同胡的书面并在信上附签贱名，送交金德秘书长转呈乌兰夫同志。此事估计不能马上有结果，但胡絜清奔走交涉

①② 周明：《想起了茅盾先生》，载 2011 年 10 月 24 日《人民日报》。

多年，其急迫之情足可以理解。我等从旁推动，义不容辞。"①此时《人民日报》的《把"四人帮"颠倒了的干部路线是非纠正过来》还没有发表。②茅盾为老舍的平反，就亲自出面呼吁，足见茅盾的勇气！

　　1979年，第四次全国文代会即将召开，茅盾看到一些地方的代表中，还没有把一些应该来参加文代会的老作家列入代表名单，为此，2月6日茅盾又亲自出面给林默涵写信，认为："可以采取选举的办法，但也应辅之以特邀，使所有的老作家，老艺术家，老艺人不漏掉一个，都能参加。这些同志中间，由于错案、冤案、假案的桎梏，有的已经沉默了二十多年了！"还说，"由此我想到，应尽快为这些同志落实政策，使他们能以舒畅的心情来参加会议。但事实并非如此，有的省市为文艺工作者落实政策上，动作缓慢。就以我的家乡浙江而言，像黄源、陈学昭这样的同志，五七年的错案至今尚未平反。因此，我建议是否向中组部反映，请他们催促各省抓紧此事，能在文代会前解决；还可以文联、作协的名义向各省市发出呼吁，请他们重视此事，早为这些老人落实政策。"③茅盾的建议引起胡耀邦同志的高度重视，"准备采取措施来加快落实政策的步伐"④。4月26日，茅盾又为林焕平的平反问题以及参加文代会问题给阳翰笙写信，希望各省市尽快给"右派"公开平反。

　　茅盾不仅为文艺界的老作家蒙受不白之冤平反昭雪呼吁，而且还为瞿秋白、张闻天、黄慕兰等革命家的冤假错案奔走呼吁。1976年10月以后的一段时间，对瞿秋白的评价还是沿用那个年代的说法，到1979年，茅盾在给人写信时，直截了当说："秋白同志无论如何总是中国共产党早期的领导人之一，又是早期的传播马列主义的重要人物之一。"⑤并且

　　① 《茅盾全集》，黄山书社2014年3月版，第39卷，第203页。

　　② 程中原等著：《1977—1982实现转折，打开新路》，人民出版社2017年10月版，第124页。

　　③ 《茅盾全集》，黄山书社2014年3月版，第39卷，第372页。

　　④ 韦韬、陈小曼著：《父亲茅盾的晚年》，文化艺术出版社2008年6月版，第259页。

　　⑤ 《茅盾全集》，黄山书社2014年3月版，第39卷，第391页。

亲自向中纪委写证明材料。① 所以，在瞿秋白的平反昭雪过程中，茅盾是重要推动者之一。在张闻天同志的平反过程中，茅盾也以过来人的身份，积极推动。张闻天夫人刘英同志请茅盾写回忆张闻天的文章，茅盾爽快地答应了，及时写出了《我所知道的张闻天同志早年的学习和活动》，② 为推动张闻天同志的平反昭雪，做出了茅盾应有的贡献。

黄慕兰是茅盾大革命时期在武汉工作时的同事，也是我们党早期的地下工作者，她为我们党做了大量的卓有成效的工作，但是，在后来却蒙受不白之冤几十年。所以粉碎"四人帮"以后的拨乱反正时期，黄慕兰不断上访，要求平反。她也找到茅盾，希望茅盾为她呼吁，为此，茅盾联络在北京的黄慕兰熟悉的阳翰笙、夏衍、胡愈之、梅益、赵朴初等名人，联名上书给邓颖超。茅盾还亲自起草给邓颖超的信，认为："黄慕兰同志坚持地下工作，为党做了许多事。'文革'时期遭受迫害，至今尚未平反昭雪。您是深知慕兰同志的一生情况的，因此我们恳请您敦促有关单位，早日予以昭雪，不胜盼祷之至。"③ 希望邓颖超出面敦促有关单位，给以黄慕兰早日平反昭雪。后来因为邓颖超已经有态度和指示，茅盾这封已经写好的联名上书的信才没有送上去。

毕竟年龄不饶人，耄耋老人茅盾在人生的最后几年，依然为中国的文化建设奉献自己的全部心血，但是，劳累之后，自己的精力再也恢复不起来，开会，接待来人，应付各种题词求字，约稿，而自己要写的回忆录，紧赶慢赶，还只是写到三十年代，按计划还有十多年的时间的人和事，没有写。1980 年 8 月的一天，茅盾和儿子韦韬聊天，韦韬说起，现在的一些年轻人，产生了信仰危机，对于入党也不感兴趣了。茅盾听了以后，感慨道：我们那一辈人，为了追求共产主义理想，是不惜牺牲一切的。对信仰的动摇，对党的认识，如果以偏概全，都是不对的。如

---

① 《茅盾全集》，黄山书社 2014 年 3 月版，第 39 卷，第 425 页。

② 《回忆张闻天》，湖南人民出版社 1985 年 7 月版，第 70 页。

③ 《茅盾全集》，黄山书社 2014 年 3 月版，第 39 卷，第 431 页。

果现在出现这样的情况，那我倒要认真考虑我的入党问题了。当时聊天以后，气喘吁吁的茅盾又投入回忆录的写作中去了。1981年2月20日，茅盾再也支持不住了，只好离开交道口南三条13号的家，住进了北京医院119病房。住进医院以后，本来茅盾以为住几天就可以出院了，但是发现这次的情况与以往不一样，茅盾觉得这次异常的情况，有必要和儿子韦韬交代一些事情，一件事是他的党员身份问题，茅盾决定在他身后向党中央提出来；另一件事是关于文学奖问题，茅盾和儿子韦韬在1980年9月就曾经商量过，当时茅盾曾经问韦韬："解放后生活安定，你妈妈向来节俭，我也不会花钱，稿费一直存在银行里，现在有多少？"[①]韦韬表示有二三十万吧。茅盾说，我想用来设立一个文学奖。25万够不够？韦韬表示赞成，认为这是一件大好事！最后茅盾和儿子韦韬商量，决定设立一个长篇小说奖。茅盾表示自己是写长篇小说为主的。所以这件事，茅盾和韦韬都是考虑成熟的。

1981年3月14日，茅盾在医院的病床上，让韦韬拿来纸和笔，想自己动手给党中央和中国作家协会写信，报告自己的想法。但是茅盾的手颤抖着，已经无法握笔。于是，韦韬让茅盾躺着，口述，韦韬记录。茅盾同意了。于是茅盾一封给中共中央的信是这样写的：

耀邦同志暨中共中央：

亲爱的同志们，我自知病将不起，在这最后的时刻，我的心向着你们。为了共产主义的理想我追求和奋斗了一生，我请求中央在我死后，以党员的标准严格审查我一生的所作所为，功过是非。如蒙追认为光荣的中国共产党员，这将是我一生最大的荣耀。

沈雁冰　1981年3月14日

---

① 韦韬、陈小曼著：《父亲茅盾的晚年》，文化艺术出版社2008年6月版，第336页。

接着，茅盾又口述另一封给中国作家协会的信：

中国作家协会书记处：

亲爱的同志们，为了繁荣长篇小说的创作，我将我的稿费二十五万元捐献给作协，作为设立一个长篇小说文艺奖金的基金，以奖励每年最优秀的长篇小说。我自知病将不起，我衷心地祝愿我国社会主义文学事业繁荣昌盛。致最崇高的敬礼！

茅盾　1981 年 3 月 14 日

茅盾看过韦韬的笔录，在两封信上分别签上"沈雁冰"和"茅盾"。并嘱咐韦韬，现在不要送出去，将来再送。韦韬明白，父亲茅盾依然是坚持自己的原则，不愿意分享共产党的荣誉。茅盾说，这是以防万一，也许自己还能够重新写过。以后的几天，茅盾一会儿清醒，一会儿又恍惚着说胡话。然而茅盾说得最多的，还是回忆录的写作，茅盾的一些老朋友来看望他，看到茅盾消瘦的身体，都十分难过，茅盾兴奋时，还能够和老朋友说往事，但是茅盾一天一天沉下去，1981 年 3 月 27 日 5 时 55 分，一代文学巨匠茅盾停止了呼吸，离开了他心爱的读者和人民。

茅盾的儿子韦韬一直陪伴在茅盾身边。这时，天还没有完全亮，"韦韬关上门，独自陪伴着爸爸。他注视着爸爸瘦削的面颊，微微启开的嘴唇和渗着汗珠充满智慧的宽宽的额头，伫立了良久良久，难以控制的悲哀使他神志恍惚。突然，他的目光停留在爸爸的胡髭上：雪白的长长的胡髭爬满了上唇、下巴和两腮，爸爸已有好久没有剃胡子了。韦韬替爸爸擦干了额上的汗渍，轻轻合上爸爸的嘴唇，找出电剃刀，最后一次仔细地为爸爸剃去了胡髭"①。

茅盾去世的消息，立刻传遍大江南北祖国大地，中国文化界的一颗

① 韦韬、陈小曼著：《父亲茅盾的晚年》，文化艺术出版社 2008 年 6 月版，第 342 页。

巨星陨落了！

中国几代作家含泪哀悼这位文坛泰斗，追思这位现代文学巨匠的功德和伟绩。3月31日，中共中央立即作出决定，认为："我国伟大的革命作家沈雁冰（茅盾）同志，青年时代就接受马克思主义，1921年就在上海先后参加共产主义小组和中国共产党，是党的最早的一批党员之一。1928年以后，他同党虽然失去了组织上的关系，仍然一直在党的领导下从事革命的文化工作，为中国人民的解放和社会主义建设奋斗一生，在中国现代文学运动中做出了卓越贡献。他临终前恳切地向党提出，要求在他逝世后追认他为光荣的中国共产党党员。中央根据沈雁冰同志的请求和他一生的表现，决定恢复他的中国共产党党籍，党龄从1921年算起。"中共中央还成立一个高规格的沈雁冰治丧委员会，由华国锋、叶剑英、邓小平、李先念、陈云、宋庆龄、邓颖超、胡耀邦、彭真等75人组成。4月10日，党和国家领导人和首都各界人士2000多人前往北京医院向沈雁冰遗体告别。4月11日在人民大会堂隆重举行沈雁冰（茅盾）同志追悼会。追悼会由邓小平主持，胡耀邦致悼词。

茅盾先生永远活在读者心中。

后　记

写完《茅盾传》最后一个字，忽然发现，时间过得真快！我从上个世纪七十年代末，利用"业余的业余时间"研究茅盾，至今已经有四十多年了。虽然自己迄今已经出版过20多本有关茅盾研究的书，依然是业余研究者。一些年轻时养成的老习惯也没有改变，看到一点有关茅盾的史料文字，就搜集起来，有时候还做成卡片，希望集腋成裘。但是多年积累的资料，时间一长，却常常因不知放在哪一个地方而烦恼。习惯苍老成这样，连自己都觉得对不起现在的互联网自媒体时代。

好在茅盾的影响没有苍老，茅盾逝世以后到现在，随着茅盾著作的不断出版，茅盾作品被一代又一代的国内外读者所喜欢；茅盾对中国文学事业的伟大贡献，对中国革命的奉献，越来越为人们所认识。作为茅盾研究的爱好者，在几十年的业余学习、研究中，也越来越深刻感受到茅盾一生的不容易和多方面的巨大贡献。虽然我在二十多年前就写过《茅盾传》，后来还应邀写过《茅盾评传》，但是随着史料的披露和发现，越来越感觉到需要重新写一部《茅盾传》，将茅盾一生中的艰难经历和伟大贡献努力展示出来，而且尽量写出一部不同于自己以往撰写的茅盾传记。

于是，我从2020年到2021年，用将近两年的时间，撰写这部茅盾传记。

上个世纪八十年代，为了弄清楚茅盾家族的情况，我和茅盾家族里的亲戚，大部分都有通信，在请教过程中得到许多珍贵史料。这次撰写茅盾传记的过程中，重新打开封存的记忆。比如，茅盾回忆录提到读中学时的"凯叔"，茅盾回忆录里没有展开，而我在八十年代和"凯叔"的后人书信来往很多。他们告诉我许多过去不知道的往事，如这位和茅盾年纪相仿的"凯叔"，一直在银行工作，抗战胜利以后，因公去天津途中，因飞机失事而牺牲。还有，茅盾结婚时的情景，茅盾逝世以后，只有茅盾的表弟陈瑜清先生还记得。八十年代我问他有没有记得茅盾结婚时的情景，他在给我的信中专门回忆了小时候去参加茅盾婚礼的情景。这虽然不是大事，却很珍贵。

这些年，我在研究茅盾和商务印书馆的关系的过程中，发现了不少茅盾在商务印书馆的史料档案，也厘清了茅盾在商务印书馆的一些史实。比如茅盾在回忆录里说卢表叔把自己介绍给商务印书馆北京分馆的经理孙伯恒。我从其他史料中知道，茅盾的表叔卢鉴泉，其实和张元济也认识，只是当时没有将沈德鸿（茅盾）直接介绍给张元济。所以当茅盾到商务印书馆报到时，张元济对沈德鸿（茅盾）特别客气，这是有原因的。再如商务印书馆给沈德鸿（茅盾）、谢冠生两个年轻人加薪的档案材料，从中看出当年"商务"当局对茅盾努力的肯定。也有"商务"当局为了防止茅盾投稿太多（从事秘密革命工作）影响编辑任务，为了便于监督而调整茅盾的办公位置等档案材料。还有茅盾当年编《四库丛书》随孙毓修到南京图书馆抄书目，茅盾的回忆只是一个大概，近年有关史料披露，茅盾什么时候去，去做了什么事，去了几次等等，对比茅盾回忆录，更加明确。这些新发现史料的运用，使得这部传记能够立体反映茅盾的成长过程。

近几年发现的茅盾的一些革命活动史料，也是第一次在传记中披露，如茅盾冒着生命危险将我们党锄奸队的枪支武器，藏在自己家里；茅盾利用商务印书馆编辑身份，收购党内同志的翻译稿子，为我们党筹措活动经费等等。

在茅盾的革命活动中，有许多往事还没有引起研究者注意，茅盾在武汉时，过去我们只知道他是军校教员、报纸主笔，其实当时茅盾还是中共中央宣传部的委员。当时中共中央政治局正在筹备一份党的报纸，并决定由张太雷、汪原放、沈雁冰三个人负责筹备，还指定沈雁冰为书记。虽然报纸没有办成，但却是茅盾曾经的经历。三十年代初，茅盾隐居在上海，张闻天从苏联回来，接任沈泽民的中共中央宣传部长职务，期间张闻天曾经到茅盾家里看望等，这些史料都是近几年新发现的。现在有机会撰写新的《茅盾传》，正好补充进去给以展示，因为茅盾过去的革命活动，本来是茅盾研究中的薄弱环节，现在叙述这些珍贵史料，可以丰富茅盾一生的革命经历。

茅盾一生，经历过度日如年惊心动魄的新疆之行，也经历过香港太平洋战争爆发后的惊险奔波，当年茅盾刚刚秘密离开香港，日本人就在香港的报纸上，刊登消息启事，请邹韬奋、茅盾出来参加所谓"大东亚共荣圈"活动。如果我们党不及时转移茅盾他们这些文化人，后果不堪设想！茅盾在桂林落脚以后，当局表面上客客气气，但是对茅盾作品的发表，明里暗里，处处审查。近年我在史料中发现广西当局审查茅盾作品的档案，正说明茅盾当年在桂林的生活、创作态度是正确的，茅盾当年的谨慎和担心不是多余的。

同样，茅盾主编《小说月报》时，并没有后来的研究者想象的那么风光。回到当年现场，发现茅盾主编《小说月报》时，压力山大，老读者到处散布攻击性言论，甚至谩骂和人身攻击。"商务"当局管理层意见不统一。二十五岁的主编茅盾，步履艰难。当然，茅盾在反击旧文化的斗争中，笔调十分尖锐，立场非常坚定，这是五四新文化运动给以茅盾的力量。这些珍贵史料，包括新发现的新中国成立以后的有关茅盾的史料，在这次撰写茅盾传记时，最大限度地利用起来。

在梳理茅盾生平贡献时，我们可以清楚地看到，在茅盾长长的一生中，他的理想信念是一以贯之的。早年受《新青年》影响，走上信仰马